동북아해역과 글로벌리즘

컬처·로컬·모빌리티

지은이(수록 순)
공미희 孔美熙, Kong Mi-hee 부경대학교 인문사회과학연구소 HK연구교수
다다 오사무 多田治, Tada Osamu 히토츠바시대학 대학원 사회학 연구과 교수
이상원 李尚原, Lee Sang-won 부경대학교 인문사회과학연구소 HK연구교수
엄지 嚴智, Eom Ji 부경대학교 인문사회과학연구소 HK연구교수
문혜진 文慧珍, Mun Hea-jin 부경대학교 인문사회과학연구소 HK연구교수
후쿠모토 다쿠 福本拓, Fukumoto Taku 난잔대학 인문학부 일본문화학과 준교수
저우원팅 周雯婷, Zhou Wenting 광저우대학 경영학부 교수
류윈강 劉雲剛, Liu Yun-gang 화난사범대학 지리과학부 교수
최민경 崔瑉耿, Choi Min-kyung 부경대학교 인문사회과학연구소 HK교수
서광덕 徐光德, Seo Kwang-deok 부경대학교 인문사회과학연구소 HK교수
이호상 李虎相, Lee Ho-sang 인천대학교 일본지역문화학과 교수
우양호 禹良昊, Woo Yang-ho 한국해양대학교 교양교육원 교수
남종석 南鍾石, Nam Jong-seok 경남연구원 연구위원

동북아해역과 글로벌리즘 **컬처 · 로컬 · 모빌리티**

초판인쇄 2024년 3월 20일 **초판발행** 2024년 3월 31일
엮은이 부경대 인문한국플러스사업단
펴낸이 박성모 **펴낸곳** 소명출판 **출판등록** 제1998-000017호
주소 서울시 서초구 사임당로14길 15 서광빌딩 2층
전화 02-585-7840 **팩스** 02-585-7848 **전자우편** somyungbooks@daum.net **홈페이지** www.somyong.co.kr

값 31,000원

ISBN 979-11-5905-829-5 93910

이 책은 2017년 대한민국 교육부와 한국연구재단의 지원을 받아 수행된 연구임.(NRF-2017S1A6A3A01079869)

부경대학교 인문사회과학연구소
해역인문학 연구총서 / 10 /

동북아해역과 글로벌리즘

컬처·로컬·모빌리티

부경대 인문한국플러스사업단 편

Northeast Asian Sea Region and Globalism : Culture, Local, Mobility

발간사

부경대학교 「인문사회과학연구소」와 「해양인문학연구소」는 해양수산 인재 양성과 연구 중심인 대학의 오랜 전통을 기반으로 연구 역량을 키워 왔습니다. 대학이 위치한 부산이 가진 해양도시 인프라를 바탕으로 바다에 삶의 근거를 둔 해역민들의 삶과 그들이 엮어내는 사회의 역동성에 대한 연구를 꾸준히 해 왔습니다.

오랫동안 인간은 육지를 근거지로 살아온 탓에 바다의 중요성에 대해 간과한 부분이 없지 않습니다. 육지를 중심으로 연근해에서의 어업 활동과 교역이 이루어지다가 원양을 가로질러 항해하게 되면서 바다는 비로소 연구의 대상이 되었습니다. 그래서 현재까지 바다에 대한 연구는 주로 조선, 해운, 항만과 같은 과학기술이나 해양산업 분야의 몫이었습니다. 하지만 수 세기 전부터 인간이 육지만큼이나 빈번히 바다를 건너 이동하게 되면서 바다는 육상의 실크로드처럼 지구적 규모의 '바닷길 네트워크'를 형성하게 되었습니다. 이 바닷길 네트워크인 해상실크로드를 따라 사람, 물자뿐만 아니라 사상, 종교, 정보, 동식물, 심지어 바이러스까지 교환되게 되었습니다.

바다와 인간의 관계를 인문학적으로 접근하여 성과를 내는 학문은 아직 완성 단계는 아니지만, 근대 이후 바다의 강력한 적이 바로 우리 인간인 지금, '바다 인문학'을 수립해야 할 시점이라고 생각합니다. 바다 인문학은 '해양문화'를 탐구하는 차원을 포함하면서도 현실적인 인문학적 문제에서 출발해야 합니다.

한반도 주변의 바다를 둘러싼 동북아 국제 관계에서부터 국가, 사회,

개인 일상의 각 층위에서 심화되고 있는 갈등과 모순들이 우후죽순처럼 생겨나고 있습니다. 근대 이후 본격화된 바닷길 네트워크는 이질적 성격의 인간 집단과 문화의 접촉, 갈등, 교섭의 길이 되었고, 동양과 서양, 내셔널과 트랜스내셔널, 중앙과 지방의 대립 등이 해역海域 세계를 중심으로 발생하는 장이 되었기 때문입니다. 해역 내에서 각 집단이 자국의 이익을 위해 교류하면서 생성하는 사회문화의 양상과 변용을 해역의 역사라 할 수 있으며, 그 과정의 축적이 현재의 모습으로 축적되어 가고 있습니다.

따라서 해역의 관점에서 동북아를 고찰한다는 것은 동북아 현상의 역사적 과정을 규명하고, 접촉과 교섭의 경험을 발굴, 분석하여 갈등의 해결 방식을 모색하여, 향후 우리가 나아가야 할 방향을 제시해주는 방법이 우선 될 것입니다. 물론 이것은 해양 문화의 특징을 '개방성, 외향성, 교류성, 공존성 등'으로 보고 이를 인문학적 자산으로 확장하고자 하는 근본적인 과제를 수행하는 일이기도 합니다.

부경대 인문한국플러스사업단은 바다로 둘러싸인 육역陸域들의 느슨한 이음을 해역으로 상정하고, 황해와 동해, 동중국해가 모여 태평양과 이어지는 지점을 중심으로 동북아해역의 역사적 형성 과정과 그 의의를 모색하는 "동북아해역과 인문 네트워크의 역동성 연구"를 수행하고 있습니다. 이를 통해 우리는 첫째, 육역의 개별 국가 단위로 논의되어 온 세계를 해역이라는 관점에서 다르게 사유하고 구상할 수 있는 학문적 방법과 둘째, 동북아 현상의 역사적 맥락과 그 과정에서 축적된 경험을 발판으로 현재의 문제를 해결하고 향후의 방향성을 제시하는 실천적 논의를 도출하고자 합니다. 이를 바탕으로 본 사업단은 해역과 육역의 결절 지점이며 동시에 동북아지역 갈등의 현장이기도 한 바다를 연구의 대상으로 삼아 현재의 갈등과 대립을 해소하는 방안을 강구하고, 한 걸음 더 나아가 바다와 인간의 관계를 새롭게 규정하는 '해역인문학'을 정립하기 위해 노력하고 있습니다.

부경대학교 인문한국플러스사업단이 추구하는 '해역인문학'은 새로운 학문을 창안하는 일이기 때문에 보이지 않는 길을 더듬어 가며 새로운 길을 만들어 가고 있습니다. 2018년부터 간행된 '해역인문학' 총서 시리즈는 이와 관련된 연구 성과를 집약해서 보여주고 있으며, 또 이 총서의 권수가 늘어가면서 '해역인문학'의 모습을 조금씩 드러내고 있습니다. 향후 지속적으로 출판할 '해역인문학총서'가 인문학의 발전에 기여할 수 있는 노둣돌이 되기를 희망하면서 독자들의 많은 격려와 질정을 기대합니다.

부경대 인문한국플러스사업단 단장 김창경

책머리에

『동북아해역과 글로벌리즘 - 컬처 · 로컬 · 모빌리티』는 부경대학교 인문한국플러스HK+사업단의 해역인문학연구총서 제10권이다. 본 사업단 아젠다 '동북아해역과 인문네트워크의 역동성 연구'는 동북아 각 층위에서 발생하고 있는 갈등을 고찰하고 그 해결 방안을 구하고자 하는 많은 인문학적 고민들과 궤를 함께해 왔다. 근현대가 이어지는 지속적 과정으로서 해역을 고찰하기 위하여 1단계에서 근대의 동북아해역을 연구했다면, 2단계에서는 연구 대상을 확장하여 시기적으로는 현대, 공간적으로는 동북아 전 해역을 대상으로 인문네트워크에 대한 연구를 진행해 왔다.

이 총서는 특히 최근 몇십 년간 급격한 경제적 발전과 기술 혁신으로 지역의 중요성이 한층 높아진 동북아해역에서의 컬처, 로컬 그리고 모빌리티의 상호 작용을 탐구하고, 이러한 측면이 글로벌리즘의 맥락 속에서 어떻게 발전하고 있는지에 주목했다. 동북아해역에서의 컬처, 로컬 그리고 모빌리티는 글로벌리즘의 핵심 키워드로서 지역의 다양한 문화적 유산은 글로벌화의 파급 효과 아래서도 빛을 발하며, 동시에 지역사회와의 조화로운 공존을 이루고 있다. 또한 급격한 도시화와 기술의 발전은 지역의 모빌리티에도 혁신을 가져오고 있으며, 이는 지역 경제 및 사회 구조에 새로운 동력을 제공하고 있다. 이와 같은 특징을 바탕으로 이 총서는 세 가지 주제인 컬처, 로컬 그리고 모빌리티에 초점을 맞춰 동북아해역과 글로벌리즘의 상호 작용을 탐구해 동북아해역을 둘러싼 국가 전략의 변화와 이를 가로지르는 해역민의 초국가적 네트워크를 검토했다. 총서의 구성은 3부로서 원고 12편을 수록했고 제1부는 '컬처Culture'로 동북아해역에서 다양한 문화가 어떻게 융합되고 변화하는지를 해양관광을 통해서 살펴본다. 제2부는 '로컬Local'로 동북아해역의 지역 사회가 글로벌리즘과 어떻게 상호 작용하고 적응하는지를 알아본다. 제3부는 '모빌리티Mobility'로 동북아해역에서의 이동성과 기술혁신이 어떻게 상호 작용하고 지역 발전에 어떤 영향을 주는지를 조명한다.

제1부 컬처Culture의 첫 번째 글은 해양관광축제에서 출발한다. 공미희는 해양관광축제가 문화와 관광을 겸함으로서 해당 지방의 전통적인 문화와 특산물을 널리 알리고 이같은 대규모 축제 행사가 지역 경제의 활성화에 있어 촉진제 역할을 한다고 강조하면서 문화관광형 기장멸치축제를 탐구했다. 특히 현지인 중심의 인터뷰 방식을 실시해 축제와 지역사회의 실태 및 지방 공동체 축제 특성에서 드러난 현상을 바탕으로 기장멸치축제의 활성화 방안 및 세계화로의 연계 발전에 대해서 밝혀냈다. 다다 오사무는 일본 문화에 대한 글로벌한 관심과 가치 부여를 로컬적인 장소로 끌어들이는 추세로서 일본 각지와 오키나와의 관광·이미지에 대해서 살펴보았다. 역사, 미디어 컨텐츠든 해양박람회든, 이것들에 공통되는 것은 주관적인 이미지가 현실의 장소에 의미나 가치를 부여함으로써 현실·장소를 바꾸어 가는 사태라고 강조했고 관광이란 바로 이러한 주관적 이미지와 객관적 현실이 결합하는 이중성·순환·연동을 여실히 보여주는 현상임을 조명했다. 이상원은 바다를 통한 교류의 역사가 만들어낸 이국異國 문화의 테마파크인 하우스텐보스가 전쟁의 어두운 역사와 흔적 위에 세워진 과정과 '평화 산업 항만도시'의 꿈을 '관광도시'로 전환시킨 그 설계와 실천의 과정을 인문학적 관점에서 살펴보

았다. 즉 '나가사키長崎 오란다무라' 개장, 이후 하리오 공업단지의 인수와 하우스텐보스의 개장을 통해 나가사키현과 사세보시의 지역 경제 활성화는 물론 군항도시의 이미지 탈피와 함께 평화 산업도시이자 관광도시로 전환을 위한 설계와 실천에 대해 규명한 것이다. 엄지는 대만의 문화창의원구 지정과 운영 현황은 앞으로 각 나라의 해역도시 및 해역 항만 지구 관광 전략화를 위한 의미 있는 시사점을 제시할 수 있음을 강조했다. 가장 성공적인 사례로 손꼽히는 타이베이의 송산문창원구松山文創園區, 화산1914문화창의산업원구華山1914文化創意産業園區 운영 현황과 함께 주요 관광지의 언어서비스 제공 사례를 분석하여 인천과 부산 등 국내를 비롯한 세계 해역도시 및 해역 항만 지구의 관광 전략과 발전 방향에 대해서 제언했다.

제2부 로컬Local에서는 지역 사회의 가치 체계 간의 갈등과 조화, 글로컬 역사와 글로벌 경제 및 집단 사회, 이주 노동자 수용제도의 변화에 대해 살펴보았다. 문혜진은 후기 산업사회 도시개발과 공공개발이 지속적으로 확대되어 가고 있는 상황 속에서 마을어장의 소유권, 생존권에 관한 문제는 다 같이 고민해 봐야 될 사안임을 주장했다. 이에 우선 마을어장을 둘러싼 소유권의 역사를 부산 신공항이 건설될 가덕도를 중심으로 살펴보며 그 변천사를 재구성했다. 그리고 특히 지금이야말로 도시의 공공개발과 어촌의 공생 방안에 대해 생각해야 될 시점이라고 강조했다. 후쿠모토 다쿠는 오사카시大阪市 이쿠노구生野区의 코리아타운을 사례로, 20세기 전반부터 현대까지 집주 형태의 변천과 그 속에서의 에스니시티ethnicity, 민족성의 양태 변화를 살펴보았다. 다양한 글로컬 층이 쌓이고, 그것이 나중의 글로컬한 동향과 복잡하게 섞이면서, 역사의 환

기나 억제가 부단히 행해졌고, 그러한 프로세스를 통해서 에스닉 문화가 재구축되어 가는 양상을 밝혔다. 저우원팅과 류윈강은 중국의 대표적 외국인 거주지역 3곳베이징(北京)의 왕징(望京), 상하이(上海)의 구베이(古北), 광저우(廣州)의 샤오베이(小北)에 대한 실증적 연구를 바탕으로 서로 다른 이민자 집단의 도시 선택 선호도 및 이민 그룹과 도시 간의 상호 작용 관계를 탐색했다. 그 결과, 베이징에 거주하는 한국인들은 주로 기업, 무역, 교육지향적이고, 상하이에 거주하는 일본인들은 기업지향적이며, 광저우에 거주하는 아프리카인들은 무역지향적임을 밝혔다. 최민경은 한국과 일본의 연근해 어업 분야에서 이주 노동자의 수용 제도가 그들의 장기 고용이 가능한 형태로 변화하고 있음에 주목하여 그러한 변화가 구체적으로 어떠한 내용과 논리를 통해 이뤄지고 있는지를 살펴보았다. 2010년대 초반까지 한국은 부족한 노동력의 '양'을 채우는 것에, 반면 일본은 '배우는' 노동자 수용에 우선을 두었다. 그러다가 2010년대 중반 이후, 양국은 더 많은 이주 노동자를 오래 고용하고 숙련도를 확보할 수 있는 방향으로의 양상을 보였다고 강조하였다.

제3부 모빌리티Mobility에서는 동북아해역에서의 이동성과 해역도시·공항·경제·기술 혁신이 어떻게 상호 작용하고 있는지를 조명했다. 서광덕은 최근에는 세계화의 추세가 약화되고 탈세계화가 운위되고 있지만, 전 인류가 공동으로 대처해야할 문제들이 대두하면서 글로벌 연대가 중요하게 자리 잡았기 때문에 기존의 세계화가 낳은 문제를 직시하면서도 새로운 세계화를 모색할 필연성을 제기했다. 특히 부산의 신공항 건설과 엑스포 유치 및 부울경 메가시티 구상 등은 재세계화, 친환경 그리고 지속가능성의 문제를 고민하면서 탈세계화, 탈산업화, 블루 경

제, 환경보호를 위한 지구적 연대 그리고 바다의 회복력을 도모하는 아래로부터의 해역 네트워크와 해양거버넌스를 형성하는 노력이 필요하다고 강조하였다. 이호상은 일본의 간사이關西국제공항과 우리나라 인천국제공항의 사례를 중심으로 공항 주변지역의 개발 과정에서 발생했던 문제점을 살펴봄으로써 부산 가덕도신공항 건설과 관련된 시사점을 도출했다. 즉 가덕도신공항의 경우, 부산신항만을 비롯한 기존의 물류단지와 산업단지, 부산 도심 및 부도심, 울산 및 경남까지도 신공항의 주변지역으로 설정하고, 공항의 영향력이 미치는 공간적 범위에 따라 각 지역의 실정에 맞는 공항을 활용한 성장 전략을 구상할 필요가 있다고 제언하였다. 우양호는 연안크루즈는 부산의 대표적인 해양 관광 상품으로 반드시 자리잡아야 함을 제안했다. 부산의 다양한 장소를 육지가 아니라 바닷길로 누비는 연안크루즈의 연결과 통합, 협력의 활성화는 해양 관광의 핵심적 사안이 되어야 함을 강조했다. 그리고 부산은 새로 구상되는 연안크루즈를 세계적인 관광 명물로 만들어, 해양 관광이 운신할 공간 확장과 함께 지역 해양 관광업계의 고질적인 문제인 계절적 편중성과 낮은 재방문율을 해결해야 한다고 지적하였다. 마지막으로 남종석은 가덕도신공항의 필요성을 다양한 인적, 물적인 것들이 네트워크화된 세계에서 지속적으로 이동하며 경제 활동을 촉진하는 세계의 특성을 일컫는 동북아 흐름의 경제를 통해 접근하였다. 즉 여객이라는 형태의 인적인 흐름, 항만 등을 통한 물적인 것의 흐름 그리고 이런 흐름의 경제를 새롭게 구성하고 촉진하는 동남권 메가시티 측면에서 가덕도신공항을 논했다.

동북아해역은 세계에서 경제적, 역사적, 문화적으로 핵심지역 중 하나로 세계 경제와 긴밀하게 연결되어 있고 글로벌리즘이 강조하는 상호의존성과 상호연관성은 동북아해역에서도 뚜렷하게 나타나고 있다. 동북아해역과 글로벌리즘은 지역적 및 국제적 상황을 이해하고 분석하는 데 중요한 이론적 도구로서 우리가 현재와 미래를 이해하고 대응하는 데 단순히 경제적이거나 정치적인 측면뿐만 아니라 인간적인 측면에서도 중요한 도전과 기회를 제공한다. 우리는 다양한 문화와 역사적 배경을 가진 사람들 간의 상호 이해와 협력을 증진시켜야 될 과제에 직면하고 있고 이와 같은 동북아해역과 글로벌리즘의 상호 작용은 컬처, 로컬, 모빌리티와 같은 다양한 영역에서 깊은 영향을 미치고 있다. 우리는 이러한 영향을 인식하고 또한 이러한 상호 작용이 미래의 도전에 대한 해결책을 찾는 데 있어서 중요한 역할을 할 수 있음을 알아야 될 것이다. 이번에는 동북아해역이라는 측면에서 글로벌리즘을 살펴보았지만 향후에는 더 범위를 확장해서 세계적인 문제에 대한 해결책을 모색하고 지속 가능한 발전을 위해 함께 노력하여 미래를 더 나은 방향으로 이끌어 나가야 할 것이다.

이 책을 기획하며 동북아해역에서의 한국, 일본, 중국, 대만 등의 각 국가들이 국가 경계를 넘어서는 초국가적인 네트워크 현상인 글로벌리즘을 컬처, 로컬, 모빌리티라는 다양한 측면에서 살펴보고자 했다. 구성상 미비한 부분이 없지 않지만 다행히 『동북아해역과 글로벌리즘 – 컬처·로컬·모빌리티』를 출판할 수 있었던 것은 모든 집필자들의 협력하에 노력한 결과라고 생각한다. 모든 분들에게 이 글을 통해서 다시 한 번 진심으로 감사를 드리며, 이 책이 본 사업단 아젠다 '동북아해역과 인문네트워크의 역동성 연구'에 하나의 축이 되어서 독자들이 동북아해역

인문네트워크가 지니는 특징을 알고 또 동북아해역에서의 글로벌리즘으로 지역적 및 국제적 상황을 이해해 함께 새로운 시대를 향해 전진하는 길을 개척하는데 일조가 되었으면 한다.

부경대학교 인문사회과학연구소
HK연구교수 공미희

차례

제1부

컬처Culture

해양 관광축제의 특성과 글로벌 연계 발전 방안

기장멸치축제를 중심으로

공미희

1. 들어가며

해양 관광축제는 문화와 관광을 겸함으로서 해당 지방의 전통적인 문화와 특산물을 널리 알리고 대규모 축제 행사를 통한 소비 촉진을 통한 지역 경제 활성화의 촉진제로서 그 중요성이 점차 커지고 있다. 즉 지역축제가 지닌 특수성과 목적에 의해 그 중요성은 점점 더 확대되어 가는 추세인 것이다. 미국, 일본, 캐나다, 프랑스 등과 같이 지방자치 제도가 잘 정착된 선진국은 지역 경제 활성화의 수단으로 관광축제의 활성화에 많은 관심을 가지고 육성시켜왔다. 우리나라도 1990년대 중반 이후 새로운 지역축제가 급속하게 증가를 했고 부산에서는 1995년 지방자치 제도 실시로 민선 단체장의 시대가 열림으로서 축제가 본격적으로 시작되었다. 문화관광형 부산 기장멸치축제도 하나의 사례로서 1997년부터 매년 4~5월에 개최되어 봄철 대표적 먹을거리인 멸치를 통해 지역의 경제적 활성화를 시도했다. 이런 해양 관광축제로 기장군에서는 기장멸치의 홍보와 함께 해양 관광도시로서 이미지를 부각시켰다. 이처럼, 축제는 경제적, 사회 · 문화적, 환경적 측면에서 지역 사회에 다양한 기여를 하며 특히 경제적 효과는 자치단체장뿐만 아니라 지역주민들이 관심을 많이 갖는 부분이기도 하다.

해양 관광축제에 대한 선행연구는 축제가 대안 관광의 하나로 인식되어 국제적으로 축제에 대한 연구가 관심을 끌었고, 이에 우리나라도 1990년대 중반 이후 활발한 연구가 진행되었다. 지역축제의 참여 동기와 만족에 초점을 둔 연구조태영 · 이민순(2009), 손종원 · 나승화(2014), 한승훈 · 이덕원(2016), 이재달 · 유정섭(2017), 이윤섭 · 강경재(2019) 등를 비롯해서 지역축제 이미지에 관한 연구형성은 · 이성필(2008), 박종부(2019), 전영주(2019), 최용석 · 고정민(2021) 등, 지역의 특산물과 문화반영을 기술한 연구서철현 · 고호석(2008), 노원중 · 지진호(2013), 심상훈 · 정경일(2022) 등 등이 있다. 첫 번째, 지역축제의 참여 동기와 만족에 초점을 둔 연구는 축제 방문객들이 축제에 참여한 결과 지각자체에 긍정적인 영향을 미칠 수 있으며, 지각가치 역시 방문객 만족 및 행위 의도에 긍정적인 영향을 미치고 있음을 알 수 있다. 따라서 방문객의 재방문과 추천 의도를 높이기 위해서는 축제 참가가 보다 독특한 경험으로 기억될 수 있는 프로그램의 강화 방안을 강구하여야 할 것이다. 두 번째, 지역축제 이미지에 관한 연구로서는 축제 이미지의 요인 중 축제 적합성, 축제 가치성, 축제 유희성, 축제 편의성 모두 방문객 만족형성에 유의한 영향을 미치고 있는 것으로 분석되었다. 또한 지역축제의 이미지 형성, 지각된 가치와 방문객 만족도 간의 관계를 증명하고, 이를 통하여 방문객의 행동 의도 즉, 구전과 재방문 의도와 같은 행동적 몰입을 수반한다는 것이다. 세 번째, 지역의 특산물과 문화 반영에서는 관광객들이 축제 참가를 통하여 요리 시식, 그물로 물고기를 잡는 체험행사와 아울러 행사기간에 저렴하고 신선한 먹을거리와 특산물 구입이 가능함으로 축제의 다양한 행사와 주위환경에 만족하는 경우이다.

이처럼 지역적인 특성을 고려한 해양 관광축제에 대한 선행연구를 3개 부분으로 분류해서 알아보았으나, 특히 부산 기장이라는 지역적 특성을 살려서 개최하는 해양 관광축제에 대한 선행연구가 그렇게 많지 않다는 것을 확인오흥철(2003), 장영수 · 최진철(2007), 김헌철(2014), 김미정 · 윤태환 · 유형숙(2016) 등할 수 있었다. 소수의 논문 중에서도 대부분이 축제 행사장을 방문한 방문객을 대상으로 설문조사를 실시해 문화관광축제의 고유성 측정을 위한 측정항목의 신뢰성과 타당성을 검증, 축제 품질과 진정성 등을 다루고 있었다. 반면 실제로 축제를 개최한 지역 사회에서의 실태나 축제의 특성 및 향후 활성화를 위한 방안에 대한 연구는 적다.

1971년 12월 21일 국가어항으로 지정된 기장 대변항이 경제적으로 발돋움 할 수 있는 계기를 제공하는 해양 관광사업의 육성은 물론이고, 그 구성요소인 해양 관광축제에 대한 관심 및 활성화는 기장시민들의 지역 정체성과도 연결되는 아주 중요한 부분이다. 따라서 이 글에서는 지역 축제들 중에서도 기장멸치축제를 중심으로 기장 해양 관광축제의 특성에 대해서 알아본다. 그리고 축제와 지역 사회의 실태 및 지방공동체 축제 특성에서 드러난 현상을 바탕으로 기장멸치축제의 활성화 방안 및 세계화로의 연계 발전에 대해서 모색한다.

먼저 선행연구 및 보고서를 바탕으로 기장멸치축제를 중심으로 한 해양 관광축제의 특성에 대해서 고찰한다. 그리고 기존의 연구가 축제 방문객을 대상으로 간단한 문항에 대한 체크 및 단답형 문항의 설문조사로서 만족도조사 및 동기분석 등을 실시했다면, 이 글에서는 축제 개최 지역의 현지인을 중심으로 차별화된, 보다 더 심도 있는 지역 사회의 실태 및 특성을 분석하고자 인터뷰방식[1]을 실시한다.

---

1 조사 대상자와 조사 방법
①조사 대상자

조사 대상자	조사 목적	직업	거주 특징
김○○ (남, 1970년생)	기장멸치 유자망어법, 기장멸치축제와 지역 사회의 실태	멸치유자망협회 선주	- 10년 전 대변마을 입주 - 자수성가
김○○ (남, 1965년생)	소상인들의 상행위, 기장멸치축제와 지역 사회의 실태	前 엘지그룹 現 소상인	- 귀어한 지 25년째 - 세습제
서○○ (남, 1968년생)	선원들의 현황, 기장멸치축제와 지역 사회의 실태	선원	- 계절노동자 겨울 : 대변 병어잡이 봄, 여름, 가을 : 충청도 꽃게잡이
서○○ (여, 1968년생)	소상인들의 상행위, 기장멸치축제와 지역 사회의 실태	소상인	- 대변마을 어부가로 시집옴
최○○ (남, 1964년생)	대변어촌계 및 기장멸치축제 현황 및 실태	前 원자력발전소 現 대변어촌계장, 축제위원장	- 대변에서 고등학교까지 졸업 - 귀어한 지 14년 - 세습제
함○○ (여, 1948년생)	기장 특산물 미역과 다시마의 상행위	소상인	- 미역장사 50년 - 현재는 아들이 배 2척으로 미역 어획

②조사 방법 : 사전 질문지를 작성해서 1회 면담조사 실시, 본문에서의 기술방법은 구술조사를 바탕으로 재구성하되, 구술자의 구술내용 중 특정한 공간이나 사건 그리고 제도 및 문화양상 등은 관련 문헌자료 및 신문자료 등을 함께 검토해 구술의 객관성을 검증하는 과정을 거쳐 기억과 기록의 간극을 최소화하고자 했다.

2. 기장 해양 관광축제의 특성

해양 관광축제는 해안지역의 경제 활성화와 부수적 효과 창출을 위해 해양자원이나 해안지역의 역사·문화를 활용하여 이뤄지는 지역 주민 중심의 이벤트이다.[2] 이에 해양과 자연의 아름다움을 경험하며 관광객들에게 색다른 문화와 역사를 전달해 지역 주민과 방문객 모두를 대상으로 지역 경제 발전과 관광산업 활성화에도 큰 역할을 한다. 부산은 1963년 직할시로 승격하면서 항만 기능을 중심으로 급격한 성장속도를 이루어 대한민국 제2의 도시로 지속적인 발전을 해왔다. 전국적인 대규모 해수욕장을 비롯한 천혜의 해양 환경과 자연관광자원을 지니고 있으며 이런 자원을 활용한 해양 관광축제 또한 다양한 패턴[3]으로 시행되어 왔다. 그리고 부산의 해양 문화관광형 축제로는 다양한 종류[4]가 있지만 본 장에서는 기장멸치축제를 중심으로 부산 해양 관광축제의 특성을 알아보고자 한다. 먼저 기장멸치축제 특성에 들어가기 전에 축제장인 대변마을의 형성 배경과 기장 멸치잡이에 대해서 살펴보자.

---

2 정석중·정유준, 『해양관광론』, 대왕사, 2013, 297면.

3 ① 해양의존형
스포츠형(윈드서핑, 보트, 요트, 스킨스쿠버 등), 휴양형(해수욕, 바다낚시 등), 유람형(해상유람, 해저유람 등)
② 해양연관형해양문화 관광, 어촌 관광, 도서 관광, 생태 관광 등
김성귀, 『해양관광론』, 현학사, 2013, 48~49면 참조.

4 광안리어방축제, 기장멸치축제, 기장미역·다시마축제, 기장붕장어축제, 부산자갈치축제, 가덕숭어들이축제, 가덕대구축제, 대저토마토축제, 명지전어축제, 철마한우불고기축제, 금정산성막걸리축제 등

1) 기장 대변마을 형성 배경

기장멸치축제는 부산광역시 기장군 기장읍 대변리에서 개최되며, 기장機張 지명은 『삼국사기三國史記』에 757년 갑화양곡甲火良谷현에서 기장현으로 개칭하였다는 기록이 있는 것으로 보아 통일신라시대부터 사용되었음을 알 수 있다. 당시 갑화양곡의 의미는 바다에서 육지로 귀환할 때 처음으로 닿는 마을이라는 뜻이었고, 『고려사高麗史』에는 기장의 별호別號를 차성車城이라 했는데 이것은 해안과 접하는 군사상의 요충지로서의 의미를 가지고 있다.[5] 대변마을은 고려시대에 마을이 형성된 것으로 추정되며, 조선시대에 기장현 읍내면 무지포로 불리다가 1895년에 읍내면 용암동이 되었다. 조선 후기에 지금의 대변항을 대변포大邊浦라고 불렀는데, 이는 '대동고대동미 창고 부근의 포구'라는 뜻인 대동고변포大同庫邊浦의 줄임말이며 이것이 1914년 군면 정비 때 동래군 기장면 대변리라는 이름으로 정착된 것이다.[6] 대변항은 부산항과 함께 1876년에 개항하였고 내·외 무역거점이었으며 대일 관계 주요 관문이었다. 개항 이후 부산항에 거점을 둔 조선어업협회의 1898년 9월 대변항 조사[7]에 따르면, 대변마을은 대변포 정동쪽에 위치해 40호 정도로 160명 정도가 거주하고 있었고 대변포 사람들은 농업과 어업을 비슷하게 하고 있는데[8], 대

---

5 기장군지편찬위원회, 『기장군지』 상, 2001, 209~210면; 부산광역시 기장군, 『기장향토사 교과서』, 2012, 43면.

6 「대변항 이름은… '대변항'은 '대동고 주변 포구'에서 유래」, 부산일보, 2008.4.17; 「대변리」, 『한국향토문화전자대전』, 2023년 2월 14일 확인(1973년 경상남도 양산군에 통합, 1980년 기장면이 기장읍으로 승격, 1986년 양산군 동부출장소 관할, 1995년 부산광역시에 편입되며 부산광역시 기장군 기장읍 대변리가 되어 현재에 이른다).

7 국사편찬위원회, 「조선 어업관계」, 『한국근대사자료집성』 5, 2002, 235면(부산연구원, 「마을의 미래V 부산기장 해안마을」, 『부산학연구총서』, 부산학연구센터, 2021, 39~40면에서 재인용).

8 현재는 본업이 아닌 부업으로 텃밭처럼 운영하는 사람은 조금 있지만 대다수는 농사를 짓지 않는다(2023년 3월 8일 대변마을 대변어촌계장 최○○(남, 1964년생) 인터뷰).

변포 만에는 조선인 어선이 많이 정박되어 있었고 조선인들이 많이 잡는 어종은 멸치鰯와 청어류이었음을 알 수 있다.

또 개항 이후에는 일본 어민들이 조선으로 이주하여 이주어촌을 형성하였는데 대변은 자유 및 보조지원이 혼합된 이주어촌[9]이다. 1896년 처음으로 오카야마현 히비日比마을에서 삼치류망鰆流網 어선 10척의 통어를 비롯해 1908년 1월에는 후쿠오카현 치쿠호筑豊수산조합에서 토지를 구입하고 가옥을 건설해 보조이주어촌 12호를 이주시켰다. 그 후 해마다 이주민이 증가해 1921년 대변 이주어촌의 일본인은 35호 114명남 56명, 여 58명이었다.[10] 이들의 직업을 보면 어부가 39.5%로 가장 높았고 그 다음은 음식업・요리업이 14%, 중매업, 금대업 및 여관 등의 소비성 도시의 직업군이 포함되어 있는 것이 특징이다. 그 이유는 대변항은 통어선들의 왕래가 많은 소비성 항구로서의 기능을 가진 수산항이었기 때문이다. 또한 면사무소와 주재소 등의 식민지 지배기구에 근무하는 사람들도[11] 있었고 대변에 이주한 일본인들은 조선인 마을에 인접해서 거주했다.[12]

1921년 당시 조선인 인구는 일본인보다 5~6배 많았는데 조선인은 103호에 남자 325명, 여자 312명 등 총 637명이 거주하고 있었다. 대변에 거주하는 조선인의 직업은 어업 60호, 농업 29호, 잡화상 2호, 음

9 자유이주어촌과 보조이주어촌에 대한 상세한 설명은 吉田敬市, 『朝鮮水産開発史』, 下関 : 朝水会, 1954, 247~282면.

10 절영도는 1,138호 4,214명(남 2,211명, 여 2,003명), 하단은 43호 174명(남 90명, 여 84명), 용당은 23호(남 53명, 여 47명)이었다(慶尚南道 編, 『慶尚南道に於ける移住漁村』, 1921, 93~114면).

11 부산광역시 기장군, 앞의 책, 81면.

12 慶尙南道 編, 앞의 책, 115~122면.

식점 7호, 기타 5호로 구성되어 있었다. 일본인과 조선인이 함께 거주하는 마을이었기 때문에 어업과 다른 분야에서 협력하고 청년회와 소방조직을 같이 구성하고 있었다.[13]

일제강점기 기장 어민들이 주로 잡은 해산물은 멸치, 갈치, 붕장어, 고등어, 광어, 상어, 조기, 미역, 우뭇가사리 등이었다. 멸치는 일본인이 어업의 대상으로 삼은 '중요 수산물' 중의 하나였다. 멸치는 '鰮いわし'라 쓰고, 이것은 '대부분 등이 검은 멸치背黑鰮'라고 설명하고 있다. 대변에는 수산물 제조업자도 있었는데, 이들은 멸치를 쪄서 말리는 가공업, 멸치 압착 작업멸치기름을 빼고 나머지 멸치는 비료로 사용, 고등어 염장 일에 종사하였다. 그리고 어민 중에는 부업으로 농업에 종사하는 이들도 있었는데 보리, 콩, 채소 등을 경작하였다.[14] 한층 대변은 일본인 어부들에 의해 동력선이 유입되고 기선유자망방식이 도입되어 기장 대멸치의 산지가 되었다. 그리고 대변항은 1932년부터는 총공사비 10만원 예산으로 대변방파제가 축조[15]되었고 광복 이후는 미국 국제협력처ICA 원조사업1955~1961.12의 일환으로[16] 항만 중앙부의 축조공사가 이루어졌다. 대변항에는 1967년 7월 어선 급유탱크가 세워지기도 하였고 또 「어항법」에 근거하여 1971년에 1종 어항[17]으로 지정, 개발되었다.

---

13 부산연구원, 앞의 책, 51면.

14 위의 책, 52면.

15 부산광역시 기장군, 앞의 책, 83면.

16 View of Revetment Rehabilitated under FY1955 Program, 1958.11.12, 소장처 : 국립문서기록관리청(NARA)(출처 : 전자사료관 사료참조코드 AUS056_ 03_00V0000_ 073, 부산연구원, 앞의 책, 58면, 재인용).

17 1종 어항은 수산청장이 관리하는 어항으로 2001년에 항종이 국가어항으로 변경되기까지 일컬어졌다.

2) 기장멸치와 유자망협회

대변마을의 주산업은 어업이고 특히 봄과 가을에 잡는 멸치가 주종을 이루며 봄멸치는 3~6월 초이고 가을멸치는 12~1월까지이다. 봄멸치는 길이가 10~15센치미터나 되는 대멸치로 육질이 부드럽고 고소한데다 씨알도 굵어서 횟감으로 좋고, 가을멸치는 15~20센치미터로 생선의 자태를 띠면서 찌개용으로 제격이다. 대변항은 동해와 남해의 경계이자 한류와 난류가 교차하는 곳으로 좋은 어장이 조성되어 있어 멸치잡이가 성하다. 특히 멸치어장으로서 가깝게는 대변 앞바다에서 부산 태종대까지이며 이곳은 물 회전이 좋고 수온이 낮아 물고기들이 알을 낳기 좋은 환경이기 때문이고, 멀리는 대마도 경계수역까지이다.[18]

멸치는 연안 회유어로 김려의 『우해이어보』1813에는 멸치를 한자로 멸아鱴兒라고 불렀다. 기장멸치는 조선총독부 농상공부에서 발행한 『한국 수산지』1910에 기록되어 있다. 개항 시기 부산으로 이주해 온 일본인이 조기, 청어, 갈치, 복어를 언급하면서 멸치와 정어리를 언급했는데, 일본자료는 멸치와 정어리를 구분하지 않았다. 그렇지만 조선어업조합중앙회에서 발간한 『조선어업요람』1942에서는 정어리와 멸치를 분명하게 구분하고 있다.[19] 일제강점기 대변마을이 일본인들의 어촌기지가 되면서 일본의 어업기술이 도입되어 후릿그물을 이용한 멸치잡이에서 기선유자망을 이용한 대멸치잡이로 변화하였다. 기장 멸치잡이 방법은 그물을 사용하는 방식에 따라 고정자망과 유자망으로 나뉜다. 고정자망은

---

18 2023년 3월 8일 대변멸치유자망협회 선주 김○○(남, 1970년생)인터뷰.

19 지역문화진흥팀, 「싱싱한 봄멸치 구경오세요! 기장멸치축제」(https://ncms.nculture.org/local-festival/story/414(검색일 : 2023년 3월 24일)).

뭍에 그물을 고정시켜 지나가는 멸치를 잡는 방식이고, 유자망[20]은 배를 이용하여 바다에서 멸치의 이동로에 그물을 쳐서 잡는 방식이다. 즉 그물을 수면에 수직으로 펼쳐서 조류를 따라 흘려보내면서 멸치가 그물코에 꽂히게 해서 잡는 어망이다.

그럼 멸치축제의 근간인 기장 멸치잡이의 수량부터 판매과정까지 관할하는 멸치유자망협회에 대해서 선주 김○○ 씨남, 1970년생 인터뷰를 바탕으로 실상을 살펴보자.

현재 대변마을에 유자망어선은 12척이 운용되며 1척당 1선주로서 12명의 선주가 있다. 이 선주들 중에서 부모로부터 세습은 4명 정도이고 나머지는 자수성가를 한 경우다. 멸치유자망협회의 역사는 40~50년 정도 되었고 여기서 선주들이 향후 멸치를 잡는 시기에 대한 시종 및 어획장소 논의 그리고 협회가입조건 등을 협의한다. 유자망협회 회원자격은 수협의 조합원으로 5년 이상이 돼서 대변어촌계에 가입한 이후부터 가입신청서를 낼 수 있다. 그리고 가입신청서를 냈다고 해서 다 회원이 되는 것은 아니고 심의를 거쳐서 회원자격을 결정한다. 가령 가입희망 선주가 큰 배소유자로서 향후 많은 어획량이 예측되는 경우는 결국 과잉멸치잡이로 인해 가격하락을 초래하기에 회원으로 받지 않는 등 협회 자체 내에서 조율해서 결정한다. 그러나 유자망협회의 진행방식에 대한 불만을 제기하는 어민들[21]도 있었다.

한 선주에 멸치잡이 선원은 기본 7~8명이고 큰 배는 10명이며 선원들의 국적은 보통 한국인과 외국인이 반반 정도이다. 한국인은 40대 후

20 유자망어법에 관한 자세한 설명은 「기장멸치 잡는 자망어법」, 수협중앙회, 2014.4.28 참조.
21 「멸치잡이 선주들 갑질 … 잡자마자 버려지는 기장멸치」, 연합뉴스, 2019.1.6.

반부터 60대 초반으로 젊은 층은 거의 없고 외국인은 주로 베트남이 많으며 인도네시아도 소수 있다. 유자망협회에서는 그물에 걸리는 물고기 양을 계산하여 그물 놓는 길이를 스스로 조절해 잡을 수 있는 멸치물량을 정해놓고 철저하게 통제를 한다. 즉 멸치를 일정 이상 잡으면 더 이상 잡지 않도록 하고, 또 본의 아니게 초과해서 잡은 멸치는 덜 잡은 동료 멸치 배에 나눠 주는 것이다. 그리고 나눠줄 동료가 없을 정도로 다 충족이 되었다면 초과해서 잡은 멸치는 협회에 귀속시켜 협회예산에 부족한 부분을 보충한다. 이와 같은 협회 귀속 방식은 선주든 선원이든 누구나 수긍한 사실이고, 이것은 곧 멸치어장을 고갈시키지 않고 다음 세대로 넘겨주는 가장 효과적이면서 강렬한 자구책이 되었다. 기장군은 유자망협회가 어물을 구입할 경우 1년에 톤당 30만원을 지원한다.

그러나 멸치유자망협회 회원들이 가장 고통을 하소연하는 것은 바닷가 내부의 쓰레기였고 이 부분은 제3장 기장멸치축제와 지역 사회의 실태 부분에서 상세하게 설명한다.

3) 기장멸치축제

(1) 배경 및 특성

기장멸치축제는 1997년 제1회 대변멸치축제로 시작되었고 매년 4~5월에 대변항에서 개최된다. 대변항은 부산에서 유일하게 다대포항, 천성항과 함께 국가어항이며 1931년 당시 길이 180미터 폭 5미터로 부산과 방어진의 중간 어항으로서 옛적부터 동해안을 항행하는 선박들의 피난항이었다. 해방 후에도 대변마을의 주민들은 대부분 멸치잡이에 종사하였는데 갓 잡은 대멸치는 대변의 가정에서 젓갈을 담아 먹거나 멸치회나 찌개, 구이로 요리해서 먹기도 하였다. 1970년대에는 가정에서 소비되는 멸치를 제외하고는 상업용으로 판매하지 않았고 대부분은 큰 가마솥에 끓여서 건조하여 닭 사료 공장에 판매했다. 그 후 1980년대부터는 멸치젓갈을 상품화하여 판매하기 시작하였으며 전문 젓갈공장이 들어서기 시작했다.[22] 대변항에서 생산되는 멸치젓갈은 지난 20 09년 기준 연간 3천 9백 톤40억 원 상당으로 우리나라 전체 멸치젓갈의 약 15%를 차지하고 있다.[23] 이와 더불어 현재 대변항에서의 멸치잡이는 전국 멸치유자망 어업 어획고의 60% 정도를 차지하는 국내 최대의 멸치산지로 멸치회를 맛볼 수 있다. 그리고 어획한 수산물을 중심으로 대변리 해안을 따라 멸치관련 음식을 판매하는 상점과 멸치회를 비롯하여 장어구이를 전문으로 하는 횟집들이 들어서기 시작했다.

1종 어항인 대변항은 2001년 어항법의 개정에 따라 국가어항으로 재지정되었고, 2003년 2월에는 대변마을이 '아름다운 어촌 100선'에 선정[24]되었다. 2007년부터는 총 공사비 273억 원이 투자돼 해양 관광, 수산물 유통, 휴양시설 등 수산업의 경쟁력 강화를 위한 복합기능을 갖춘 어항을 개발했다. 그리고 2008년 7월에 착공한 대변항 다기능어항[25] 공사는 기본 콘셉트를 항구에서 장시간 머물며 쉴 수 있는 방향으로 설정했다. 주요사업 내용을 보면 대변항 내를 산책할 수 있는 약 2.5킬로미터의 둘레길 및 멸치털이장이 신설됐고 공원도 조성됐다. 수변전망데

22 부산연구원, 앞의 책, 58~59면.
23 「기장군 대변항 새 명소로 '우뚝'」, 『부산일보』, 2011.3.16.
24 농림수산식품부, 「두바퀴로 네바퀴로」, 『한국어촌어항협회』, 2010.1, 340면.
25 다기능어항은 해양수산부 주관으로 수산업 중심에서 서비스업이 주종을 이루는 3차 산업으로의 체질 개선을 위해 관광, 레저 잠재력이 큰 국가어항에 해양 스포츠장비 수용시설까지 갖춘 어항을 말한다.

크·보도교 등 관광객이 쉴 수 있는 친수시설 설치와 함께 약 3만 3천 제곱미터의 넓은 배후부지도 조성됐다.[26] 이와 같은 다기능어항공사는 2012년 6월 28일 준공되었고 이후 기장지역에서 개최되는 멸치축제와 더불어 대변항이 부산지역의 새로운 관광 명소로 부각되는데 큰 기능을 하였다.

(2) 사례 및 특성

기장멸치축제의 개최지는 대변항과 앞바다가 멸치어장으로 형성되어 있어, 가령 멸치관련 체험일 경우에도 어민들이 먼바다로 나가지 않고 충분히 멸치를 잡아서 바로 항구로 이송할 수 있다는 이점이 있다.즉 신선한 멸치를 즉석에서 바로 체험할 수 있는 천혜의 자연 조건에 둘러싸여 방문객들의 호응도를 높이고 축제의 질을 더욱 풍성하게 만들 수 있는 입지적 조건이 형성되어 있다는 것이다. 기장멸치축제의 목적은 다른 축제[27]와 마찬가지로, 봄철 대표적 먹거리인 기장멸치를 널리 알리고 대규모 축제 행사를 통한 소비 촉진으로 지역 경제를 활성화시키기 위해서이다. 부산의 대표적인 축제로 자리잡은 기장멸치축제는 전국 최초의 수산물 단독 축제로 해마다 백만여 명이 기장을 방문하고 있었다. 이에 2008년과 2009년, 2019년에 부산광역시 우수 축제로 선정되었다. 그러나 2019년에 열리고 코로나로 행사가 중지되었다가 2022년 5월 20~22일 자로 부산 기장군과 기장멸치축제추진위원회를 중심으로 3

---

26 「대변항 어항기능 강화」, 『부산일보』, 2009.1.11; 「대변항 '관광어항' 대변신」, 『부산일보』, 2012.7.07.

27 가덕도대구축제의 목적과 일치함을 확인(2023년 1월 16일 대항동어촌계사무실에서 대항동어촌계장 김○○(남, 1962년생) 인터뷰).

년 만에 제26회가 개막된 것이다.

기장멸치축제는 기장군 주관하에 예산 및 행정적인 지원을 해주고 행사주최는 기장멸치축제추진위원회에서 진행한다. 대변마을 어촌계의 주민을 비롯해서 부녀회, 청년회 더 나아가 기장군 청년연합회 등에서의 봉사가 많이 이루어진다. 현재까지 시행된 기장멸치축제 프로그램은 해마다 축제 일정에 맞추어서 다양한 행사가 실시되었다. 세부행사는 해마다 다소 차이는 있으나 일반적으로 3일에 걸쳐 맨 처음 '풍물패 퍼레이드'로서 축제의 시작을 알리고 행사장 분위기 고조를 위한 풍물패의 신명나는 놀이마당으로 시작한다. 또한 '멸치축제 깜짝 경매'도 3일에 걸쳐 실시되는데 기장 특산품인 기장멸치, 미역, 다시마 등 수산물을 즉석에서 저렴하게 구매하게 함으로써 기장멸치를 널리 알리고자 함이다. 기장의 놀라운 주말 프로그램인 '멸치기네스'는 멸치 까기, 멸치 널기, 멸치회 비비기, 멸치회 무료시식회 등 멸치를 이용한 다양한 행사를 실시한다. 이 이외에도 체험 프로그램으로 멸치털이, 대변 어선들의 화려한 퍼레이드, 대변항에서 어획되는 활어를 맨손으로 잡아보는 맨손활어잡기, 페이스페인팅 등이 있었다. 그리고 은빛콘서트, 버스킹 페스티벌, 기장멸치와 관련된 다양한 퀴즈프로그램 및 레크리에이션, 기장품바쇼, 기장멸치 팝페스티벌, 기장멸치 가요제 등 지역 주민을 위로하기 위한 이벤트성 축하공연도 실시되었다. 이와 같은 프로그램은 명칭에서 드러나는 '멸치'만을 강조하는 것이 아닌, 지역축제가 지향하는 오락성과 교육성, 재미를 추구하는 다양한 부대행사를 마련하고 있다. 특히 2016년, 2017년도에 대변초등학교 운동장에 체험 프로그램 존이 형성되었는데 여기서 주로 가족 단위의 방문객을 위해 어항 향초 만들기, 천연비누 만들기, 바닷속 풍경 액자 만들기, 목검 꾸미기, 전통활 만들기, 거리의 화가, 이동 동물원, 매직 비눗방울 체험, 민속 문화 체험 등의 다양한 프로그램을 실시하였다. 이렇게 많은 프로그램을 진행하다 보니 다소 지나치게 다양한 행사를 하는 것처럼 보일지도 모른다. 그러나 어린이를 동반한 참여자들에게는 보다 더 즐겁고 유익한 체험을 할 수 있는 계기제공으로 향후 기장멸치축제에 대한 호응을 높이고 또 대변항으로 계속 찾아오는 축제로 거듭날 수 있을 것으로 여겨진다.

기장멸치축제의 특성[28]은 지역 특산물 및 수산물인 멸치를 소재로 한 차별화되고 발전 가능성이 높은 축제이다. 그리고 천혜의 해안 경관과 주변 관광지를 연계한 관광 상품 개발로 21세기 미래형 해양 관광도시 기장군의 이미지를 부각시킬 수 있는 봄철 축제이다. 이렇게 기장멸치축제는 축제 기간 동안 외래 방문객에게 볼거리, 먹거리 등을 제공하여 지역 이미지를 제고시키고, 지역민의 화합 축제를 통한 대외 경쟁력 확보와 대내적인 홍보를 통한 지역 경제 활성화에 기여해 왔다. 또 기장멸치축제를 통한 다양한 해양·어촌 관광 프로그램을 구성하여 지역민의 문화관광적 자긍심을 고취하고 있다. 이와 같은 특성을 지니지만, 한편 기장멸치축제 이후 지역 사회의 실태와 주민들의 생각과 느낀 점 등에 대해서는 제각기 달랐다. 기장군의 특산물인 멸치를 주축으로 미역·다시마축제와 더불어 기장군을 전국적으로 알리고 해양 관광도시 기장의 브랜드 가치를 높이는데 기여한 것으로 평가받고 있지만, 축제를 준비

28 유형숙, 『기장멸치축제 방문객 분석 및 축제 평가 보고서』, 기장멸치축제추진위원회, 2016~2019, 7면. 2020·2021년은 코로나로 축제 미실시, 2022년에 대한 보고서는 기장군청에서 아직 미발간한 상태이다.

하는 과정에서나 그 이후 주민들의 만족도는 다 높았을까? 다음 제3장에서는 보고서와 기장주민들의 인터뷰를 통하여 기장멸치축제와 지역사회의 실태가 어떠한지에 대해서 기술하고자 한다.

3. 기장멸치축제와 지역 사회의 실태

유형숙2016~2019 보고서에 따르면, 기장멸치축제 주 방문객은 60대 이상의 방문객으로 부산시기장군 포함의 거주자가 많았다. 타 시도에서 온 방문객은 주로 경상남도, 경상북도, 울산광역시, 대구광역시, 서울특별시의 순으로 나타나 기장군과 지리적으로 가까운 경상권 방문객이 많은 것으로 나타났다. 이것은 현재 타지역에서 대변항까지 오는 교통편이 원활하지 못한 실태도 영향을 끼쳤을 것이다. 그리고 축제 관람기간은 본 축제장에서의 3~5시간 이내 체류시간이 61.4%를 차지할 정도로 당일 하루가 가장 많이 나타났다. 이것은 방문객들이 연이어서 축제에 참가할 수 있도록 숙박시설이 충분하지 못한 실태와도 연관성이 있다고 볼 수 있다. 또 축제장에서 체류하는 시간을 연장할 수 있는 프로그램 개발과 주위 관광지역과 연계한 프로그램 개발이 부족한 실태에서이다.

기장군 주민의 기장멸치축제에 대한 의미 분석을 살펴보면, 지역 특화 축제로 발전 및 육성시키려는 의지와 축제로 인한 기장군에 대한 애착심, 주변사람들에게 구전 추천 등은 인지도가 높은 항목으로 적극적으로 동의하고 있었다. 그러나 축제 개최에 따른 자긍심과 타지역 지인에게 축제 구전 홍보, 축제가 나에게 특별한 의미인가 등에 대한 항목들에 대해서는 소극적인 자세를 나타냈다.

한층 기장멸치축제에 대한 방문객들의 만족도 조사는 축제 방문객들이 인지하는 재방문 및 방문 유도, 지역 문화, 안내·해설, 재미, 먹을거리, 살거리, 안전에 해당하는 항목들에 대해서는 만족도가 높게 나타났다. 그러나 프로그램, 사전 홍보, 접근성 및 주차장에 해당하는 항목들은 만족도가 대체로 낮게 나타났음을 확인할 수 있었다. 그리고 축제 방문객 행사 프로그램에서, 멸치회 무료시식회, 멸치털이 체험, 대형 멸치회밥 만들기, 미역채취 체험, 맨손 활어잡기, 어업지도선 승선운항 체험, 워터보드쇼, 불꽃쇼, 멸치축제 깜짝 경매, 기장멸치 가요제 등의 프로그램은 기장멸치축제의 흥미성, 주제성, 가족 단위 측면에서 우수평가를 받고 있기에 중점적으로 육성할 필요성이 있음을 알 수 있었다. 반면 멸치털이 체험은 축제 당일 상황에 따라 멸치를 어획한 배들이 들어와서 실시되는 프로그램으로 정해진 시간과 장소에서 방문객들이 멸치털이를 체험하기가 힘든 실태이기도 했다. 또 멸치 털기를 할 때, 뒤에서 떨어진 멸치를 주어가려는 방문객들의 행동이 지나쳐서 털기 조업을 방해하는 경우가 발생했다. 또한 2019년에는 축제장의 보행로에 루미나리에를 설치하다보니 도로가 혼잡성을 나타내기도 했다. 반면, 2019년부터 축제 기간 중의 날씨를 고려해서 체형 돔 구조물을 설치해 주 무대와 객석이 마련된 경우는 더운 날씨나 우천 시 행사진행에 많은 도움이 되었다는 것이다.

다음은 설문조사에 따른 보고서와는 달리, 현재 거주하는 대변주민들의 인터뷰[29]를 통해서 좀 더 심도 있는 기장멸치축제와 지역 사회의 실태에 대해서 구체적으로 알아보고자 하자.

기장멸치축제추진위원장 최○○ 씨남, 1964년생에 의하면, 축제 준비기간은 보통 매년 서너 달 걸리는데 작년에는 급하게 시작되어 한 달 정도 준비를 했다고 한다. 총 3억 4천의 비용이 들어갔으며 예산이 있었던 것도 아니었고 거의 협찬을 받아서 진행되었고 군에서 1억 원 지원을 해 주었다. 그 이외에도 수협, 멸치유자망협회, 해조류양식협회, 소형선박협회, 상가번영회, 오양조선소, 공사업체, 소상인 등에 의해서 총비용의 액수정도는 다 충족되었던 것이다.

기장멸치축제는 성수기인 봄에 제철 맛을 보기 위해 사람들이 축제에 참가를 하고 또 축제로 인한 시너지 효과로 축제 이후에도 약 2달간은 계속해서 손님이 방문한다. 이처럼 멸치축제와 아울러 멸치 철에는 사람들의 유입이 많지만, 그 이외 계절에는 외부손님 방문이 거의 없다. 이에 깜짝 봄철 멸치장사로 1년을 어민들이 유지 및 관리하기가 힘드니까 현재 횟집들이 다 도태되고 있는 실정이다. 따라서 어촌계에서도 대변이 향후 지속적인 유지가 가능한 업종인 특산물로 변경을 했고, 실제로 축제 때도 멸치회를 먹을 식당이 별로 없어서 부녀회를 중심으로 멸치회 무료시식회를 하도록 프로그램화했다. 그러나 실제로 멸치회 무료시식회를 실시하려면 멸치를 미리 까야 되는데 일손이 거의 없다는 애로사항이 많다. 이에 작년에는 급하게 하다 보니 멸치구이만 했고 올해는 무료시식회를 1시간에서 30분으로 축소 변경했다. 부녀회에서 봉사로 무료시식회를 준비한다고 해도 축제 당시 부스를 운영하다보면 수입이 어떤 경우는 7천만 원까지 올라온다고 한다. 부스에 대한 운영방법

29 앞에서 제시한 대변주민 6명의 인터뷰를 중심으로 기장멸치축제와 지역 사회의 실태에 대해서 기술하지만, 이것이 대변마을 주민의 전체생각을 일반화 한 것은 아니라는 것을 미리 밝혀둔다.

은 공개입찰을 하며 어촌계원들 뿐만 아니라 기타 외부인도 부스 사용료를 내면 장사가 가능하다. 부스사용료는 하루에 백만 원부터 시작해서 30만 원까지 있으며 또 봉사 단체에게는 무료로 제공해주기도 한다.

그렇다면 축제 기간 동안에 멸치축제에 직접 참가하지 못하는 주민들의 불만은 없는 것일까? 보고서[30]에 따르면, 축제 기간 동안 주민들은 생업을 접고 축제에 참여하여 멸치손질과 행사를 보조하는 여러 업무를 하지만 돌아오는 것은 아무것도 없다고 하소연을 한다는 것이다. 특히 행사하는 동안 100여 명이나 되는 인원이 동원되어 멸치를 털고 손질하고, 방문객이 버린 오염물질을 수거하고, 행사장 주변을 청소하는 일에 동원된다. 반면, 어떠한 보상도 이루어지지 않아 많은 피해를 감수하고 있다면서 축제에 대해 회의적인 시각을 뚜렷하게 드러내었다. 또 축제 기간 동안 장소제공과 잡무를 하지만 정작 이 축제가 끝나면 축제에 대한 회계보고나 내용을 전달하는 것에서는 소식을 들을 수 없다는 것이었다. 적어도 생계를 위한 노점도 하지 못하면서 이 같은 처우를 받는 것이 타당한 것인가에 대해 회의를 갖고 있다고 기술하고 있다.

그러나 대변주민의 인터뷰[31]에 의한 기장멸치축제와 지역 사회의 실태는 다음과 같다. 먼저 최○○ 씨남, 1964년생의 인터뷰에 따르면, 축제 기간 동안 어느 누구의 강요가 아닌 어촌계를 비롯한 청년회, 부녀회, 상가번영회, 멸치유자망협회, 해조류양식협회, 소형선박협회 등에서 자치적으로 협조를 한다고 한다. 멸치회 무료시식회를 위한 멸치 까는 손질도

30 부산연구원, 앞의 책, 241면.

31 김○○(남, 1970년생), 김○○(남, 1965년생), 서○○(남, 1968년생), 서○○(여, 1968년생), 최○○(남, 1964년생), 함○○(여, 1948년생)

부인회에서 주최가 되어 적극적이고, 또 부인회에서 운영하는 부스는 물론이고 공개입찰로 선정된 각 부스에서의 임대료 등의 수입이 들어오면 축제 비용에 사용되고 남은 금액은 다시 주민들에게 다 배당을 해주는 형태다. 그리고 이전에는 다소 강제성으로 행사장 주변 청소에 동원되었는지는 모르지만, 현재는 행사가 끝남과 동시에 바로 부스철거에 들어가고 대형돔은 위험하니 장비 크레인이 들어와서 그 다음날에 해체를 한다. 축제 기간 동안 주위 청소는 기장군청 해양수산과 직원들이 나와서 해주고 심지어 청소 건에 대해서 수시로 전화를 해도 매번 나와서 깨끗이 치워주기에 주민들은 불만을 제기하지 않는다는 것을 알 수 있었다. 또 축제가 끝난 후에도 결산보고를 다하며 개중에 몇몇 주민들이 참석을 안 해서 모르는 경우는 있다. 작년에는 축제를 급하게 준비를 했는데도 협찬이 많이 들어와서 총경비를 제외하고 돈이 남아서 경로잔치를 열었다. 그리고 옛날에는 축제 기간에 노점상인들이 다 쉬었지만, 현재는 멸치부스도 별도로 있고 또 노점상들이 연화1길로 다 이전되어서 장사를 할 수 있는 공간이 별도로 마련되어 있다. 이처럼 대변항 주민들의 인터뷰를 통해 알게 된 현재 실태가 이전의 보고서와는 많이 다르다는 것을 확인할 수 있었다. 한편 축제 체험행사인 멸치털이는 너무나 힘든 작업이고 또 행사이후 청소 및 정리할 것이 많아서 봉사를 하려는 어민들이 거의 없기에 한국인은 소수에 불과하고 대부분 외국인들[32]이 한

32 외국인 노동자 출신지는 베트남과 인도네시아이지만 베트남이 대부분이다. 멸치 철에는 전국에서 약200~300명이 모이나 이 시기가 지나면 거의 다 떠나는 계절노동자이다. 올해부터 단기 5개월짜리로 합법적인 노동자 40명 정도 이주 예정이며, 외국인 선원들의 대우는 숙식제공과 월급 260만 원이다(최○○(남, 1964년생) 인터뷰). 베트남 노동자들은 본인들끼리 페이스북에 공유해 사기도 잘 치며 배에서 일부러 넘어져서 보험금도 타먹는 장난질을 잘하는 사람이다. 그러나 선주는 선원이 부족하기 때문에 하는 수 없이 외국인 노동자를 거의 떠받들고 있는 상황이

다. 이에 올해는 멸치털이 체험은 안하고 미역채취, 맨손활어잡기 체험 등을 실시했다. 생업인 멸치털이 종사자들이 작업을 하면 대변항은 오수처리장이 없어서 항구가 오수로 다 차서 물이 많이 부패되어 까맣게 되고 멸치자체에서 나오는 기름이 둥둥 떠다닌다. 주민들은 불만이 있지만 그래도 같은 지역 사람이고 또 이 봄 한철에 멸치판매를 해서 전국적으로 60~70%를 유통시키기에 동고동락하기 위해 서로 배려하고 참아준다. 이처럼 대변항에서는 오수처리가 불가능하여 현재까지는 펌핑해서 부산시 하수처리장으로 보내지만 올해부터 20억을 투자해 새 건물을 지어서 멸치 씻는 오수도 다 처리될 수 있도록 계획하고 있다.

한편, 김○○ 선주남, 1970년생와 서○○ 선원남, 1968년생은 멸치잡이를 하는데 가장 큰 고통이 바닷속 쓰레기라고 피력한다. 김○○ 선주남, 1970년생에 의하면,

> 작업하면서도 시껍하는 거지만 진짜 이래가 되겠나 싶은 생각밖에 안든다니깐요. 바다 쓰레기 말입니다. 멸치유자망 같은 경우에는 어군탐지기를 사용해서 몇 미터 지점에 물고기가 있으면 그거 맞춰 갖고 그물을 투하하지만 병어 같은 다른 물고기는 바닥을 잘 기어 그 바닥을 쓸고 가야 된다는 소리거든요. 빗자루 쓸 듯이. 태풍에 날아오는 거는 다 떠내려 나오니까 바다로 냉장고 뭐 통발 하여튼 어구란 어구는 다 있고 찌끄레기는 말도 못하고 어마어마합니다.

라고 푸념을 한다. 법적인 절차를 받아서 들어온 외국인 노동자는 5년 동안 이 지역에 거주 가능하고 또 어떤 사업장에서 꼭 외국인이 마음에 들고 그 외국인도 더 연장해서 체류하기를 원한다면 한 사업장에서의 한 명은 10년 동안 거주가 지속 가능하다(김○○(남, 1970년생) 인터뷰; 서○○(남, 1968년생) 인터뷰).

선원들의 하소연은 그물에 걸어 올라온 쓰레기들은 개흙도 묻어 있고 냄새도 나지만 어민들에게 씻겨 달라면 씻겨도 줄 것인데 문제는 수거를 해 둘 곳이 없다는 것이다. 태풍 뒷날 어로행위를 하면 배한 척에 약 2~3톤은 쓰레기라고 하는데 이 쓰레기를 어업자들이 저 멀리 가져가서 버리려고 하니 기름 값 충당문제 등 어쩔 방법이 없어서 다시 바다 속으로 투하한다는 것이다. 그러나 서○○ 씨남, 1968년생의 인터뷰에 의하면, 충청도나 경기도, 강원도에서는 바다에서 건져 올린 쓰레기를 담아두는 자루가 있고 수협에서 쓰레기를 담은 자루를 전부 다 회수를 해 가는데, 아직 기장에는 이런 시스템이 되어 있지 않는 것에 대해서 안타까움을 나타냈다. 결국 이 황금바다가 전부 쓰레기장이 되어 고기가 살 수 없게 될 것임을 걱정했고, 어업자들은 지자체에서 이 바닷속 쓰레기에 대해서 어떤 대책을 세워주기를 간절히 바란다고 피력했다.

이상으로 기장멸치축제와 지역 사회의 실태에 대해서 유형숙2016~2019 및 부산연구원2021의 보고서와 대변주민의 인터뷰를 중심으로 살펴보았다. 즉 방문객의 축제에 대한 만족도와 현주민의 기장멸치축제에 대한 의미 분석, 축제 방문객 행사 프로그램에 대한 실상, 축제를 준비하는 주민들의 생각, 노점상들의 현상, 기장군청의 협조 등을 바탕으로 분석을 해 보았다. 방문객은 60대 이상이 많았고 주로 부산시 거주자가 많았으며 또 축제장에서의 체류시간도 3~5시간 이내가 대부분으로 당일에 돌아가는 실태였다. 기장멸치축제에 대한 만족도 조사를 한 결과, 만족도가 높게 나타난 항목들도 있었으나 프로그램, 사전 홍보, 접근성 및 주차장에 해당하는 항목들은 만족도가 대체로 낮게 나타났다. 특히 멸치털이 체험은 축제 당일 상황에 따라 변수가 생길 수 있었고 체험을 한다고 해도 좀 더 안전 확보에 힘써야 될 부분이기도 하다. 반면 주민들의 인터뷰에 의하면, 보고서와는 다른 실태도 볼 수 있었다. 축제 기간 동안 행사 협조는 어느 누구의 강요가 아닌 어촌계를 비롯한 여러 협회에서 자발적으로 한다는 것이었다. 멸치회 무료시식회를 위한 멸치 까는 손질도 부인회에서 적극적으로 실시하고, 행사장 주변 청소도 기장군청 직원들이 매번 청소를 해준다. 그리고 축제가 끝난 후 결산보고도 공개적으로 하며 총경비를 제외하고 남은 돈은 경로잔치도 열고 매년 배당도 해 준다. 그러나 방문객들에게 인기프로그램인 멸치털이 체험으로 대변항은 오수로 다 차서 물이 많이 부패되어 까맣게 되고 멸치 자체에서 나오는 기름이 둥둥 떠다니는 애로상황에 접한다. 또한 축제에 절대적으로 필요한 멸치를 잡는 어부들은 바닷속 쓰레기로 인해 이 황금바다가 전부 쓰레기장이 되어 고기가 살 수 없게 될 것임을 걱정했고, 정부차원에서 어떤 대책을 세워주기를 간절히 바란다고 피력했다.

다음 제4장에서는 기장멸치축제와 지역 사회의 실태에서 드러난 현황을 바탕으로 기장멸치축제의 활성화 및 글로벌 연계・발전 방안에 대해서 모색한다.

4. 기장멸치축제의 활성화 및 글로벌 연계 발전 방안

1) 기장멸치축제의 활성화

기장멸치축제는 지역 주민과 방문객들이 멸치에 대한 관심을 높이고 다양한 체험과 문화행사를 통해 함께 즐길 수 있는 대표적인 축제 중 하나이다. 그리고 멸치를 비롯한 지역 특산물을 홍보하고, 지역 경제와 문화를 활성화시키는 데 큰 역할을 하고 있다. 이 장에서는 이와 같은 기장멸치축제를 활성화해서 글로벌적으로 연계시켜 발전시킬 수 있는 방안에 대해서 살펴보고자 한다. 먼저 기장멸치축제를 활성화시키는 방법으로서 다음과 같은 방안을 제시할 수 있다.

첫째, 대변항으로 진입하는 길이 복선화되어 있지 못한 관계로 도로의 혼잡성 및 주차공간이 부족한 실태이다. 이에 축제 장소 근처에 주차장을 더욱 확충하는 등 축제장의 시설개선과 교통체증을 줄일 수 있는 대중교통을 활성화해서 참가자와 관객의 편의성을 높일 필요가 있다. 2019년도 방문객들의 교통수단을 분석한 결과,[33] 자가용 이용이 55%로 압도적으로 많았고 다음으로 시내버스가 21.1%, 기차를 이용한 방문객은 13.4%로서 역에서는 셔틀버스 이용이 5%이고 택시 1.2%였다. 특히 2019년도는 동해선 오시리아역에서 대변항까지 셔틀버스를 주말 오전 9시부터 오후 6시까지 수시로 8대오시리아역-행사장, 2대해광사 앞 임시주차장-행사장를 운영하였음에도 불구하고 실제 셔틀버스 이용방문객들은 적었다는 것을 알 수 있다. 셔틀버스 홍보 등의 부족으로 이용객이 적었고 실제로 셔틀버스 주차장을 아는 사람도 적어서 자가용으로 방문하는 관광객이 많다보니 교통 혼잡을 초래하기도 했다. 따라서 대중교통이나 셔틀버스 등을 활용할 수 있는 방안들을 고안해서 교통체증을 감소시켜 방문객의 편의성을 높일 필요가 있다. 둘째, 멸치털이 체험뿐만 아니라 멸치를 이용한 요리교실, 멸치관련 전시 및 판매, 주위 관광지역인 해동

33 유형숙, 앞의 책, 28면 참조.

용궁사와 멸치축제와의 연계 및 관광루트화 하는 방법 등의 다양한 체험 프로그램을 제공한다. 즉 지역 특산물이나 관광지 등을 활용하여 지역의 독특한 문화와 역사를 체험할 수 있는 프로그램을 더욱 다양하게 제공함으로써, 참가자들의 문화적인 이해도와 관심도 및 만족도를 높일 수 있다. 셋째, 축제 기간 동안 일회용품 대신 환경 친화적인 재사용 가능한 테이블웨어를 제공하거나, 쓰레기 수거 시스템을 강화하여 쓰레기 문제와 환경오염 등의 문제를 최소화하고 지속 가능한 환경경영에 노력해야 한다. 넷째, 보고서에 의하면, 현재 방문객의 거주지가 주로 기장군과 지리적으로 가까운 경상권 방문객이 많은데 타지역에서의 방문객을 늘리기 위해서는 KTX 차내 영상모니터에서의 축제 광고를 비롯해서 인터넷 등 다양한 면에서의 홍보가 필요하다. 특히 멸치잡이 체험 영상이나 멸치요리 레시피 영상 등을 제작하여 SNS나 유튜브 등 온라인 채널을 활용한 홍보와 다양한 콘텐츠 제작을 강화해서 축제의 인지도와 홍보 효과를 높이는데 힘쓴다. 다섯째, 현재 대변항 앞바다에는 식당들이 거의 없는 실태이다. 축제를 통한 지역 경제 활성화를 보다 효과적으로 도모하기 위해서는 음식점뿐만 아니라 카페, 편의점, 기념품점 등 다양한 분야의 지역 상권이 형성될 필요가 있다. 또 축제 참여 상가에서 특별 가격할인 등의 행사가 진행될 수 있도록 사전협의를 통해 축제 기간에 상권 연계 방안을 구상한다. 여섯째, 멸치털이 체험은 멸치잡이 배가 귀항하는 시간이 불규칙하기에 방문객들이 멸치털이 체험을 상시로 할 수 없는 아쉬움이 있다. 따라서 축제장에서는 멸치털이 체험을 동영상이나 노래후리소리 등 등을 제공해 방문객들에게 간접적인 체험을 할 수 있도록 하는 것도 기장멸치축제 활성화를 위한 하나의 방법이다. 일곱째, 2019년에는 축제장의 보행로에 루미나리에를 설치하다보니 도로가 혼잡성을 나타냈는데 보행로에 '우측통행'이라는 안내표지를 부쳐서 보행로의 방향을 정리할 필요가 있다. 여덟째, 2023년 멸치회 무료시식회 식당이 하나의 부스였기에 장렬로 인해 특설무대로의 진입이 불편하였다. 기장멸치의 뛰어난 맛과 넉넉한 인심을 전하고자 방문객들에게 멸치회를 무료로 시식하도록 하는 것은 의미 있는 프로그램임에는 틀림이 없으나 좀 더 식당부스를 늘려서 지정된 시간에 잘 마무리될 수 있도록 체계화 할 필요성이 있다. 아홉째, 2023년 특설무대에서 개최된 기장품바쇼가 당일만 하더라도 같은 시간대에 3곳에서 진행되었으므로 관광객들이 분산되어 다소 멸치축제에 대한 집중력이 떨어짐을 느꼈다. 이에 프로그램을 좀 더 효율적으로 구성할 필요성이 있다고 사료된다. 열째, 2023년 맨손 활어잡기에 대한 체험이 무질서하고 형식적인 감이 있었다. 이것은 대변항에서 어획되는 활어를 맨손으로 잡아보는 관광객 참여행사로서 특히 어린이들에게 인기가 있는 프로그램이다. 그러나 참여자들이 활어를 잡아서 집으로 가지고 가겠다는 의지가 강해서인지 어린이보다는 어른들이 주로 보트 안에 들어가서 물고기를 잡았다. 또 30분간의 체험 프로그램인데 약 10분이 지나고나니 관리자가 그물로 고기를 모두 건져서 체험자들에게 나눠주는 형태였다. 어린이들이 즐겨하는 체험 프로그램인 만큼 좀 더 질서 있게, 즐겁게 체험을 즐길 수 있도록 관리자의 재미있는 설명과 함께 유익한 프로그램이 되었으면 한다.

2) 기장멸치축제의 글로벌 연계 발전 방안

다음은 기장멸치축제에 대한 활성화를 바탕으로 기장멸치축제를 글로벌적으로 연계시켜 발전시킬 수 있는 방안에 대해서 알아보자. 첫째, 기장멸치축제가 이미 국내에서는 유명한 축제 중 하나이지만, 국외에도 축제를 알리고 브랜드 가치를 높이기 위해 국제적으로 유명한 여행매체나 다양한 SNS 채널 등을 활용하여 기장멸치축제를 소개한다. 즉 해외 관광객들의 관심을 끌 수 있는 광고 및 해외마케팅을 전개해 국제적인 홍보 및 마케팅 전략개발이 필요하다. 둘째, 다국어영어, 일본어, 중국어 등로 제작된 축제 홈페이지 운영, 축제 공식 웹사이트나 모바일 애플리케이션에서의 다국어 축제 정보를 제공해 외국인 관광객들이 축제 정보를 쉽게 찾을 수 있도록 한다. 또 국내에 주둔하는 외국인 관광객들이 축제를 쉽게 즐길 수 있도록 축제 현장에서는 다국어 안내판 및 안내서를 활용하도록 한다. 셋째, 해외 관광객들이 기장멸치축제를 더욱 편리하게 즐길 수 있도록 여행사나 관광업자들과 협력하여 숙박, 식사, 축제 입장권 등이 포함된 축제 패키지를 개발하여 판매한다. 넷째, 세계 각국에서 열리는 지역 특산물 축제와 네트워크를 구축하여, 기장멸치축제와 다른 축제 간의 국제간의 교류와 공유를 증진시켜 다양한 문화 체험과 멸치 산업에 대한 이해와 협력을 촉진시킬 수 있다. 이를 통해 세계 각국의 특산물 산업과의 협력과 교류가 활발히 이루어질 것이며 또 이를 위해서는 부산시 및 기장군과 국내외 관광기관들과의 협력도 중요하다. 다섯째, 외국인 관광객들을 위한 멸치잡이 체험 프로그램, 멸치요리 클래스, 한복 체험 등의 프로그램을 제공하여 외국인들이 축제에서 직접 멸치를 활용한 다양한 프로그램을 체험하고 한국의 문화를 느낄 수 있도록 하며 또한 멸치산업과 문화에 대한 이해를 증진시킨다.

여섯째, 세계 음식 전시회나 문화축제 등 국제행사에 참가하여 멸치를 사용한 다양한 요리를 선보임과 동시에 기장멸치축제를 홍보한다. 일곱째, 기장멸치축제의 세계화를 위해서는 멸치산업의 발전과 기장멸치축제의 전통적인 멸치 제품들을 인터넷 쇼핑몰을 통해 해외에서도 쉽게 구매할 수 있는 국제적인 멸치시장 개척이 필요하다. 이를 위해서는 멸치산업의 생산 및 유통환경을 개선하고 멸치산업의 다양한 활용을 통하여 해외 멸치시장 개척을 위한 노력을 기울여야 한다. 여덟째, 기장멸치축제가 세계화되기 위해서는 지역민들뿐만 아니라 정부와 기업 등과의 적극적인 협력이 필요하다. 즉 지역 내 멸치를 이용한 젓갈공장과 젓갈을 사용해서 만드는 요리 등의 다른 산업과 융합하여 새로운 산업을 만들어가는 것 또한 좋은 방법인데, 이를 위해서는 지역민들과 함께 기업, 정부, 지자체 등의 협력을 받아 지속적인 발전이 가능하도록 한다. 아홉째, 멸치를 세계적으로 인기 있는 식재료로 만들기 위해서는 멸치의 이미지를 개선하고, 멸치의 맛과 영양가를 강조하는 적극적인 마케팅 전략이 필요하다. 또한 멸치 제품을 다양한 패키징으로 제공하여 소비자들이 쉽게 접근할 수 있도록 하는 것도 중요하다. 열째, 지역 문화와의 교류 및 협력뿐만 아니라 한국의 해외 대사관이나 관련기관들과 협력하여 기장멸치축제에 대한 정보를 적극적으로 전달한다. 즉 현지의 한인 커뮤니티들과 함께 축제를 홍보하고 참여할 수 있는 기회를 제공함으로써 세계화를 더욱 적극적으로 추진할 수 있다.

5. 나가며

이 글은 기장멸치축제를 중심으로 해양 관광축제의 특성에 대해서 알아보았다. 그리고 축제와 지역 사회의 실태 및 지방공동체 축제 특성에서 드러난 현상을 바탕으로 기장멸치축제의 활성화 방안 및 세계화로의 연계 발전에 대해서 모색했다.

대변항은 부산항과 함께 1876년에 개항하여 내외 무역거점으로 대일 관계 주요 관문이었다. 개항 이후에는 일본 어민들이 조선으로 이주하여 이주어촌을 형성하였고, 일제강점기 기장 어민들이 주로 잡은 해산물은 멸치, 갈치, 붕장어, 고등어, 광어, 상어, 조기, 미역, 우뭇가사리 등이었다. 멸치는 일본인이 어업의 대상으로 삼은 '중요 수산물' 중의 하나였다. 대변은 일본인 어부들에 의해 동력선이 유입되고 기선유자망 방식이 도입되어 기장 대멸치의 산지가 되었다. 현재 대변마을 유자망 어선은 12척이 운용되며 1척당 1선주로서 12명의 선주가 있다. 멸치유자망협회의 역사는 40~50년 정도이고 여기서 선주들이 향후 멸치를 잡는 시기에 대한 시종 및 어획장소 논의 그리고 협회가입조건 등을 협의한다. 대변항에서의 멸치잡이는 전국 멸치유자망 어업 어획고의 60% 정도를 차지하고 있으며 이 멸치를 소재로 개최하는 기장멸치축제는 1997년 제1회 대변멸치축제로 시작되었다.

기장멸치축제는 축제 기간 동안 외래 방문객에게 볼거리, 먹거리 등을 제공하여 지역 이미지를 제고시키고, 지역민의 화합축제를 통한 대외 경쟁력 확보와 대내적인 홍보를 통한 지역 경제 활성화에 기여해 왔다. 또 기장멸치축제를 통한 다양한 해양·어촌 관광 프로그램을 구성하여 지역민의 문화관광적 자긍심을 고조시켰다. 이와 같은 특성을 지니지만, 반면 기장멸치축제와 지역 사회의 실태에 대해서는 제각기 입장이 달랐다. 주민들의 인터뷰에 의하면, 기존 보고서와는 다른 실태도 볼 수 있었다. 축제 기간 동안 멸치 까기를 비롯한 주민들의 행사 협조 자발성, 기장군청 직원들의 축제 주변의 청소협조, 결산보고서 공개 및 배당, 바닷속 쓰레기 처리에 대한 현실 등이었다. 마지막으로 지역 사회의 실태에서 드러난 현황을 바탕으로 기장멸치축제의 활성화를 위한 열 가지 방법과 글로벌 연계 발전 방안 열 가지를 제시했다.

이 글은 기장멸치축제를 중심으로 해양 관광축제의 특성을 고찰함으로써 부산 기장지역 사람들의 고유한 특성을 발견해 지역 정체성을 고조시키는데 일조함에 의미가 있다. 그리고 축제 이후 그 지역의 실태와 상황을 기존의 설문형태 보고서와는 달리 심층 인터뷰하는 방식으로 면밀히 검토한 후, 기장멸치축제의 활성화 방안을 제시함으로서 향후 관광객을 유인하는 요인으로 작용하게 될 것이다. 그 결과 지역 주민들의 삶의 질을 향상시켜 지역 경제의 발전과 선도적인 지역 이미지 창출이 가능하게 될 것이라는데 학문적 의의가 있다.

참고문헌

단행본

慶尙南道 編, 『慶尙南道に於ける移住漁村』, 1921.

기장군지편찬위원회, 『기장군지』 상, 2001.

김성귀, 『해양관광론』, 현학사, 2013.

부산광역시 기장군, 『기장향토사 교과서』, 2012.

부산연구원, 「마을의 미래V 부산기장 해안마을」, 『부산학연구총서』, 부산학연구센터, 2021.

신철 · 김정승, 「해양문화관광－관광과 문화가 바다에 있다」, 『해양과학문고』 11, 한국해양대 국제해양문제연구소, 2010.

유형숙, 『기장멸치축제 방문객 분석 및 축제 평가 보고서』, 기장멸치축제추진위원회, 2016~2019.

정문수 외, 「세계의 해양축제」, 『해양과학문고』 1권, 한국해양대 국제해양문제연구소, 2007.

정석중 · 정유준, 『해양관광론』, 대왕사, 2013.

연구논문

김미정 외, 「지역축제 참여동기와 만족에 관한 연구－2015 기장멸치축제를 방문한 지역주민과 외지 방문객을 대상으로」, 『관광연구』 31(3), 대한관광경영학회, 2016.

김헌철, 「지역축제의 서비스품질요인과 재방문 영향 관계에 따른 인지도 조절 분석에 관한 연구－기장멸치축제를 중심으로」, 『*Tourism Research*』 39(4), 한국관광산업학회, 2014.

노원중 · 지진호, 「문화관광축제 체험요소가 브랜드가치와 축제 이미지에 미치는 영향－강경발효젓갈축제를 중심으로」, 『한국콘텐츠학회 논문지』 13(3), 한국콘텐츠학회, 2013.

박종부, 「문화관광축제 체험이 지역브랜드인지도, 지역브랜드이미지 및 지역에 대한 태도에 미치는 영향－2019 얼음나라 화천 산천어축제를 중심으로」, 『관광연구저널』 33(5), 한국관광연구학회, 2019.

서철현 · 고호석, 「지역축제 이미지가 방문객 행동 의도에 미치는 영향에 대한 비교연구－'보성 다향제'와 '하동 야생차문화축제'를 중심으로」, 『호텔경영학연구』 17(1), 한국호텔외식관광경영학회, 2008.

손종원 · 나승화, 「지역주민의 축제 참여동기와 만족도가 지지도에 미치는 영향－유달산 봄꽃 축제를 중심으로」, 『유통과학연구』 12(8), 한국유통과학회, 2014.

심상훈 · 정경일, 「온라인 지역축제의 특성이 지역 이미지와 방문 의도에 미치는 영향－온라인 영덕대게 축제를 중심으로」, 『관광연구저널』 36(2), 한국관광연구학회, 2022.

오흥철, 「기장대변멸치축제 방문객 동기분석에 기초한 시장세분화 연구」, 『관광레저연구』 12(4), 한국관광레저학회, 2003.

이재달 · 유정섭, 「지역축제 방문객의 참가동기와 행동 의도에 대한 지각된 만족의 매개 효과」, 『마케팅논집(*Journal of Marketing Studies*)』 25(4), 한국전략마케팅학회, 2017.

이윤섭 · 강경재, 「해양관광축제 방문객의 축제 참여동기와 만족에 관한 연구」, 『해양관광학연구』 12(1), 한국해양관광학회, 2019.

장영수 · 최진철, 「수산관광축제의 고유성이 방문객 만족도에 미치는 영향－기장멸치축제를 중심으로」, 『수산경영론집』 38(2), 한국수산경영학회, 2007.
전영주, 「지역축제 이미지 및 지각된 가치가 방문객 만족도 및 행동 의도에 미치는 영향－강원지역 축제를 중심으로」, 『관광경영연구』 23(7), 관광경영학회, 2019.
조태영 · 이민순, 「지역축제 방문객 참여 동기와 만족에 관한 연구－금산 인삼축제를 방문한 지역주민과 관광객을 대상으로」, 『한국항공경영학회지』 7(2), 한국항공경영학회, 2009.
채예병 외, 「지역축제 참여동기와 만족 및 충성도에 관한 연구－2011 함평나비축제를 중심으로」, 『관광연구저널』 25(5), 한국관광연구학회, 2011.
최용석 · 고정민, 「축제 이미지와 만족의 유형에 따른 행동 의도에 미치는 영향 관계 연구－제주들불축제를 중심으로」, 『문화산업연구』 21(3), 한국문화산업학회, 2021.
한승훈 · 이덕원, 「지역축제 참여동기가 만족도에 미치는 영향에 관한 연구－고창청보리밭축제 참여자를 대상으로」, 『관광연구』 31(8), 대한관광경영학회, 2016.
형성은 · 이성필, 「부산 관광산업의 세계화를 위한 Design Service Model 구축에 관한 연구－관광이미지 평가를 중심으로」, 『감성과학』 11(2), 한국감성과학회, 2008.

외국논저

吉田敬市, 『朝鮮水産開発史』, 下関 : 朝水会, 1954.

기타자료

「기장군 대변항 새 명소로 '우뚝'」, 『부산일보』, 2012.3.12.
「기장멸치 잡는 자망어법」, 수협중앙회, 2014.4.28.
「대변항 이름은 … '대변항'은 '대동고 주변 포구'에서 유래」, 『부산일보』, 2008.4.17.
「대변리」, 『한국향토문화전자대전』(검색일 : 2023.2.14).
「대변항 '관광어항' 대변신」, 『부산일보』, 2012.7.07.
「대변항 어항기능 강화」, 『부산일보』, 2009.1.11.
「두바퀴로 네바퀴로」, 『한국어촌어항협회』, 농림수산식품부, 2010.1.
「멸치축제 '대변항' 다기능 어항으로」, 『부산일보』, 2006.2.6.
「멸치잡이 선주들 갑질 … 잡자마자 버려지는 기장멸치」, 『연합뉴스』, 2019.1.6.
「싱싱한 봄멸치 구경오세요! 기장멸치축제」, 지역문화진흥팀(검색일 : 2023.3.24).

이미지로서의 일본과 오키나와

글로벌시대의 이동과 관광

다다 오사무

글로벌화의 진전과 함께 과거 기간산업이 쇠퇴한 일본에서는 각지에서 관광의 중요도가 높아지고 있다. 특히 인바운드 관광의 잠재적 가능성은 높다. 각지는 로컬 고유성을 지닌 역사를 보이지만 그것만으로는 임팩트가 약하다. 거기에 연결되는 대표적인 예가 세계유산 등에의 지정·등록과 만화·애니메이션·영화·드라마 등의 미디어 컨텐츠이며, 일본 문화에 대한 글로벌한 관심과 가치 부여를 로컬적인 장소로 끌어들이는 흐름에 있다.

1. 역사·아트·콘텐츠로 장소에 가치를 매김 사례와 현상

각지가 구체적으로 어떤 역사나 콘텐츠를 연결해 가치 있게 보여주고 있는지, 사례들을 바탕으로 확인해 본다.

1) 철도를 중심으로 한 도시

우선은 **석탄과 철도와 항구의 연결**이다. 과거 석탄 수송에 철도와 배 · 항만이 연동되어 역할을 해왔기 때문이고 근대화 산업 유산으로 자리매김한다. 홋카이도北海道에서는 '탄철항炭鉄港'으로 과거 활약했던 시설이 일본 유산으로 등재되었다. 주위에 탄광이 많아 오타루小樽와 무로란室蘭에 석탄을 보내는 철도 거점이 된 이와미자와岩見沢역의 현재 역사는 창틀에 당시 사용되었던 레일을 활용하여 역사를 상징적으로 표현하고 있다.

규슈九州지방 · 후쿠오카福岡현의 세계유산 · 미이케三池탄광 역시 석탄 · 철도 · 항구의 연계를 보여주고 있다. 석탄 콤비나트의 형성에 철도와 미이케항이 연동되어 물자 수송의 기반이 된, 메이지明治의 획기적인 시대를 어필하고 있다.

'철도와 항구를 잇는 도시'의 역사는 그 땅의 정체성으로 부각되고 있다. 이것은 특히, 연안의 항구도시에 많다. 예를 들어 오사카 만과 비와코琵琶湖, 호수의 배를 잇는 교통의 요충지가 된 후쿠이福井현의 쓰루가敦賀가 그렇다. 전쟁 전에는 유럽 여행자들이 철도로 쓰루가까지 와서 배와 시베리아철도를 갈아타는 중계점이 되었다. 가나자와金沢에서 쓰루가로의 신칸센 연장을 앞두고 지금 다시 철도의 거리로 각광을 받고 있다. 쓰루가는 만화가 마쓰모토 레이시松本零士의 작품 『은하철도 999』, 『우주전함 야마토』도 지역 진흥에 활용되고 있지만 쓰루가는 마쓰모토 씨의 출신지가 아니다. '철도와 항구 · 배의 도시'를, 이 두 작품과 연결 짓고 있는 것이다. 교토부京都府 북부의 마이즈루舞鶴도 항구와 역을 잇는 도시로 특히 전쟁 억류로 인양된 66만 명을 받아들인 경위를 어필하고 있다영화 〈라게리에서 사랑을 담아〉.

홋카이도·일본 최북단의 왓카나이稚内도 역과 항구를 잇는 요충지였다. 역과 항구 근처에 있는 북방파제 돔은 토목 유산으로서는 세계적으로도 드물어 왓카나이의 상징이 되고 있다. 전쟁 전기에 '북쪽의 월가', 홋카이도의 경제·금융의 중심지로서 번창했던 오타루도, 철도와 배의 거점의 역사를 가지고 운하나 역·철도터를 관광 컨텐츠로 하고 있다. 운하가 역할을 마친 뒤 매립하여 차도로 만들 계획이 결정되자 보존파와 행정 간에 벌어진 운하 논쟁이 각광을 받았고, 그 흐름이 결과적으로 오타루의 관광 진흥으로 이어졌다. 지금 오타루는 홋카이도 관광의 정석으로 성장하고 있다.

철도와 항구의 연계라고 하면 아오모리青森역이 빠질 수 없다. 과거 세이칸青函연락선과 접속했기 때문이다. 일본철도당초는 사철 국철이 아오모리까지 철도를 연장해 온 후, 다음은 여기서 배를 하코다테函館로 통할 필요가 있어 연락선은 홋카이도北海道와의 여객·물자 수송의 요체가 되고 있었다. 역할을 마친 배 핫코다마루八甲田丸는 아오모리항에서 상설 박물관이 되어, 배 한 척이 통째로 전시 공간으로 꾸며져 있다. 「세이칸青函월드」 지역은 쇼와昭和 20~30년대1945~1955 사람들이 가난과 고통 속에 살면서도 활기찼던 시절을 생생하게 재현하고 있다. 실제 사용되던 고급좌석이나 화물항송이라고 하는 차량들을 배에 실어 운반하던 모습도 그대로 전시하고 있다.

'성과 철도를 중심으로 한 도시'도 흔히 볼 수 있다. 후쿠시마福島현의 아이즈와카마츠会津若松는 성에 인접한 위치에 역이 만들어져 교통의 요충지가 되어 성시를 계승해 근세로부터의 연속성을 방문자로 하여금 엿볼 수 있게 하고 있다.

도야마富山 시내는 노면 전차가 충실해, 뮤지엄이나 공원 등의 공공시설이 모인다. 도야마성의 천수각은 전쟁 후 부흥기 도야마박람회 때 지어졌으며 50년 만에 문화재로 지정됐다. 성과 철도 노선을 중심으로 한 도시 만들기를 이곳에서도 볼 수 있다.

호쿠리쿠北陸지역 거점 도시 가나자와金沢는 국내외에서 사람들이 몰리는 인기 관광지다. 근세의 에도江戸시대부터 이 땅은 마에다前田 가문이 가가백만석加賀百万石을 거두어 압도적인 힘을 자랑했다. 현재도 2015년 호쿠리쿠신칸센이 개업하여 가나자와가 그 종점이 되어 도쿄 방면에서 인바운드 고객의 주목과 인기가 한꺼번에 높아졌다. 근세부터 끊어짐 없이 이어지고 있는 문화적 / 상징적 거점이다. 가나자와성을 중심으로 성시가 형성되어 오늘날까지 도시 형성에 큰 영향을 미치고 있으며, 그곳에서 역과 철도도 편리하게 연결되어 있다.

산업관광은 이미 역할을 끝낸끝내려고 하는 산업의 역사를 보여준다. 중부 지역 아이치愛知현은 산업관광이 활발하다. 실 · 섬유는 과거 아이치 산업의 기반이었고, 자동차 도요타도 원래 그랬다. 실 · 직물 · 도자기를 보여주는 자리는 아이치현의 지역 산업 역사의 두터운 모습을 보여준다.

군마群馬현의 도미오카富岡제사장은 2014년 세계유산 지정으로 각광을 받았다. 이미 1987년 조업 정지를 했지만 메이지 이래의 시설이 그대로 남아 있고, 기술도 해외에 계승되면서 역사적 가치를 인정받았다. 다만 지역의 관광화는 그다지 활발해지지 않았다.

개발이나 전쟁 시 공습을 피했던 지역이 **옛날 그대로의 거리**를 남겨주고 있다. 미에三重현의 세키쥬쿠関宿는 구舊 도카이도東海道에서 드물게 옛 도시가 남아 국가의 중요 전통적 건조물군 보존 지구로 지정되어 있다. 이는 철도의 도카이도선·신칸센이 다른 루트를 통과하도록 한 영향이 큰 이유이다. 세키關는 개발에서 뒤처짐으로써 오히려 오래되고 좋은 거리를 남겼다.

나고야名古屋의 아리마츠有松도 구舊 도카이도로서는 드물게 오래된 거리를 보존하여 일본 유산으로 등록되어 있다. 전쟁 중 인근에 미군 포로 시설이 있어서 공습을 피하며 보존으로 이어진 것이다.

일본해쪽 니가타新潟는 항구도시로 수백 년 된 요정과 별채 건물, 유흥가 경관을 간직하고 있다. 실은 니가타는 히로시마広島·나가사키長崎와 마찬가지로 원폭 투하 후보지였으며 그 전 공습은 이뤄지지 않은 채 종전을 맞았다. 결과적으로 오래된 건물과 경관이 남아서 역사/문화적 보존의 기운도 높다.

철도역이 역사적 가치를 지닌 경우도 많다. 극히 일례로 국가 등록 유형문화재인 니시키류西桐生역, 철도 작가 미야와키 슌조宮脇俊三의 코쿠테츠国鉄 전 노선 완승의 최종지가 된 마토間藤역. 마쓰모토 세이초松本清張의 소설 『점과 선』에서 코쿠테쓰国鉄역과 니시테쓰西鉄역의 거리가 사건을 푸는 단서가 된 것으로 유명한 카시香椎역, 혼슈本州와 규슈를 잇는 요충지로서 레트로 감성이 넘치는 모지門司항역 등이다.

오사카大阪 난카이南海전철 하마데라浜寺공원 옛 역사는 현 역사 옆에서 보존 활용되고 있다. 도쿄역을 다룬 것으로 유명한 건축가 다쓰노 긴고辰野金吾의 설계이다. 역 이외에도 다쓰노가 설계한 건축물은 전국에 있어 그 땅의 상징물 역할을 하고 있다. 은행이 많고, 일본은행 오타루지점이나 교토京都지점, 이와테岩手은행, 카라츠唐津은행다쓰노의 출신지등이 있다.

거리와 역사유산은 그대로 남아 있지 않고 대부분 **섬세하게 보정되고 있**

다. 예를 들어 히로시마広島원폭돔은 세계유산이지만 오랜 노후화를 거치면서 비바람도 견뎌야 했기 때문에 상당한 보수를 받아오고 있다.

중국 지방에서는 이와미石見은산과 오모리大森의 도시가 세계유산으로 유명하다. 에도기에 은은 매우 소중하여 이 땅은 막부의 천령이었다. 오카야마岡山현의 구라시키倉敷는 미관지구로서 다수의 사람이 모이지만, 에도기의 면화·골풀의 산지로부터 메이지 이후의 방적공업의 발전으로 이어진다. 경제적으로 중요한 땅으로 에도기에는 역시 막부의 천령이었다. 구舊 천령이 형태를 바꾸면서 그러한 역사와 도시를 보여주는 두 가지 사례이다.

2) 예술이 장소의 전통과 이어진다

예술제 같은 자리에서는 지역의 **전통적인 산업이나 건축과 현대아트가 협작**되는 경우가 많다. 2022년 아이치예술제에서는 아리마츠有松의 전통 건축이 아트 작품 전시장[34]이 되면서 도코나메常滑의 도자기 공장터가 아트와 음악의 장소로 바뀌고 있었다. 작품의 고유한 콘텍스트가 시설 역사의 두께와 화합함으로써 장소가 새롭게 활성화되는 효과를 볼 수 있다.

신사 주위에 번화가가 형성된 이치노미야一宮는 아이치현의 다방 문화를 이루는 아침 식사 커피, 이른바 '모닝일본 다방이나 레스토랑에서 아침 시간대에 특정한 메뉴를 조식으로 값싸게 제공한 서비스'의 발상지이기도 하다. 이러한 이치노미야에 고유한 역사적 장소성을 예술제라는 행사는 방문객들에게 전달하는 계기가 되었다. 예술제가 없었으면 가지 않는 곳, 모르는 곳을 찾게

34 아리마츠 시보리(有松絞り)는 400년의 전통을 계승하면서, 담당자는 한 사람 한 사람, 바느질 방법이나 도구도 다르다고 한다. 전통 속에 원래 아트의 요소도 포함되어 있는 사례라 할 수 있다.

되는 것이다.

니가타현의 도카마치十日町는 눈축제의 발상지라고 한다. 폭설 지대라는 어려운 기후조건을 눈축제의 기회로 긍정적으로 활용해 발상을 전환한 것이다. 근년에는 이 땅에서 에치고츠마리越後妻有트리엔날레, 대지의 예술제가 계속 개최되어 에치고越後의 농農과 음식을 아트와 연결하여 브랜딩에 성공하고 있다.

나가노長野현은 일본 47개 도도부현都道府県 중 박물관·미술관의 수가 전국에서 제일 많다. 나가노의 관광은, '젠코지善光寺 참배'라는 신앙과 여행의 역사가 밑바탕이 되어 있다. 젠코지 옆에 나가노현립미술관을 배치함으로써 사찰 참배와 예술을 중심으로 한 관광도시 조성을 실현시키고 있다.

동북 지방에서는 오랜 세월 민예, 아트와 여행이 결합되어 왔다. 브루노 타우트와 야나기 무네요시柳宗悦가 동북의 민예에 주목했고 이마와 지로今和次郎가 건축에 관심을 기울여 왔다. 다이쇼大正기에 수많은 조감도를 그려 '다이쇼의 히로시게広重'라고도 불리던 요시다 하쓰자부로吉田初三郎는 아오모리 하치노헤八戸의 다네사시種差해안을 방문했을 때 절경을 칭찬하며 별장을 지었다. 히가시야마 카이이東山魁夷가 회화 작품 〈길道〉의 데생을 한 장소도 다네사시해안이었다.

3) 미디어 콘텐츠가 장소에 미치는 힘

각지의 지역성이나 고유의 역사는 그 자체를 보여주는 것만으로는 임팩트가 부족하다. 그래서 만화나 애니메이션, 영화 등의 콘텐츠의 힘을 빌려 그것들과 결합함으로써 지역력을 높이는 노력이 지방 각지나 철도 노선에서 활발히 이루어지고 있다.

토야마富山현 히미氷見시는 만화가 후지코 후지오藤子不二雄, 아비코 모토오安孫子素雄의 출신지이며, 시의 아트 갤러리에서 그의 일·작품 세계『괴물군』, 『닌자 핫토리군』 등을 전시해 콘텐츠를 통한 관광도시 조성에 풀 활용하고 있다. 돗토리鳥取현의 사카이미나토境港시와 JR서일본의 사카이미나토선 역시 시 출신의 미즈키 시게루. 『게게게의 키타로』를 마음껏 활용해 콘텐츠 투어리즘에 임하고 있다.

아쓰미 키요시渥美清가 연기하는 토라상이 주역인 쇼치쿠松竹 영화 시리즈 전50편 〈남자는 괴로워〉는, 토라상이 전국을 여행하는 로드 무비이다. 촬영지가 된 각지는, 그것을 어필해 지역 진흥에 활용하고 있다. 중국 지방의 유노츠温泉津나 쓰와노津和野 같은 좋은 옛 동네가 야마다 요지山田洋次감독에 의해 영화의 무대로 활용되고, 그것을 또 지역이 지명도를 얻는 상호 승인 구도로 되어 있다.

후쿠오카현 기타큐슈北九州시도 시 출신 작가 마쓰모토 세이초를 피처링해 시립으로 세이초기념관을 운영하고 있다. 그 컨텐츠 능력은 탁월해, 세이초의 자택의 각 방, 특히 서고를 리얼하게 재현한 실물 크기의 복제품은, 시의 힘을 들인 것을 나타내고 있다.

콘텐츠 자체가 더 오래되고 역사적인 사례도 들어보자. 도카이도 고쥬산쓰기東海道五十三次의 우타가와 히로시게歌川広重는 가나자와 팔경도 그리고 있어 요코하마横浜시 가나자와구의 이 땅 브랜드에 상당한 공헌을 하고 있다. 히로시게広重시대의 모습은 이제 거의 없다고는 하나 팔경의 노지마노 세키쇼野島夕照·히라가타노 라쿠간平潟 落雁·세토 슈게쓰瀬戸秋月 등이 나타내는 지명은 남아 있다. 모노레일이 달리고 요코하마시로서의 도시

개발은 진행되고 있지만, 풍광이 수려한 자연도 많고 그 시각적 풍경을 오늘날 나름대로 살리고 있다. 팔경의 역사·자연·경관이 브랜드력을 가지며 상징 자본으로 활용되고 있다. 낡은 것과 새로운 것, 개발과 역사가 여러 가지로 겹친다. 상징적인 것은 신사 도리이鳥居 바로 쪽에 고층 아파트와 편의점이 입지하는 풍경이다. 도리이 정면에는 국도를 사이에 두고 미나모토 요리토모源頼朝와 인연이 깊은 세토瀬戸신사가 솟아 있다. 개발은 끝없이 진행된다고는 하지만 이 땅에 고유의 가치를 부여하고 있는 것은 오래전부터 이어져 온 역사와 풍경이기도 하다.

4) 관광과 역사의 상호 침투

최근 **박물관이 관광과 더욱 연결되어** 재미있는 장소가 되었다. 성터의 대부분은 박물관과 관광을 연결하는 역할을 한다. 시마네島根 마쓰에松江성에서는 성 주위의 해자를 배로 1시간 걸려 도는 가이드 투어로 성과 역사를 체감할 수 있다. 오사카의 난비難波궁도 나라奈良의 헤이죠平城궁 터도 오늘날에는 중요한 지역의 뮤지엄 기능을 수행하지만, 과거에는 그 존재를 드러내지는 않았다.

나가사키역사문화박물관은 에도시대 나가사키 부교長崎奉行를 복원해 전시하고 있다. 나가사키는 당시 사물·사람·문화가 이동하고 교류하는 거점으로 기존 '쇄국' 이미지와는 다른 사실을 전하고 있다. 나가사키에서는 데지마出島 복원도 진행되어 시가지 안에 에도시대의 공간을 재현하고 있다.

세계유산인 후쿠오카현 무나카타宗像 대사에서는 고대 당시 신앙·제사 모습을 보여주는 귀중한 유품을 수장·전시하고 있다. 당시 사람들의 주관적 신앙을 보여주는 것이 역사적 가치를 지닌다고 하여 세계유산으로 등재되어 있다.

이처럼 최근에는 **관광과 역사가 서로 침투**해 오는 경향이 뚜렷하다. 관광에 역사를 본다 · 보여주는 요소가 들어가 역사 이야기도 관광을 의식한 것이 된다. 다만 그렇게 되면 역사의 어느 부분과 관광을 연계시키느냐가 중요하다. 또한 정보를 받는 사람에게도 취향이 있기 때문에 시대를 선택할 수 있는 것도 중요한 요소이다.

인터넷 · SNS의 보급에 의해 장소 간의 차이가 없어지면 오히려 각지의 역사를 통해 장소의 고유성을 파고드는 방향도 발견된다. 장소의 역사는 그곳에 가봐야 알 수 있고 관심조차도 가질 수 없는 경우가 많다. SNS나 앱으로는 알 수 없는 리얼감을 현지에서 맛볼 때 현지에서 움직일 때의 수단으로도 SNS나 앱은 활용할 수 있다.

코로나19 사태로 접어들기까지 10년래 일본 **인바운드 관광객**의 모습이 각지에서 급증하고 있었다. 오키나와沖縄에서는 그동안 관광객은 거의 국내에서 한정돼 있던 것이 해외 고객이 연간 수백만 명 규모까지 순증하고 있었다. 아시아계 관광객들이 정력적으로 체험 투어에 참여하는 모습도 곳곳에서 볼 수 있으며, 역사 뮤지엄계 시설에서도 외국인 관광객들의 모습을 많이 볼 수 있게 되었다.

포스트 코로나로 다시 인바운드 관광객 물결이 돌아오고 있다. 교토국제만화박물관은 콘텐츠 투어리즘의 총본산 같은 곳이지만 역시 인바운드 고객이 많아 일본 만화 애니메이션에 대한 관심이 높은 것을 알 수 있다.

5) 공해 · 전쟁 · 재해도 학습 관광 대상으로

일본 고도성장기의 부정적 유산인 **4대 공해병까지도 이제 역사를 전승하고 환경 · 건강을 촉진하는 도시로의 긍정적인 전환**에 활용되고 있다. 4개 도시마다 시가 운영하는 공해박물관이 있다.

4대 공해병 중 욧카이치四日市 천식만이 대기오염이었으며, 당시 도쿄나 오사카에서도 마찬가지로 볼 수 있었던 대도시형 공해였다. 욧카이치는 전쟁 전부터 교통의 요충지였으며 패전으로 군수나 식민지를 잃은 후 부흥 · 성장의 기폭제로서 태평양 벨트를 중심으로 중 공업 · 콤비나트의 거점이 형성되어 있었다. 고도 성장을 받아들이면서 어느 정도의 부산물은 어쩔 수 없다고 받아들였다. 욧카이치 공해와 환경 미래관은 책임 기업의 반성하는 변을 전하면서도 과거의 반성을 바탕으로 환경 선진 도시로 미래를 만들어 나가겠다는 입장을 어필하고 있다. 지명의 부정적인 인지도 · 유명성을 긍정적인 방향으로 전환해 나가는 상징적인 고쳐쓰기 작업이 보인다.

수질오염으로 다수의 미나마타병 피해를 낸 구마모토현 미나마타水俣는 책임 기업인 기업 도시로 이뤄져 왔다. 시의 미나마타병자료관은, 현내県内 초등학생의 지역 학습을 받아들이면서, 욧카이치와 마찬가지로 환경 시범 도시에의 미래 지향을 어필하고 있다.

도야마의 이타이이타이병자료관은 카드뮴이 진즈神通강으로 흘러나와 인근 주민들의 건강 피해가 나왔던 터에 생긴 공공시설이고 건강 파크 내 입지하는 현이나 시는 공해병을 극복한 경위를 나타내고, 역시 환경이나 건강의 선진지를 어필하고 있다.

니가타 미나마타병자료관은 후쿠시마가타福島潟라고 하는 에도시대부터 간척으로 농지를 넓힌 지역에 있다. 쌀과 니가타의 역사를 상징하는 중요한 장소이다. 니가타는 시나노信濃강과 아가노阿賀野강, 양대 강 치수 역사와 마주해 왔다. 물의 은혜가 재앙이 되기도 하고 상류로부터의 배수로 수질 오염과 건강 피해를 초래하게 되었다. 초등학생의 학습 방문이나 구마모토현 미나마타의 초등학생과의 교류 학습도 하고 있다.

공해뿐 아니라 **전쟁과 재해도 전시나 전승, 학습 관광의 대상**이 된다. 나가사키시립도서관에는 구호소 메모리얼이라는 전시실이 있으며 원폭 구호에 사용되던 초등학교 교실이 복원돼 있다. 학교 터에 이 도서관이 있기 때문이다. 나가사키 운젠雲仙에서는 화산 폭발에 의한 토석류로 피해를 입은 민가와 초등학교를 현물 보존해 전시하고 있다. 운젠은 전쟁 전부터 유럽 여행객들에게 인기를 끌고 있는 온천, 국제관광지로 일본 최초의 국립공원으로 지정된 관광명소이다. 이 땅도 자연은 은혜도 재액도 준다는 양면성을 전하고 있다.

2. 하와이와 미야자키를 계승한 오키나와 이미지

다음으로 바다 리조트로서의 오키나와를 거론한다. 제2차 세계대전 이후 27년의 미군 통치를 거쳐 1972년 일본에 반환된 오키나와는 직후 국제 해양박람회를 계기로 일본 남쪽 아열대 리조트로 발전했다. 그 오키나와 이미지는 신혼여행 열풍이 불었던 규슈·미야자키와 태평양의 낙원 하와이를 모델로 형성된 것으로 이제 인바운드 관광객도 몰리는 글로벌한 장소가 됐다.

우선 오키나와의 모델이 된 '낙원의 하와이'의 이미지 자체가 20세기 인위적인 구축물임을 확인한다. 미국에 병합되면서 하와이의 주 산업은 사탕수수 농장에서 관광으로 전환되었고, 원주민 문화는 관광용 볼거리로 다시 자리매김했다. 와이키키해변도 낙원 이미지도 미국 본토 관광객들을 위해 만들어진 인공적인 산물이었다. 일본의 펄 하버 공격으로 태평양전쟁이 발발하여 하와이의 군사 기능이 더욱 강화되지만 동시에 전사들의 휴식처가 되기도 한다. 전쟁을 계기로 낙원 이미지도 한층 침투해 간다. 하와이의 군사 기지화와 관광지화는 세트였다.

'태평양의 낙원' 하와이는 일본인들에게도 50년 넘게 인기 여행지다. 원래 하와이는 일본인들에게 있어서 전쟁 전에는 돈벌이 및 다수의 일본계 이민이 있었고, 전쟁 후 얼마 되지 않은 시기에는 가요 〈동경의 하와이 항로〉가 히트하고 있었다. 1964년 해외여행의 자유화에 따라 적극적인 관광 캠페인이 이루어졌고, 1970년 점보기 취항 이후 일본인 관광객은 급증하여 해외여행의 단골이 되었다.

오키나와도 지리적 기후적으로 비슷한 하와이를 모델로서 관광화를 추진한 셈이다. 다만 오키나와는 해외와 국내의 중간적인 위치에 있어 국내 관광의 흐름에 따라 발전한 면도 있다.

1960~1970년대 일본에서는 신혼여행 열풍이 거세게 불고 있었다. 인기의 허니문지는 이즈伊豆-난키南紀-미나미큐슈南九州로, 모두 태평양에 면한 따뜻한 남쪽지역에 집중해, 남국 무드가 요구되고 있었다. 이 글에서는 미나미큐슈의 미야자키에 주목해 본다.

현지 버스회사 미야자키교통의 창설자인 이와키리 쇼타로岩切章太郎는 관광 미야자키의 아버지로 알려져 있다. 그는 '건국의 역사'와 '남국 정

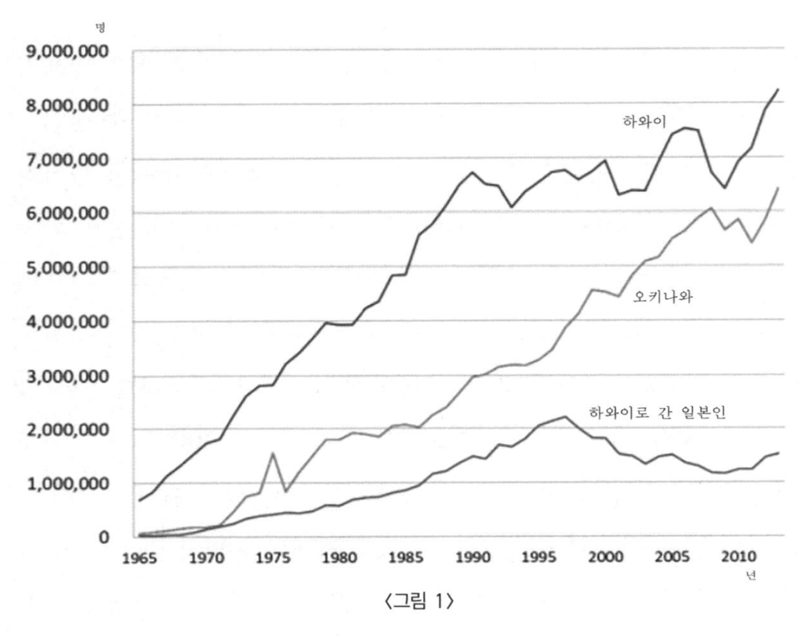

〈그림 1〉

서'를, 미야자키 관광의 양대 이미지로 팔기 시작했다. 미야자키에는 고대 역사서 『고사기』 등에 나오는 신화 명소가 많다. 전쟁 전 국가주의시대에는 천황 발상지, 건국의 역사 면이 강조되었다. 전쟁 후에는 이를 대신하여 남국 이미지가 밀려 나간다.

미야자키의 경승지인 칭다오에는 아열대 식물인 비로우가 자생하고 있었다. 이와키리岩切는 거기서 착상을 얻어 미야자키의 남국 정서를 관광자원으로 어필하기 시작했다. 보다 남국적이고 다수를 탈착할 수 있는 훼릭스를 도로변에 식수하여 니치난日南해안로드파크가 형성됐다. 그가 제창한 로드파크는 도로를 공원으로 삼아 차내에서 변해가는 풍경을 동체 시력으로 즐긴다. 당시에는 새로운 발상이었다. 길가의 피닉스는 배경으로 펼쳐진 푸른 바다를 돋우며 남국 분위기를 자아냈다.

미야자키 관광객들은 신혼 시즌인 봄과 가을에 몰렸기 때문에 미나미큐슈의 남국 이미지도 봄과 가을이었고 더운 여름은 비수기였다. 미야자키시 관광협회는 '남국의 더운 여름'도 미야자키의 매력으로 삼으려고 하와이 이미지를 활용했다. 1964년 '알로하로 날자' 캠페인에서 공항에 알로하 셔츠를 입고 내린 투어객을 가이드가 샤인햇모자을 건네며 맞이하였다. '태양과 놀자' 캠페인에서는 수영복을 입은 채 호텔과 해수욕장을 오가는 수영복 버스가 등장해 호평을 받았다.

가고시마鹿児島현의 이부스키指宿도 신혼여행 붐의 시대 미야자키·기리시마와 세트로 허니문의 메카가 돼 '동양의 하와이'로 불렸다.

당시 미나미큐슈는 일본열도의 최남단이었고, 그래서 남국이 되었다. 오키나와에 아직 일본이 아닌 1972년까지 미군의 통치하에 있었기 때문이다. 이 '남국' 정세는, 오키나와의 반환·일본 복귀로 바뀌어 간다. 1975년 복귀 기념행사 해양박람회 개최를 계기로 '일본 최남단 트로피컬'이 오키나와에 정착하면서 신혼여행 붐도 오키나와으로 남하해 간다.

남국 이미지는 장소의 지리적 조건을 활용하면서도 인공적으로 만들어 낸 것이기도 하다. 아열대 식물은 조건만 맞으면 다른 어디에나 심을 수 있다. 그리고 이와키리는 그 사실을 깨닫고 있었다. 다른 지역이 피닉스를 사용할 가능성도 생각했기 때문에 그는 재빨리 움직여 남국 이미지를 심어준 것이다.

여기서 오키나와를 본다. 아직 미군 통치기로 반환 전의 1960년대, 일본 본토에서의 전적 참배를 중심으로 이미 오키나와 관광 붐이 불고 있었다. 하지만 1969년경 오키나와 관광업자들은 전적 참배와 외래품 쇼핑, 바다의 아름다움만으로는 쇠퇴 일로에 있다고 위험을 느끼고, 더욱 적극적인 관광개발 비전을 모색하고 있었다. 그러한 논의에 등장하는 비교 대상·모델이 하와이·대만·홍콩·괌·푸에르토리코 등의 사례이고 특히 하와이다. 그들은 오키나와를 '일본의 하와이'로 끌어올리고 싶다고 생각했다. 훌라댄스, 해변, 레이 꽃장식, 알로하 셔츠 등. 이에 대응한 오키나와 이미지군·관광자원은, 지금에서는 모두 취득했지만, 1960년대 말에는 아직 미개발이었고, 1970년대 이후에 인위적으로 개발된 것이다.

하와이도 오키나와도 각각 본국 안에 있으면서도 아시아·태평양에 열려 해양에 떠 있는 독특한 위치에 있다. 여기서 '아열대' 이미지를 강조하는 방향이 나온다. 일본 정부는 신전국 종합개발계획 안에 복귀 후 오키나와를 편입할 때 '일본 내에서도 독특한 아열대지역'으로 독립된 블록으로 자리매김했다. '아열대 = 일본의 하와이'라는 오키나와의 방향은 1975년 해양박람회에서 결실을 맺는다.

1972년 5월 반환·복귀 후 일본 본토에서 오키나와으로 건너가는 것은 국내 여행이 돼, '여권이 필요 없는 남쪽의 아열대 리조트'로 여행객수도 급증해 간다. 오키나와 편이 국제선에서 국내선으로 바뀌면서당시에는 국내선뿐이었다 ANA와 JAL의 오키나와 캠페인 전쟁이 시작되었다. 태양·바다·열대어·모래사장과 같은 아열대의 아이템을 밀어내고 매년 3월부터 '여름의 오키나와'를 팔기 시작했다. 미나미큐슈南九州의 봄·가을에서 여름으로 바뀌면서 남국 이미지는 더욱 하와이에 가까워졌다.

복귀 기념 이벤트·오키나와 국제 해양박람회는, '푸른 바다', '아열대'의 오키나와 브랜드를 확립해, 전국에 확산시키는 기폭제가 되었다. 중심 도시 나하那覇와 회장을 연결하는 간선 도로로 정비된 국도 58호선은 앞서 본 이와키리의 로드파크의 발상과 부합하였다. 길가에는 히비스커스와 야자 등 아열대 식물이 심어져 서해안의 바다와 세트로 도로 자체가 바다와 아열대의 로드파크, 오키나와다움의 연출 장치가 되어 있다.

1976년 오키나와 관광 캠페인은 포스트 해양박람회의 반동 불황에 대한 대응에서 시작됐다. 협력 의뢰를 받은 광고회사 덴츠電通는, 관광 관계자 뿐만 아니라 일반의 현민県民의 의식 함양을 중시해, 성터 · 민요 · 축제 등, 오키나와의 역사에 관련되는 관광 소재의 개발을 제안했다. 한편, 지금까지의 전쟁의 비참한 이미지는 관광에 마이너스가 된다며, 오키나와의 역사 전체 속에 오키나와전을 다시 자리매김했다. 이렇게 1970년대, 전적 중심의 오키나와 관광이 재편되어 간다. 오키나와 캠페인은 실제 역사 · 문화와 현민을 관광진흥에 적합하게 하여 지향성을 내포하고 있었다.

1979년 신혼여행 붐을 오키나와으로 불러들인 것은 항공사 ANA와 JAL이 경쟁적으로 벌인 오키나와 캠페인의 효과였다. 오키나와가 하와이 괌과 마찬가지로 해변에서 '피부를 태우러 가는 낙원'으로 자리 잡는 것은 이 시기다. '푸른 바다, 백사장, 작열하는 태양, 비키니 여인'이 수년간 캠페인의 단골이 된다. 오키나와의 인기가 급상승하면서 더운 여름에는 시원한 홋카이도나 고원으로 피서를 간다는 기존 상식이 뒤집혀 젊은 여성들에게 바다를 선택하는 성향이 높아진다.

오키나와 관광은 겨우 10년 사이 1960년대 전적 관광에서 멀리 떨어져 전쟁 · 기지 · 정치의 색깔을 옅게 한 것이다.

무엇보다 오키나와가 하와이 괌과 나란히 해변 리조트가 되려면 자연

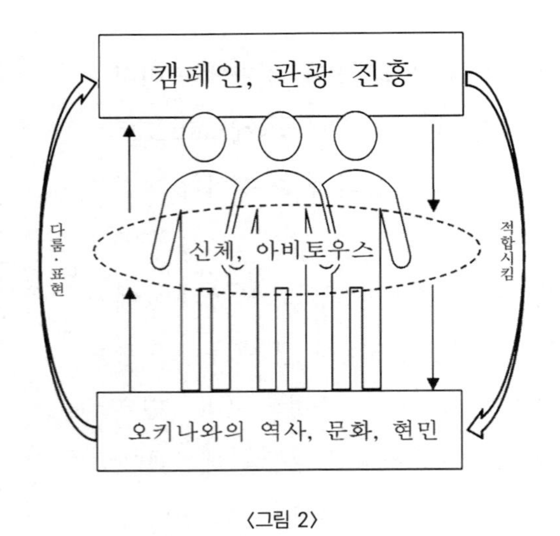

〈그림 2〉

그대로 해수욕을 할 수 있는 것도 모자라 광고 전략만으로도 충분하지 않아 실제로 오키나와가 물리적으로 리조트로 연출되고 만들어질 필요도 있었다.

오키나와 본섬 북부 서해안, 온나촌 국도 58호선을 따라 대형 리조트 호텔이 줄지어 들어선다. 그 선구자는 문비치호텔로, 1975년에 개업한 비치 리조트형 호텔의 원조이다. 그 성공으로 체재형 리조트가 차례로 개업하면서 온나촌은 활황을 보였다. 다양한 해양 스포츠와 액티비티를 즐길 수 있고 호텔 자체가 '바다와 아열대 테마파크'에 가까워져 낙원 기분에 젖을 수 있는 장소가 된다.

미야자키의 로드파크 수법이 오키나와의 온나해안에 채용되고, 그에 따라 입지한 문비치호텔의 성공이 오키나와를 하와이와 경쟁하는 본격 리조트로 이끈 것이다.

이런 해변 리조트 하와이 오키나와를 전국 관광지가 모델로 삼기 시작했다. 1980년대 말 버블 경제기, 정부는 내수 확대를 도모하고 국책으로서 리조트 개발 붐이 고조된다. 대부분 실패로 끝나지만 주요 모델은 테마파크로서의 도쿄 디즈니랜드와 해변 리조트로서의 하와이·오키나와였다.

그 전형은 아이러니하게도, 미야자키의 시가이어1993년 개업였다. 왕년의 '관광 미야자키'를 되찾으려고, 리조트 진흥법을 활용해 거대 개발을 실시했다. ‘오션돔’은 인공적으로 파도를 만드는 실내형 수영장이고 연중 해수욕과 서핑을 할 수 있었다. 모델은 분명히 여름 해변 리조트로 하와이나 오키나와에 가깝다.

신혼여행 붐 시기에는 ‘미야자키→하와이·오키나와’로 남국이 더 남하하면서 흐름이 버블의 리조트 붐기에는 오히려 반대로 ‘하와이·오키나와→미야자키’로 북상해 남국 이미지를 재활용하는 흐름이 됐다.

신혼여행 열풍이 꺾인 뒤 하와이와 오키나와에서는 리조트 웨딩의 인기가 높아진다. 결혼식을 마치고 허니문에 가는 재래형이 아니라 여행지에서 결혼식을 올리는 형태가 1990년대부터 확산되었는데, 그 양대 거점은 역시 하와이와 오키나와다. 한다. 오키나와에서는 국내 시장뿐만 아니라 인바운드 관광으로도 아시아의 부유·중산층을 대상으로 오키나와웨딩의 인기가 높아졌다. ‘일본의 하와이’를 일본인뿐만 아니라 아시아 여러 나라 사람들도 찾고 누리고 있는 것이다.

3. 해양박람회 오키나와 변용

마지막으로 오키나와가 해양박람회라는 행사를 통해 어떻게 바다 이미지를 할당받았고 바다 리조트로 어떤 변용을 설정했는지 살펴보자고 한다.

복귀 후 오키나와로, 해양박람회부터 오키나와 관광의 흐름을 인위적으로 만든 인물이 있다. 통산 관료 이케구치 코타로池口小太郎, 후일 유명한 작가 사카이야 타이치堺屋太一에 해당한다. 그는 오사카에 엑스포를 유치한 실적을 계속 사들여 오키나와를 맡게 된 것이다. 오사카엑스포 해양박람회의 흐름은 마침 공업에서 레저관광으로의 전환기와도 겹쳤다.

오키나와 개발의 주도권을 잡은 것은 일본 정부와 본토의 종합상사를 중심으로 한 기업 그룹이었다. 당시 상사들은 지역 개발 갈등을 빚어 레저기지를 전국에 전개하기 시작했다. 해양 레저도 각광받던 시기에 오키나와와 해양박람회가 부상한다.

상사에게 해양박람회에 파빌리온 출전은 오키나와에 진출하여 해양 레저 개발을 할 뜻을 표시하는 것이기도 했다. 기업 파빌리온은 각 그룹의 경제적 존재력을 상징적으로 구현하고 있었다.

또한 박람회장의 공간 구성은 이후 오키나와의 도시·리조트 개발의 모델로도 생각되었다. 회장 밖의 '오키나와' 전체가, 회장 내와 같은 컨셉과 주제로, 해양 리조트로서 연출·개발되어 가는 사태이다. 실제, 미츠이三井물산의 플랜으로 오키나와 본섬 북부의 본부 반도가 회장으로 결정되어 이후의 북부 리조트 개발의 거점으로 자리매김했다.

해양박람회장에서는 바다 풍경 자체가 가장 큰 상징이었다. 해양박람회 주제 '바다－그 바람직한 미래'를 가장 구현한 상징 건축물은 정부 출전의 미래 해상 도시 아쿠아폴리스였다. 희고 거대한 구조물이 바다에 뜨는 것은 중요하며, 회장의 육역에서 바다와 일체적으로 연결되는 시각 구도가 성립함으로써 본부의 '바다'는 그 자체가 전시의 일부가 된다.

박람 역사에서는 수정궁과 에펠탑, 관람차, 전기조명 등 각 시대의 새로운 테크놀로지를 선점한 전시가 '미래' 이미지를 축약적으로 연출해왔다. 미래 해상 도시 아쿠아폴리스도 이 흐름을 타고 있다.

이다만 도시사회학자 주킨에 따르면 1893년 시카고박람회와 1939

년 뉴욕박람회 사이에 테크놀로지 전시 방식을 변용했다고 한다. 전자에서 신기술은 관람차처럼 생산물로 직접 전시한 그러나 후자의 시대에는 직접 공업생산을 떠나서 박람회 풍경 전체에 편입됐다고 한다. 이것을 기계 생산형 테크놀로지에서 환경 창출형 테크놀로지로의 변용이라고 할 수 있을 것이다.

아쿠아폴리스는 그야말로 여러 기술을 접목한 '바다'의 미래도시라는 인공적인 환경이었다. 또한 데즈카 오사무手塚治虫의 연출로 '바다'를 둘러싼 테크놀로지와 판타지를 집약해, 결합시킨 "imageneer"의 세계였다. 이 의사 이벤트로서의 해상 도시는 오키나와 바다에 실제로 떠오르고 있었다. 이미지의 '바다'의 세계를 통해서 새롭게 만들어 가는 것은, 현실의 바다 쪽이었다.

4. 나가며

이미지와 상징자본

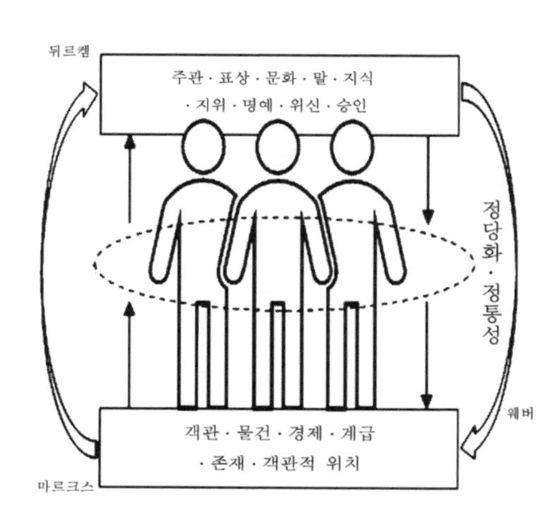

이상, 일본 각지와 오키나와의 관광·이미지에 대해 알아보았다. 역사, 아트, 미디어 컨텐츠든, 남국 이미지, 해양박람회든, 이것들에 공통되는 것은, 주관적인 이미지가 현실의 장소에 의미나 가치를 부여함으로써, 현실·장소를 바꾸어 가는 사

태이다.

즉 이것들은 주관이 현실을 움직여 가는 면을 담고 있으며, 사회학자 피에르 부르듀의 상징자본주관적 인지와 승인을 통한 자본이다. 관광이란 바로 이러한 주관적 이미지와 객관적 현실이 결합하는 이중성 · 순환 · 연동을 여실히 보여주는 현상이다. 그곳에서는 사람 · 탈것 · 이미지 · 콘텐츠 등의 이동 · 유통을 통해 현실이 돌아가고, 로컬 현실 · 장소가 가치를 승인받는 구도가 이루어지고 있는 것이다.

참고문헌

연구논문

多田治, 「『日本のハワイ』としての沖縄の形成：新婚旅行ブームからリゾート・パラダイスへ」, 『一橋社会科学』 7号, 2015.

외국논저

岩切章太郎, 『心配するな工夫せよ 岩切章太郎翁 半生を語る』, 鉱脈社, 2004.

宮崎市観光協会, 『みやざきの観光物語 宮崎市観光協会 50周年記念誌』, 1997.

多田治, 『沖縄イメージの誕生 青い海のカルチュラル・スタディーズ』, 東洋経済新報社,2004.

______, 『多田ゼミ同人誌・研究紀要』 Vol.30 多田総集編 3・紀行集, 一橋大学大学院社会学研究科・社会学部 多田治ゼミナール(非公開), 2023.

______, 『多田ゼミ同人誌・研究紀要』 Vol.31, 一橋大学大学院社会学研究科・社会学部 多田治ゼミナール(非公開), 2023.

矢口祐人, 『憧れのハワイ』, 中央公論新社, 2011.

山中速人, 『イメージの楽園 観光ハワイの文化史』, 筑摩書房, 1992.

Zukin, Sharon, *Landscapes of Power : From Detroit to Disney World*, University of California Press, 1991.

군항도시 사세보佐世保의 관광도시 전환을 위한 설계와 실천

이상원

1. 들어가며

이 글에서는 일본 규슈의 북쪽 서단西端에 위치한 작은 도시지만 제1.2차 세계대전 시기 구舊 일본 해군의 군사적 요충지 역할을 맡은 군항도시 사세보佐世保가 관광도시로 전환되는 과정의 설계와 실천에 대해 살펴보고자 한다. 1889년 진수부鎮守府가 개청開廳된 이래, 전전기戦前期의 전후기戦後期의 사세보는 그 역할과 임무가 달랐다. 전전기는 일본 해군의 연합함대의 출격기지가 되어 군사 전략적 요충지로서 자리매김했고, 전후기는 한국전쟁과 베트남전쟁의 발발로 인해 미국의 전쟁 수행을 위한 책원지策源地 역할을 담당했다. 이 무렵인 1946년 사세보 시장으로 취임한 나카타 마사스케中田正輔는 기존의 군항도시의 이미지를 탈피하고자 '상업항'으로의 전환을 통해 '평화 산업 항만도시' 건설을 모색하였으나 한국전쟁과 베트남전쟁의 발발로 인해 미군의 군사적 요충지 기능이 강화되었고, 결국 군항도시의 이미지를 벗지 못했다.

1983년 개장한 테마파크 '나가사키長崎 오란다무라'가 개장됨에 따라 지역 경제에 많은 파급 효과를 가져왔고 이어 1992년 개장한 '하우스텐보스Huis Ten Bosch'[1]는 '관광도시'로의 전환에 있어서 '결정체' 역할을 했다. 따라서 본 논문에서는 전전기와 전후기를 거치며 어두운 역사의 땅 위에 지어진 하우스텐보스의 설립 과정을 중심으로 군항도시에서 관광도시로의 전환을 이루는 과정을 살펴보고자 한다.

군항도시 사세보와 하우스텐보스에 관한 선행연구들은 다수 이루어져 있다. 하지만 사세보가 관광도시로의 전환을 시도하게 된 역사적 배경과 하우스텐보스의 설계와 실천의 과정을 인문학적 관점에서 고찰한 국내 논문은 미비한 실정이다. 일본 현지의 연구를 살펴보면 미야치 히데토시宮地英敏 외2018와 다니자와 다케시谷沢毅, 2012, 야마모토 리카山本理佳, 2020 등과 같이 진수부를 중심으로 집필된 서적 및 논문들이 다수 있어 본고의 집필에 있어서 큰 학술적 영감과 도움을 받았다. 그러나 대부분의 연구들이 군항도시의 경관과 지리학적 관점에서 분석된 것이 많으며 하우스텐보스와 관련해서는 경영과 관련된 연구가 주를 이룬다. 따라서 본 논문은 사료 및 신문, 잡지 등을 바탕으로 바다를 통한 교류의 역사가 만들어낸 이국異國 문화의 테마파크가 전쟁의 어두운 역사와 흔적 위에 세워진 과정과 '평화 산업 항만도시'의 꿈을 '관광도시'로 전환시킨 그 설계와 실천의 과정을 인문학적 관점에서 고찰하고자 한다.

---

1 하우스텐보스는 '숲속의 집'이라는 의미로 일본 나가사키현 사세보시에 위치하고 있으며 네덜란드의 거리 풍경을 재현한 테마파크이다.

2. 일본의 구舊 4군항 설치와 군항도시 사세보

1872년메이지 5 일본의 해군이 창설되면서 군사 시설을 보유하는 항의 정비가 급선무였다. 당시 일본 해상 방위의 가장 중요한 거점 항으로는 가나가와神奈川현의 '요코스카橫須賀'와 히로시마広島현의 '구레呉', 교토京都부의 '마이즈루舞鶴'와 나가사키長崎현의 '사세보'였다. 이는 지역별로 구舊해군 조직을 통활하는 '진수부鎮守府'[2]가 있었기 때문이다. 1876년 요코하마横浜에 동해 진수부가 먼저 개청되었고 이후 1884년에는 요코스카로 이전했다. 이어 1889년에 구레진수부와 사세보진수부가, 1901년에는 마이즈루진수부가 개청되었다. 각 진수부의 관할로는 요코스카는 가라후토樺太・홋카이도北海道에서 미에三重까지의 태평양 측, 구레는 긴키近畿, 세토우치瀬戸内, 시코쿠四国, 규슈九州의 태평양 측, 마이즈루는 야마가타山形에서 시마네島根까지의 동해 측, 사세보는 규슈의 서측, 오키나와沖縄, 조선, 대만을 포함한 동중국해를 관할하였다요시다 히데키, 吉田秀樹, 2018, 228~229. 이렇게 진수부가 개청된 곳은 해군 공창工廠의 부설을 시작으로 고유의 공간이 편성되고 군사에 특화된 항만시설 및 생산 기능을 가지는 도시 공간으로 자리매김해 나갔다.

2 일본제국 해군의 육상 각 청의 하나. 각 군항에 설치되어, 그 소재지의 명을 사용해 불렀다. 소관 해군구의 방어 및 경비를 담당하여, 해군책원지의 기능을 통괄했다(일본대백과전서(https://japanknowledge.com/contents/nipponica/sample_koumoku.html?entryid=1940(검색일 : 2023.6.04)).

1) 전전기 군항도시 사세보

구레와 동시에 진수부가 설치된 사세보는 군항이 들어서기에 적합한 입지였다. 항만의 입구는 좁고, 주위가 섬으로 둘러싸여 있어 방어기지로 활용하기에 적합했으며, 수심이 최대 50미터로 대형선 정박에도 이상적인 입지였다요시다 히데키(吉田秀樹), 2018 : 236. 사세보는 1889년메이지 22 7월, 진수부가 설치되기 전까지 인구 4,000명 정도의 한적한 마을이었다. 중심부인 야마가타쵸山方町는 간세이寛政 원년[3]까지 간척지였으나 현재의 사세보 시가市街 중심부는 에도시대[4] 후반에 간척된 수전水田이었다.

1886년 나가사키해군전습소[5] 출신인 아카마쓰 노리요시赤松則良[6]가 사세보진수부 건설 위원장으로 부임해 왔고 1889년에 진수부가 개청되면서 초대 사세보진수부 사령관으로 취임하였다. 이 시기 진수부 건설과 함께 많은 사람들이 사세보에 몰려들었는데 역사적으로도 지리적으로도 가까운 아리타有田, 이마리伊万里, 다케오武雄 등의 사가佐賀 출신자가 많았다. 지리적으로 일본의 서쪽 끝에 위치한 사세보는 중국과 한반도에 근접한 지역으로 군사적 요충지의 역할을 하였다. 1894년 청일전쟁에서는 군수물

---

3 간세이(寛政)는 1789년에서 1801년까지이며, 원년(元年)은 1789년이다.

4 1603년 3월 24일 도쿠가와 이에야쓰(徳川家康)가 정이대장군에 임명되고 에도(현재의 도쿄(東京))에 막부를 수립한 이후부터 1868년 10월 23일 메이지로 바뀔 때까지 265년간의 시대를 말한다.

5 나가사키(長崎)해군전습소는 1855년 11월부터 1859년 11월까지 에도막부가 해군사관을 양성하기 위해 나가사키에서 실습한 해군 교육기관을 말한다. 약 200명의 일본청년, 주로 유복한 가정 출신(상급무사 등)의 청년들이 교육을 받았다. 페루스 라이켄 대위 이하 22명의 네덜란드 교관들에 의해 교육이 이루어졌고, 네덜란드가 막부에 헌납한 군함(간코마루(観光丸) : 일본 해군의 1호 함대)을 연습용으로 사용하여 막부와 히젠(肥前) · 치쿠젠(筑前) · 사쓰마(薩摩) 등의 각번에서 파견된 전습생에게 항해술을 전수했다 (나가시마 슌이치(長嶋俊一), 2005, 34면).

6 아카마쓰 노리요시(赤松則良)는 나가사키해군전습소 출신으로 1862년 막부가 네덜란드에 파견한 유학생 15명 중 한명이다. 해군전습소의 교육병 시절 간코마루(観光丸)와 간린마루(咸臨丸)를 타고 훈련했던 서해 바다 사세보로 돌아온 셈이다 (나가시마 슌이치(長嶋俊一), 2005, 34면).

자의 공급기지로, 이후 1904년 러일전쟁에서는 청일전쟁의 두 배가 넘는 함선이 출입하는 대군항으로 성장하였다. 전장은 모두 중국 북동부 랴오둥遼東반도, 황하이黃海, 쓰시마対馬 해역이었기 때문이다. 사세보는 단숨에 성장하며 1898년에는 사세보-나가사키 간 철도가 개통되고 1902년 사세보가 촌村에서 시市로 승격되면서 시정市政이 펼쳐졌다나가시마 슌이치(長嶋俊一), 2005 : 58~59. 군함의 수리와 탄약, 석탄, 식료 등의 보급에 활용되면서 군사적 요충지로 자리 잡으면서 길이 576미터, 폭 364미터의 거대한 계선繫船시설도 보유하게 된다. 이처럼 점차 성장세를 탄 사세보는 사세보-나가사키 간의 철도 개통을 통해, 무역항인 나가사키와 상업도시인 후쿠오카福岡와 더불어 선박과 공창에서 연료로 사용되는 석탄을 공급하는 규슈九州 서부의 탄광 지대로 발전해 나갔다요시다 히데키(吉田秀樹), 2018 : 236.

하지만 이러한 번영의 역사도 오래가지 못하고, 태평양전쟁 시기인 1945년 3월부터 5월까지 연합군의 규슈九州와 시코쿠四国 공습을 받는다. 4월 8일 공습은 사세보 해군공창과 주변 가옥에 피해를 입혔고 100명 이상의 사상자가 발생했다. 같은 해 6월 28일 오후 11시 50분에서 다음 날 오전 2시까지 재차 전략폭격이 이어졌다. 이는 사세보 군사 기지가 아닌 사세보 시가지를 대상으로 한 무차별 폭격이었다. 소위 '사세보대공습'으로 불리는 이 같은 폭격으로 인해 사상자는 민간인을 중심으로 1,242명에 이르렀다미야치 히데토시(宮地英敏) 외, 2018 : 313~316. 진수부 개청 이후, 사세보는 제1차 세계대전과 제2차 세계대전을 거치면서 군사적으로 중대한 요충지 역할을 담당하였고, 탄광 지대로 발전하며 번영을 누렸지만 태평양전쟁 기간 중 2회에 걸친 연합군의 사세보대공습으로 인해 대부분이 괴멸되는 결과를 맞이했다.

2) 전후기 군항도시 사세보

전후 사세보에 진주한 미군연합국군 제6군 제5해병군단은 사세보진수부를 시작으로병단, 공창, 군수부, 공무부 및 그 부속 시설인 아이노우라相浦해병단, 사세보항공대 그리고 해군 주요 시설을 대부분 접수하여 사용했다. 공작물, 건물, 공작기계 등, 국유재산은 우선 미군 소속으로 접수한 후 불필요한 물건의 경우 내무성을 거쳐 대장성大蔵省[7]으로 반환되었다다니자와 다케시(谷沢毅), 2012 : 194.

1946년 8월 21일 사세보 시장으로 취임한 나카타 마사스케中田正輔는 사세보군항의 상업항으로의 전환을 통해 '평화 산업 항만도시' 건설을 모색해 나간다. 진수부가 설치된 1889년 이후 군항의 역할만을 맡아온 사세보항은 1948년 1월에 무역항으로 지정이 되었고, 8월에는 외국 화물선이 입항하면서 필리핀으로 시멘트를 수출하기도 했다. 1949년 5월 24일 사세보를 방문한 쇼와昭和 천황은 SSK사세보 선박 공업 조선소 등을 시찰하였고, 나카타 시장으로부터 사세보시의 연혁 및 장래의 방침에 대한 설명을 들으며 "평화 산업으로 전환이 잘 되었네요"라는 소감을 전했다고 한다. 이후 나카타 시장은 다시 한번 사세보의 부흥의 결의를 다지고 '평화 산업 항만도시' 건설의 현실화를 위해 「구군항시舊軍港市 전환법」[8] 제정과 '사이카이西海국립공원'[9] 지정을 위해 최선의 노력을 다한다

7 국가 예산의 편성, 재무·통화·금융·증권에 관한 사무를 담당하는 행정기관

8 「구군항시 전환법」은 1946년 11월 공포한 일본국 헌법에 명시된 '전력의 불유지(不保持)'를 염두로 하여 4개 시(진수부가 설치된 4개의 시)에 대해 '평화 산업 항만도시'로의 전환이 강조된 내용이다. 본 법률은 1950년 4월 국회에서 승인되었고, 같은 해 6월 4일에 행해진 주민투표를 거쳐 4개의 시에 적용이 되며 결정되었다. 전후 일본의 '평화국가'로의 전환을 통해 군사 거점의 소멸을 상정하여 전후 부흥을 위해 구(舊) 군용재산의 전용(轉用)을 촉진하는 법률 제정을 획책(画策)하고, 실현한 법이다(야마모토 리카(山本理佳), 2020, 215면).

9 공원의 범위는 구주쿠시마(九十九島), 히라도(平戸), 고토렛토(五島列島) 3지구로 구성된 공원

다니자와 다케시(谷沢毅), 2012 : 195~196. 하지만, 「구군항시 전환법」이 시행된 지 3주밖에 지나지 않은 시점인 1950년 6월 25일 한국전쟁이 발발하면서 사세보에도 공습경보가 발령된다. 개전 당시 재일在日 미군 기지의 기능은 요코스카에 집중돼 있었으나, 전쟁 수행을 위한 책원지策源地로서 사세보항의 역할과 필요성이 대두되었고, 재차 군사적 요충지 기능이 급속히 강화된다. 1951년 9월 8일 샌프란시스코강화조약과 함께 미일안보조약이 조인되었고 이후 사세보항에는 미군의 주둔이 결정되었다다니자와 다케시(谷沢毅), 2012 : 199~200.

이처럼 미국에 의해 아시아 전략의 요충지가 됨으로써 사세보 시민들이 염원하는 군항도시의 이미지와 전쟁의 역사와 기억에서 탈피하지 못했다. 오히려 사세보항은 1950년대의 한국전쟁과 1960년대의 베트남전쟁에서 미군의 기지 역할을 담당함과 동시에 '휴지에서 전차까지'라고 불릴 정도로 전투 기자재와 군수물자를 생산·수리하여 베트남으로 운반하는 역할을 수행하였다. 이를 통해 한국전쟁과 베트남전쟁의 특수特需를 통해 지역 경제 재건의 기회를 얻기도 했다.

3) 베트남전쟁기 군항도시 사세보

베트남전쟁이 장기화되면서 1966년부터 1967년 사이 미국 병사의 사망자가 증가한다. 미국에서는 베트남반전운동이 확대되어 나갔고, 이러한 여파로 인해 일본 기지에 머물던 미군 병사들의 탈영 시도사건[10]도

이며, 크고 작은 약 400개의 섬들이 있고, 섬의 공원으로 이루어져 있다. 1955년 3월 16일 지정, 면적은 246.53제곱킬로미터이다.

10 1967년 10월 미군 요코스카기지에 정박 중인 항공 모함 인트리피트(Intrepid)에서 4명의 미군 병사가 탈주하여 망명을 요구한 사건이다. 그들은 베평련·JATEC(반전탈주미군병원조일본기

빈번히 일어났다. 이러한 정세 속에서 1968년 1월 19일 미국의 원자력 항공모함인 '엔터프라이즈호'가 사세보항에 입항하겠다는 정식 통보와 함께 입항하게 된 것이다. 1964년부터 12차례에 걸친 미국의 원자력 잠수함이 기항하는 일이 있었지만 일부의 시민들을 제외하고는 큰 관심을 갖지 않았다. 하지만 기존과는 전혀 다른 대소동으로 발전하면서 사세보를 중심으로 반 요요기파反代々木派[11] 계열의 3파 전학련全学連들과 기동대가 격돌하는 사태가 벌어졌다. 이어 사회당과 공산당에 의한 집회가 사세보시민구장에서 개최되었는데, 이례적으로 많은 사세보 시민들도 함께 '엔터프라이즈호' 입항 반대시위에 적극적으로 동참한 것이다. 이 시기를 짚어보자면, 1968년과 1969년은 전 세계적으로 반체제와 반문화운동, 민주화운동이 일어난 시기이면서 일본 또한 격하게 흔들렸던 해이기도 하다. 가령, '산리즈카三里塚투쟁'[12]과 '규슈대학의 미군 팬텀기 추락사건'에 대한 항의운동,[13] 그리고 도쿄東京 신주쿠新宿 역을 중심으로 점거와 방화사건과 '도쿄대학 야스다安田공방전攻防戦'[14]으로 불리는 전학련의 투쟁이 그러하다.

1968년 1월 19일 미국의 원자력 항공모함인 '엔터프라이즈호' 입항 반대 시위가 이 시기 빈번하게 일어난 반체제 혁명운동과 학생운동이었

술위원회)의 지원으로 소련을 경유하여 스웨덴으로 망명하였다(이상원, 2022 : 189).

11 요요기파(代々木派)는 주로 1960년대부터 1970년대의 일본 정치 분야에서 사용된 호칭이고 일본 공산당과 그 집행부를 칭하며 반(反) 요요기파는 일본의 신좌익 등을 지칭한다.

12 1968년 2월 지바(千葉)현 나리타(成田)시의 농촌지구인 산리즈카(三里塚)와 그 주변에서 발생하였고, 나리타시지역 주민 및 신좌익 운동가들에 의해 나리타공항의 건설을 반대하는 투쟁을 말한다.

13 1968년 6월 규슈대학의 하코자키(箱崎)캠퍼스에 미군기 팬텀이 추락하는 사건이 발생하면서 학생들의 항의운동이 일어난 사건을 말한다.

14 1969년 1월 도쿄대학 의학부 학생들이 야스다(安田)강당을 점거하면서 학생들과 기동대가 공방을 일으킨 사건을 말한다.

고, 그러한 사회적 분위기를 형성하는 격동의 서막으로 해석하는 시각이 대부분이지만 본고에서는 다른 관점으로 해석한다.[15]

첫째, 전술한 바와 같이 사세보항의 특징 중 하나는 산탄지産炭地에 인접한 군항이라는 점이다. 1889년 사세보의 진수부가 설치된 무렵부터 사세보에는 주요 민간 공장들이 생겨났고 석탄이 주요 에너지원이었다.

〈표 1〉 사세보시의 공장 연료 및 전력 사용고

연도	석탄(t)	코크스(t)	석유(말)	가스(f)	목탄(t)	전력(kW)	공장수(개)
1923	10,350	103	4	171,000	86	241,015	48
1924	8,128	1,171	38	1,293,400	76	140,237	60
1925	8,318	1,252	69	2,672,903	74	244,740	70

〈표 1〉에서 알 수 있듯이 1920년대에 접어들면서 석탄 소비량은 다른 에너지 자원보다 줄어들고 있음을 알 수 있다. 전후 사세보는 고탄가 문제로 인해 석탄에서 석유 등으로 바뀐 에너지 전환의 흐름을 거스를 수 없게 되자, 1957년 약 2만 2천 명의 노동자 수가 1965년에는 약 4천 5백 명까지 감소한다미야치 히데토시(宮地英敏) 외, 2018 : 303~306. 둘째, 탄광 폐광으로 인한 노동인구 감소, 소비인구 급감으로 경제적 위기에 봉착한 사세보는 미국의 원자력 항공모함 '엔터프라이즈호' 입항 문제를 둘러싸고 사세보시의회에서 반대와 찬성으로 대립하는 일이 발생한다. 미국과 공산주의의 대립에 사세보가 전쟁에 개입하게 될 수도 있다는 우려로 인해 반대의 의견이 주를 이루었다. 하지만 입항 문제에 대해 찬성하는 측의 의견은 미군이 사세보에서 소비하는 인바운드 소비도 무시할 수 없다는 것이었다. 아래는 당시의 사세보 거리의 모습을 상상할 수 있

15 이상원(『동북아문화연구』, 2022)의 내용을 근거로 기술함.

는 잡지의 기사이다.

> 다음은, 사세보시의 현실문제를 다뤄보자. "안보에 따라, 일본에 미군의 함대가 기항하게 되면 1척이라도 2척이라도 많이 우리 항으로 들어오도록 하는 것이 선결과제이지 않을까? 지금은 **우리의 왕성한 소비생활을 만족시키기 위해서는 미군들이 들어오지 않으면 안된다**"라고 바텐씨는 말한다.[16]

이를 통해, 미군이 사세보지역 경제에 미치는 영향이 얼마나 큰지 쉽게 상상해 볼 수 있다. 다음의 미군 기지로 인해 사세보 시내로 유출되는 엄청난 금액에 대한 기사 역시 흥미롭다.

> 쇼와41년1966도 미군백서에 의하면, '기지종업원'을 포함하여 **연간 8십 6억 엔이 사세보 시내로 흘러들어간다. 이 중 대부분이 미군 수병의 '위안과 휴양비'로 지출**되면서 대부분이 외국인 바를 운영하는 관계자의 호주머니 속으로 들어간다.[17]

일본 내 황색언론인 『슈칸분슌週刊文春』의 경우, 약간의 과장된 내용도 예상할 수 있지만, '배 한 척이 오면 5일 만에 50만 엔을 버는 여성도 적지 않다'라는 내용의 기사도 있었다. 사세보의 경제적 메리트가 '외국인 바bar'에 있었다는 내용의 기사가 적나라하게 공개되면서 일본 전역에 그 실태가 폭로되기도 했다. 이처럼 정치·사회적 상황과 현실 상황

16 『슈칸분슌(週刊文春)』, 1968.1.22, 124면.
17 위의 책, 1968.1.22, 125면.

의 모순됨에 따라 저항과 불만 의식이 고양되었다고 판단한다. 셋째, 사세보 입항을 통해 유명세를 떨친 '엔터프라이즈호'는 8대이며 'USS EN-TERPRISECVN 65'가 정식명칭이다. 7대 '엔터프라이즈호'는 1938년에 취역하여 이듬해 4월 태평양 함대에 편입되는데, 해당 함명은 1941년 12월 7일 일본의 진주만 공격의 보복 공격으로 12월 10일 사세보 해군 공창에서 건조된 이고伊号 제70 잠수함을 침몰시킨 것과, 사세보 공습 및 시가지에 대한 무차별 폭격과 직결된 것이었다. 이는 미국인들에게는 진주만 폭격에 대한 보복을 치룬 영예의 함선으로 기억이 될 것이고, 일본인과 특히 사세보 시민들에게는 공습과 전쟁의 트라우마로 기억된 함명이었을 것이다.

사세보는 1889년 진수부 개청 이후, 오랫동안 구舊 군항의 역할을 담당해 왔고, 태평양전쟁 기간 중 연합군의 공습으로 군항이 거의 괴멸되기도 했다. 전후, 상업항과 '평화 산업 항만도시'로 재출발을 도모했지만, 1950년 한국전쟁 및 1960년대 베트남전쟁 발발 이후, 미국의 아시아 전략의 요충지가 됨으로써 결국 군항의 이미지를 탈피하지 못했다. 또한, 군항과 산탄지의 역할을 양립하면서 지역 경제를 지탱해 왔지만, 에너지 전환의 흐름을 거스르지 못하여 많은 노동자가 해고를 당했고 이로 인해 심각한 인구 유출 현상을 겪기도 했다. 이처럼 한때 '평화 산업 항만도시'로의 건설을 꿈꿨던 사세보는 미군들의 유흥공간의 수입에 의존할 수밖에 없는 지역 경제 상황과, 베트남전쟁에 얽힌 정치·사회적 상황과 현실 그리고 '엔터프라이즈호'의 함명에 복잡하게 얽힌 사태는 사세보 시민들에게 불만과 저항 의식을 고양시키기에 충분했다.

3. 하우스텐보스Huis Ten Bosch의 설립 과정

1) 역사와 문화를 품은 '나가사키 오란다무라Nagasaki Holland Village'의 개장

하우스텐보스의 전신인 '나가사키 오란다무라'Holland의 일본식 발음과 무라(村)가 합쳐진 말, 이하 오란다무라는 1983년 7월 나가사키시의 교외지역인 세이히쵸西彼町에 개장한 테마파크이다. 사세보에서 차로 40분 정도의 거리로 나가사키의 오무라大村만湾에 인접해 있는 한산한 전원마을에 위치해 있다. 국립공원인 구주쿠시마九十九島와 사이카이바시西海橋 그리고 나가사키와 연결되는 국도가 있으며 풍부한 자연경관과 온화한 오무라만의 온난한 기후를 자랑하는 곳이다. 하지만 이곳에 '오란다'라는 이국異国의 정취를 풍기는 테마파크를 조성한 것은 그만한 이유가 있다. 16세기 일본은 포르투갈과 스페인 그리고 네덜란드와 활발한 교역 활동을 지속해 왔다. 규슈지역의 다이묘들과 활발한 교류가 이루어졌고 당시 나가사키는 '작은 로마'로 불릴 정도로 가톨릭 다이묘들과 가톨릭 신자가 많았던 곳이다. 하지만 17세기 도쿠가와徳川의 에도막부江戸幕府는 가톨릭 신자들에 대한 탄압과 동시에 서양세력에 대한 쇄국 정책을 펼친다. 단, 유일한 서양과의 연결고리를 확보하기 위해 나가사키 데지마出島에 오란다 상관商館을 설치하였고, 네덜란드와의 교역 활동을 통해 유럽의 다양한 문물들과 정보들을 받아들였다. 테마파크 '나가사키 오란다무라'는 이처럼 과거부터 수백 년간 지속되어 온 네덜란드와 일본 양국의 우호의 역사에서 출발하였고, 네덜란드 정부와 왕실의 협력으로 건설된 쇼와昭和시대의 데지마였다. 원폭 피폭의 역사를 겪고, 전후 피폐해진 나가사키에 전국의 관광객을 불러들일 기회를 만들어낸 창업자는 다름 아닌 나가사키시 세이히쵸西彼町라는 마을의 공무원 가미치카 요시쿠니神近義邦이었다. 그는 6개의 금융기관으로 구성된 협조융자단으로부터 거액의 융자를 받고 80개 이상의 기업이 참가한 테마파크로 오란다무라를 개장하는데, 방문하는 관광객에게 열렬히 환영받았으며, 역사·문화도시인 나가사키를 전국에 알리게 된다. 그동안 나가사키를 찾은 관광객들은 사이카이西海국립공원[18]을 보기 위해 사이카이바시西海橋를 통과하는 정도에 그쳤다. 그러나 오란다무라의 개장으로 관광 산업과 인연이 없었던 세이히쵸는 단숨에 전국적인 관광지로 변화하였다. 개발 당시, 동쪽의 '디즈니랜드' 서쪽의 '오란다무라'라고 불리며 연간 200만 명의 관광객으로 성황을 이룬 반면, 접근 도로의 정비가 이루어지지 않은 탓에 국도를 마비시키며 '교통정체의 지옥'이라는 말이 나올 정도로 극심한 교통정체의 혼란에 빠지기도 하였다. 아래는 당시의 교통정체의 상황을 보고하는 지자체 보고서의 내용이다.

나가사키 오란다무라를 중심으로 1987년 5월 4일 교통 정체는 엄청났다. 나가사키현의 조사에 의하면 **사가현에서 오란다무라까지 아침 10시 반에서 오후 7시까지 30킬로미터 정체.** (…중략…) 오무라만 연선을 달리는 **국도 205호선, 34호선도 15킬로미터, 13킬로미터 정체로 '나가사키 오란다무라 관광 정체 지옥'**이 된 것을 짐작할 수 있을 것이다.[19]

18 1955년 3월 16일 일본에서 18번째로 지정된 국립공원으로 면적이 25,000헥타르에 달하며 바다와 섬으로 이루어진 공원.

19 히비노 마사미(日比の正己), 1987, No.16

대혼잡에 빠진 국도의 정체상황에 대응하기 위해 오란다무라와 나가사키시는 나가사키 공항에서 해상루트를 증강하고 도로 정비를 촉진해 나갔다. 결국 사세보시 하리오섬針尾島에 위치한 공업단지의 부지현 하우스텐보스 부지를 주차장으로 만들어 관광객을 해상으로 이동시키겠다는 계획을 세웠다. 하지만 오일쇼크와 경제 불황으로 인해 진출 기업이 없었던 하리오 공업단지에 대해 처분을 고려하고 있던 나가사키현과, 나가사키 오란다무라의 창업자인 가미치카 요시쿠니는 긴밀한 협상을 이어나갔다. 결국, 나가사키 오란다무라의 붐을 살려, 50만평의 공업단지 부지에 '하우스텐보스' 유치를 계획하기에 이른다.나가시마 슌이치(長嶋俊一), 2005 : 5

2) 전쟁의 역사 위에 세워진 하우스텐보스

오란다무라의 번성은 하우스텐보스 유치로 이어졌고, 이는 마치 쇼와의 데지마가 헤이세이의 데지마로 그 입지를 양보하는 모습이었다. 하지만 중세의 역사를 이어가는 하우스텐보스 부지와 그 일대는 일본 제국주의의 전쟁의 역사와 흔적이 선명하게 남아있는 곳이기도 하다. 이러한 어두운 전쟁의 역사 위에 하우스텐보스가 '천년의 도시'라는 슬로건을 걸고 그 자리 위에 세워지려 했다. 이에 이 글에서는 하우스텐보스 개장을 위한 기공起工에 앞서 군항도시 사세보가 전전기와 전후기를 거치면서 일어났던 어두운 역사의 흔적에 시대별로 살펴보고자 한다.

하우스텐보스 남서 방향으로 4킬로미터 정도 떨어진 곳에 137미터의 거대한 무선탑 3기가 불쑥 솟아있다. 이 무선탑은 1922년 구 일본 해군에 의해서 건설되었으며, 해상자위대 사세보 사료관에서는 해당 탑이 건설된 경위에 대해 다음과 같이 설명한다.

> 한반도, 중국대륙으로 진출 거점 중 하나였던 사세보는 제1차 세계대전을 통해 한층 더 큰 역할을 담당한다. (…중략…) **남양南洋에 파견된 해군 시설과 남양을 항행 중인 함정과의 통신 필요성이 높아져 사세보 하리오에 무선탑 건설이 결정**되었고, 다이쇼 11년1922에 높이 137미터 남짓의 콘크리트제의 거대한 무선탑이 건설되었다. 쇼와16년1941 **12월 진주만 기습을 명했는 '니다카야마 노보레'[20]의 암호도 이 무선탑에서 발신**했다.

또한, 정삼각형으로 배칭된 3기의 무선탑은 군항 사세보의 위치를 알 수 있도록 표시하는 기능도 있었고 전후 대륙과 남방에서 인양자를 맞이한 탑이기도 하다. 하리오 무선탑은 히로시마만 내에 있던 기칸나가토旗艦長門 사령부로부터 암호전보발신의 명령을 받아 태평양의 모든 일본 군대에 발신하는 역할을 담당했다. 아래의 내용은 진주만 기습 명령에 관한 문구이며 사세보사료관에 전시되어 있다.

> GF 電令作 第10号
>
> 発令日時 12月 2日 1730
>
> 本文 [新高山登レ 1208] (終)

1941년 12월 진주만 기습을 명령한 '니다카야마노보레'의 암호도 이 무선탑에서 발신되었다고 기록되어 있다. 또한, 하우스텐보스가 개장될 부지는 해군병교 하리오 분교가 있었던 장소이기도 하다. 1944년

20 니다카야마노보레(新高山登レ)는 타이완에서 가장 높은 교쿠잔(玉山)의 일본 통치시대의 이름인 니다카야마(新高山)이다.

5월, 14세부터 15세 소년들을 대상으로 대략 1년간 엄격한 교육훈련이 행해진 곳이다. 이후 1945년 8월 15일 일본은 패전을 맞이했고 사세보항을 통해 연합군점령군이 입항하기 시작했다. 전쟁은 끝이 났지만 일반 일본인 350만 명, 군인과 군속軍屬이 310만 명, 합계 660만 명의 인양引揚 작업이 남아있었다. 일본 정부는 연합군의 협력을 얻어 외국의 항으로 배를 보냈고, 일본인들을 모아 함께 돌아왔다. '민족의 대이동'이라고 불리는 인양을 통해 사세보항으로만 139만 명 이상의 일본인들이 들어왔다. 이처럼 일반 일본인을 데리고 돌아오는 것을 '인양', 군인은 '복원復員'이라 불렀지만, 일반적으로 '인양'이라는 용어가 사용되었다. 인양항으로 지정된 사세보항에는 검역 시설이 있는 우라가시라浦頭를 인양 상륙지로 정했다. 하지만 인양선 내에는 전염병이 발생하여 상륙하지 못하고 귀국을 앞두고 사망하는 경우가 많았고 사망자의 반은 유아였다. 그나마 상륙한 인양자들은 작은배로 갈아타고 상륙한 검역 및 유해기생충방제를 위해 전신에 DDT[21]를 뿌린 뒤에야 상륙의 허가되었다. 각종 문진 및 조사를 마치고 7킬로미터가 떨어진 숙사로 이동했는데 이곳이 현재의 하우스텐보스가 위치한 곳이다. 이러한 인양 활동이 최고조로 달한 시기는 1946년이고 매월 적게는 7만 명, 많게는 12만 명 이상이 사세보항을 통해 상륙했기 때문에 숙사는 인양자들로 가득찼다. 수 일간 숙사에서 심신의 피로를 푼 뒤, 인양자들은 하에노사키南風崎역을 통해 고향으로 돌아가는 방식이었다. 하에노사키역은 현재 하우스텐보스 사원 기숙사가 위치한 곳에 무인역으로 운영되고 있다.

---

21 DDT(Dichloro-Diphenyl-Trichloroethane)로 불리는 유기 염소 계열의 살충제.

전후, 해외에서 귀국하는 마지막 인양선인 '보고다마루ぼごだ丸'가 1949년 1월 필리핀 마닐라 교외의 일본인수용소에서 유골 309구와 유체 5,415구를 쌓고 사세보 우라가시라항으로 상륙한다. 유체는 귀국 후 화장하였고, 유골은 합장되었다. 사세보 우라가시라항에 귀한된 전쟁 희생자는 하우스텐보스 부지의 서쪽에 위치한 '가마보치영원釜墓地霊園'에 합장되어 있다. 1992년 하우스텐보스가 개장되면서 '가마보치영원' 안내 간판을 설치하였고, 그 외에도 1998년 2월에는 "추억의 땅을 다시 방문하고 싶다"라는 당시의 인양자들의 요망으로 인해 인양자들의 모임이 5일간에 걸쳐 하우스텐보스에서 개최했다. 이 모임에는 전국에서 5,000여 명의 인양 체험자들이 하우스텐보스를 방문하기도 했다나가시마 슌이치(長嶋俊一), 2005 : 80~81.

이와 같이 하우스텐보스 부지와 그 일대는 일본 제국주의의 전쟁의 역사와 흔적이 선명하게 남아있는 곳이며 어두운 전쟁의 역사의 흔적이 남아있는 곳이었다. 하우스텐보스는 '천년의 도시'라는 슬로건을 걸고 어두운 그 역사의 흔적 위에 세워졌다.

3) 관광도시 전환의 결정체 '하우스텐보스'의 개장

현재 하우스텐보스 주변의 수전水田 등으로 평지가 형성된 것은 에도 시대부터 해면 간척에 의해 육지화된 것이고 그 이전에는 오무라의 큰 후미의 역할을 했다. 전전기에는 간척지로 매립되어 하리오 해병단과 해군병 학교 하리오 분교의 부지였다. 전후기에는 139만 명의 인양자의 쉼터인 숙사宿舎가 있었던 곳이었고, 이후 인양자 원호국援護局이 설치되면서 국유지의 부지였다. 하지만 나가사키현은 이 부지에 대해 민간에 팔아넘기도록 요청하였고 정부는 그것을 인정하였다. 이에 나가사키현은 1972년 하리오 공업단지 조성을 계획하였고 1973년에 착수, 1975년에 약 170헥타르에 달하는 하리오 공업단지가 완공되었다. 하지만 당시의 일본 경제는 오일 쇼크의 영향으로 인해 진출하는 기업이 거의 없었고, 매년 누적 적자를 내는 공업단지 매수자를 찾지 못하고 지속적으로 현의 재정을 압박하는 상황에 놓였다. 아래의 기사는 거의 방치된 하리오 공업단지를 모습을 묘사하고 있다.

> 나가사키현이 열도 개조의 붐을 타고 개발한 하리오 공업단지는 진출 기업이 적어 대부분이 **유휴지遊休地로서 방치**되고 있었다. **대규모 공장용지로 조성된 현지에는 잡초도 나지 않고, 곤충과 새도 없으며 비가 내리면 물웅덩이가 생기고 화창한 날씨가 지속되면 땅이 갈라지는 현상도 생겼다.** 해안은 콘크리트 호안護岸으로 굳혀져 생태계가 파괴되어 물고기도 없었다고 한다.[22]

1987년 나가사키 오란다무라의 사장인 가미치카 요시쿠니는 하리오 공업단지에 진출 계획을 발표하고 3가지 조건[23]을 현에 제출한다. 당시 나가사키현은 구조불황의 영향으로 침체기를 겪고 있었다. 현지사인 다카다 이사무高田勇와 사세보 시장인 가케하시 구마시栈熊獅를 시작으로 현의 지자체 수장들에게는 대환영의 진출 계획이었다. 같은 해 11월 하리오 공업단지에 진출한 나가사키 오란다무라의 개발회사가 설립되고, 현

22 『요미우리신문(読売新聞)』, 2003.6.10.

23 ① 매각된 부지를 다시 사들일 것, ② 사세보시에서 하루 3천 톤의 급수 확보, ③ 오무라만 어업협동조합의 협력.

과 시는 각각 3,000만 엔씩 출자하였고, 새로운 회사명은 하우스텐보스 Huis Ten Bosch : 숲속의 집으로 발표한다. 그리고 1988년 10월 본격적으로 하우스텐보스 공사에 착수한다.

하우스텐보스의 건설은 파괴된 환경을 원래의 자연환경으로 돌리는 것에서 시작되었다. 공업단지로서 매립된 조성지를 파 뒤집고 전장 6,000미터에 이르는 운하와 콘크리트의 호안을 벗겨내어 자연석을 쌓았다. 초목이 없었던 대지에는 토양 개량이 실시되고, 수십만 그루의 식수가 꽃을 피웠다. 이후, 운하에는 물고기가 돌아오고 숲은 곤충과 새의 천국이 되었다. 이처럼 자연환경을 회복하기 위해 초기 투자의 1 / 4 이상의 막대한 투자가 행해졌다나가시마 슌이치(長嶋俊一), 2005 : 10.

또한 고용계획 및 사업계획에 의하면 종업원은 약 3,600백 명, 히다치日立 제작소 등의 대기업 30개사 출자, 제1기 투자액은 2,204억 엔, 개업 년도인 1992년의 목표입장객 수는 420만 명, 6년 후, 1만호의 집에 3만 명이 거주할 것이라는 전망을 밝혔다. 지역 은행인 신와親和은행의 조사에 의하면 고용 파급 효과는 3~4만 명, 경제적 파급 효과는 현내 1,200억 엔, 현외 1,700억 엔, 약 3,000억 엔의 생산 효과를 기대할 수 있을 것으로 전망했다. 나가사키 오란다무라와는 다른 새로운 타입의 복합형 리조트 시설은 1992년 규슈 전역과 나가사키 현민, 특히 사세보 시민들의 많은 기대를 받으며 개장했다. 가람과 자연을 공존시키는 오란다 전통의 마치즈쿠리,[24] 테마파크의 오락성과 리조트의 쾌적성

24 행정기관과 주민들의 협의에 의하여 새로운 마을을 만들어 가는 것을 뜻한다. 도로와 방재(防災) 등의 하드웨어적 측면과 역사와 관광 등의 소프트웨어적 측면 등, 다방면의 분야에서 표현되고 사용되고 있다.

까지 더해졌고, 가까운 미래에 주변지역을 포함하여 15만 명의 마치즈쿠리를 목표로 한 웅대한 구상을 가진 시설이었다. 또한 가미치카 요시쿠니의 경영이념[25]을 통해 나가사키현과 사세보시의 지역 경제 활성화는 물론, 사세보 시민들이 염원하던 군항도시의 이미지 탈피와 평화 산업도시로의 전환이 사세보의 새로운 관광도시의 모습으로 새롭게 탄생된 순간이었다사세보시사 편찬위원회(市史編さん委員会), 2003 : 848~850.

4. 나가며

일본의 서쪽 끝에 위치한 사세보佐世保에 진수부가 개청되면서 4,000여 명 정도의 한적한 마을에서 구舊일본 해군의 군수물자 공급기지로 변화되었다. 청일전쟁과 러일전쟁 중에는 한반도와 중국 대륙에 근접해 있는 이유로 제1·2차 세계대전에서 일본 연합함대의 출격기지가 되어 군사적 요충지로 자리잡았을 뿐 아니라 사세보-나가사키 간 철도 개통과 함께 규슈 서부의 탄광 지대로 발전해 나갔다. 이러한 번영의 역사도 오래가지 못하고 태평양전쟁 시기인 1945년 4월과 6월, 연합군의 두 차례에 걸친 대공습으로 인해 많은 사상자를 내고 군항과 시가지는 거의 괴멸된다. 패전 이후, 1946년 사세보 시장으로 취임한 나카타 마사스케는 사세보 군항의 이미지를 탈피하고자 상업항으로의 전환을 통해

25 "윤택함이 있는 환경을 소생시키고, 에콜로지Ecology와 에코노미Economy의 조화에 도전 '평온함'과 '기쁨'과 '감동'이 넘치고, 지속 가능한 순환형 수변의 마을을 창조해 나가겠다"라는 내용으로 지금까지 전례가 없었던 관광 경영 이념을 가지고 나가사키현과 사세보시의 '지역 활성화'라는 기대를 지고 개장하였다.

‘평화 산업 항만도시’ 건설을 모색한다. 그러나 1950년 6월 25일 한국전쟁, 1960년대의 베트남전쟁의 발발로 인해 미국의 전쟁 수행을 위한 책원지의 역할을 다하며 군사적 요충지로 자리매김한다. 이후 1968년 미국의 원자력 항공모함인 ‘엔터프라이즈호’의 입항 사건으로 사세보 시민들의 저항과 불만은 고양되었고, 군항과 탄광이라는 양립의 축으로 지역 경제를 지탱해 온 사세보에서 군항만이 주축이 되는 경제로 이행되었다. 한때 ‘평화항만도시’로의 재출발을 도모했지만 결국 군항에 의해 지탱되는 지역 경제 상황과 베트남전쟁에 얽힌 정치 · 사회적 상황과 현실에 복잡하게 얽히면서 사세보 시민들의 불만과 저항의식은 고양되어 갔다.

1983년 세이히쵸의 공무원인 가미치카 요시쿠니와 나가사키현은 중세의 역사와 문화를 바탕으로 한 테마파크이자 쇼와의 데지마로 불리는 나가사키 오란다무라를 개장한다. 이후 하리오 공업단지의 인수와 하우스텐보스의 개장을 통해 나가사키현과 사세보시의 지역 경제 활성화는 물론 염원하던 군항도시의 이미지 탈피와 함께 평화 산업도시로의 전환이 이루어졌다. 하지만 이러한 평화 산업도시이자 관광도시로 전환한 사세보는 일본의 제국주의 전쟁의 어두운 역사를 간직한 그 흔적 위에 하우스텐보스가 개장을 했다는 것이다. 태평양전쟁 시기 진주만 기습 명령을 발신한 3기의 하리오 무선탑, 전후 139만 명의 인양 활동을 수행한 우라가시라항과 인양자의 숙소를 제공한 하리오섬의 부지는 하우스텐보스가 자리 잡은 곳과 바로 인근지역이다. 또한 인양자들에게 고향길을 안내한 하에노사키 역은 하우스텐보스의 사원 기숙사 옆에 자리 잡고 있다. 해외에서 죽음을 맞이한 일본군과 일반인들의 유골과 유체는 가마보치영원에 합장되었고, 그 터는 하우스텐보스 부지의 서쪽에 위치하고 있다. 이처럼 하우스텐보스 부지와 그 일대는 일본 제국주의의 어두운 전쟁의 역사의 흔적이 남아있는 곳이다. 하우스텐보스는 '천년의 도시'라는 슬로건을 걸고 어두운 그 역사의 흔적 위에 세워졌다. 사세보 시민들이 염원했던 '평화 산업 항만도시'가 일본 최대 규모 리조트 테마파크 시설인 '하우스텐보스'라는 결정체로 관광도시로의 전환을 실현시켰다.

참고문헌

연구논문

이상원, 「기지국가 일본의 對 베트남 원조외교」, 『지역사회학』 제23권 3호, 2022.

______, 「군항도시 사세보(佐世保)와 시민 저항－1968년 미국의 '엔터프라이즈호' 입항 문제를 중심으로」, 『동북아문화연구』 제72집, 2022.

佐世保市, 『産業方針調査書』 商工 91, 1929.

佐世保市史編さん委員会編さん, 『佐世保市史通史編』 下編, 2003.

谷沢毅, 「軍港都市佐世保の戦中・戦後－ドイツ・キールとの比較を念頭に」, 『長崎県立大学経済学部論集』 第45巻 第4号, 2012.

宮地英敏 외, 「一九六八－エンタープライズ事件の再定置」, 『軍港都市史研究Ⅴ佐世保篇』, 2018.

長嶋俊一, 『ハウステンボス周辺の今昔』, 2005.

山本理佳, 「旧軍港市転換法の運用実態に関する一考察」, 『高橋学教授退職記念論集』, 2020.

吉田秀樹, 歴史とみなと研究会, 『港の日本史』, 2018.

日比の正己, 「観光と交通」, 『ながさき自治研』 No.16, 1987.

신문 및 잡지

「山河あり」, 『読売新聞』, 2003.6.10.

「原子力空母歓迎の"欲の皮"－エンタープライズを待ち望む夜の佐世保'たった三分で一万円なり'」, 『週刊文春』, 1968.1.22.

기타자료

일본대백과전서 (https://japanknowledge.com/contents/nipponica/sample_koumoku.html?entryid =1940(검색일 : 2023.6.04)).

해역도시의 관광 전략화

타이베이 문화창의원구臺北文化創意園區 운영과 관광지 언어서비스 제공 사례를 바탕으로

엄지

1. 들어가며

한국과 대만의 관계는 1992년 단교 이후 급속도로 악화되었으나, 2000년대 들어 한류의 영향과 국제정세에 따른 우호 관계가 성립되면서 점차 양국 간 문화 교류가 활기를 찾기 시작하였다. 그리고 2023년 현재 대만을 방문하는 한국 관광객과 한국을 방문하는 대만 관광객은 코로나19 이전 수준을 완전히 회복하며 더욱더 활발한 문화 교류를 이어가고 있다.

대만은 아름다운 섬이란 뜻의 '포르모사Formosa'라고도 불릴 만큼 바다로 둘러싸인 섬지역이다. 지리적 특성에 따라 지진과 태풍이 잦게 일어나지만, 아열대성 해양기후에 해당하여 사계절 경작이 가능한 비옥한 풍토를 가지고 있으며 석탄, 대리석, 유황 등 천연자원이 산출된다. 그러나, 대만은 섬이 가지는 지역적 고립성과 함께 특수한 미·중과의 관계 등 국제정세의 영향으로 인해 수출 무역 경제에 있어서 항시 불안정성을 가질 수밖에 없다. 이에 특화된 관광산업을 통해 내수 시장 활성화와 경제 성장을 위한 노력을 끊임없이 해오고 있으며, 그 노력의 결과 중 하나가 바로 타이베이 도심 한가운데 위치한 문화창의원구文化創意園區이다.

대만은 역사적으로 지리적 위치와 항구·항만으로서의 역할로 인해 외세의 침탈과 지배, 일제의 강점을 겪어온 곳으로 당시의 역사 흔적들이 도심 곳곳에 남아있다. 주목할 만한 것은, 이러한 흔적을 단순히 지우는 것이 아니라 원형을 그대로 보존한 채 새로운 휴양의 공간으로 재탄생시켜 국내외 관광객을 끊임없이 유치하고 있다는 점이다. 또한, 단순한 관광 상품의 홍보와 판매를 넘어 '문화창의'라는 이름에 걸맞게 지역 주민들의 창의 활동을 적극적으로 지원하고 있으며 영화제, 전시회, 공연 등의 다양한 프로그램을 상시 제공하여 일회성 방문에 그치지 않도록 하고 있다. 이처럼 수도 타이베이를 비롯하여 지룽, 가오슝과 같은 해역도시의 특색있는 문화 특구 운영은 대만 전체 경제 활성화에 크게 기여하고 있다.

2023년 3월 인천시에서 해역 항만도시 개발을 위해 모범 사례에 해당하는 대만을 방문하여 시찰한 바 있듯, 대만의 문화창의원구 지정과 운영 현황은 앞으로 각 나라의 해역도시 및 해역 항만 지구 관광 전략화를 위한 의미 있는 시사점을 제시할 수 있을 것이다. 이 글은 먼저 가장 성공적인 사례로 손꼽히는 타이베이의 송산문창원구松山文創園區, 화산1914문화창의산업원구華山1914文化創意産業園區 운영 현황과 함께 주요 관광지의 언어서비스 제공 사례를 분석하여 인천과 부산 등 국내를 비롯한 세계 해역도시 및 해역 항만 지구의 관광 전략과 발전 방향에 대해 논의해 보고자 한다.

2. 대만 관광업의 현재와 타이베이 문화창의원구 운영 사례

1) 대만의 관광 경쟁력

세계경제포럼은 2년에 한 번씩 약 140개 지역을 대상으로 「관광 경쟁력지수 보고서The Travel and Tourism Competitiveness Report」를 발표한다.[1] 대만은 이 관광 경쟁력지수에서 2013년 140개 지역 중 43위, 2015년 141개 지역 중 32위, 2017년 136개 지역 중 30위를 차지하며 꾸준한 성장세를 보였다. 2019년 140개 지역 중 다시 37위로의 단계 하락이 있었지만, 십여 년간 전 세계 30위권을 유지하며 관광 경쟁력에 있어 선두 그룹에 속해있다.[2] 특히, 대만은 관광 경쟁력지수를 결정하는 14개 요소 중 비즈니스 환경Business Environment, 안전 및 보안Safety&Security, 인적자원 및 노동 시장Human Resources&Labor Market, 가격 경쟁력Price Com-petitiveness, 육상 및 항만 인프라 구조Ground&Port Infra-structure에서 동아시아-태평양지역의 평균 이상을 차지하며 상위권을 유지했다. 아래는 동아시아-태평양지역의 경쟁력지수 요소별 점수를 정리한 것이다.

---

1 관련 보고서들은 세계경제포럼 사이트(https://weforum.org/)에서 주제별로 상시 열람이 가능하다.

2 코로나19 여파로 인해 2021년에는 관광 경쟁력지수가 아닌 117개 지역을 대상으로 '지속 가능하고 탄력적인 미래를 위한 재건(Rebuilding for a Sustainable and Resilient Future)'이라는 부제와 함께 관광 개발 지수(Travel and Tourism Development Report)를 발표했는데, 이 목록에서 대만은 알제리, 브루나이, 노르웨이, 우크라이나 등과 함께 제외되었다.

〈표 1〉 2019년도 동아시아-태평양지역 경쟁력지수 : 환경조성(Enabling Environment)

Global Rank	Enabling Environment				
	Business Environment	Safety & Security	Health & Hygiene	Human Resources & Labor Market	ICT Readiness
Japan(4)	5.4	6.2	6.4	5.3	6.2
Australia(7)	5.1	6.1	6.2	5.1	5.8
China(13)	4.7	5.6	5.6	5.2	5.0
Hong Kong SAR(14)	6.1	6.4	6.0	5.6	6.6
Korea, Rep.(16)	4.8	5.9	6.4	5.0	6.3
New Zealand(18)	5.5	6.3	5.9	5.4	6.1
Taiwan, China(37)	**5.1**	**6.0**	**6.0**	**5.3**	**5.6**
Mongolia(93)	4.3	5.6	6.1	4.5	4.3
Eastern Asia-Pacific	5.1	6.0	6.1	5.2	5.7

World Economic Forum, "The Travel and Tourism Competitiveness Report 2019", p.29 참조

〈표 2〉 2019년도 동아시아-태평양지역 경쟁력지수
: 관광 정책 및 조건(T&T Policy & Enabling Conditions)

Global Rank	T&T Policy & Enabling Conditions			
	Prioritization of T&T	Int'l. Openness	Price Compt'ness	Environ. Sustainability
Japan(4)	5.3	4.6	4.8	4.4
Australia(7)	5.3	4.9	4.4	4.4
China(13)	4.8	3.1	5.7	3.8
Hong Kong SAR(14)	5.9	3.8	4.5	4.6
Korea, Rep.(16)	4.9	4.3	5.0	4.7
New Zealand(18)	5.6	5.5	4.7	4.7
Taiwan, China(37)	**4.7**	**3.7**	**5.4**	**4.4**
Mongolia(93)	4.5	1.9	6.2	3.6
Eastern Asia-Pacific	5.1	4.0	5.1	4.3

〈표 3〉 2019년도 동아시아-태평양지역 경쟁력지수
: 인프라 구조, 자연 및 문화 자원(Infra-structure, Natural&Cult. Resources)

Global Rank	Infrastructure			Natural & Cult. Resources	
	Air Transport Infra.	Ground & Port Infra.	Tourist Service Infra.	Natural Resources	Cultural Res. &Business Travel
Japan(4)	4.8	6.0	5.7	4.1	6.5
Australia(7)	6.0	3.6	6.1	5.5	4.4
China(13)	4.3	3.9	3.5	5.1	7.0
Hong Kong SAR(14)	5.6	6.4	4.3	3.6	2.4
Korea, Rep.(16)	4.6	5.2	5.6	2.4	4.8
New Zealand(18)	4.9	3.8	5.8	4.3	2.0
Taiwan, China(37)	**3.9**	**5.1**	**4.8**	**2.6**	**2.6**
Mongolia(93)	2.2	2.2	2.9	3.1	1.9
Eastern Asia-Pacific	4.5	4.5	4.8	3.8	3.9

이처럼 대만은 한반도 면적의 약 1 / 6 크기에 해당하며 이 또한 대부분 험준한 산악 지형으로 가용 면적이 좁은 지역임에도 불구하고, 관광경쟁력을 결정짓는 다양한 요소들에서 강점을 보인다. 동아시아-태평양지역에서는 평균보다 낮은 점수에 속하지만, 22개 전체 아시아지역으로 본다면 보건 및 위생Health&Hygiene, ICT 준비 수준ICT Readiness, 환경 지속가능성Environment Sustainability 등에서도 상위권에 해당하는 것을 알 수 있다. 비록 2021년 세계경제포럼 보고서 조사대상에서는 제외되었지만, 코로나19 발발 이후 대만 정부는 관광산업의 회생을 위해 대규모 특별예산을 배정하고,[3] 관광객 유치를 위한 실질적인 정책안을 내놓

3 전동현(2020)에 따르면, 실제로 대만은 2020년 부처별 예산 총액 중 관광산업 주무 부처인 교통부에 3번째로 많은 대만달러 472.42억 원(한화 1조 8,897억 원)을 배정하였고, 관광업계 지원 강화를 위해 계속해서 특별예산을 추가 편성하였다. 동시에 관광업 종사자에게 의무 교육비로 월 최대 대만달러 18,960원(한화 약 76만 원)을 지급하는 등 관광의 위기를 기회로 삼아 관광산업 업그레이드를 위한 여러 가지 정책들을 추진하였다. 전동현,「코로나19 관련 대만의 관광 정책 동향」,『한국관광정책』 제80호, 한국문화관광연구원, 2020, 135쪽 참조.

는 등 관광업 회복과 발전을 위해 지원을 아끼지 않았다. 그 결과, 2023년 9월 6일 대만 교통부관광서臺灣交通部觀光署 보도에 따르면 현재 대만 관광업은 코로나19 이전인 2018년 수준을 완전히 회복하였으며, 특히 숙박업, 요식업 및 기타수입을 포함한 총 영업 수입은 2023년 상반기 합계액이 대만달러 845.5억 원으로, 전년도 596.7억 원보다 42.17% 증가했고, 2018년 767.3억 원보다는 약 11.08% 증가한 것으로 코로나19 이전보다 더 높은 영업 이익을 창출했다고 밝혔다.[4] 세계 관광 경쟁력지수와 함께 이와 같은 결과들은 대만에서 관광업이 차지하는 중요성을 보여주는 중요한 지표라고 할 수 있다.

2) 타이베이 문화창의원구 지정과 운영 현황

앞에서 살펴본 바와 같이, 대만에서 관광업은 경제 성장과 발전을 위한 중요한 산업 분야이다. 근 몇 년간 코로나19 영향으로 인해 매년 증가하던 관광객 수가 급감하고 관광업의 큰 타격을 받았으나, 정부의 적극적인 지원 아래 코로나19 이전 수준을 완전히 회복하였으며 꾸준한 상승세를 이어오고 있다. 특히, 대만 관광협회와 한국여행업협회KATA가 공동 주최한 제36회 한국·대만 관광교류회의에서 발표한 내용에 따르면, 2023년 1분기 기준 대만을 방문한 한국 여행객의 수가 14만 8천 명으로 외국인 방문 순위 1위를 기록한 것으로 나타났다.[5] 이는 대만 관광업 회복과 발전에 있어 한국이 중요한 위치에 있음을 보여주는 지표

---

4 「112年上半年國旅暢旺 旅宿營業收創新高」, 『臺灣交通部觀光署 - 最新消息』, 2023.9.6(https://www.taiwan.net.tw/m1.aspx?sNo=0043159).

5 「1분기 대만 방문 1위는 한국인 … 제36회 한국·대만 관광교류회의서 지원금 등 양국 300만 교류 목표 공표」, 『티티엘뉴스』, 2023.6.14(https://www.ttlnews.com/artIcle/bIz_world/13999).

라 할 수 있으며, 이들이 주로 방문하는 곳에 대한 동향 분석은 대만뿐 아니라 비슷한 역사와 지리적 환경을 갖춘 한국의 해역도시 관광 전략화에 중요한 시사점을 제시할 수 있으리라 생각된다.

천러우쉬안2021은 대만에 오는 자유 여행객의 비율이 이미 전체 관광객의 80%를 넘은 상태이며, 2017년 이래 이들의 주요 방문지는 대만 내 도시에 해당하는 타이베이시, 신베이시, 타이중시, 난터우현, 가오숑시, 핑둥현 및 화롄현에 집중되어 있고 밝혔다.[6] 또한, 곽건승2021은 2016년부터 2019년까지 대만을 방문한 관광객 중 타이베이시를 방문하는 비율이 2016년 91.3%, 2017년 90.9%, 2018년 89.4%, 2019년 87.8%로 대만 내 모든 도시 중 가장 높은 수준임을 밝혔다.[7] 이들 선행 연구에서 가장 주목할 만한 것은, 타이베이시의 고유한 문화 및 자원을 바탕으로 도시 마케팅한 효과가 나타나면서 2016년 타이베이시 관광 이유 1위였던 '음식'이 2019년 '지역문화 및 풍습'으로 바뀌었다는 점이다.

〈표 4〉 타이베이시 관광객의 관광 목적(단위 : %)

연도	음식	풍경 · 경치	쇼핑	지역문화 · 풍습	교통 편리(타이베이시내)
2016	**61.50**	54.69	35.69	34.19	28.11
2017	45.08	**51.53**	28.22	37.36	24.58
2018	45.78	**58.17**	25.64	55.53	45.86
2019	62.15	41.85	30.15	**62.80**	31.65

곽건승, 위의 논문, 2021, 50쪽 대만 교통부관광서 출처 자료 재인용.

6 천러우쉬안,「대만 관광서비스 무역 경쟁력 연구」, 부산대 석사논문, 2021, 15쪽 참조.

7 곽건승,「대만 도시마케팅이 국내외 관광객에 미치는 영향에 관한 연구 - 타이베이시를 중심으로」, 서울시립대 석사논문, 2021, 46쪽 참조.

〈그림 1-1〉 송산문창원구 전경

실제로 이러한 지역 문화 및 자원의 도시마케팅이 가장 잘 드러나는 곳이 이 글에서 살펴볼 문화창의원구이다. 타이베이에 대표적인 문화창의원구는 송산문창원구松山文創園區, 화산1914문화창의산업원구華山1914文化創意産業園區이다. 청일전쟁에서 승리한 일본은 1895년 시모노세키조약 이후 대만을 지배하게 되면서 전쟁 자본을 확보하기 위해 타이베이에 대규모 담배공장과 양조장을 지었는데, 이 담배공장과 양조장의 현재가 바로 송산문창원구와 화산1914문화창의산업원구인 것이다.

먼저, 송산문창원구는 대만 최초의 담배공장으로 1937년 대만총독부전매국臺灣總督府專賣局이 대만총독부전매국송산연초공장臺灣總督府專賣局松山煙草工場을 설립하여 1939년부터 본격적으로 담배를 생산하던 곳이다. 부지 면적이 18.9864헥타르에 달하는 이곳은 일본 패전 이후 1945년부터 중화민국전매국中華民國專賣局에 다시 인수되어 대만전매국송산연초공장臺灣專賣局松山菸草工廠으로 명칭을 변경하고 1998년까지 공장으로서의 제 역

〈그림 1-2〉 송산문창원구 전경

할을 다하였다. 이후 타이베이시가 2001년 사적 제99호로 지정하였고, 도시재생사업의 일환으로 10년간 문화창의 기지, 즉 '크리에이티브 허브Creative hup of Taipei'로 재탄생시키는 과정을 진행한 후 2011년 공식적으로 시민들에게 개방하였다. 그리고 현재까지 '소프트 파워 혁신軟實力創新, 커뮤니티 네트워크 연결社群網絡連結, 브랜드 가치 관리品牌價值經營 및 인재양성人才養成'을 통해 도시 경쟁력과 문화창의 소프트파워 강화라는 목표를 달성하기 위해 노력하고 있다.[8] 다시 말해, 송산문창원구는 도심 내 휴양공원에 그치는 것이 아니라, 도시 성장과 발전을 위한 중요한 복합문화공간에 해당한다고 볼 수 있다.

송산문창원구의 가장 큰 특징은 바로 원형의 보존이다. 건물 골조는 물론, 당시 나무 창틀과 건물 내·외벽의 낡은 페인트칠까지 남겨두었으며 담배공장에서 사용하던 수로와 기계들도 원형 그대로 보존하였다. 이처럼 담배공장의 역사를 그대로 담고 있는 건물의 1층과 2층은 호실

8 송산문창원구 공식 홈페이지(https://www.songshanculturalpark.org/) 소개내용 참조.

〈그림 2-1〉 송산문창원구 제1담배공장 공간 활용의 예
건물 외벽과 골조를 그대로 유지하고 수로와 기계를 원형 보존한 채
호실마다 특색 있는 작품의 전시와 판매가 이루어지고 있으며,
벤처 기업의 사무실로도 활용되고 있다.

마다 전시회, 영화제 등 다양한 문화제 공간으로 활용됨과 동시에 젊은 디자이너들의 작품 전시와 판매가 이루어지며 3층은 창의 벤처 기업들의 사무실로 쓰이고 있다. 또한, 이곳은 상시 무료 개방되어 있으며 주말에는 프리마켓 장소로 활용되거나, 대만 학생들의 창의 수업 공간이 되기도 한다.

〈그림 2-2〉 송산문창원구 제1담배공장 공간 활용의 예

다음으로, 화산1914문화창의산업원구 역시 송산문창원구와 같이 타이베이 도심에 위치한 공장을 복합문화공간으로 재탄생시킨 곳이다. 이곳은 1914년 타이베이시에 설립된 민영 양조장 방양사芳釀社를 전신으로 하는 당시 최대 양조장 중 하나였다. 1922년 일본 정부가 주류에 대한 독점권을 행사하면서 양조장들이 공영화되거나 영업이 중단되는데, 이런 상황에서 1929년 대만총독부전매국이 정식으로 방양사를 인수하고 전매국타이베이주공장專賣局臺北酒工場으로 명칭을 변경하여 양조 산업을 이어나갔다. 일본 패전 이후 1946년 중화민국전매국이 위 공장을 다시 인수하고 1987년까지 술을 생산해 왔지만, 산업 발달에 따른 오·폐수 문제 등이 떠오르자 공장을 린커우林口지역으로 이전하였다. 이에 1992년까지 공장 건물과 부지가 빈 곳으로 남게 되면서 철거 위기에 처하기도

했지만, 몇몇 예술가들에게 관심받기 시작한 이래 문화 예술 공간으로 변화시키고자 하는 노력과 움직임이 계속 이어지자 1999년 대만 정부가 나서 화산예술문화특구華山藝文特區로 지정하였다. 이후 2002년 6월 대만 행정원行政院은 6년 장기계획인 '2008국가발전중점계획2008國家發展重點計畫'을 세우고 본격적으로 재정비 작업에 착수하였으며, 2003년 화산예술문화특구를 화산창의문화원구華山創意文化園區로 바꾸고 2007년 공장구역과 공원구역을 통합한 지금의 모습으로 정식 개장하였다.[9]

화산1914문화창의산업원구도 이전 양조장을 원형 그대로 보존한 것이 가장 큰 특징이라고 할 수 있다. 현재 특별한 공간으로 활용되지 않더라도 당시의 공장 굴뚝, 보일러실, 전기실 등을 그대로 남겨두었고, 건물과 건물을 잇는 철제계단과 낡은 창틀 그리고 외벽에 찍혀있는 글자 하나까지도 지우거나 새로 보수하지 않고 남겨두었다. 무엇보다, 건물 사이의 고목들과 건물 외벽을 감싸고 있는 넝쿨 줄기 하나 베지 않고 당시 자연 모습까지 그대로 보존한 것이 주목할 만하다. 또한, 송산문창원구의 경우 건물 바깥의 생태 공원 및 정원 공간 보다 '□' 형태의 건물 내부 공간 활용이 더욱 적극적으로 이루어졌다면, 화산1914문화창의산업원구의 경우 작품 전시, 판매, 창작 등을 통한 내부 공간 활용뿐 아니라 공장 건물 사이사이의 외부 공간과 입구 쪽 잔디 공원에서 버스킹, 소규모 공연, 아트페어, 프리마켓, 지역축제, 기업 홍보 활동 등이 동시다발적으로 진행됨에 따라 외부 공간 활용도도 상당히 높은 것을 알 수 있다.

---

9 화산1914문화창의산업원구 공식 홈페이지(https://www.huashan1914.com/) 소개내용 참조.

〈그림 3〉 자연 그대로를 보존한 화산1914문화창의산업원구 전경과
건물 안과 밖에서 진행되고 있는 시민 참여 예술 활동.

타이베이시의 가장 중심부인 중정구中正區에 위치한 화산1914문화창의산업원구는 높은 빌딩과 도로 사이에서 여전히 과거의 모습으로 남아 있다. 정부가 나서 역사 문화유산을 보존하고, 동시에 현대의 인문 예술 분야를 지원하는 형태의 도시재생 계획은 장기적으로 도시 경쟁력을 강화하고 다양한 분야의 인재를 양성하여 사회 전체의 발전과 이익을 창출해 낼 수 있다. 화산1914문화창의산업원구가 해역도시 개발과 관광 서비스업 방면에서 성공 사례로 손꼽히는 이유 중 하나도 일시적이고 상업적으로 활용되는 것이 아니라, 국내외 관광객이 언제든지 편하게 방문하여 쉴 수 있는 공간이자 예술 창작과 문화 교류의 공간, 즉 지속 가능한 발전이 가능한 장소로 탈바꿈했기 때문이다. 무조건적인 철거와 재개발만이 도시를 변화시키고 경쟁력을 높이며 관광객을 유치하는 방법이 아님을 대만의 문화창의원구 사례에서 명확히 보여주고 있다.

2013년 tvN 제작 〈꽃보다 할배〉 대만 편이 인기리에 방영되면서 대만 방문객이 크게 늘어났다. 일본과 같이 무비자 체류가 가능하고 2시간의 짧은 비행 시간과 열대성 해양기후의 이국적인 풍경을 가진 대만은 단숨에 한국인에게 인기 관광지로 떠올랐다. 이 시기를 전후로 2010년대 대만 명소로 손꼽히며 관광객을 유치했던 곳은 '예스진지'라 불리는 예류野柳, 스펀十份, 진과스金瓜石, 지우펀九份을 비롯하여 타이베이 도심의 박물관 및 야시장 등 몇 군데로 정해져 있었다. 이곳의 대개는 비슷한 관광 기념품과 먹거리를 파는 일반적인 관광지의 형태로 일회성 관광객을 유치하기에는 충분했으나 재방문율을 올리기에는 부족한 실정이었다. 하지만, 2010년대 후반부터 현재에 이르기까지 대만의 계속된 관광업 지원 예산 확대와 정책 개발을 통해서 관광서비스의 다양화가 진행되었고, 동시에 소셜 네트워크서비스의 발달로 젊은 층의 여행 트렌드와 소비 형태가 달라지며 최근에는 그 지역의 문화를 충분히 즐기고 참여할 수 있는 곳이 주목받기 시작했다. 그 결과, 앞서 살펴본 문화창의원구와 같이 대만의 역사 문화유산과 현대 문화를 함께 즐길 수 있는 곳이 인기를 끌면서 약 3년여 간의 코로나19 여파에도 불구하고, 이내 이전의 상승세를 회복하며 국내외 관광객을 꾸준히 불러 모으고 있다.

특히, 타이베이시의 경우 2016년 7월 「문화재산 보존법」 개정 이후 본격적으로 역사 문화 경관을 보존하면서 도시 개발을 동시에 진행하려는 노력을 이어오고 있다. 이를 통해, 노후된 시장을 재생시키고 일제강점기에 남겨진 역사 건물과 현대건축물이 공존하고 있는 도시 이미지를 형성해 오고 있으며,[10] 전문적인 도시마케팅을 위해 2007년 타이베이시 관광전파국臺北市觀光傳播局을 설립한 이래 관련 예산을 꾸준히 확보해 나가면서 도시 경제 활성화와 경쟁력을 높이는 데 주력하고 있다. 이러한 노력이 최근의 새로운 관광 트렌드와 맞물려 시너지 효과를 내며 해역도시 관광의 모범사례로 떠오르게 된 것이다.

이제 더는 대만을 '미식'의 공간으로 홍보하는 것이 아니라, 대만 관광청 공식 안내 자료에서 볼 수 있듯 '아시아 문화'의 깊이를 느낄 수 있는 곳으로 대만을 적극 홍보하고 있다. 그중, 송산문창원구와 화산1914문화창의산업원구를 혁신문화 공간으로 소개하고 있으며 유적·역사 건물의 활성화 사업 아래 형성된 문화단지로서 과거와 현재의 융합과 교류를 시도하고 있음을 밝히고 있다.[11] 나아가 가장 최신 버전인 2021년도 타이베이 관광지도 포인트 열 곳 중 창의적 문화 공간을 두 번째로 소개하며 위 공간들을 전면에 내세우는 것에서도 이전과는 달라진 관광 정책과 홍보 방향을 살펴볼 수 있다. 이는 곧 두 문화창의원구가 국내외 관광객 유치를 위한 핵심 장소로 거듭났음을 의미하는 것이며, 앞으로 대만의 도시 개발 및 관광 정책에 있어 중요한 토대가 될 것으로 예측해 볼 수 있다.

---

10 곽건승, 앞의 글, 2021, 60~61면 참조.
11 대만 교통부관광서 한국지사 공식 홈페이지(https://www.taiwantour.or.kr/) 관광자료 참조.

3. 타이베이 관광지 언어서비스 제공 사례

대만의 문화창의원구 지정과 운영 외에, 대만 관광 경쟁력을 높이는 주요 요소로 관광지 언어서비스 제공을 꼽을 수 있다. 관광지 언어서비스와 관련하여, Dann이 그의 저서 *The Language of Tourism*1996을 통해, "잠정적인 관광객을 실질적인 고객으로 만들기 위해 설득하고 호소하고 유혹하는 언어"[12]로 관광 언어라는 개념을 본격적으로 사용한 이래, 국내외의 일부 번역 분야에서 관광텍스트, 문화소 번역 등의 개념으로 연구되어 온 바 있으나 이는 소수에 불과하며 명확한 개념 정립이 아직 이루어지지 않았다. 가장 최근 연구에 해당하는 박성희2021는 그동안 국내외에서 진행된 관광텍스트 선행연구를 분석하고 종합하여, "사람들에게 관광 정보와 원천 문화를 전달하고 이해시킴으로써 잠정적인 관광객을 설득하여 실질적인 관광객으로 바꾸는 텍스트"[13]로 정의하였다. 이 글에서는 관광 언어서비스와 관련하여 위 연구에서 제시하고 있는 정의 중, 관광 정보 전달을 위한 번역 텍스트로 한정하여 몇 가지 사례를 살펴보고자 한다.

기본적으로 대만 주요 관광지에서 제공되는 언어서비스는 영어와 중국어번체(繁體) / 간체(簡體) 그리고 일본어에 한정되어 있었다. 그러나, 코로나19 이후 해외여행이 재개되면서 대만은 관광업 회복과 발전을 위해 관광서비스의 변화를 시도하는데, 대표적인 것 중 하나가 바로 언어서비

---

12 이승재,「관광홍보물 번역텍스트 분석과 관광언어」,『통번역학연구』 제16권 제3호, 한국외대 통역번역연구소, 2012, 159쪽 재인용.

13 박성희,「대만 관광텍스트의 문화소 번역 전략 연구 – 대만 관광청 웹 사이트〈交通部觀光局〉을 중심으로」, 충남대 석사논문, 2021, 18쪽 인용.

〈그림 4〉 타이베이 시내 한국어 안내 표기

스 제공의 변화이다. 앞 절에서 밝힌 바와 같이, 2010년대 중반부터 한국인 방문객이 꾸준히 늘기 시작하여 2023년 제1분기에는 대만을 방문한 외국인 1위가 한국인일 정도로 대만 관광 수요가 크게 늘었다. 이를 반영하듯, 2019년 이전과 달리 2023년 현재 타이베이시를 기준으로 공항철도, 지하철역, 대부분의 관광 명소에서 한국어 번역 표기를 쉽게 찾아볼 수 있으며, 일반 소규모 상점들 역시 기본적으로 한국어를 함께 적어놓거나, 아예 한국어 메뉴판이나 안내서를 따로 준비해 놓은 경우가 많다. 물론, 그 이전부터 일부 장소에 한국어 번역이 병기되어 있었으나 초보적인 단계의 기계 번역 결과로 정확도가 매우 낮았었다. 그러나 최근 몇 년 사이에 한국어 사용 범위가 눈에 띄게 늘어났으며, 정확도 역시 상당한 수준으로 올라선 것을 볼 수 있다. 또한, 영어와 중국어 다음으로 한국어 표기를 우선하고 있다는 점이 주목할 만하다. 일본어 역시 한자를 사용하여 일본인이 중국어 표기를 통해 일정 정도 정보 습득이 가능하다는 점도 영향을 미쳤을 수 있겠지만, 히라가나와 가타카나보다 한국어 표기가 우선시된다는 점은 대만 관광객 국적의 비율 변화가 반영된 결과라 할 수 있으며, 이 점이 2019년 이전과 가장 크게 차이나는 부분이다.

이와 더불어, 2023년 6월 타이베이메트로臺北捷運는 타이베이 메인역臺北車站을 포함한 시내 15개 주요 역에 한국어로 녹음된 역명 안내 방송서비스를 2023년 8월 말부터 새로 추가할 계획이라 밝혔고, 현재는 해당 계획에 따라 문제없이 방송되고 있다. 이전까지 타이베이메트로 역명 안내 방송은 대만 표준어國語, 영어, 민남어閩南語, 객가어客家語 순으로 진행되었고, 2018년부터 13개 주요 역에 일본어 방송을 추가하여 진행해 왔다. 그러다 2023년 5월, 코로나19 이후 관광업의 회복과 발전 대책 수립을 위한 타이베이메트로 자체 조사에서도 한국인 승객이 크게 증가했다는 결과를 얻었고, 동시에 관광 활성화를 위해 다양한 언어서비스를 제공해야 한다는 의견이 타이베이시 의원 쉬슈화許淑華을 대표로 하여 계속 제기되면서 5월 조사 보고 이후 3개월 만에 한국어 안내 방송을 추가하여 진행하게 된 것이다.[14] 이 역시도 앞서 살펴본 한국어 안내 표기와 마찬가지로 최근 대만의 관광 활성화 정책에 따른 관광서비스 변

14 「北捷要說“韓語”了! 今年8月上線15個車站規劃名單曝光」, 『ETtoday, 新聞雲』, 2023.6.6(https://www.ettoday.net/news/20230606/2513914.htm).

화를 직접적으로 보여주는 대표적인 사례라 할 수 있다.

나아가, 대만 관광청을 비롯하여 중정기념당中正紀念堂, 국립고궁박물관國立故宮博物院, 타이베이101臺北101, 예류지질공원野柳地質公園 등 주요 관광 명소 공식 홈페이지와 타이베이메트로, 대만 철로臺灣鐵路 등 교통수단 공식 홈페이지에서 중국어, 영어, 일본어에 더해 한국어 번역 페이지가 정식으로 개설되어있는 것도 최근 몇 년 사이의 변화라 할 수 있다. 인터넷 익스플로러 혹은 구글 크롬 자체의 웹페이지 번역 기능이 아니라 한국어판 홈페이지를 정식으로 개설하여 한국인 관광객에게 정확하고 다양한 관광지 정보를 제공한다는 것은 소통이 원활하게 이루어질 수 있는 곳이라는 인식을 심어줄 뿐만 아니라, 전문 가이드가 동행하는 단체관광이 아니라도 주어진 정보를 통해 개인적으로 자유롭게 찾아올 수 있는 곳임을 자연스럽게 홍보하여 더 많은 관광객을 유치할 수 있다는 점에서 중요한 요소라고 할 수 있다.

끝으로 최근의 또 하나의 변화는, 위에서 살펴본 한국어서비스뿐 아니라 태국어와 베트남어 등 동남아 언어서비스 제공을 본격화하고 있다는 점이다. 2016년 대만은 대양주, 동남아, 남아시아와 협동하고 교류하는 '신남향정책新南向政策'을 공식적으로 시작했다. 이 정책 아래 관광 분야에서는 신남향정책에 해당하는 국가 언어를 관광 명소에 표기하기 시작하였으며, 2023년 기준 대만관광청을 시작으로 주요 관광 명소의 홈페이지에서도 하나, 둘 해당 언어판 페이지를 개설하고 있다. 이처럼 동남아 등 다양한 국가의 언어서비스를 계속 추가하고 보완해나가려는 움직임은, 지금까지 대만을 방문하는 관광객의 다수가 한국인과 일본인 등 특정 국가에 편중되어있는 점을 해소하고 더 많은 관광객을 유치하려는 다원화 전략의 일환이라 해석할 수 있다. 그리고 언어서비스 제공 사례에서 볼 수 있듯, 한국의 문화체육관광부에 해당하는 대만 교통부 관광서가 사전에 계획한 바를 이른 시일 내 실행으로 옮길 수 있는 점도 대만 정부가 관광업 활성화를 위해 적극적으로 개입하고 지원하고 있음을 알 수 있는 부분이라고 할 수 있다.

4. 해역도시 타이베이의 관광 전략화

대만은 2010년대 들어 관광업과 직결된 도시 재생 사업을 통해 도시 경쟁력을 강화하고, 다국어서비스 제공을 비롯하여 다양한 관광 전략화를 시도하며 내수 시장 활성화와 경제 성장을 위한 노력을 끊임없이 이어왔다. 코로나19로 인해 지난 몇 년간 침체기를 겪었지만, 대만 정부는 관광업 전반을 담당하고 있는 교통부에 특별 추가 예산을 계속해서 투입하고 기업별, 개인별 지원을 아끼지 않는 등의 노력을 통해 내부 보완과 발전의 시기로 삼았다. 그 결과, 코로나19를 전후로 대만 관광 상품과 서비스는 양적으로나 질적으로나 많은 변화가 있었고, 2022년 대만 여행이 재개된 이후 1년도 채 되지 않은 2023년 제1분기 코로나19 이전 수준을 온전히 회복하며 꾸준한 상승세를 달리고 있다.

또한, 대만 내부적인 지원을 넘어 대만을 방문하는 외국 관광객에 대한 지원도 아끼지 않고 있다. 현재 가장 대표적인 활동은 2023년 5월 1일에서 2025년 6월 30일까지 2년간 대만을 방문하는 자유 여행객을 대상으로 대만달러 5,000원한화 약 20만 원을 랜덤으로 지원하는 '대만여행

럭키박스遊臺灣金福氣, Taiwan the Luck Land’이다. 대만 교통부관광서가 공식적으로 후원하는 활동으로, 지원금 홈페이지https://5000.taiwan.net.tw/에서 대만 방문 전 정보를 등록하고, 대만 도착 후 키오스크 자동 추첨을 통해 결과를 바로 확인할 수 있다. 지원금은 대만 교통 통합카드인 요요카悠遊卡나 숙박지원금의 형태로 지급하여 관광객의 대만 내 소비를 촉진하여 내수 경제 회복과 관광업 활성화라는 두 마리 토끼를 잡는 결과를 기대할 수 있다. 그리고, 각국의 대만관광청은 고속철도 티켓, 현지 유심카드, 요요카 등을 무료로 배포하는 활동 등을 상시 진행하여 대만을 방문 예정인 관광객에게 다양한 혜택을 제공하고 있다.

특히, 한국의 경우 서울 지점과 부산 지점 두 곳에서 인스타그램을 통해 활발한 홍보와 이벤트를 진행함과 동시에 상세한 여행 정보를 제공하고 있다. 2023년 1월부터 8월까지 대만 방문객의 연령대 분포에서 20~39세가 1,673,042명으로 총방문객 3,822,774명 중 44%를 차지하고 있는 것을 고려해 본다면,[15] 블로그나 여행 책자가 아니라 소셜 네트워크서비스를 통해 여행에 관련된 정보를 검색하는 지금의 젊은 세대들을 겨냥한 마케팅 활동은 실질적인 관광객 유치로 이어질 가능성이 높다.

선행연구 분석에서 알 수 있듯, 사실 대만은 코로나19 이전까지 관광서비스 무역의 국제 시장 점유율에서 상대적으로 낮은 수치와 느린 성장세를 보여왔으며, 국제 경쟁력 정도를 나타내는 현시 비교우위 지수RCA에서도 RCA≤0.8의 약한 경쟁력 정도에 해당하였다.

---

15 대만 교통부관광서 관광통계자료 데이터베이스(交通部觀光署觀光統計資料庫)(https://stat.taiwan.net.tw/) 참조.

〈표 5〉 관광서비스 무역 국제 시장 점유율(단위 : %)

	2008	2009	2010	2011	2012	2013	2014	2015	2016	2017
대만	0.62	0.78	0.92	1.03	1.05	1.04	1.05	1.06	1.08	0.93
일본	1.12	1.17	1.37	1.02	1.31	1.26	1.51	2.08	3.02	2.59
중국	4.23	4.52	4.77	4.51	4.50	4.32	3.51	3.76	3.65	2.96
미국	13.87	13.65	14.27	14.05	14.54	14.82	15.32	17.19	16.92	13.34

천러우쉬안, 위의 글, 2021, 25쪽 대만 교통부관광서 출처 자료 일부 재인용.

〈표 6〉 현시 비교 우위 지수

	2008	2009	2010	2011	2012	2013	2014	2015	2016	2017
대만	0.41	0.52	0.54	0.65	0.57	0.57	0.66	0.66	0.64	0.55
일본	0.21	0.23	0.25	0.27	0.23	0.30	0.33	0.41	0.55	0.75
중국	0.49	0.48	0.47	0.46	0.44	0.41	0.37	0.28	0.27	0.28
미국	1.66	1.74	1.62	1.71	1.74	1.78	1.79	1.89	1.89	1.87

천러우쉬안, 위의 글, 2021, 29쪽 대만 교통부관광서 출처 자료 일부 재인용.

그러나, 대만의 가용 면적, 인구수, 자원량 등 전체적인 부분을 고려하여 비교했을 때 이는 결코 부정적인 결과라 볼 수 없다. 국제 시장 점유율에서 약 1.0%를 차지하는 것은 비교적 이른 시기 경제 성장을 이룬 일본의 초기 수준과 비슷한 점유율에 해당하며 경제 제재 조치가 가해졌던 2017년을 제외하고 꾸준한 상승세를 보여왔다는 점이 중요하다. 또한, 현시 비교 우위 지수에서도 대만 뿐 아니라, 아시아지역이 전반적으로 미국, 유럽 등지보다 현저히 낮은 경쟁력을 보이며, 일본과 중국 대륙만을 놓고 봤을 때는 상대적으로 일정 부분 높은 수치를 보였다. 이는 대만 관광 무역서비스, 즉 관광업이 세계 시장에서 충분한 경쟁력을 갖춰나가고 있음을 보여준다고 할 수 있다.

앞에서 살펴본 바와 같이, 대만은 현재 코로나19 이전과 확연히 달라진 모습을 보여주고 있다. 2010년대 초반부터 진행되던 도시재생사업이 안정화 단계에 이르렀으며, 정부의 적극적인 지원 아래 안정된 관광 서비스를 제공할 수 있게 되면서 더욱 많은 관광객을 끌어모을 수 있게 된 것이다. 이러한 변화는 각국 해역도시 개발과 관광 활성화의 모범사례로 떠오르고 있다. 제4차 산업혁명시대의 세계화는 단순히 활발한 상호 교류에서 끝나는 것이 아니라, 이 안에서 또 다른 경쟁이 심화됨을 의미한다. 명소마다 똑같은 관광 상품을 팔고, 일률적인 서비스만을 제공하던 기존의 방식은 변화하는 관광 트렌드를 따라갈 수 없으며 관광 경쟁력을 낮출 뿐이다. 따라서, 대만 타이베이의 사례와 같이 그 지역의 지리, 자원, 문화 등 특성을 살린 새로운 관광 상품 개발을 통해 지역 상생과 경제 성장을 동시에 이룰 수 있는 방안을 마련할 필요가 있다.

5. 나가며

최근 서울 성수동의 폐공장이 젊은이들의 패션 성지로, 부산에 버려진 낡은 부두 창고가 소위 '부산 가볼 만한 곳'의 신식 카페로 재탄생하였다. 쓸모를 잃고 인적 없이 버려져 있던 공간이 이제는 방문객이 끊이지 않는 명소로 변화한 것이다. 이처럼 원형을 그대로 보존하되 최근 트렌드를 반영한 상품과 서비스를 제공하는 시스템은 과거와 현재의 공존이라는 측면에서 타이베이의 문화창의원구와 비슷한 모습이라고 할 수 있다. 하지만, 타이베이 사례의 경우 일제강점기 역사 유산을 도시재생 사업의 대상으로 삼았다는 점과 상업적 활용이 아니라 시민들과 관광객을 위한 복합문화공간으로 재탄생시켰다는 점이 특징이라 할 수 있다.

또한, 최근 급속도로 보완되기 시작한 다국어 안내서비스를 통해 대만이 현재 주시하고 있는 관광 수요와 함께 관광객의 다원화 및 대만 전체의 관광 활성화를 위한 움직임을 살펴볼 수 있다.

이처럼, 현재 타이베이시는 코로나19를 전후로 정부의 적극적인 지원 아래 내부의 도시재생사업을 넘어 관광업 전반의 성장과 발전을 위해 실질적인 대안 마련과 시행에 힘쓰고 있다. 이러한 노력은 섬이 가지는 지역적 고립성을 타파하고, 불안정한 국제정세 속에서 내수 경제 회복과 성장을 이루는데 중요한 토대로 작용할 것이다. 나아가 대표적인 해역도시인 타이베이의 관광 전략화 사례는 산업 시장의 변화와 기타 환경적인 이유로 도태되어 가고 있는 특정지역, 혹은 도시의 재생과 발전에 상당히 의미 있는 시사점을 제시할 수 있을 것이다. 추후 이 글에서 미처 다루지 못한 가오슝의 보얼예술특구駁二藝術特區 등 대만 내 도시 성장의 또 다른 사례 분석과 연구를 통해 해역도시 및 해영 항만 지구 관광전략과 발전 방향에 대해 구체적인 논의를 계속 이어나가도록 할 것이다.

참고문헌

연구논문

곽건승, 「대만 도시마케팅이 국내외 관광객에 미치는 영향에 관한 연구－타이베이시를 중심으로」, 서울시립대 석사논문, 2021.

박성희, 「대만 관광텍스트의 문화소 번역 전략 연구－대만 관광청 웹 사이트 〈交通部觀光局〉을 중심으로」, 충남대 석사논문, 2021.

이승재, 「관광홍보물 번역텍스트 분석과 관광언어」, 『통번역학연구』, 제16권 제3호, 한국외대 통역번역연구소.

전동현, 「코로나19 관련 대만의 관광 정책 동향」, 『한국관광정책』, 제80호, 한국관광문화연구원, 2020.

천러우쉬안, 「대만 관광서비스 무역 경쟁력 연구」, 부산대 석사논문, 2021.

기타자료

World Economic Forum, "The Travel and Tourism Competitiveness Report", 2019.

World Economic Forum, "Travel and Tourism Development Report : Rebuilding for a Sustainable and Resilient Future", 2021.

「1분기 대만 방문 1위는 한국인 … 제36회 한국·대만 관광교류회의서 지원금 등 양국 300만 교류 목표 공표」, 『티티엘뉴스』, 2023.6.14(https://www.ttlnews.com/artIcle/bIz_world/13999).

「112年上半年國旅暢旺 旅宿營業收創新高」, 『臺灣交通部觀光署－最新消息』, 2023.9.6(https://www.taiwan.net.tw/m1.aspx?sNo=0043159).

「北捷要說"韓語"了! 今年8月上線15個車站規劃名單曝光」, 『ETtoday, 新聞雲』, 2023.6.6(https://www.ettoday.net/news/20230606/2513914.htm).

대만 교통부관광서 관광통계자료 데이터베이스(交通部觀光署觀光統計資料庫)(https://stat.taIwan.net.tw/).

대만 교통부관광서 관광지원금 공식 홈페이지(交通部觀光署遊臺灣金福氣)(https://5000.taIwan.net.tw/).

대만 교통부관광서 한국지사 공식 홈페이지(https://www.taiwantour.or.kr/).

세계경제포럼(World Economic Forum) 공식 홈페이지(https://weforum.org/).

송산문창원구(松山文創園區) 공식 홈페이지(https://www.songshanculturalpark.org/).

화산1914문화창의산업원구(華山1914文化創意産業園區) 공식홈페이지(https://www.huashan1914.com/).

제2부

로컬Local

근현대 가덕도 마을어장의 변천사

부산신항 영향 관계를 포함하여

문혜진

1. 들어가며

어촌의 공유재는 마을 앞 어장인 지선어장地先漁場과 공동양식장, 어촌계 작업선, 창고 선착장 등이 있다. 특히 지선어장과 마을 공동양식장은 마을의 주요 수입원이다. 마을어장지선어장은 수산업법상 마을어업을 행하는 구역으로 마을어업은 만조 시 일정한 수심 이내의 수면을 구획하여 패류·해조류 또는 정착성 수산동식물을 관리·조성하여 포획·채취하는 어업이다.[1] 마을어업의 장소는 공유수면으로서 어촌계와 지구별조합 등이 이용권한을 갖는데, 이것은 실질적으로 마을 주민들이 지선어장을 공동으로 이용할 수 있는 권리를 말한다. 따라서 마을어장은 물권으로서 어촌계가 공동으로 점유하는 총유總有 형태로 공공재이다. 마을어장은 개인이 소유할 수 없고, 사고 팔 수도 없으며 마을 주민들이 공

1 양세식 외, 『수산업법론』, 블루&노트, 2012, 298~299면.

동으로 이용할 수만 있다.[2]

어촌 공유재에 대한 선행연구는 어촌계를 포함한 어촌 구성원의 마을어장 관리방식에 대한 사례연구에 집중되어 있으며,[3] 그 외 마을어장을 둘러싼 분쟁에 관한 논문[4]이 있다. 한편 근대화의 개발에 따른 어촌 커뮤니티와 사회자본갯벌 운영의 위기 그리고 지속 가능한 개발에 대한 논의를 한 김준2011의 연구가 있으며,[5] 마을어장의 공공개발LPG기지와 화력발전소 수용에 따른 마을어장의 소멸과 어민의 생존권을 위협하는 문제를 다룬 이중구2022의 연구[6]가 있어, 근대화의 개발에 따른 어촌 커뮤니티와 공유재의 쇠퇴 혹은 위기에 대한 논의가 불거져 나오고 있다.

마을어장은 1962년 「수산업협동조합법」이하 「수협법」으로 표기이 공포되면서 지선어장의 구획이 어촌별 관행에 근거해 나누어졌으며, 이를 어촌계에서 관리하게 된 것이다. 다시 말해서, 1962년 「수협법」에 근거하여

---

2 김준, 「마을어장의 위기와 가치의 재인식」, 『도서문화』 38집, 목포대 도서문화연구원, 2011, 261~262면.

3 안미정, 「해안마을 여성의 공동어로와 자원에 대한 권리 - 제주도 잠수(潛水)의 사례에서」, 『지방사와 지방문화』 10(2), 역사문화학회, 2007; 김준, 「어촌의 재인식과 갯벌인식 증진을 위한 연구 - 갯살림과 어촌공동체를 중심으로」, 『민속연구』 25, 안동대학교 민속학연구소, 2012; 우양호, 「섬[島]지역 어촌사회의 구조적 특성과 해양문화적 정체성 - 마을어장, 공동체, 제도의 관계를 중심으로」, 『도서문화』 44, 목포대 도서문화연구원, 2014; 송기태, 「20세기 마을어장의 변동과 전통적 어업공동체 'eHA'의 지속 - 흑산군도를 중심으로」, 『남도민속연구』 33, 남도민속학회, 2016; 송기태, 「청산도 마을어장의 확장과 어업공동체의 적응」, 『남도민속연구』 36, 남도민속학회, 2018; 민윤숙, 「마을어장의 접근권에 따른 해녀 노동의 양상과 해녀의식 - 제주, 경북 동해안지역과 통영지역의 사례를 중심으로」, 『실천민속학연구』 37, 실천민속학회, 2021; 노우정, 「제주 해녀공동체의 특성과 지속 가능한 마을어장 관리」, 제주대 석사논문, 2021 등 다수 있다.

4 제주발전연구원, 「마을어장 이용에 따른 어촌계와 주민 간 갈등해소 방안」, 『국립중앙도서관 연계자료』 제3호, 2008; 최영찬, 「마을어장 이용에 따른 어촌계와 주민간의 갈등 해소 방안 연구」, 『수산해양교육연구』 제21권 제4호, 제주발전연구원, 2009; 이중구, 「동해안지역의 마을어장 운영과 갈등 구조」, 『도서문화』 58, 목포대 도서문화연구원, 2021 등이 있다.

5 김준, 앞의 글.

6 이중구, 「어촌사회의 공공개발 수용과 환경 변화」, 『비교민속학』 75, 비교민속학회, 2022.

수산업협동조합이 만들어지고 각 어촌을 대표하는 어촌계가 조직되면서 마을어장의 운영이 체계적으로 이루어졌다. 그러나 어촌의 마을어장은 조선시대에는 왕유王有의 일환이었으며, 일제식민지 시기에는 1911년 「어업령漁業令」이 공포되면서 일본인들의 수탈 자원의 대상이 되었다. 해방 후에는 식민지 잔재인 어업조합의 헤게모니에 따른 마을어장을 둘러싼 분쟁이 일어나기도 했으며, 도시 및 공공개발에 의해 어업 소유권과 보상 문제가 갈등을 빚고 있기도 하다.

마을어장에 대한 소유권은 조선시대 이래 변천되어 왔지만, 1962년 수협법을 근거로 마을 주민들의 공동 소유, 즉 공유재가 되었다. 그러나 도시개발 혹은 공공개발이 진행되면서 어민들은 어업권을 보상받고 삶의 터전을 잃는 사례가 증가하고 있다. 그렇다면 동시대 어촌의 마을어장은 과연 누구의 소유로 볼 수 있을까? 부산 신공항이 건설되면서 어업 면허를 보상받고 삶의 터전을 잃게 되는 가덕도 어민들은 조상 대대로 어업을 해온 생존권을 빼앗기는 것이라 주장하고, 정부와 지자체는 어업보상을 해주기 때문에 마을어장은 마을 주민의 소유가 아니라 국민, 한층 더 나아가 국가의 공유재라고 주장하여 소유권을 둘러싼 이해관계가 상충되고 있다.

이에 본 글에서는 우선 마을어장을 둘러싼 소유권의 역사를 부산 신공항이 건설될 가덕도를 중심으로 살펴보며 그 변천사를 재구성해보고자 한다. 가덕도의 마을어장은 조선시대 왕족의 어전이었다가 일제식민지 시기 가시이 겐타로香推源太郎의 대구어장으로 착취를 당하였으며, 해방 후에는 지선어장을 둘러싼 분쟁의 중심지로서 마을어장의 변천사를 잘 보여주기 때문이다. 이후 공공개발의 일환인 부산신항 건설로 인해 마을어장의 면허지가 소멸되며 겪는 변화상을 근대 산업화와 도시화가 전개되면서 마을 커뮤니티와 공유재가 쇠퇴되어 가는 측면에서 다루어 보고자 한다. 후기산업사회 도시개발과 공공개발이 지속적으로 확대되어 가고 있는 상황 속에서 마을어장의 소유권, 한층 더 나아가 생존권에 관한 문제는 다 같이 고민해 봐야될 사안이며, 역사는 현재의 거울이기에 명확한 답이 없는 문제를 마을어장의 소유권의 변천사를 통해 다시 한번 생각해보는 계기가 되었으면 한다.

2. 가덕도 어촌 공유재의 변천사

1) 가덕도 대구어장

가덕도 대구는 조선시대 왕실에 진상할 정도로 유명하였다. 『신증동국여지승람』1530에 따르면, 가덕만과 진해만 일대를 대구의 산지라고 했으며,『세종실록지리지』에서는 창원도호부 토산물로 미역·우무牛毛·세모細毛·대구어大口魚·굴조개石花·해삼海蔘이 난다고 하였다.[7] 또한『영남진지嶺南鎭誌』1895[8]에는 가덕도 천성마을에 소재했던 천성진성에서 조선시대 대구어를 진상하였다고 기록되어 있어, 예로부터 대구잡이로 성행하였음을 알 수 있다. 가덕 대구는 천성동 천성마을뿐만 아니라 동성동,

7 『세종실록』 150권, 지리지 경상도 진주목 창원 도호부 참조.

8 『영남진지』 제3책에 실린 「개국오백삼천성진지급사례성책(開國五百三年十一月日 天城鎭誌及事例成冊)」은 모두 14페이지에 걸쳐 천성진성에 대한 호구(戶口) 등 읍지류에 없는 구체적인 사항이 기록되어 있다. 이에 따르면, 1895년 당시, 천성동에는 논농사와 콩·채소 등의 밭농사를 지었으며 여름에는 조기, 겨울에는 청대구어를 주로 어획하였다. 또한 대구어를 진상하고, 화살대를 상납한다고 하였다.

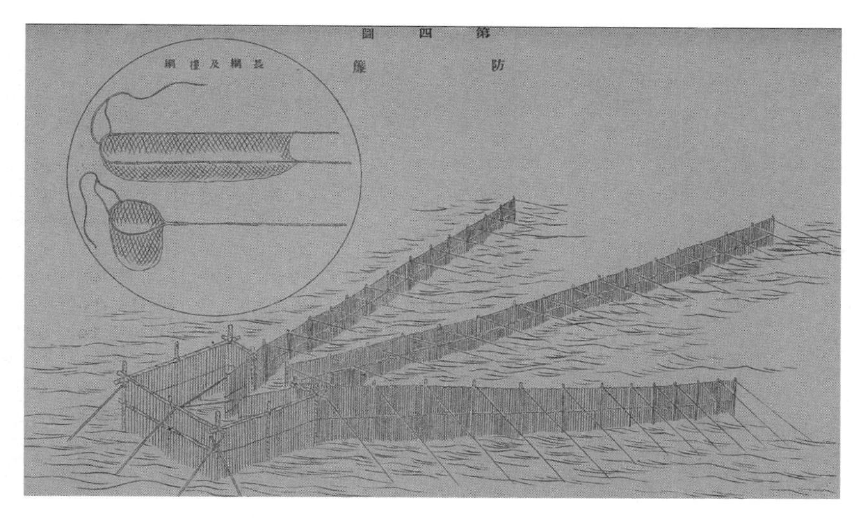

〈사진 1〉 구한말 대구 잡는 방렴

대항동 대항·새바지마을에서도 많이 산출되고 있다.[9]

가덕도 대구어장에 대한 최초의 기록인 『영조실록』1731에 따르면, "임금이 통영統營에 소속된 가덕도加德島 안팎 바다의 어전漁箭[10]을 화순 옹주和順翁主의 집에 절수折授하였다"고 기술되어 있다.[11] 조선시대 공유재에 대한 소유권 규정은 '산림천택 여민공지山林川澤 與民共之'라는 왕토사상王土思想에 근거하고 있으며, 바다 역시 왕유王有의 일환으로 여겼다. 조선 초기에는 공유재에 대한 국유의 개념이 보다 강화된 시기로 어장어전을 개인

9 2020년 6월 17일 천성동 남중마을 해송횟집에서 전철웅(남, 1955년생) 인터뷰.

10 어전은 나무, 대나무, 갈대, 돌, 흙 등을 이용해서 장벽을 설치하여, 한쪽에 함정장치를 하는 어구이다. 방렴(防簾), 건방렴(乾防簾), 전(箭), 석방렴(石防簾), 토방렴(土防簾) 등이 어전에 속한다. 함경도·강원도·경상도의 연안에 청어나 대구를 잡을 목적으로 설치하는 어구는 방렴이다(農商工部水産局 編,『韓國水産誌』 第1輯, 京藤成田 : 日韓印刷, 1908, 圖解 魚箭). 『조선왕조실록』에서 어전은 때로는 어구 자체를 가리키는 것이 아니고 그것을 설치하는 어장을 지칭하는 경우도 많다. 가령 어전을 사점한다고 할 때의 어전은 어전 설치에 유리한 조건을 갖추고 있는 어전어장을 사점하는 것을 말한다.

11 『영조실록』 29권, 영조 7년 1월 10일 갑술 첫 번째기사.

이 소유하는 것은 불가하였다. 16세기 임진왜란 이후부터 궁가가 어전을 사여 받아 절수하면서, 양반·아문 등에 의한 실질적인 어장 사점이 점차 확대되어[12] 화순 옹주도 가덕도 어전을 절수하게 된 것이다.

18세기 전반에도 여전히 궁방, 아문이나 토호 등의 지배층들은 어염魚鹽 이익을 사적 재원으로 충당하였으며, 수세 과정에서 어민들의 피해가 심각하였다. 즉, 왕족이 어전을 사사로이 점유하여 그 공납을 백성들에게 부과하였는데, 이를 『중종실록』1542에서 헌부가 공납의 폐단 근절을 건의한 기사에서 찾아볼 수 있다. 이를 일부 인용하면, 다음과 같다.

> 각 고을의 어전魚箭은 국가의 자용資用을 보태기 위한 것인데, 근래 왕자王子 부마駙馬들의 집에서 부유한 상인이 이익을 노리는 일을 본떠서 다투어 차지하여 허가를 받아내고 관용官用을 헤아리지 않으니, 그 폐단이 극심합니다. 요즈음 태안泰安에 사는 백성이 본부本府에 정소하기를 '고을 안에 어전은 한 곳뿐인데, 지난 무술년에 덕흥군德興君의 집이 받아냈다. 그 뒤에도 공납하는 어물을 민간에 분정分定하므로 폐단이 매우 크다' 하였으므로, 호조의 어전안魚箭案을 가져다 살펴보니, 태안의 관용官用은 한 곳이 있을 뿐인데, 과연 덕흥군이 받았습니다. 예전대로 관에 주어 백성의 폐해가 없게 하소서. 또 시중의 호강하고 부유한 자들이 혹 베나 곡식을 바친 값으로 어전을 받기를 바라는 자가 자못 많은데, 호조는 절급折給할 때에 그 값의 다소를 따져 연한을 정해서 주어야 마땅합니다. 이제 기록한 장부를 살펴보면, 상목면常木綿 20필을 바친 자에게 어전을 한 해 동안 주어서 국용을 모자라게 하고 시중의 호강한 자가 이익을 얻게 하였습

12 송경은, 「韓國에서의 近代的 漁業權 形成과 法制化」, 서울대 박사논문, 2013, 17~18면.

니다. 이제부터는 어전 값을 싸게 하지 못하게 하소서.[13]

위 『중종실록』 기사에 따르면, 어전은 관官에서 관리하며 어전에서 생산된 어물을 조정에 공납하도록 되어 있었다. 또한 어전을 절급할 때 어전을 받는 사람이 나라에 바치는 베나 곡식의 정도를 나타내는 말로 '어전가漁箭價'라는 표현이 있다. 어전가는 어전을 일정 기간 빌릴 때 내는 임차료의 의미로, 어전을 관에서 관리할 뿐만 아니라 부호나 양반들이 임차하기도 하였다. 즉, 조선시대 어전은 국가의 자용을 보태기 위한 관용이었지만, 이를 왕족들이 사점화하여 부유한 자들에게 임차하였다.

왕족들이 어전을 독점하는 현상은 『명종실록』1553에서도 찾아올 수 있다.[14] 『명종실록』1553 기사에서는 왕족들이 사사로이 어전을 입안등기하는 현상이 지속되었으며, 또한 입안한 어전에 대한 세금을 내지 않아서 백성들의 부담이 커지는 폐단을 지적하고 있다. 이에 대해 1626년 호조에서 왕족의 어장에도 세금을 부과할 것을 인조에게 청하기도 하였다.[15] 이러한 수세 과정에서의 폐단을 해결하기 위해 18세기 영조에 의해 균역법이 실시되었다.[16] 균역법의 시행은 백성의 부담을 줄이고 부국을 염원했던 것이었으나 지속성을 결여하고 관리들의 위민적 선정善政관이 전무한 상태에서 오히려 세력가들에 의한 수탈이 용이해지는 체제로 변모되는 소지를 제공하였다. 어전의 사점화 현상은 균역법 시행으로

---

13 『중종실록』 98권, 중종 37년 4월 9일 기미 두 번째 기사.

14 『명종실록』 15권, 명종 8년 8월 11일 을유 두 번째 기사.

15 여러 궁가(宮家)와 각 아문에 소속된 선척 · 염분 · 어전은 아울러 전일에 계하한 단자(單子)와 사여한 공문(公文)에 의해 다시 명백하게 절급하여 세금을 받게 하소서(『인조실록』 11권, 인조 4년 2월 11일 갑신 3번째 기사).

16 이욱, 『朝鮮後期 魚鹽政策 硏究』, 고려대 박사논문, 2002, 193면.

일시 주춤하였다가 곧 다시 원상회복되면서 바다의 사점화가 더 촉진되었다.[17]

이렇듯 조선시대 왕족들이 어전을 입안하는 사회적 풍조 속에서 1904년 의친왕이 가덕도뿐만 아니라 웅천, 거제 일대의 대구어장과 영흥의 명태어장을 사점화하게 되었다.[18] 1894년 통제사가 폐지되고, 조선왕실 관할이었던 진상조進上條 및 친왕가親王家 소속이던 관유조官有條는 함께 궁내부에서 어기파원漁基派員을 현장에 파견해 관리하고 있었다. 어기파원은 먼저 일정한 요금을 궁내부에 전납하고 사용권을 획득한 후에 이를 경매해 이득을 취했다. 이후 대한제국기에는 연해 각군 어기세漁基稅가 내장원에 의해 독점되었다. 1905년 5월에도 내장원의 후신인 경리원經理院에서는 어기세는 육지 전답 결세와 마찬가지로 정공正供임을 강조하고, 다만 곽암세藿巖稅는 어민海民의 정경을 고려하여 임시 정세停稅한다고 밝히고 있다.[19] 즉, 어장은 원칙적으로 국가가 관리주체로서 그 관리권을 소유하며 어기세를 받았지만, 남해안 일대의 대구어장과 같이 왕족에 의해 사점화된 어전은 해당 왕족의 소속 궁宮에서 세금을 받은 것이다.

그러나 1894년 갑오경장 이후 새로운 서구제도의 도입에 따라 어업권제도 등의 어장 이용제도는 그 이전과 본질적인 변천을 초래하였다. 1908년 11월 공포되고[20] 1909년 4월 1일 시행된 「한국어업법漁業法」에 의하면, 어업권은 국가소유제도에서 자본주의적 사유제도로 극적인 전

17 이종길,「朝鮮後期 漁村社會의 所有關係에 관한 연구」, 서울대 박사논문, 1997, 29면.
18 「財界山脈 近世 100년 산업과 이눌 〈149〉 왜관 ⑧」, 『매일경제』, 1981.10.20.
19 『訓令照會存案』 62책(奎 19143), 서울대학교 규장각, 1993.
20 『순종실록』 2권, 순종 1년 11월 7일 양력 첫 번째 기사.

환이 이루어졌다.「한국어업법」은 전문 14개조와 부칙 2개조로 된 매우 단순한 법률이지만, 어업권을 국가소유에서 매우 제한적이기는 하나 개인의 사적 소유를 인정하는 근대적인 어장 이용제도의 기반이 탄생되었다.[21] 이 법률 제2조에서는 총 5종의 면허어업을 규정하고 있는데, 여기에서 처음으로 양식어업에 관한 제도가 창설되었다.

또한「한국어업법」에 따라 처음으로 어업권에 대한 개인소유가 공식적으로 인정되었으며, 자유조업을 원칙으로 하는 근대적 어장관리제도의 기반이 형성되었다. 이 법은 1911년「어업령」으로 바뀌게 되며, 다시 1929년「조선어업령朝鮮漁業令」으로 개정되었다.[22] 그러나 개인소유를 인정하는 이들 어업법은 애초부터 일본 어민들의 조선 내에서의 어업세력의 확대를 목적으로 한 것이었다.

1906년 8월 의친왕은 통감 이토 히로부미의 소개로 일본인 가시이 겐타로香推源太郎에게 연간 전세 1만 5천 원을 받기로 하고 가덕도를 포함한 남해안 대구어장에 대한 20년간의 어채권漁債權을 넘겨주게 된다. 이에 대해『황성신보』기사를 인용하면 다음과 같다.

> 정부政府에셔 통감부조회統監府照會를 인因하야 농부農部에 조회照會하되 의친왕부義親王府 소유所有에 관[係]ᄒᆞᆫ **경상남도慶尙南道 가덕도加德島로붓터 거제도巨濟島에 이르는[亘ᄒᆞᆫ] 연안沿岸 대구어장[大口魚漁帳] 전부全部를 이번[此次] 일본인日本人 가시이 겐타로香推源太郎에게 만 20개년간滿二十個年間을** 의친왕부[同新王府]에셔 별지別

21 강봉모,「어업권에 대한 구체적 연구」, 동의대 박사논문, 2002, 34면.
22 「어업령시행규칙」(1911.6.3 조선총독부령 제67호);「조선어업령」(1929.1.26 조선총독부령 제1호).

紙와 같이[如히] 임차[借與]ᄒᆞᆫ 의意로 정부[當府]에 신청[申出]하얏기 해당 어장[該漁場]이 의친왕부 소유[親王府所有]인 고故로 궁내부宮內府에 조회照會하얏더니 해장 어장 권리[該漁帳權利]ᄂᆞᆫ 정부[同府]에 부속附屬ᄒᆞᆫ 의意로 회답回答하얏스니 귀 정부貴政府에셔 승인承認하라하얏기 부속附屬 서류書類를 교환[伴交]하니 승인承認 여부與否를 즉각刻卽 명시示明하심을 요청[爲要라]하얏ᄂᆞᆫ듸

의친왕궁義親王宮 전하殿下와 가시이 겐타로香推源太郞 간間에 조약[締約]ᄒᆞᆷ이 다음과 같다[如左]하니

一. 임차기한[拜借期限]은 만 20개년滿二十個年으로 정定ᄒᆞᆯ 것[事]

一. 금 1만 5천 원金一萬五千元을 1개년一個年 납세액納稅額인 듸 매년每年 3월三月 30일三十日에 상납上納ᄒᆞᆯ 것[事]

一. 현재[現今]의 어획漁獲은 1개년一個年에 평균 계산[平均槪算]ᄒᆞ면 대가代價의 견적금見積金이 팔만 환八萬圜이될 것[事]

一. 어획漁獲이 급증[增大]ᄒᆞᆯ 때[際]에ᄂᆞᆫ 증가한 수익의 10분의 2[增收益十分의 二]를 앞서 기술한[前記ᄒᆞᆫ] 정액定額 외外에 다시[更히] 상납上納ᄒᆞᆯ 것[事]

一. 매년每年 의친왕궁에서[親王宮으로써] 파견派員ᄒᆞ야 어획漁獲을 조사調査ᄒᆞᆯ 것[事]

一. 어구어법漁具漁法의 개량 및 어장[改良及漁場]을 수리整理ᄒᆞᆯ 것[事]

一. 임차인[拜借者]ᄂᆞᆫ 어구어법 및 어장[漁具漁法及漁場]을 개량改良ᄒᆞᆯ 의무義務를 부담負擔ᄒᆞ되 만약萬若 태만怠慢ᄒᆞ야 어획漁獲이 감소減少ᄒᆞᆯ 경우境遇에ᄂᆞᆫ 그 계약[此契約]을 무효無効로ᄒᆞ야 의친왕궁[親王宮]에셔 취소取揚ᄒᆞ야 타인他人에게 임차할 수 있을 것[借用ᄒᆞᆷ을 得ᄒᆞᆯ 事]

一. 만 20개년 계약 만료 시[滿二十個年解約時]에ᄂᆞᆫ 어장, 집기 및 어구[漁場什物及漁具[ᄂᆞᆫ 일절一切 헌납[獻物]ᄒᆞᆯ 것[事]

一. 임차인[拜借者]ᄂᆞᆫ 어떠한[如何ᄒᆞᆫ] 이유理由던지 타인他人에게 양도[讓與]ᄒᆞᆷ을

불가[不得]ᄒᆞ되 단但 의친왕궁[親王宮]으로써 허가許可를 득得ᄒᆞᆫ 경우境遇에는 이에 한해[此限에] 가능할 것[不在ᄒᆞᆯ 事][23]

조선시대 각 관아에서 수수하였던 문서를 베껴 편철한 『각사등록』에 따르면, "의친왕궁에서 근거 없이 어기漁基를 가시이에게 넘겨서 이를 도로 찾을 길이 없는 어민들의 호소가 비일비재하다"고 하였으며,[24] "임차어장으로 인하여 조선인 어민들이 실업지경에 처하였다"고 하였다.[25] 1907년에 확정된 임차어장은 79개소에 달하였으며, 1910년 5월에는 1909년 4월 1일부터 시행된 「어업법」의 어업 면허에 관한 규정에 의하여 의친왕부는 상기어장 중 71개소 어장에 대한 면허를 받았고, 1912년에 「어업령」이 시행된 이후에도 그것은 효력이 존속되었다. 즉, 의친왕부는 통감부가 일인들의 어업권 점유를 목적으로 제정한 어업법에 의하여 일정한 어장에서 특정어업의 독점관리권과 정해진 수면의 배타적 이용권인 어업권을 합법적으로 획득하게 되었다.

가시이는 남해안 어장을 전대轉貸와 직영直營으로 경영하였다. 직영어장에는 많은 어업노동자를 고용하여 경영하였고, 전대어장에서는 많은 대부료를 부과하였다. 남해안 어장의 영업관리는 가시이영업소香椎營業所에서 담당하였다. 가시이는 남해안어장에서 처음에는 대부망大敷網, 후에는 소대망小台網, 팔각망八角網이라는 정치망으로 대구잡이를 하였다. 특히 가시이가 직접 고안한 팔각망은 대구잡이에 생산성이 커서 큰 성공을

23 「義王府漁基」, 『皇城新聞』, 1906.8.29.
24 「隆熙元年八月十八日」, 『慶尙南北道各郡報告』 10, 1907.8.18.
25 「光武十年十月十四日」, 『慶尙南北道各郡報告』 10, 1907.10.14.

거두었다.[26]

1920년 가시이의 어업권 존속기간이 만료되었을 때, 71개소 어장에 대한 어업 면허가 갱신되었다. 1920년 8월 남해안 일대의 어장문제를 두고 수천 명의 어부들이 25년 전에 의친왕이 강제로 자기소유로 한 어장을 이제는 도로 어장의 실질적인 주인인 어민에게 돌려달라고 탄원하고 나섰다. 이를 무마하기 위하여 가시이는 71개소 어장 중 44개소 어장을 의친왕부에 반환하고, 나머지 어장에 대해서는 3년 기한으로 대부료는 시세보다 약 8할 정도 저렴하게 하는 조건으로 새 임대차 계약을 맺게 된다.

당시 투기의 목적으로 조선인들이 대부 청원을 다투어 하였는데, 대부조건은 "첫째는 그 어장 부근에 사는 어업자일 것, 둘째는 어업상 경험이 다소 있는 자일 것, 셋째는 재산이 다소 있는 자일 것, 넷째는 인물과 성품의 여하에 의하여 결정"한다고 하였다.[27] 그 결과 가덕도 대구어장은 신태희申泰禧, 최종작崔鐘勺, 김진규金鎭奎, 신현재辛鉉在가 대부받았다.[28] 그러나 어장을 대부한 다음 해에는 대구가 잡히지 않아서 손해를 보았으나 계약이 2년 더 남아서 곤경에 처하기도 하였다.[29] 『동아일보』에는 가시이 겐타로의 조선 어민들의 착취 방식을 다음과 같이 기술하고 있다.

경남진해만에 잇는 리강공가의 소관하는 어장漁場 오십이개소를 명치삼십

26 김동철, 「부산의 유력자본가 香椎源太郎의 자본축적과정과 사회 활동」, 『歷史學報』 第186輯, 2005, 62면.
27 「問題이던 公家漁場」, 『동아일보』, 1920.9.19.
28 「李堈公家所管 漁場貸付決定」, 『동아일보』, 1920.9.19.
29 「慶南漁業者의 慘景」, 『동아일보』, 1921.2.22.

> 구년부터 부산에 거주하는 가시이 겐타로香椎源太郞이라는 일본인에게 대부貸付한 후로 경남어업자들은 분개하야 그 당시에 곧 당국에 탄원도 하고 각 방면으로 운동을 개시하였으나 부득 향퇴의 손에 들어가버리고 말엇든바 생명을 그어 장에 매여 달고 종사하든 어업자들은 할일없시 향퇴에게 전대轉貸를 밧어 어업을 경영하게 되엿다는데 그 방식은 매년에 입찰을 식혀 어업자간에 경쟁을 부처음으로 전대료轉貸料는 해마다 증가되며 지금은 첫해보담 수십배가 빗사젓다는 바 그 반면으로 최근에 이르러서는 몃해동안 고기잡히는 수효는 감소되여가서 어장전대료는 점점 증가되여 감으로 과거 이십년간으로 착취에 착취를 당하야 패가한 어업자가 그 수를 헤아릴 수 업게되엿슴으로 경남어업자慶南漁業者 대표 김태권金台權 씨 외 이십팔 인이 이래서는 살수가 업다고 련서하야 총독부와 리강공가 탄원서歎願書를 지난 륙일에 뎨출하고 정당한 처분을 하여주기를 바라고 잇는 중이라더라.[30]

위 기사내용과 같이 가시이는 대구어장을 조선인에게 임대료전대료를 받고 빌려주었는데, 임대료는 해마다 증가하는 반면 어획량은 감소하여 20년간 조선인 어민이 착취를 당했다는 것이다. 실질적으로 가시이는 해방 전까지 경남 일대의 어장에서 대규모 정치어업대부망어업을 경영하는 한편 상당 부분은 조선인 어민에게 고율의 임대료를 받고 전대하며 일제 40년간 '한국의 수산왕'으로 불리었다.

2) 눌차리어업조합과 빼앗긴 마을어장

30 「卄餘年間搾取에 呻吟튼 慶南漁業者歎願」, 『동아일보』, 1926.1.11.

일제식민지 시기 가덕도 어촌의 마을어장은 일본인에게 빼앗기거나 착취당하기만 한 것이 아니라 조선인 관리에 의해서 혹은 가덕도 어민 간에도 어업조합의 헤게모니에 따라 점유와 착취가 있었다. 1904년 의친왕이 웅천, 거제 일대의 대구어장을 소유하게 되었고, 이를 어기파원 김봉수金鳳洙가 관리하였다. 그러나 1906년 8월 15일 가시이 겐타로가 의친왕부 소속의 어기를 차용해 만 20년간 임대하기로 하였고, 1907년 친왕의 면허를 얻은 자기 직영의 어장을 경매·입찰하기 시작하였다. 그런데 김봉수가 1907년 1월 약간의 돈을 경리원에 상납하고 수세관收稅官에 임명되었으며, 관유조의 지배권이 있다고 사칭해 각 소의 관유조를 마음대로 내다 팔아[31] 문제가 되었다. 이에 대한 통감부 문서를 일부 인용하면 다음과 같다.

> 가시이 겐타로香椎源太郎의 차용 어장은 전항과 같이 궁내부宮內府에서 의친왕궁義親王宮의 소유라는 것을 인정하였음에도 불구하고 경리원經理院은 그 이전에 이미 김봉수金鳳洙라는 자에게 웅천熊川·거제巨濟 외 14군郡에 있는 대구어大口魚 어장에 대하여 징세를 허가하였기 때문에 경리원**에서 경상남도慶尙南道 관찰사觀察使에게 발령한 훈령이 두 갈래로 발령되었으므로 관찰사도 그에 대한 정당한 권리가 누구에게 있는지를 알 수 없고** 가시이 겐타로도 사업 경영에 지장을 초래한다고 신고해 온 것과 관련하여 경리원에 그에 대한 상반되는 일을 날카롭게 따져 물었던바, **결국 김봉수에게 부여한 웅천·거제 두 군의 징세권을 취소**하고 종전과 같이 의친왕궁에서 두 군의 어장 전부를 관리하기로 교섭이 마

31 吉田敬市, 『朝鮮水産開發史』, 朝水會, 1954, 217면.

무리됨.

그런데 가시이 · 김 두 사람은 지난번에 획득한 권리에 근거하여 이미 타인에게 대부해준 어장이 있기 때문에 두 사람 간의 권리분쟁이 발생하여 가시이가 이익 손해를 신고해 올 뿐만 아니라 양도兩島 어민들이 종종 분쟁을 조성하여 온 것을 그대로 방치해 둘 수 없는 상황이 되므로 실지조사 결과에 따라 미리 금년 어기漁期에 한하여 임시로 처분하기로 하고 추후 어기가 종료된 후 근본적인 해결을 내리기로 내부결정해 두었음.[32]

한편 가덕도 어민 간에도 어업조합의 헤게모니에 따라 차별이 있었는데, 바로 마을어장인 바다를 사이에 두고 마주보고 있는 가덕도 동선동과 눌차동 사례이다. 눌차동에는 그 어느 마을을 들어서도 굴 종패 양식을 하고 있어 네 개 마을 앞바다에서 굴 종패장을 볼 수 있다. 눌차리에는 부산신항이 건립되기 이전 굴 종패 양식뿐만 아니라 굴 양식도 하였는데, 굴 관련 어업은 조선조 이래의 전통 생업이 아니라 일제식민지 시기 조선총독부수산시험장에서 굴 양식 시험을 실시하여 성공을 거두게 됨으로써 시작되었다. 즉, 조선총독부수산시험장에서는 일본 구마모토현熊本縣 가가미마치鏡町에서 실시하고 있었던 휴립석살법畦立石撒法, 이랑 투석식 살포법을 채용하여, 1923년 시험에 성공한 것을 계기로 눌차리어업조합에 도입되었다.[33]

일제식민지 시기 가덕도 굴 양식의 중심지였던 눌차동에는 1914년다이쇼 3 8월 7일 눌차리 배성필裵性弼 · 최현수崔賢洙의 발기로 눌차리어업조

32 『統監府文書』 1권(한국사데이터베이스(http://db.history.go.kr/) 참조).
33 松野二平, 「朝鮮水産養殖業の現況(其の二)」, 『朝鮮之水産』 第2卷, 1924, 55면.

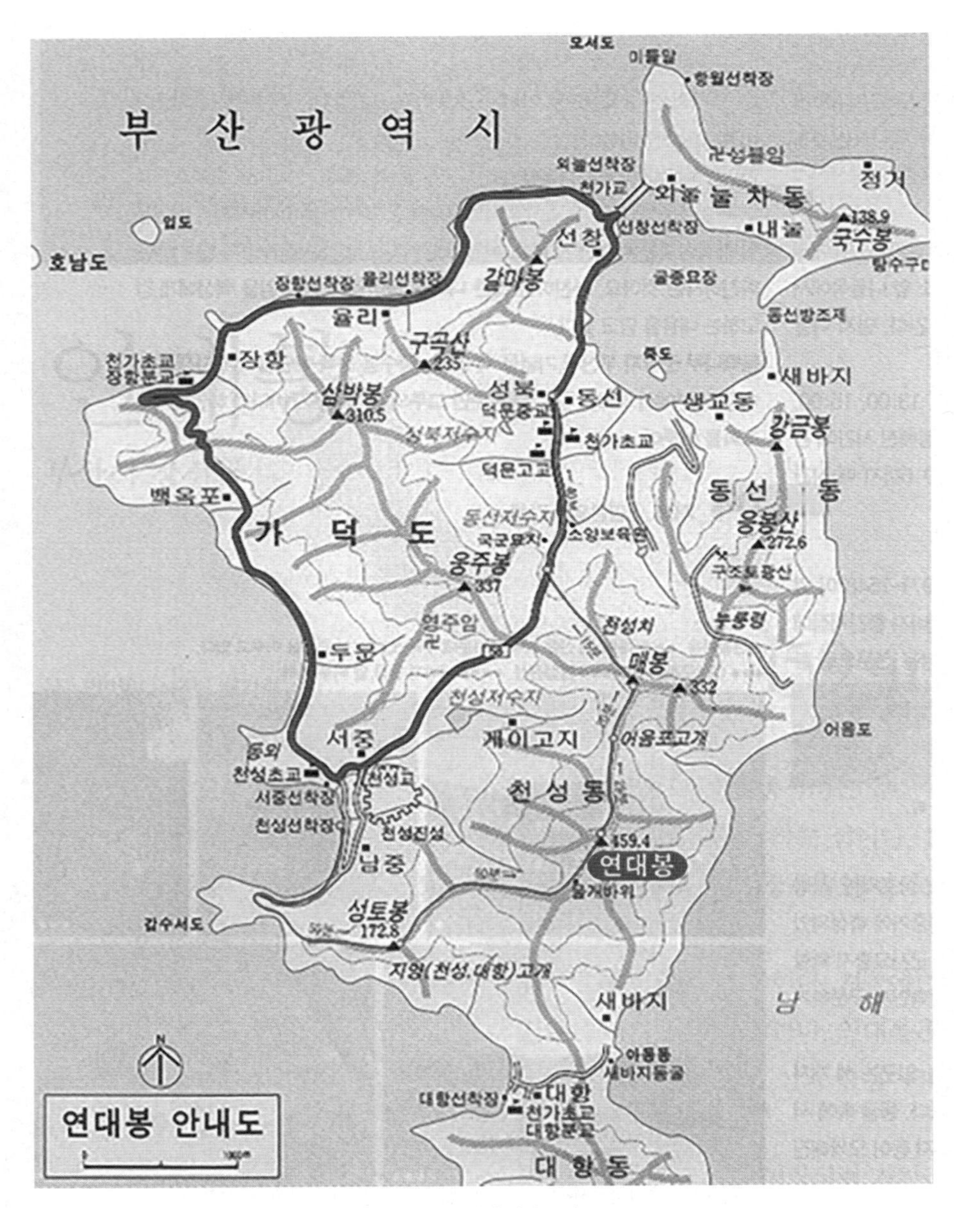

〈사진 2〉 부산시 가덕도 지도

합이 창립되었다. 눌차리어업조합은 눌차동 외눌에서 시작되었으며, 사무실과 위판장은 눌차동 정거마을에 위치하였다.[34] 당시 어업자 119명이였으며, 굴·해태김 양식·어선대부·어업자금융통·선어공동판매 등을 목적으로 하였다. 이후 무산어업자를 위하여 활동하던 중 1922년다이쇼 11에는 업무를 한층 확장하여 공동 판매사업을 개시하였다. 1923년부터는 조선총독부수산시험장의 모려굴 및 해태김 양식시험을 행한 결과 성적이 양호함으로 수산회사보조금 및 본 조합사업비로써 약 삼천 평에 굴양식을 하였다.[35]

1925년다이쇼 14에는 최환수崔驩洙가 조합사업비로써 굴양식장 오천 여 평을 시설하여 조합원에게 지도·장려하였다. 1927년 당시 조합원은 140명으로 증가하였다.[36] 1938년쇼와 13 5월에는 눌차리어업조합에 동선·성북·천성·대항리가 편입되어 공동어업조합으로 허가를 받았다. 그 명칭을 가덕어업조합加德漁業組合으로 변경하였으며, 조합원 수는 714명이었다.[37] 눌차리는 일제식민지 시기 가덕도어업조합 전신인 눌차리어업조합이 소재하였고, 가덕도 내에서도 굴 양식으로 부유한 마을이었다. 이에 대해 전 눌차리어촌계장 장두식은 다음과 같이 이야기한다.

그때에는 우리가 대구어장이 많앴거든예. 대구 잡는거. 그때는 대구잡아가지고. 꾸데기 돈이거든. 가마이에 넣어가지고 갖다가고, 갖다놓고 그랬다고. 가덕도 안에서 눌차, 눌차에서도 우리 부락항월마을이 제일 부자였어. 우리 애

---

34 2023년 3월 29일 눌차어촌계 사무실에서 장두석(남, 1938년생) 인터뷰.
35 「牡蠣, 海苔 등 年産額十萬圓」, 『동아일보』, 1928.12.20.
36 「巡廻探訪 (四百八十二) 到處에 良田沃沓 産物이 豊富〈3〉」, 『동아일보』, 1927.11.14.
37 朝鮮漁業組合中央會 編, 『朝鮮漁業組合要覽』, 朝鮮漁業組合中央會, 1942, 164~165면.

릴때만어릴때만 해도 굴 양식 많이 했잖아요.[38]

눌차동에는 대구가 잡히지 않아서, 대구어장이 존재하지 않았다. 그러나 일제식민지 시기 가시이에게 대구어장을 입찰받아 눌차리 어민들이 대항이나 천성마을 등지에서 대구 호망을 하였다. 그러나 해방 후 1962년 「수협법」이 제정되면서 각 동의 어촌계가 지선어장 운영을 위임받으면서, 눌차리 어민이 입찰받은 대구 호망은 대항동이나 천성동에 돌려주었다고 한다. 한편 일제식민지 시기 동선동은 눌차동에 비해 어민 및 어선 수가 적었고, 최초로 어업조합을 결성한 눌차동에 비해 어업조합의 입지가 좁았다. 이에 반해 눌차동에는 어업조합과 조선총독부수산시험장이 있어 동선동에 앞서 미역 및 천초天草 양식 어장에 대한 면허를 신고하여 허가를 받았다. 따라서 동선동 어민들은 눌차동 마을에 양식 어장을 빼앗겨 해초 양식업을 하지 못했으며, 해방 후에도 어로권을 두고 눌차동 주민들과 유혈 충돌이 벌어지기도 하였다.[39] 이것이 해방 후에도 문제가 되어 동선동 어민들과 눌차동 어민 간의 분쟁으로 발달된 것이다.

38 2023년 3월 29일 눌차어촌계 사무실에서 장두석(남, 1938년생) 인터뷰.
39 「蹂躪되는 漁民의 生命線」, 『마산일보』, 1954.3.17.

3. 해방 후 가덕도 공유재의 분쟁과 쇠퇴

1) 해방 후 마을어장 분쟁과 처리

해방 후 지선어장에 대한 마을 공동어장이라는 개념이 없어서 가덕도 어민 간에 분쟁이 발생하였다. 눌차리어업조합이후 가덕어업조합으로 개칭은 공동시설로서 굴 번식시험장을 경영하여 왔는데, 해방 후에는 굴 양식장을 둘러싸고 조합장 및 임원들과 일반 조합원 간의 갈등이 일어나기도 하였다. 해방 후 조합장인 염재두梁在斗 이사, 이명두李命頭 감사, 최민수崔敏洙 등이 개인 명의로 굴 양식장을 경영하여 왔다고 하며, 감사 최민수의 형 최현수 또한 해방 전 눌차리 앞 도수산시험장道水産試驗場 약 5천 평을 개인소유같이 사용하고 있었다. 이에 눌차리어업조합원은 굴 양식장과 도수산시험장을 조합원 전체가 공동 관리하는 것이 마땅하다고 여겨 발기하여, 전 조합원 일동 중 128명의 서명, 날인을 받아 도道 당국에 진정하기도 하였다.[40]

눌차리어업조합장 및 간부들의 굴양식장 사점화 행태에 대해 1949년 7월 눌차리어업조합원들은 진정서를 내어 개인이 굴 양식장을 독점하는 것을 막았다. 해방 후에도 눌차동에서는 일제식민지 시기 조선총독부수산시험장에 의해 도입된 살포법, 즉 굴 종패를 전라도 등지에서 구입해와서 갯벌 바닥에 흩어 뿌리는 방식을 전승하여 굴 양식을 하였다. 눌차리어업조합원들은 한국전쟁 이후 눌차동의 굴 양식 구역을 마을 구성원이 사적 소유[41]하여 경영하였으며, 이에 대해 장두식은 다음과

40 「加德島訥且里, 漁場에 말성!」, 『민주중보』, 1949.7.28.
41 사적 소유형은 마을어장이 사유화된 대표적인 사례이다. 공공연하게 어장이 거래되고, 집과 함

같이 이야기한다.

> 옛날에. 쉽게 말하면은 벌판에 애삐리난내버려둔 벌판갯벌에. 자기들 인제 부지런한 사람이 수심이 얕으니까 말목을 꼽아. 그럼 그건 지꺼라. 그 안에 구역은 지끼라그사람 것이다. 그라면 그 옆에 다른 사람이 말목을 박아갖고 자기 구역으로 해 먹고. 옛날에 구역을 정해놓고 굴 양식을 했어요. 그거를 권리권이라 해요. 굴이 잘되니깐에 사고팔기도 하고.[42]

이후 1986년부터 1993년까지 눌차동에서는 네 개 마을, 즉 항월·내눌·외눌·정거마을이 단일 어촌계눌차어촌계 관할하에 굴양식장을 공동 운용하였다. 즉, 네 개 부락 어촌계원들이 공동으로 종패를 뿌리고 키워서, 의창수협에 수수료를 주고 수매를 해서 수익을 똑같이 배분하였다. 그러다가 1994년부터 추첨을 통해 개인이 일정 기간 운영하는 사적점 유형으로 전환하였다. 현재 눌차동어촌계에서 굴 종패 양식장 구역을 매년 7월 초에 배정하고 있다. 정거마을과 항월마을을 같은 조로 묶고, 외눌마을과 내눌마을을 같은 조로 묶는다. 각 조는 1~30번까지 적힌 종이를 상자에 넣고 무작위로 뽑는데, 선택한 종이의 숫자에 따라 1년 동안 양식할 곳의 위치가 정해진다. 이를 '구지뽑기'라고 한다. 구지뽑기로 정해진 굴양식장에 대한 행사료는 없으며, 위판할 때 수협에 수수료만 지불하고 수익은 개인이 가져간다.[43]

께 판매되는 것이 특징이다. 물론 마을에 거주하는 않는 외부인에게는 팔 수 없다. 이 경우도 마을어장의 특정지역을 배타적으로 이용할 뿐 법률상 공유수면이다(김준, 앞의 논문, 2011, 265면).

42 2023년 3월 29일 눌차어촌계 사무실에서 장두석(남, 1938년생) 인터뷰.

〈사진 3〉 눌차동 마을 지도

한편 동선동과 눌차동 또한 해방 후 동선동 앞바다의 마을어장을 둘러싸고 분쟁이 발생하였다. 이에 대해 『마산일보』 기사를 일부 인용하면 다음과 같다.

> 천가면장을 경유하여 창원군에 제출된 가덕도 동선리부락민 대표 김정각金正覺 씨 외 86명 연명의 진정서에 의한다면 **가덕도 전기 부락의 지선동해안地先東海岸은 미역 천초天草의 중요생산지로서 동선리 주민 800여 명의 생명선**이 되고 있는데 서기 **1923년 일제시대 일본 관리와 동도 눌차리 권력가들이 결탁하여 수산물 양식 명의로서 어민들의 착취의 제1단계로 어업권을 획득하여 수십 년간 부락민들은 자기 동리 앞 바다에서 해초까지도 채취가 엄금되는 눈물겨운 실정**으로 내려왔다는 것이다. 그런데 8·15 이후 군정시 과거 어로권 무효를 선언하자

43 2023년 3월 29일 눌차어촌계 사무실에서 이인수(남, 1953년생, 전어촌계장) 인터뷰.

이곳 부락민들의 자각심이 폭발하여 우리 어업권을 찾자고 외치게 되어 눌차리 부락민과 유혈의 충돌이 발행하여 당국에서 양부락민에 대한 잠정적 협약을 맺게 하였으나 그 후 아무런 해결책을 보지 못하고 이래 8년간 분교는 계속해 왔고 (…중략…) 과거 섬 중 어민들이 자기 거주지 선해초를 채취치 못했다는 극도의 모순이 있었는데 민주대한에 있어서는 이와 같은 실정을 명찰하여 어민과 어장의 보호육성책으로 지선어업권을 부락민에 하부하던지 그렇지 않으면 주민의 생명선에 침해가 없는 조치를 바란다는 요지의 것이다.[44]

해방 후 지선어장의 경계를 둘러싸고 눌차동과 동선동 간에 분쟁이 발생한 것이다. 눌차동 주민들은 주변의 동선 바다까지 굴 종패와 굴 양식장으로 이용했다. 눌차리는 일제식민지 시기 눌차리어업조합때부터 가졌던 연고권을 주장하였고, 동선동은 1962년 「수협법」을 근거로 지선어장의 소유권을 돌려받으려고 했다.[45] 당시 상황에 대해 눌차동 전어촌계장 장두식은 다음과 같이 이야기한다.

동선리는 해녀가 그때 한 10명 됐제. 그때는 해녀가 10명씩 (눌차리로) 넘어오고. 물 밑에 들어가가지고 이랬다고. 미역, 전복, 고동 같은거. 그런 거 인자 잡아가 팔아먹고. 우리는 배가 많으니까. 이 전부다 배 아닙니까? 배를 타 가갔고 잡는데. 거기는 배가 없으니까. 해 올라고 가면, 막 장대 가장대를 가지고 쎄리가때려서 쫓아삐고. 못 오라고.[46]

44 「蹂躪되는 漁民의 生命線」, 『마산일보』, 1954.3.17.
45 「미역 채취권 분쟁 – 천가면 눌차리 민간에」, 『마산일보』, 1966.2.6.
46 2023년 3월 29일 눌차어촌계 사무실에서 장두석(남, 1938년생) 인터뷰.

해방 이후부터 시작된 눌차동과 동선동 간의 지선어장의 공유어장을 둘러싼 분쟁은 1962년 「수협법」을 근거로 정해진 지선어장의 경계를 두 마을의 어촌계가 수차례 협의하면서 일단락되었다. 현재 눌차동과 동성동 간의 지선어장의 경계는 동선동에 소재하는 기도원 앞의 빨간돌을 경계로 구획이 나누어져 있으며, 동선동은 그 어장에 눌차동과 같이 수하식 굴 종패 양식을 운영하고 있다.

2) 부산신항 건립 이후 마을어장의 쇠퇴

(1) 동선동 마을어장의 변화

동선동에는 일제식민지 때 눌차동에 빼앗겼던 마을어장을 포함하여 호망壺網 10건과 마을어업 30.5헥타르가 있다. 동선동에서는 가덕도 인근의 다른 마을과 달리 호망으로 처음에는 숭어잡이를 하였다. 1990년대 대항의 주영만 씨가 동선동에 면허지를 임대받아 숭어잡이를 시작하였기 때문이다. 당시 동선동에는 대구를 외줄낚시로 잡았다. 그러다가 동선동에도 가덕도 다른 마을과 같이 호망을 이용해서 대구잡이를 시작하였다. 1990년대 당시만 해도 대구잡이 철에는 동선동 누룩령언덕에 초가집을 지어 어민들이 10명씩 먹고 자고 하며 대구 호망을 하였다. 고개를 넘어다니는게 힘이 들었기 때문이다. 수협에 대구를 위판하기 전에는 대구를 말려서 용원 일대나 자갈치 일대로 팔러 다녔다고 한다.[47]

동선동에서 호망으로 12월 중순부터 1월 10일까지 대구를 주로 잡고 있으며, 그 외에는 1월부터 2월까지 물메기, 3월부터 5월까지는 조기·

---

47 2023년 4월 3일 성북어촌계 사무실에서 김인배(남, 1959년생, 동선동 어촌계장) 인터뷰. 이하 동선동 어업 관련 내용은 김인배의 구술 내용을 토대로 재구성한 것이다.

감성돔·숭어를, 4월부터 11월까지는 감성돔·병어·전어를 호망으로 잡는다. 호망은 정치망으로 계절에 따라 그물코를 달리하여, 고기를 어획한다. 2000년대 부산신항이 건설되기 전에 호망 10건의 행사료는 개당 연간 2억에서 3억에 달했으며, 호망의 어가 소득은 평균 1억 원 이상이었다고 한다. 호망은 어촌계원 중에서 구지뽑기를 해서 정해서 임대하였다.

한편 동선동에는 마을어장 30.5헥타르를 보유하고 있는데, 마을어장에서는 자연산 돌미역·전복·해삼·고동 등을 채취한다. 돌미역 같은 경우는 예전에는 해녀들이 행사료를 지불하고 채취하였으나, 지금은 고령화로 어촌계 계원들 중 채취하고 싶은 이들만 수확해서 개인소득으로 가져간다. 전복하고 해삼은 어촌계에서 관리하는데, 어촌계 계원들이 공동으로 채취하고 수매하여, 수익은 균등하게 나누어 가진다. 그 외 고동이나 해초류도 어촌계 계원들만 채취할 수 있으며, 본인이 채취한 것은 개인소득으로 가져간다.

동선동 어촌계원은 현재 98명인데, 2000년대에 비해 수십 명이 줄었다. 2000년대부터 본격적으로 들어선 부산신항 때문이다. 1997년 부산신항 건립추진계획이 설립되어 성북동 가덕도 북서안남컨테이너 부두과 경남 진해시 용원동 앞 해안북컨테이너 부두을 매립하여 1998년부터 개발이 시작되었다.[48] 컨테이너 전용 선석과 다목적 선석 등 모두 30개의 선석이 조성되었으며,[49] 부산신항만배후부지는 바다매립지 71만 평 등 모두 93만 평으로 물류단지와 업무시설 등이 들어섰다.[50] 동선동은 부산신항

48 「부산 가덕신항 민자사업자 최종 지정」, 『연합뉴스』, 1997.4.10.
49 「부산신항만, 조기 개장」, 『매일경제』, 2001.5.17.

이 건설되면서 1종 면허권이 취소되지 않은 유일한 행정동이며, 1999년까지 어업 피해보상을 받았다.

그러나 문제는 부산신항이 들어서면서 물고기들의 산란지인 잘피와 몰이 제거되고, 부산신항이 조류의 흐름을 가로막아 뻘이 썩으면서 어획량이 급감한 것이다. 앞서 언급했듯이 부산신항 건립 이전의 호망에 대한 평균 어가 소득은 연 1억 원을 호가했지만, 건립 이후에는 2~3천만 원으로 급락하여 호망 10건의 행사료 또한 1~2억 하던 것이 현재는 3,500만 원 선이다. 물론 회유성 어종인 대구의 개체수가 감소된 것은 산란지의 축소가 원인이 아니라 수온 상승으로 인해 대구가 남쪽으로 내려가 잡히지 않는다는 설도 있기 때문에 대구 어획고의 감소를 부산신항의 영향으로만 단정할 수는 없다.

명확한 사실은 부산신항 건립 이후로 대구의 어획고가 감소하였다는 것이다. 이에 부산신항 건립 이전에는 호망 1건을 구지뽑기하여 한 사람이 대여하여 운영했지만, 지금은 어획량이 2 / 3가량 급감하여 되도록 많은 어민들이 혜택을 보는 차원에서 호망 1건에 2~3명씩 한 조를 이루어 운영하고 있다. 그렇다보니 호망 당 1억 원의 수익은 동일한데, 2~3명이 운영하다 보니 수익률이 50~70% 정도 감소한 것이다. 그리고 고기 산란장의 역할을 하던 잘피가 없어지다보니 마을 앞 어장에서는 더 이상 고기가 잡히지 않아서, 형제섬 부근대마도 부근까지 가서 조업을 한다고 한다. 동선동은 부산신항 건설 때는 마을어장 면허권이 취소되지 않았지만, 이후 대항동에 가덕 신공항이 들어서면 마을어장 면허

50 「[부산] 신항만배후부지 조성사업 본격화」, 『국민일보』, 2001.5.7.

권이 취소되어 조업을 할 수 없게 된다.

(2) 성북동 · 눌차동 · 천성동 · 대항동 마을어장의 소멸

부산신항이 들어서면서 가덕도 다섯 개 행정동, 즉 성북동 · 동선동 · 눌차동 · 천성동 · 대항동 중 동선동을 제외하고 4개 행정동의 1종 면허권호망 · 숭어들이 · 굴양식 · 바지락 등이 취소되었다. 취소된 면허권은 마을어장으로 어촌계 회원들 전부가 보상을 나누어 받았다. 보상은 등급에 따라 차등 배분되었으며, 최고 8천만 원에서 3천만 원까지 개인에게 지급되었다. 어업권에 대한 직접보상은 1999년 마무리됐으나 대부분의 어업인이 실업자로 전락, 생계유지가 어려워졌다는 『동아일보』의 기사[51]와 같이, 삶의 터전인 바다를 부산신항 부지, 즉 공공개발 부지로 내어주면서 가덕도 일대의 마을어장과 삶에 변화가 야기되었다.

눌차동의 경우 1종 면허권이 취소되면서 갯벌에서 하는 굴 양식이나 바지락 등의 어패류는 채취할 수 없게 되어, 바다 위에서 띄워서 운영하는 수하식 굴 종패 양식만 가능하게 되었다. 특히 눌차동에는 자연산 바지락이 갯벌에서 잘 자라서 다라이와 까꾸리낫 한 자루 들고 동네 아낙들이 채취해서 팔아도 연간 5천만 원의 수익은 되었는데, 3천만 원에서 8천만 원의 보상만 받고 바지락이나 굴 양식을 못하게 되어 어가소득이 감소하였다. 이로 인해 현재 눌차동의 어촌계원은 380명에서 210명으로 감소하였으며, 눌차동에서 굴 종패업을 하는 어촌계원은 현재 40가구이다.[52]

51 「[부산 / 경남] "신항만 건설로 생활터전 잃었다"」, 『동아일보』, 2002.4.10.
52 2023년 3월 29일 눌차어촌계 사무실에서 이인수(남, 1953년생, 전 어촌계장) 인터뷰.

〈사진 4〉 성북동 마을 지도

천성동의 경우도 부산신항의 건립 이후 보상을 받고 호망의 면허권이 취소되어, 현재 마을어장 1종 10헥타르김와 마을어업 20헥타르미역·전복만 남아있다. 대신 천성동 마을 앞 어장은 관광지로 개발이 되면서 낚시꾼들이 점유하고 있다. 대항동 또한 부산신항의 건립 이후 호망 면허지와 내동섬 숭어들이 공동어장 면허권이 취소되었다. 그러나 수협법 상 면허가 소멸된 지 8년이 지나면 한정면허로 출원을 할 수 있어서, 대항동 어촌계에서는 불법조업을 해오다가 2014년 호망과 숭어들이 어장에 한정면허를 받아서 현재 호망 11건과 숭어들이 어장 2곳을 운영하고 있다.[53]

위의 『동아일보』 기사와 같이 어업인들이 실업자로 전락하고 생계유지가 어려워진 곳은 부산신항에 삶의 터전인 바다를 내어준 성북어촌계이다. 율리마을과 장항마을은 마을의 대부분이 신항만 부지에 편입되면

53 2022년 12월 29일 대항동 자택에서 김상수(남, 1944년생) 인터뷰.

서, 동선동과 천성동 두문마을에 이주단지를 조성하였다. 하지만 주민들 대부분은 토지 보상비[54]를 받아 수협빚을 갚고 난 나머지 금액으로 외지에서 전월세 생활을 하다가 탕진하여, 이주택지 조성원가 8,700만 원을 부담하지 못해 이를 3~4천만 원에 팔고 외지에서 떠돌이 생활을 하고 있다. 당시 성북어촌계 계원들만 배 보상을 받고 어업 면허를 소멸시켜서 조업으로 인한 수익이 없었기 때문이다. 배 1척당 보상 기준은 건조한 지 20년이 지나면 배 건조 비용에 대한 보상은 없으며, 허가값 3천만 원만 준다. 이에 성북어촌계 계원들은 적게는 3천만 원에서 5천만 원의 배 허가에 대한 보상을 받고 어업 면허가 소멸되었다. 그렇다보니 외지에 나가 생업수단이 없어서 보상금을 탕진할 수밖에 없었다.

부산신항이 건설되면서 배 어업 면허를 소멸시킨 결과 성북어촌계의 어촌계원은 280명에서 54명으로 감소하였다. 54명의 어촌계원 중 일부는 가덕도 배 어업 면허를 웃돈을 주고 재구매한 사람도 있으며, 배 어업 면허가 없어서 어촌계원이지만 조업을 못하는 계원이 대부분이다. 현재 가덕도에 살고있는 성북어촌계 계원은 30가구 정도이며, 대부분 배 어업 면허가 소멸되어 조업을 할 수 없기 때문에 무직이거나 그나마 운이 좋으면 경비나 녹산공단에 일을 하러 나간다고 한다. 그래서 부산신항 건설 이후 성북어촌계 계원의 생계는 30가구의 여성들이 꾸려나가는데, 주로 식당에 일을 하러 가거나 부산신항에서 근로를 하고 있다. 이들 여성들의 평균 수입은 월 160만 원 선이다. 성북어촌계 어촌계장 또한 배 어업 면허가 소멸되어 현재까지 무직이며, 가덕도에 배 어업 허

---

54 평당 보상 350만 원을 받았으며, 가구 당 부지가 50평을 넘는 경우가 드물어 평균 1억 7,500만 원 정도 택지보상을 받았다.

가 수는 한정되어 있기 때문에 웃돈을 주고라도 구매를 할 수가 없어 정부에서 배 어업 면허를 신규로 내 줄 것을 요구하고 있다.[55]

4. 나가며

지금까지 가덕도 어촌의 공유재 중 마을어장의 변천사를 살펴보았다. 조선시대 어전어장은 왕유의 일환으로 관官에서 관리하여 그 이익에 대한 세금을 왕실에서 관리하였다. 16세기 임진왜란 이후부터는 어전에 대한 왕족의 사점화가 진행되었지만, 여전히 왕족은 관리를 파견하여 어전에 대한 세금을 궁가에서 받는 것으로 조선시대 어전은 왕조, 즉 국가가 관리하는 것이었다. 그러다가 구한말 「한국어업법」에 따라 처음으로 어업권에 대한 개인소유가 공식적으로 인정되었으며, 이는 한일병합 이후 「어업령」으로 계승되었다. 이 법령에 근거하여 일인들은 조선의 어장에 대한 어업권을 사거나 빌려서 어장을 사점화하였고, 이 어장들을 다시 조선인에게 비싼 값에 임대하여 고율의 이득을 착취하였다. 즉, 일제식민지 시기까지 어장은 어촌 커뮤니티의 공유재는 아니었다.

해방 후에는 가덕도 눌차동에서 당시 권세있던 눌차리어업조합원 간부들이 굴 양식장을 사점화하여 운영하는 현상이 나타났지만, 곧 눌차리어업조합원들이 진정하여 일부 간부들의 굴 양식장 사점화를 막았다. 또한 해방 후 마을어장을 사이에 두고 눌차동과 동선동 간에 분쟁이 발

55 2023년 4월 3일 성북어촌계 사무실에서 김영웅(남, 1956년생, 성북동어촌계장) 인터뷰.

생했는데, 눌차동은 눌차어업조합 이래로 관행적으로 그곳에서 조업을 해 온 연고권을 주장하였고 동선동은 일제식민지 시기 억울하게 빼앗긴 마을 앞 어장을 돌려받으려고 했다. 분쟁은 1962년 「수협법」이 공포된 이후에도 몇 해간 지속되다가, 눌차동과 동선동 어촌계에서 「수협법」에 근거해 지선어장의 경계에 대한 수차례 합의를 거치면서 해결되었다.

즉, 해방 후 '마을어장'이란 개념이 없어서 사점화 현상이 나타나기도 하고 분쟁이 발생하기도 하였지만 「수협법」의 공포로 마을 앞 지선어장에 대한 규정이 공포되면서 어촌별 마을어장은 커뮤니티community의 공유재라는 인식이 확산되었다. 그러면서 어촌별 마을어장을 공유하는 방식이 다양하게 나타났다. 가덕도의 호망이나 굴 양식의 경우 해당 어장을 어촌계원들이 추첨을 통해 일정기간 동안 임대하여 사용하는 사적점유형을 나타내었다. 가덕도의 (대항동) 숭어들이나 마을어업 어장의 경우 어촌계원 전원이 공동으로 작업을 하여 이익을 균등하게 분배하는 공동점유형을 보이고 있다. 반면 눌차동에서는 해방 후 1985년까지 마을 구성원들 중 부지런한 사람들이 먼저 갯벌에 말뚝을 박아놓고 그로부터 일정 구역을 사적 소유화하여 굴 양식이나 바지락 채취를 하는 권리를 소유하는 사적 소유형을 나타냈다.

이러한 마을어장의 다양한 양상에도 불구하고 마을어장은 법률상 공유수면, 즉 마을 공유재이다. 근대화의 확산과 함께 마을 커뮤니티와 공유재는 약화되거나 사라져간다는 학계의 논의에도 불구하고, 어촌과 그 마을어장의 경우 커뮤니티의 자산으로 어촌사회와 문화를 지탱해 나가는 힘이 되어왔다. 그러나 도시 어촌의 경우 공공개발에 밀려 마을어장을 포함한 커뮤니티 공유재를 공공public에 환원하면서 생존권을 박탈당하는 현상이 증가하고 있다. 어민들의 생존권 박탈에 따른 어촌 소멸은 도시의 식량 공급 문제뿐만 아니라 도시의 오염을 정화하는 생태환경의 소실, 도시인을 치유하는 경관의 소실 문제를 포괄하고 있기에, 도시의 공공개발과 어촌의 공생 방안에 대해 생각해야 될 시점이 아닌가 생각하며 이 글을 마치고자 한다.

참고문헌

『국민일보』, 『동아일보』, 『마산일보』, 『매일경제』, 『민주중보』, 『연합뉴스』, 『皇城新聞』

고문헌

『慶尙南北道各郡報告』.
農商工部水産局,『韓國水産誌』
『명종실록』.
『세종실록』.
『순종실록』.
『영남진지』.
『영조실록』.
『인조실록』.
朝鮮漁業組合中央會 編, 『朝鮮漁業組合要覽』, 朝鮮漁業組合中央會.
『중종실록』.
『統監府文書』.
『訓令照會存案』.

단행본

양세식 외, 『수산업법론』, 블루&노트, 2012.

연구논문

강봉모, 「어업권에 대한 구체적 연구」, 동의대 박사논문, 2002.
김동철, 「부산의 유력자본가 香椎源太郎의 자본축적과정과 사회 활동」,『歷史學報』 第186輯, 2005.
김준, 「마을어장의 위기와 가치의 재인식」, 『도서문화』 38집, 목포대 도서문화연구원, 2011.
송경은, 「韓國에서의 近代的 漁業權 形成과 法制化」, 서울대 박사논문, 2013.
이욱, 『朝鮮後期 魚鹽政策 硏究』, 고려대 박사논문, 2002.
이종길, 「朝鮮後期 漁村社會의 所有關係에 관한 연구」, 서울대 박사논문, 1997.

외국논저

吉田敬市, 『朝鮮水産開發史』, 朝水會, 1954.
松野二平, 「朝鮮水産養殖業の現況」(其の二), 『朝鮮之水産』 第2卷, 1924.

오사카를 통해 본 한·일의 글로컬한 역사

이쿠노生野 코리아타운을 생각하다

후쿠모토 다쿠

오늘날의 이민·에스닉ethnic 집단을 둘러싼 문화의 본연에 관하여 특히 장소와 이동과의 관계로부터 그 동태를 이해하는 데 있어서, 글로컬라이제이션glocalization은 하나의 중요한 조건이 되고 있다. 그러나 글로컬라이제이션과 관련된 여러 현상은 이동이 가속화되고 복잡해진 현대에만 나타나는 특징은 아니다. 한 번 형성된 장소의 글로컬한 특징은, 모종의 경로 의존적인 기능을 완수함으로써, 현대의 글로컬한 장소 혹은 문화의 모습과 결부된다. 이 글은 오사카시大阪市 이쿠노구生野区의 코리아타운을 사례로, 20세기 전반부터 현대까지 장기적인 기간을 살펴보되, 주로 집주 형태의 변천과 그 속에서의 에스니시티ethnicity, 민족성의 양태 변화를 개관한다. 동시에 도시 공간에서 차지하는 집주 지구의 위치 설정을 공간 편성의 관점에서 분석하고, 그곳에서의 공간적·문화적 특성이 동아시아의 지정학적 상황이나 현대의 글로벌한 문화 소비와 얼마나 관련되어 있는가를 고찰한다. 이 글에서 사용한 사료·자료 및 통계, 현지 조사 데이터를 통해 집주 지구에는 다양한 글로컬라이제이션의 층이 쌓이고 그것들이 서로 연관되면서 시대마다의 문화적 다이내믹스dy-namics, 역동성을 만들어 내는 현상을 엿볼 수 있다.

1. 집주 지구의 문화적 다이내믹스와 그 기반

이민·에스닉 집단의 집주 지구는 그들과 관련된 문화적 다이내믹스가 전개되는 전형적인 장소이다. 그곳에서는 집단 구성원과의 혹은 호스트 사회와의 관계 형성을 통한 아이덴티티의 유지나 변용이 발생하는 것 외에, 경관이나 미디어가 만드는 이미지를 매개로 한외발적인 에스니시티의 구축이 전개되어왔다. 그와 동시에 집주 지구는 자본주의에 따른 도시 공간 편성의 여러 힘에 의해 형성되는 것이기도 하며, 도시와 국제 인구 이동이라는 2개의 연구 영역과 밀접하게 관련되어 있는 현상이다.

집주 지구에서의 문화적 다이내믹스는, 특히 글로벌리즘에서의 사회·경제적 변용의 영향을 받아, 쉽게 파악할 수 없을 정도로 복잡해지고 있다. 여기에는 에스니시티의 본질화 내지 진정성과 관련하여 2개의 다른 방향성이 존재한다는 것을 언급해 두고 싶다. 본래 본질주의적인 에스니시티의 구축이나 제시는, 호스트 사회나 문화 변용에의 대항으로서 전략적 본질주의, 혹은 호스트 사회의 차별적인 시선과 관련되는 것으로서 파악되어왔다. 그러나 현대에서는 관광 대상이 되는 에스닉 타운처럼 상품화된 '진정한' 에스닉 문화가 소비로서 제공되는 사례도 널리 볼 수 있다. 이러한 움직임은 후기 자본주의 아래에서 장소의 진정성 구축의 한 예이기도 하며, 종종 기존의주로 로컬 아이덴티티나 문화, 역사와 어긋나기도 한다. 한편 이민·에스닉 집단의 사회적 경계는 통혼이나 여러 계층의 신규 이민 증대에 의해서 요동친다. 게다가 통신을 매개로한 출신지와의 일상적인 결합은 집주 지구와 에스니시티와의 대응 관계에 지금까지 이상의 변화를 가져오고 있다.

이처럼 글로벌화와 로컬화의 대립은 에스닉 집주 지구에서 보다 쉽게 명료화된다고 할 수 있다. 특히 장소라고 하는 측면에 관해서 말하면, 그 역사 자체에 이들 두 가지 경향이 포함되어 있는 점은 간과할 수 없다. 즉 로컬적인 과거진정성에 글로벌한 현재복잡성가 대치되는 것이 아니라Harvey, 1999, 원래부터 집주 지구는 글로컬한 특성을 가지고 있다. 따라서 글로벌리제이션globalization하에서의 집주 지구에 초점을 맞출 때는, 이러한 역사와 함께 그것이 특정한 시공간 맥락 속에서 절단·은폐 혹은 환기되어 새로운 문화 역동성이 생겨나는 구체적인 과정에 주목할 필요가 있을 것이다. 물론 이 과정은 표상과 관련된 부분뿐만 아니라, 그것들을 낳고 방향을 잡는 경관이나 그 기반이 되는 지역의 경제·사회의 존재 방식을 빼고 이해할 수 없다.

이 글에서는 오사카시 이쿠노구〈그림 1〉의 재일조선인[1] 집주 지구 및 현재의 코리아타운 형성을, 이동과 도시 공간 형성이라는 쌍방에 관련된

1 이하 이 글에서는 'Korean Peninsula'를 지칭할 때, 일본에서의 일반적인 호칭인 '조선반도'라는 용어를 사용한다. 또 한국 병합에서 제2차 세계대전 종결까지의 조선반도에서 일본으로의 도항자에 관해서는 '조선인', 그 이후에 관해서는 '재일코리안'으로 표기한다. 국가의 명칭에 관해서도 일본에서의 일반적인 용법에 준거하여 대한민국은 '한국', 조선민주주의인민공화국을 가리킬 때는 '북조선'이라고 한다.

모멘트moment를 의식하면서 장기적인 관점에서 파악하고 글로컬한 역사와 현재를 개관하고자 한다.

2. 오사카에서의 조선인 증가와 집주 지구의 변천
제2차 세계대전 전후

1) 집주 지구의 형성과 사회계층의 분화

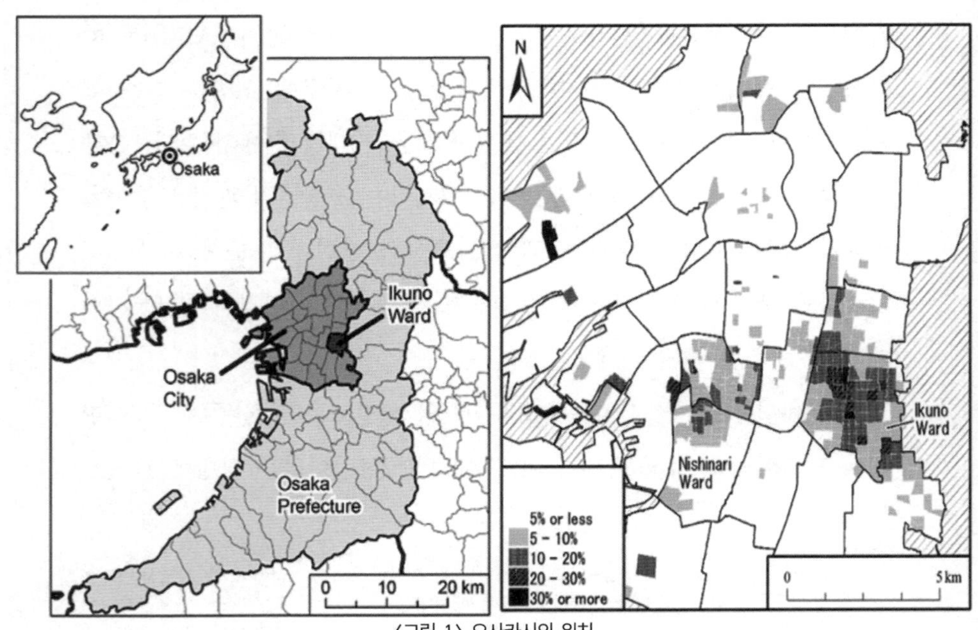

〈그림 1〉 오사카시의 위치
〈그림 2〉 오사카시의 외국인 분포(2015년 작성)

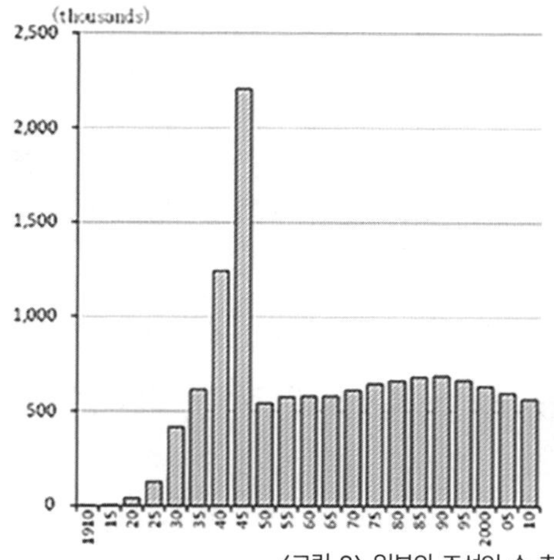

〈그림 3〉 일본의 조선인 수 추이(전후에는 「한국 · 조선적」 수)
출처 : 国勢調査および国立社会保障 · 人口問題研究所, 『人口統計資料集』, 2020.
〈그림 4〉 오사카항에서 하선하는 조선인
출처 : 朝鮮総督府, 『朝鮮の人口現象』 1927.

오사카시 이쿠노구는 인구의 약 20%를 외국인그 대부분이 ‘한국’, ‘조선’ 국적자이 차지해, 극히 최근까지 일본의 시구읍면 중에서 외국인의 비율이 가장 높았다. 현재 오사카시의 외국인 거주 분포를 보면〈그림 2〉 얼마나 많이 편재되어 있는지 알 수 있다.

〈그림 3〉은 일본전전(戰前)에는 내지(內地) 재류 조선인 수를 나타낸 것이다. 1910년 한국병합 이후 조선총독부의 도항 제한에도 그 수는 점차 증가하였고, 특히 1920년대 후반 이후 성장세가 두드러졌다. 초창기 이주자의 대부분은 단신 남성으로, 주로 건설업 · 공업 · 광업의 저임금 노동자로 유입되었고, 도시지역에서는 특히 6대 도시도쿄 · 요코하마 · 나고야 · 교토 · 오사카 · 고베와 그 주변지역에 집중되었다. 그중에서도 오사카의 조선인 수가 가장 많았는데, 잘 알려진 것처럼 타 도시에 비해 제주도 출신자의 비율이 컸던 것도 특필할 만하다杉原, 1998.

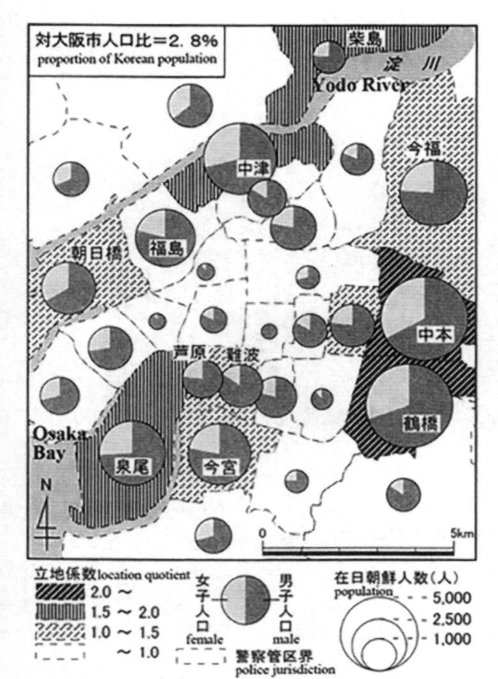

〈그림 5〉 재일조선인의 분포와 입지 계수(1929)
출처 : 各年次,『大阪府警察統計』.

〈그림 4〉는 1920년대 초 오사카시 치코우築港에 도착한 선박에서 하선하여 목적지로 향하는 조선인의 행렬을 촬영한 것이다. 이 부두는 무역·여객 수송의 거점으로서 오사카시 주도로 개발이 진행되어 1903년 일부 운용이 시작되었다. 도시 인프라로서 중요한 역할을 담당하는 시영전차가 최초로 부설된 곳도 치코우에서 오사카 시내로 향하는 노선이었다. 이러한 경위에서 치코우지역은 글로벌한 스케일로 다른 곳과의 연결을 강화하며 발전을 목표로 했던 근대 오사카의 상징이며, 그 속에 조선인의 도항 또한 깊이 연관되어 있던 사실은 간과할 수 없다.

한편 도시 내의 분포에 대해서 살펴보면, 오사카시의 이너시티 곳곳에 조선인 집주 지구가 출현한 것을 확인할 수 있다. 〈그림 5〉는 1929년 오사카시의 조선인 분포경찰관구(警察管区)별[2]를 나타낸 것이다. 현재와는 달리 오사카시의 이너시티에 해당하는 지역에 폭넓게 분포된 것을 볼 수 있으며, 그중에서도 오사카시 동부·서남부·북부의 입지 계수 값이 높아 이들 지역에 편재되어 있던 것을 확인할 수 있다. 이 시점에서는 남

2 제2차 세계대전 전의 오사카에서의 구계(區界)는 현재와 크게 다르기 때문에 비교가 어렵다. 그러나 경찰관구가 현재의 구계와 거의 일치하고 있으므로, 본장에서의 인구 분포 분석에는 경찰 통계를 이용한다.

성의 비율이 높고, 단신 노동자가 중심이었음을 반영하고 있다.

실제 1920년대에 오사카로 건너온 단신 조선인 노동자의 대부분은 돈벌이적인 성격이 강하여 고용처에서 주택이 제공되는 경우를 제외하면 대부분은 노동하숙 등에 거주하고 있었다外村, 2004. 〈그림 6〉에서도 알 수 있듯이 노동하숙은 〈그림 5〉에 나타난 조선인이 많은 경찰관구에 편재되어 있었다. 이러한 분포상의 특성은 조선인뿐만 아니라 대체로 저임금 공장 노동자그중에는 서일본의 주변지역을 중심으로 하는 농촌에서 이동한 자도 다수 포함에서도 볼 수 있었다. 즉 공간적으로 보면 조선인 또한 근대 도시의 사회-공간 분화에 편입되어 있었던 것이다.

다만 이들 각 지역에 등장한 집주 지구에서는, 취업구조에 상당히 명료한 차이가 나타나고 있음을 주의할 필요가 있다. 마찬가지로 〈그림 6〉에는 오사카부 경찰부 특고과가 조사한 조선인의 '밀주密住 가구'와 그곳에서의 '직공공장노동자'의 비율을 보여주고 있다. 〈그림 6〉과 〈그림 7〉에 나타난 30명 이상의 조선인 공장노동자를 고용하고 있던 공장 등을 비교하면, 취업 구조상의 특징에서 이들 인구의 편재를 3가지로 유형화할 수 있다. 첫째, 오사카시 북부의 요도가와淀川 남쪽 기슭에는 방직·요업유리의 중간 규모 이상의 공장이 많았기 때문에, 이를 반영한 직공의 비율이 높은 밀주 가구가 집중되어 있는 특징이 보인다. 둘째, 오사카시 동부의 경우 직공의 비율은 높지만, 30명 이상의 조선인 노동자를 고용한 공장 등은 거의 볼 수 없다. 그렇기에 영세규모 공장의 직공이 월등히 많았다고 할 수 있다.[3] 셋째, 오사카시 서남부에는 취업시설

3 外村(2004), 杉原(1998)에서도 마찬가지의 언급이 있다.

로서 '기타'가 분포하고 있는데〈그림 7〉, 이것은 토목공사 등 공업 이외의 취업지이다. 또 밀주 가구에서의 직공 비율이 중간 정도 또는 낮은 곳이 많아〈그림 6〉, 이 지역 조선인의 취업은 직공은 물론 토목공사·잡역·항만노동을 특징으로 하고 있었다고 생각된다.

위에서 본 지역마다의 취업구조의 차이는 1930년대까지도 거의 유지되었다고 할 수 있으며, 〈그림 3〉과 같은 조선인 인구의 증가를 각 지역의 집주 지구에서 볼 수 있었다. 이 시기에는 여성 인구의 증가도 눈에 띄는데, 세대 형성과 함께 정착한 경우가 늘어가고 있었다고 생각된다. 덧붙여 취업 구조상의 변화로서 사회계층의 분화가 표면화되고 있는 점도 지적할 수 있다. 즉 종래 저임금에 허덕이고 있던 조선인 노동자 중에서 소수이지만, 함바 책임자나 공업 부문의 자영업자가 되는 사람들이 등장하고 있었다西成田, 1997; 外村, 2004. 오사카시의 경우, 이러한 사회경제적 지위의 상승은 주로 영세규모의 공업에 자영업자층으로 참가하는 형태로 이루어졌다. 여기에는 공장노동자의 경우, 조선인·일본인 사이에 명확한 임금 차별이 존재하고, 재직 연수에 관계없이 조선인에게는 미숙련 직공에서 숙련공으로 승진할 기회가 한정되어 있었던 것도 영향을 미쳤다.

한정된 데이터지만, 직업 전화번호부의 성명으로부터 공업 부문의 조선인 자영업자를 가려내었고, 그 분포를 〈그림 7〉에 지도화하여 나타냈다. 〈그림 7〉에 따르면 자영업자는 오사카시 동부와 서남부에 집중되어 있어, 재일조선인의 사회적 상승 기회의 국소성을 엿볼 수 있다. 스기하라杉原, 1998가 지적하듯이 자영업자의 편재에는, 확실히 이들 지역에서 영세 규모 공장이 탁월했던 영향도 있지만, 그와 동시에 상술한 취업구조의 지역적 차이에 기인하는 부분도 간과할 수 없다. 즉 오사카시 북부의 집주 지구는 중간 규모 공장의 직공에 의해서 존립하였고, 오사카항만에 인접하는 지역에서는 직공 이외의 노동자가 다수를 차지하고 있었기 때문에, 애초에 자영업자층으로 참가할 기회가 한정되어 있었다고 생각된다.

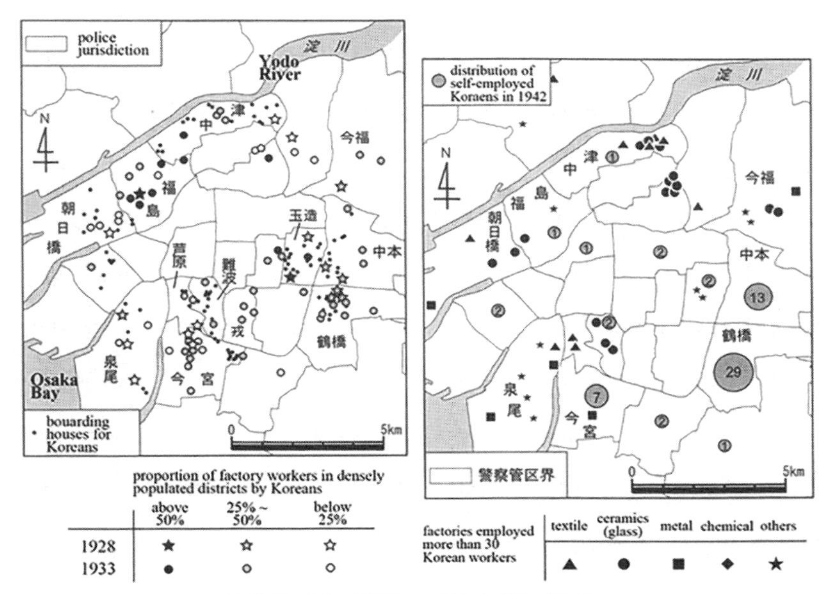

〈그림 6〉 재일조선인의 노동하숙과 밀주 지구 분포
출처 : 大阪市社会部, 「本市に於ける朝鮮人の生活概況」, 1929;
大阪府警察部, 「朝鮮人ニ関スル統計表」, 1934;
大阪市社会部, 『日傭労働者問題』, 弘文堂, 1924.
〈그림 7〉 조선인 공장노동자의 취업시설과 자영업자 분포
출처 : 朝鮮総督府, 『阪神・京阪地方の朝鮮人労働者』, 1924;
大阪中央電話局 編, 『大阪市電話番号簿一覧』, 1943.

다만, 일부에서 사회 계층 상승의 조짐이 있었다고는 하지만, 불가역적으로 정주의 정도가 높아진 것은 아니라는 데 주의하고 싶다. 무슨 뜻이냐면, 제2차 세계대전 전의 일본과 조선 간 인구 이동에 관해서는 일

본 내지로의 일방적인 것이 아니라 계절에 따라 이동·왕복하는 자도 상당수 있었고, 이 시점에서 이미 두 지역에 걸친 월경적인 생활권이 형성되어 있었기 때문이다外村, 2004 : 166. 전시에 징용 노동자가 급증하는 가운데 1944년 무렵부터 조선인 수가 다소 감소하였다. 이는 소개疏開 등을 목적으로 한 귀향에서 유래한 것으로, 전후 정치 체제하에서도 두 지역의 유대가 유지되는 배경이 되기도 하였다.

이상의 특징을 가진 집주 지구에서는 종종 조선반도 유래의 생활양식을 볼 수 있었으며, 조선인을 위한 물자를 취급하는 점포가 즐비한 '조선 시장'도 볼 수 있었다. 가장 집중도가 높았던 오사카시 동부의 이카이노猪飼野, 현재의 이쿠노구와 인접한 히가시나리구(東成区)의 일부는 특히 활황을 보여 현재의 이쿠노구 코리아타운의 기반이 되기도 하였다. 전전의 동화·황민화 정책 속에서 여전히 출신지의 언어·풍습을 유지하는 자도 많았으며, 그러한 사람들의 생활상의 요구를 충족시키는 데도 이러한 상업 시설은 중요한 역할을 하고 있었다.

그러나 다른 생활양식이 가시화되는 집주 지구는, 때때로 부정적인 시선이 향하는 장소이기도 하였다. 집주 지구는 행정의 사회 정책의 맹아 속에서 수많은 사회 조사의 대상이 되었다. 그곳에서는 근대적 시민성에서 뒤처져있는 개선해야 할 생활양식, 또는 경우에 따라서는 사회 병리가 발견되었다. 게다가 스기하라杉原, 1998가 지적했듯이, 집주 지구를 향한 이러한 시선은 그들이 출향해 온 지역의 후진성과 결부되어 제국주의적인 판도 속에서 그 교화를 주장하는 언설과도 결부되었다. 바꾸어 말하면, 재일조선인 집주 지구는 단순히 근대 도시 공간의 한 요소로서 존립하고 있었던 것이 아니라 호스트 사회의 인식에 있어서 그곳은 타지로서의 식민지와도 연결되어 있었음을 알 수 있다. 서두에서도 말했듯이 여기에는 도시와 이동이라고 하는 2개의 모멘트의 결합이 현저하게 나타나고 있다고 말할 수 있을 것이다.

2) 종전 후 집주 지구의 잔존

종전 당시 오사카시에는 약 23만 전후의 재일조선인이 거주하고 있었던 것으로 추산된다. 종전 후 재일조선인 사이에서 조선반도로의 귀국 열기가 높아져 귀환이 성행한 결과, 오사카는 물론 일본의 조선인 인구는 격감했다〈그림 3〉. 그렇다면 잔류한 재일조선인 수는 어느 정도였을까.

1946년 3월 귀환 희망 조사[4] 및 1947년 10월의 외국인 등록령에 의한 등록자 수[5]에서는 오사카부의 재일조선인 인원이 약 10만 명이라고 하였다. 1946년 봄이 되었을 무렵 귀환의 움직임이 다소 안정되었고 식량난에 수반한 도시 전입 제한 정책이 1946년 초부터 약 2년 반 실시되었기 때문에 1949년 초까지는 거의 이 수치를 유지했다고 볼 수 있다. 1947년 10월 임시 국세조사에는 구별 데이터가 있어서 그 수를 비교적 정확하게 알 수 있는데, 이에 따르면 오사카부의 조선인 합계는 93,458명이다.[6]

이 시기의 재일조선인의 분포〈그림 8〉는 전전의 그것으로부터 크게 변

---

4 厚生省社会局, 「朝鮮人, 中華民国人, 台湾省民及本籍ヲ北緯三十度以南(ロノ島ヲ含ム)鹿児島県又ハ沖縄県ニ有スル者登録集計(昭和二十一年三月十八日実施)」, 発行年不明.

5 GHQ / SCAP, "From Headquarters, Osaka Military Government. To Commanding General, I Corps. Subject : Registration of Foreign Nationals", 1947.9.12, 마이크로필름 넘버 GS(B)01609, 立命館大学人文科学研究所所蔵.

6 임시 국세조사에서 오사카시 재일조선인 수는 58,340명으로 되어 있다. 1948~1949년 경찰통계에서 약 63,000~65,000명으로 추산되고 있는 것에서 보면, 이 통계는 신뢰성이 높다고 할 수 있다.

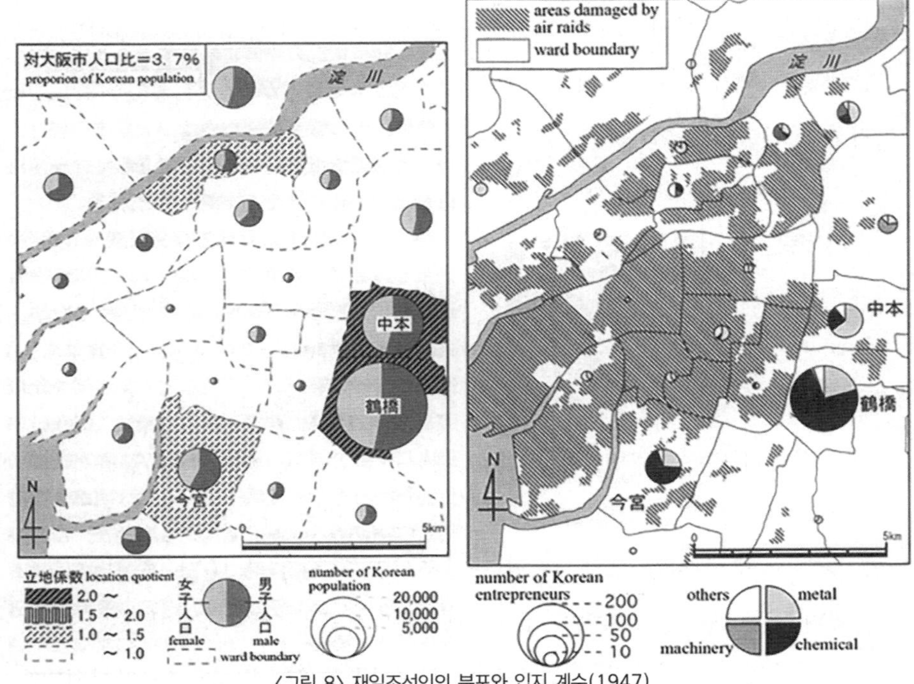

〈그림 8〉 재일조선인의 분포와 입지 계수(1947)
출처 : 1947年 臨時国勢調査.
〈그림 9〉 공습 피해 상황과 조선인 자영업자의 분포
출처 : 日本地図株式会社 編,『大阪市街図一戦災焼失区域表示』, 日本地図, 1946;
在日朝鮮人連盟大阪本部勤労斡旋所,『在大阪朝鮮人各種事業所名簿』, 1948.

화하고 있다. 오사카시 동남부에서는 절대수는 다소 감소했지만, 여전히 4만 명 가까운 조선인 인구가 거주하고 있고 입지 계수도 명확하게 드러난다. 이에 비해 대규모 조선인 인구가 편재되어 있던 요도가와 남쪽지역이나 오사카만 연안에서는 재일조선인 인원이 격감하고 있었다. 따라서 계속 명료한 편재를 확인할 수 있는 곳은 오사카시 동남부와 오사카시 서남부 이 두 곳에 그쳤다.

이처럼 지역에 따라서 다른 결과가 생겨난 요인은 무엇일까. 종전은 재일조선인에게 있어서 '해방'이었다. 종전 직후 그들의 대부분이 연락선이 출항하는 항구로 쇄도했다出水, 1993. 오사카시에서도 이들의 귀국 열기는 대단하여, 다른 도시와 마찬가지로 대부분의 조선인들이 귀국을 희망하고 있었다.[7] 게다가 공습으로 인한 생활 기반 상실로 조선으로 귀환할 수밖에 없는 상황이기도 하였다. 오사카시의 공습 피해 상황을 보면, 특히 오사카시 중심부와 만안부에 피해가 집중되어 있으며〈그림 9〉, 재일조선인 수가 일제히 감소한 지역과 맞물린다. 따라서 공습 피해지역에서는 생활 기반 상실로 귀국 열기가 뜨거워진 것은 상상하기 어렵지 않다.

그렇다면 잔류를 선택한 재일조선인은 어떤 상황에 놓였는가. 종전으로부터 약 8개월 사이에 합법·비합법적으로 조선으로 귀환한 사람들은 약 130만 명을 헤아렸다. 그러나 조선의 심각한 경제적 혼란이 계속 전해지고, 점령 정부에 의한 반출 화물250파운드·화폐1,000엔의 제한 때문에 귀환자는 급감하였다Wagner, 1975. 특히 이 '반출 제한' 정책은 재일코리안의 귀국을 저해하는 큰 요인이 되었다Wagner, 1975; 金, 1997. 왜냐하면 일본에서 자본을 모으고 있던 사람들에게 있어서 일본에 자산을 남겨 놓고 경제 상황이 불안정한 조선으로 귀국하는 것은 모든 것을 잃는 것과 다름없었기 때문이다. '반출 제한'의 영향을 가장 많이 받은 자들은, 오사카시의 경우 (영세 규모이면서도) 자영업자로서 사회적 지위를 향상시켜 나가면서 상대적으로 안정된 생활 기반을 구축한 사람들이었다.

1948년 오사카시의 공업 부문 자영업자 분포를 보면 쓰루하시鶴橋, 현재의 이쿠노구에는 200명이 넘는 자영업자가 존재하였고, 그 대부분이 고

7 앞서 언급한 후생성 사회국의 조사에 의하면, 오사카부의 재일조선인의 약 8할이 귀국을 희망하고 있다.

무를 중심으로 하는 화학 공업이었다〈그림9〉. 또 나카모토東成区 中本나 이마미야西成区 今宮에도 100명에 가까운 자영업자가 있었다. 〈그림 8〉과 〈그림 9〉를 비교하면, ① 공습의 피해가 적은 지역, ② 재일조선인 자영업자가 많은 지역, ③ 재일조선인 집주지가 잔존한 지역 이 세 곳에는 명료한 공간적 대응을 엿볼 수 있다. 조선인 인구 편재의 존속과 소멸은, 물론 자영업자의 존재만으로 완전히 설명할 수 있는 것은 아니다. 그렇지만 일정한 자산을 가지고 정주성을 높이고 있던 사람들의 공간적인 집중이, 전쟁기에서 점령기의 거주 분포 형태를 변화시킨 가장 중요한 요인의 하나인 것은 의심할 수 없다. 단, 특히 오사카시 동부의 현재 코리아타운이 위치한 집주 지구가 그 후 어떻게 잔존해 왔는지, 또 그곳에서의 생활 문화나 에스니시티가 어떤 특성을 가지고 있는가는 전후의 사회경제 상황 및 동아시아의 지정학적 상황을 바탕으로 검토할 필요가 있다.

3. 제2차 세계대전 후의 집주 지구

1) 1970년대까지

재일조선인의 사회 편성에 대해서 말하자면, 전전에도 협화회 등 관제 단체의 통제를 받으면서 문화적 동화의 압력에 노출되거나 반대로 민족주의운동이나 노동운동에 의한 집단편성(과 그 탄압)도 시도되었지만, 반드시 커뮤니티 성원이 혈연·지연을 초월한 명확한 에스니시티를

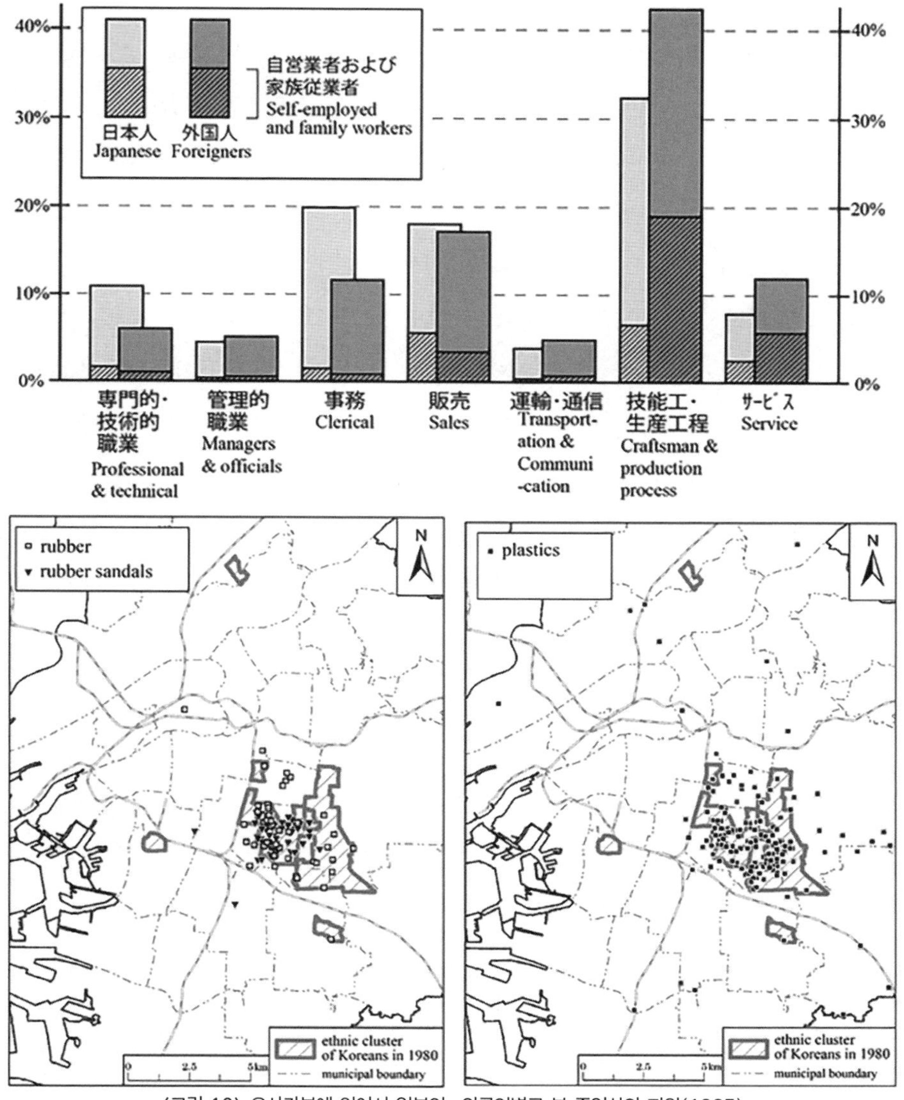

〈그림 10〉 오사카부에 있어서 일본인 · 외국인별로 본 종업상의 지위(1985)

출처: 国勢調査

〈그림 11〉 제조업에 있어서의 재일조선인 사업소 분포(1980)

출처: 『在日韓国人名録』. 統一日報社, 1981.

의식하고 있었다고는 할 수 없다. 그러나 제2차 세계대전 후의 재일코리안의 사회·경제 생활 및 에스니시티에 있어서 국적 박탈에 수반하는 '외국인'화와[8] 조선반도의 정치 정세는 결정적인 영향을 미쳤다.

'외국인'화에 의한 직접적인 결과는 공적인 사회보장제도로부터의 배제나 도시 정책의 부재라고 하는 형태로 나타났다. 특히 집주 지구는 전전의 사회 개량적앞에서 서술한 바와 같이 거기에 식민지주의적인 시선이 병존하고 있었던 것은 의심할 수 없지만인 도시 정책의 대상이었지만, '외국인'화됨으로써 정책적인 관심도 상실되었다. 그 결과 공적인 생활 서포트가 부족한 가운데, 민족단체가 노동력 재생산을 위한 생활 기반 제공을 대체하는 기능을 담당한 것이다. 다만, 조선반도에 수립된 어느 국가를 지지하느냐에 따라 한국민단과 조선총련과의 대립 관계는 격화되었고, 지지자 획득을 둘러싼 다툼은, 예를 들어 금융기관원래 자구적인 역할로서 기능하고 있던의 예금 획득에까지 미치고 있었다한, 2010 : 279.

예를 들어 1965년 한일기본조약 체결 전후 영주권 취득이 가능해진 한국 국적으로의 전환을 둘러싸고 분쟁이 표면화되면서 이카이노의 조선 시장에서는 남북 각각을 지지하는 현수막이 내걸렸다金, 2003. 이외에 1970년대에 들어서도 문세광사건 때 쌍방의 민족 단체가 서로를 규탄하는 간판을 설치하는 등 집주 지구의 일상적인 생활 풍경 속에까지 양자의 대립이 새겨져 있었다. 이를 통해 당시 재일코리안의 에스니시티가 조선반도 본국과의 불가분한 관계하에 구축되어 왔음을 알 수 있다.

---

8 1952년 샌프란시스코 평화조약 체결에 앞서, 법무성 통달에 의해 일본에 재주하는 구 식민지 출신자(그 대부분은 조선반도, 타이완에서 온 이주자)는 그때까지 보유하고 있던 일본국적을 삭탈 당했다.

〈표 1〉 업종별 · 본적지별로 본 재일조선인 사업소의 구성 비율(1980)

업종		서울 (30)	부산 (52)	충남 (35)	전남 (216)	경북 (319)	경남 (378)	제주도 (768)	제주도(내역)		
									제주시 (211)	북제주군 (293)	남제주군 (264)
대분류	건설업	6.7	12.5	**14.3°**	11.6	**16.8°**	**15.6°**	2.1	1.9	2.0	2.3
	제조업	30.0	51.9	40.0	45.4	43.6	46.7	68.4	66.8	67.1	71.2
	도매 · 소매업	16.7	13.5	14.3	18.1	17.3	14.4	8.3	8.1	8.4	8.3
	금융 · 보험업	-	**1.9°**	-	**1.9°**	1.3	1.3	0.7	1.4	0.3	0.4
	부동산업	**10.0°**	3.8	**8.6°**	4.6	4.1	4.2	4.0	3.8	4.1	4.2
	숙박 · 음식업	-	9.6	5.7	10.2	6.6	6.6	7.4	7.6	8.2	5.9
	생활 서비스업	**20.0°**	1.9	5.7	3.2	4.6	**6.5°**	3.2	2.7	3.2	3.8
	기타	16.7	4.8	11.4	5.1	5.7	4.6	6.0	5.1	6.3	6.6
중소분류 제조업	섬유	-	**9.6°**	8.6	2.8	4.4	3.8	8.7	5.7	**12.3°**	7.6
	플라스틱	3.3	11.5	11.4	9.3	8.2	9.7	14.9	**20.3°**	11.6	12.8
	고무	3.3	1.9	**8.6°**	1.9	3.4	3.8	1.9	2.5	1.7	1.4
	신발	-	5.8	-	3.2	1.3	0.8	**8.6°**	**10.2°**	**8.2°**	**7.1°**
	피혁	-	-	2.9	5.1	3.1	4.0	5.6	4.2	**7.5°**	4.7
	금속	6.7	3.8	2.9	11.1	11.9	12.7	11.5	10.6	8.9	16.1
	기타	16.7	19.2	5.7	12.0	11.3	11.9	17.3	17.1	16.9	17.8
도매 · 소매업	금속재료사	6.7	9.6	**8.6°**	**10.2°**	7.6	8.7	1.8	1.7	1.7	1.9
	기타	10.0	3.8	5.7	7.9	9.7	5.7	6.5	6.2	6.7	6.6
생활 서비스업	유기장(遊技場)	**13.3°**	-	2.9	0.9	3.3	**4.8°**	1.7	2.1	1.5	1.4
	기타	**6.7°**	1.9	**2.9°**	2.3	1.4	1.7	1.5	2.4	1.7	0.6
합계		100.0	100.0	100.0	100.0	100.0	100.0	100.0	100.0	100.0	100.0

* '○'는 특화 계수 1.5 이상, '-'는 0건을 표시함.
** 30건 이상의 특별 시 · 도 · 군만 다루고 있음. 표 앞의 특별 시 · 도 · 군 명칭에 부수되는 수치는 건수를 나타냄.
***산업 중분류 · 소분류에 기초한 집계의 '고무'에는 '신발'을 포함하지 않음.
출처 : 『在日韓国人名録』, 統一日報社, 1981.

바꿔 말하면 여기에는 모종의 원격지 내셔널리즘이 결부되어 있었다.

물론 재일코리안의 일상생활에 있어서 전전부터 계속되는 지연·혈연은 중요했고, 공업을 중심으로 하는 자영업자층에 있어서 동향 관계는 노동력 확보나 공정 간 분업의 면에서 중요한 역할을 하고 있었다. 얼마나 공업 자영업자층이 많았는지는 몇 가지 통계에서도 확인할 수 있다. 다소 시대는 떨어지지만, 1985년의 국세조사에 근거한 오사카부의 데이터에서는 외국인이 통계에서는 93.1%가 '한국·조선' 국적자 취업자 중 사업주·가족 종업원이 차지하는 비율은 38.6%로, 일본인의 19.4%의 실로 2배 가까운 비율을 점하고 있다. 이것을 업종별로 보면, '기능공·생산공정'과 '서비스'에 있어서 그 차이가 크며〈그림 10〉, 특히 전자에서는 일본인의 22.8%에 비해 47.7%로 반수 가까이 상회한다.

이러한 특징이 생겨난 배경으로서 ,'외국인'화에 수반하는 제도적인 배제 그리고 취직상의 차별이 존재했음은 의심의 여지가 없다. 공무뿐만 아니라 화이트칼라층을 중심으로 하는 일본 대기업으로의 문호가 닫혀 있었다. 그와 동시에 배제·차별이라고 하는 불리한 상황에서 한정된 사회경제적 지위의 상승 기회로서 공업을 중심으로 하는 자영업자를 선택한 부분도 있었다. 이러한 사회경제적 특성은 집주 지구의 존속 내지 유지에 있어서 아래와 같이 세 가지 점에서 밀접하게 관련되어 있다.

첫째, 공업 부문의 자영업자들은 대부분 집주 지구에 집중하여 입지하고 있었던 점을 들 수 있다〈그림 11〉. 예를 들어 업종별로 봤을 때 그 수가 많은 고무·신발·플라스틱에 관해서는 오사카시 이쿠노구 및 그 인접지역의 집주 지구에 많이 분포하고 있다. 배경으로는 후술하는 사회적 네트워크에 더해, 이들 업종은 공정 간 분업과 사업소끼리의 네트워크가 발달하였고, 소자본으로 창업이 가능하다는 경제 지리적 요인을 들 수 있다. 즉, 개별 공정에 특화한 기술의 축적과 각 공정마다 부품의 높은 교환 빈도가 사업소의 공간적인 집중의 요건이 된 것이다.

둘째, 이러한 공정 간 네트워크에 가세해 노동자 채용과 자금 조달 면에서 에스닉 네트워크의 기여가 컸던 것도 간과할 수 없다. 〈표 1〉은 『재일한국인명록』1981을 기초로 오사카시의 재일코리안 사업자의 업종을 본적지별로 집계한 것이다. 〈표 1〉 내에서 굵게 나타낸 것은 본적지별 집계에서 특화 계수가 1.5를 넘는 셀이며, 재일코리안 중에서도 다른 곳에 비해 특정지역 출신자가 편재하고 있는 업종으로 판단된다. 대분류 카테고리에 주목하면, 건설업에서는 충청남도·경상북도·경상남도가 높은 반면 제주도의 비율은 적다. 반면 제조업의 경우 특화 계수 1.5를 넘지 않지만 제주도의 비율이 타지역을 크게 웃돌고 있다. 더욱이 중·소분류별로 업종과 본적의 관계를 보면, 섬유는 부산·북제주군, 플라스틱은 제주시, 신발은 제주도제주시·북제주군·남제주군, 가죽은 북제주군에서 특화 계수가 1.5를 웃도는 등 본적지별로 업종의 편중을 찾을 수 있다. 따라서 단지 재일코리안으로서의 에스니시티 공유뿐만이 아니라, 지연에 근거하는 네트워크를 활용한 취업 기회의 매칭이 존재했을 가능성을 엿볼 수 있다.

덧붙여 특히 제주도와의 연계에 관해 말하면, '밀항'이라는 형태로 전후에도 계속 친족을 매개로한 이동이 나타났으며, 그렇게 이동한 사람들 또한 재일코리안을 주체로 하는 지역 경제를 뒷받침하였다. 여기에 합법 / 비합법이라는 법적인 경계에 근거한 착취가 있었다는 점은 간과할 수 없지만杉原, 2005, 그럼에도 불구하고 전후 동아시아의 냉전 구조 속

〈그림 12〉 1970년대의 미유키모리 상점가(현 이쿠노 코리아타운)
출처 : 『季刊三千里』 18号, 1979.

에서 이동이 제약되는 가운데, 전전에 형성된 월경적인 생활권이 존속하고 있었던 점은 주목된다. 그리고 이러한 역사는 오랫동안 표면적으로 말할 수 없었음을 부언해둔다.

셋째, 이러한 경제적 특성은 집주 지구의 유지라고 하는 측면에도 중요한 기여를 하였다. 1960년대 무렵부터 오사카시 이쿠노구와 그 주변의 집주 지구에서는 재일코리안에 의한 토지 취득이 급속히 진행되어 갔다. 그때의 저당 정보를 보면, 재일코리안들은 민족 금융 기관뿐만 아니라, 일본 은행이나 신용 보증 기관도 많이 이용하고 있었다. 그리고 취득한 토지는 사업 수행 상의 자금 융통을 위한 담보로 활용되어 결과적으로 토지의 유동성이 저하되게 되었다저당 잡힌 상태에서의 토지 매각은 용이하지 않기 때문. 즉, 에스닉 경제를 배경으로 축적된 자본이 토지로 전환되고, 그것이 집주 지구의 존속으로 이어진 것이다福本, 2022.

이상과 같은 사회경제적 특징에 따라 집주 지구는 현재의 형태로 존속해 왔다고 할 수 있다. 그러나 일상 생활면에서의 에스닉한 특징이 지역 내에서 경관과 같은 가시적인 형태로 표출된 예는 드물었다. 예를 들어 1970년대의 미유키모리御幸森상가현재의 코리아타운를 보면〈그림 12〉, 그곳에서 조선반도와 관련된 문화적 특징을 즉시 찾을 수 없음을 알 수 있다. 전전의 '조선 시장'을 계승하는 형태로[9] 전후 직후부터 재일코리안이 경영하는 상점이 집중되어 갔지만, 독특한 식재료를 취급하고 있거나 작게 한글이 병기되어 있다는 것 외에는 일본의 보통 상점가와 차이가 없다. 전후 일본에서 격렬한 차별이 존재함으로써 재일코리안은 그 에스니시티를 공적인 장면에서 잠재화시키고, 제사라고 하는 비일상적인 장면에서 간신히 그 특성을 유지해 왔다飯田, 2002.

2) 1980년대 이후

이 시기를 전후하여 재일코리안 그리고 집주 지구를 둘러싼 여러 가지 변용이 생겨나게 되었다. 재일코리안에 관해서는 일본에서 태어난 제2세대의 성장, 그 역할의 증대와 함께 사회생활의 여러 국면에서의 차별이나, 부정적인 형태로밖에 경험하지 못한 에스니시티의 존재에 대해, 이의를 제기하거나 자신의 아이덴티티 희구를 위한 대처가 진행되었다. 전후 재일코리안의 역사에서는 1974년 히타치日立 취업 차별 재판이 시대적인 사건이었지만, 문화와 관련된 현상은 예를 들어 현재의 코리아타운에서 2세 젊은이들을 중심으로 개최된 '이쿠노 민족문화제'[19]

9 정확하게는 전전의 '조선 시장'은 현재의 코리아타운과 동일한 큰길가가 아니라 조금 떨어진 뒷골목 일대에 입지해 있었다.

82~2002는 그들의 정체성을 파악하는 데 가장 적합한 사례로 주목된다.

리Lee, 2001나 이나즈稲津, 2006가 지적하고 있는 것처럼, 이 이벤트는 조선반도 유래의 풍물놀이로 대표되는 민속 문화 공연을 통해 스스로의 문화적 뿌리를 공적인 장면으로 표출하는 것을 목적으로 하고 있었다. 그 과정에서 한국 유학 경험자나 한국 관련 전문가를 초빙해 연기 지도 등을 바라기도 했지만, 한국을 오리지널로 하는 '진정성'을 주장하는 초빙자에 대해, 운영자나 참가자들은 오히려 자신들의 즐거움이나 참가의 의의를 강조하는 방향으로 전환해 갔다. 여기에는 앞 절에서 말한 것처럼 국가와 결부된 '민족'[10]이 아니라, 퍼포먼스에 '재일'로서의 에스니시티를 구축하려는 자세를 엿볼 수 있다.

다만 당초 이벤트를 개최할 때 소학교운동장을 사용한 점에 대해 일부 일본인 주민으로부터 클레임이 제기되는 등, 이곳이 재일코리안의 집주 지구인 점은 널리 인지되고 있지만, 에스니시티의 표출에 대해서는 여전히 부정적인 시선이 있었다. 이는 일본인뿐만 아니라 재일코리안에게도 마찬가지로 해당되는 부분이었다. 저명한 시인 김시종이 '이카이노라고 하면 남녀를 불문하고 벗어나고 싶은 장소의 상징이었다'金·細見, 2012 : 175라고 토로하듯이, 특히 자영업 등으로 경제적으로 성공한 계층이나 그럭저럭 사회경제적 상승을 달성한 2·3세는 점차 집주 지구에서 전출하였다. 그 결과 매상 감소에 직면한 미유키모리 상가3개의 상점회로 구성에서는, 고객을 모으는 기폭제로서 1980년대 초 '코리아타운 구

10 원래 일본어의 '민족'은 'nation'의 번역어이기도 하고, 일본 국내 소수민족보다도 (국가를 전제로 한) 문화집단을 지칭할 때 널리 이용되어 왔다. 이 점은 특히 일본에서 본래 에스닉 집단에 상당하는 '민족'이 국가와 표리일체의 것이라고 하는 인식의 정착에 기여해 왔다고 생각된다.

상'을 검토하게 되었다.

그런데 이 시도가 신문에 보도되자마자 현지의 일본인으로부터 '여기를 조선인의 거리로 만들 생각인가'라는 반발의 소리가 나오는 등高, 2011 : 338, 상술한 공적인 장면에서의 에스니시티 현시現示는 변함없이 곤란한 상태였다. 얼마 후 서울 올림픽 개최1988를 계기로 구상이 현실화될 때도 비교적 거주 경력이 짧은 점주가 많은 상점회가 '코리아타운'의 명칭 사용을 포함한 적극적인 대처를 강구한 반면, 오랫동안 장사를 해 온 재일코리안이 많은 상점회에서는 경관 정비에는 동의하지만 그 명칭의 채택에는 이르지 못했다대체안으로 '코리아로드'라는 명칭을 사용하자는 의견이 있었으며, 일본인 경영자가 다수를 차지하는 상인회는 이에 참가하지도 않았다. 이와 같이 코리아타운의 창설은 고객 감소에 직면하여 에스닉 문화에 호소하려고 한다는 단순한 도식으로 이해할 수 있는 것은 아니다. 전술한 민족 단체를 중심으로 하는 정치적 대립, 에스니시티의 잠재화, 일본인을 포함한 지역 사회의 집주 지구에 대한 이미지 등 지역에서 축적되어 온 역사가 깊이 관여하고 있으며, 그 일부는 글로컬한 특질을 가지고 있었다는 점을 염두에 둘 필요가 있다.

4. 코리아타운 창설 이후

1) '공생'이라는 가치

1995년 불안감을 품은 채 출발한 이쿠노 코리아타운이었지만,[11] 미디어에서 빈번하게 다룸으로써 원래 현지 고객을 중심으로 한 상점가라는 성격을 서서히 변용시켜 갔다. 특히 2003~2004년 제1차 한류 열풍[12] 때, 지금까지 상점가에는 없었던 드라마 콘텐츠나 관련 상품을 취급하는 가게가 등장하고 지역 외에서 온 고객이 급속히 증가하게 된다. 이러한 관광을 의식한 에스닉 문화의 강조는, 예를 들어 2000년대에 상점가 주도로 개최된 '좋아요! 코리아타운 상생 축제' 등에서도 볼 수 있었다. 거기서 선보인 풍물놀이는 인근 민족학교 학생들이 연기한 것이라고는 하지만 관광객들에게 보여주는 콘텐츠로서, 나아가 코리아타운의 에스닉한 특징을 두드러지게 하는 기능도 하고 있었다.

이 이벤트의 타이틀에도 있는 것처럼 2000년대 이후 '다문화 공생'이라는 용어가 이쿠노 코리아타운에 부수되는 키워드로서 전경화前景化하게 된다.[13] 예를 들면 이쿠노구 내의 어떤 NPO에서는 '공생', '인권' 학습의 일환으로서 수학여행 학생들을 대상으로 한 코리아타운 필드워크나 문화 체험 사업을 운영하고 있는 것 외에, 이쿠노구 행정기관에서도 2018년부터 마을 만들기의 일환으로 '다문화 공생'을 내세우게 되었다. 이러한 대처의 배경에 코리아타운으로 대표되는 한국 문화와 연결된 지역 이미지가 있음은 말할 필요도 없다.

흥미로운 것은, 같은 시기에, 이 지역과 고대 조선반도와의 관계사를 파헤치는 움직임도 일어났다는 것이다. 그 전형적인 예가 코리아타운 내

---

11 도로정비에 관해서는 상점가 활성화를 위한 행정의 보조금도 활용되었다.

12 〈겨울연가〉로 대표되는 드라마, 영화가 인기를 모았던 2003~2004년이 '제1차', 동방신기나 소녀시대로 대표되는 K-POP이 젊은 층을 중심으로 수용되어 인기를 얻은 2010년 무렵이 '제2차', 글로벌하게 활동하는 K-POP 아티스트의 팬덤 형성이 진행된 2015년 이후가 '제3차'에 해당한다. 한편 '코로나19'의 유행하에서 많은 시청자를 획득한 〈사랑의 불시착〉 등 동영상서비스에 기반한 붐을 '제4차'로 분류하는 경우도 있다.

13 일본에서는 1995년 한신(阪神)대지진에서의 외국인 이재민에 대한 지원을 계기로, 다른 문화집단의 공존·협력 관계를 희망하는 형태를 가리키는 용어로서 '다문화 공생'이 급속하게 침투되었다.

에 위치한 미유키모리 신사〈그림 14〉에서 후술에 설치된 ‘왕인王仁 박사 노래비’이다 〈그림 13〉.[14] 원래 이카이노라는 지명 자체가 고대에 멧돼지를 기른 도래인의 직업 집단인 ‘이카이베猪飼部’에서 유래한다. 2000년대 중반 이쿠노구의 향토사가들이 중심이 되어 일본과 조선반도 두 지역의 교류사를 체현하는 것으로서 노래비 건립이 기획되었고, 코리아타운의 상점주들도 지원하는 형태로 2009년에 완성되었다. 상술한 필드워크 사업에는 이 노래비도 루트에 포함되어 있어 근대 이후에 대한 것뿐만 아니라 고대까지 거슬러 올라가는 재일코리안의 역사를 환기시켜 준다. 즉, 현대와는 직접적인 관련성이 희박한 글로컬한 역사 또한, 여기서 말하는 ‘공생’을 체현하는 요소로서 파악되고 있는 것이다.

〈그림 13〉 왕인 박사 노래비
출처 : 필자 직접 촬영

다만, 코리아타운의 ‘공생’으로서의 가치가 거론될 때, 과거 이 지역의 역사가 전부 받아들여지는 것은 아니다. 이 점과 관련하여 코리아타운이 언급된 신문 기사를 분석한 야기八木, 2023는 ‘공생’과 함께 한국이

14 왕인 박사는 『고사기』, 『일본서기』에서 백제에서 도래하여 일본에 논어를 전한 인물로 기재되어 있다. 이 노래비에는 왕인이 읊었다고 전승되는 와카(和歌) 「難波津に 咲くやこの花 冬籠り 今は春べと咲くやこの花」이 만요가나(万葉仮名) · 가나 · 한글로 새겨져 있다. 한글 문자는 에도시대에 조선통신사를 대접했던 대마도번의 통사(通詞)에 의해 만들어진 것이다.

나 북조선의 정치 정세가 연관되는 패턴을 발견하였다. 특히 북조선에 대해서는 납치 문제나 미사일 실험을 둘러싸고 일본 국내에서도 격렬한 비난이 있었고, 조선학교 아동 등에게 적의가 향하는 사태도 발생하였다. 조선반도의 정치 정세를 둘러싼 일본 국내의 악감정에 대해 상점주들도 민감할 수밖에 없는 부분이 있다. 그 이유는 거기에는 일본인으로부터의 차별적인 시선뿐만 아니라 1970년대에 걸친 민족 단체의 대립도 관련되어 있기 때문이다. 실제로 '왕인 박사 노래비'를 건립할 때, 이것이 설치된 신사의 씨자氏子 총대로부터 완전한 반대는 아니지만 '현재 조선반도에서의 남북문제를 반입하지 말 것'을 요청받았다고 한다왕인 박사 노래비 건립위원회 편, 2011. '공생'이 강조되는 가운데, 여전히 정치적 위상의 기억이 잠재하고 있는 점은 간과할 수 없다.

2) 제3차 한류 붐 이후

이쿠노 코리아타운에서는 이미 제1차, 제2차 한류 붐 시기에, 일본에서 유행한 한국의 대중 문화와 관련한 점포가 들어섰다. 그러나 한편으로 후계 부족이나 매상 감소 등으로 폐점하는 점포도 있었기에, 지역 외에서 방문한 고객이 증가했다고는 해도 빈 점포가 여기저기서 조금씩 보였다. 그러나 이 상황은 2015년 무렵부터 시작된 K-POP이나 한국 화장품의 유행으로 인해 일변하게 되었다. 즉, 젊은 일본인 여성이 이곳을 대거 방문함으로써 주말에는 똑바로 걷는 것조차 곤란할 정도로 활황을 띠게 된 것이다.

필자는 2020년의 코리아타운 및 그 주변부에서 에스닉한 식재료·요리·상품을 취급하는 점포를 조사해 주택 지도에서 그 변천을 지도화하

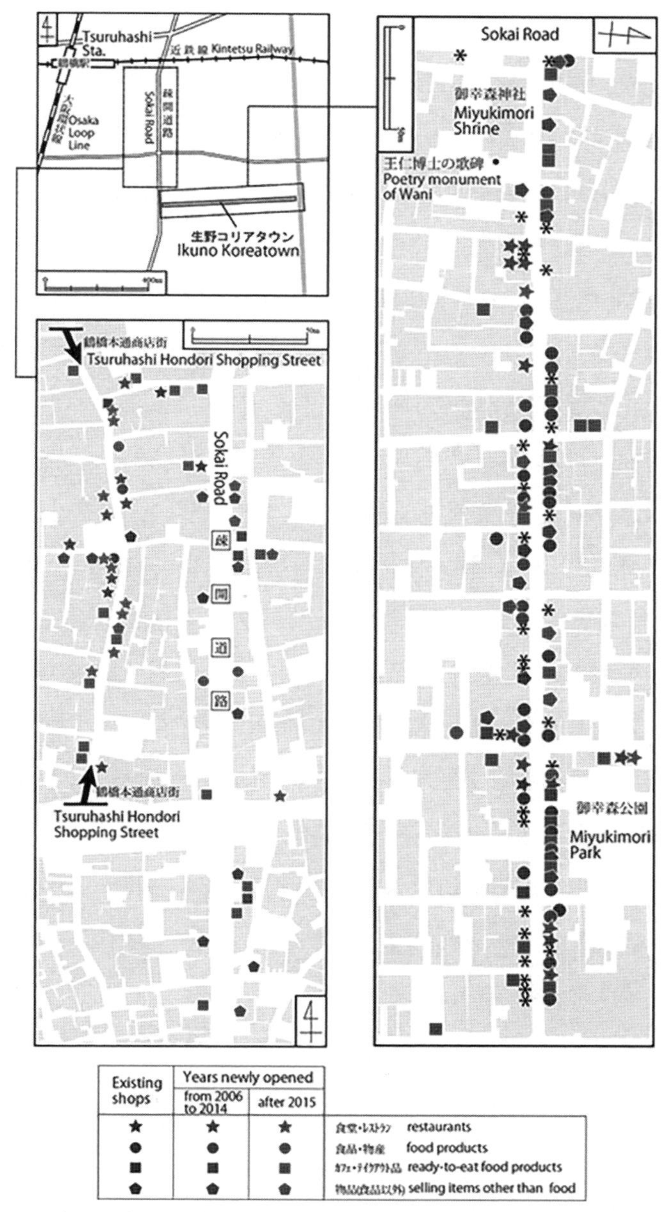

〈그림 14〉 이쿠노 코리아타운과 그 주변부의 에스닉한 물건과 서비스를 취급하는 점포의 분포
출처 : 福本, 2022 : 194~195를 일부 변경

였다〈그림 14〉. 또한 이미 2006년 시점에서 김치 등 전통적인 식재료를 취급하는 새로운 점포가 상당수 보이는 점도 부기하고 싶다. 즉, 제1차 한류 붐의 시작을 전후하여, 에스닉한 식문화를 이용해 이윤을 얻으려고 한 재일코리안 외의 사람들이 증가하고 있었던 것이다.

2000년대 이후 생겨난 점포의 구성상 특징으로서 K-POP 관련 상품이나 화장품을 취급하는 점포 외에 호떡, 핫도그, 양념치킨 등의 가벼운 식사류나 음료를 취급하는 카페의 증가를 지적할 수 있다. 대부분의 관광객들이 SNS에서 화제가 된 점포에 줄을 서거나, 먹으며 걸어 다니는 모습이 코리아타운 곳곳에서 눈에 띈다. 다만 원래는 현지인들이 주로 이용하던 상점가였기 때문에 앉아서 식사를 하는 공간이 한정되어 있어, 신사의 계단이나 공공시설 앞에서 주저앉아 있는 모습을 볼 수 있는 것 외에, 대량으로 발생하는 쓰레기 문제 등도 생겨나고 있다. 덧붙여 〈그림 14〉에서 볼 수 있듯이, 코리아타운의 외부소카이 도로(疎開道路), 쓰루하시 혼도오리(本通) 상점가에까지 점포가 진출하여, 이들 지역에서는 지가의 상승도 발생하고 있다. 혼잡과 아울러 이른바 투어리즘 젠트리피케이션이라고 불리는 상황에 해당한다고 할 수 있다. 또 젊은 일본인 여성은 저렴하고 팝pop적인 상품을 선호하고 있기 때문에 기존 상점의 매상이 크게 상승하고 있는 것은 아니다.

마찬가지로 번성하고 있는 도쿄·신오쿠보新大久保의 코리아타운과 마찬가지로, 이러한 붐의 배경에는 제2차 한류 붐에서도 볼 수 있었던 것처럼, 일본 국내에서의 한국 문화의 인기뿐만 아니라, K-POP 아이돌의 세계적인 유행의 영향을 받고 있다. K-POP은 미국의 선진적인 팝사운드를 도입하면서 세련된 춤을 동반하고, 그것이 유튜브YouTube와 같은 동영상 공유 사이트를 통해서 세계적으로 저렴하면서도 순식간에 소비되어 인기를 얻고 있다金, 2018. 미국 뉴욕에서도 한국인 이민의 집주 지구에 K-POP 관련 상품을 취급하는 점포가 증가하고 있듯이Kim, 2018, 글로벌한 문화 유통에 따른 로컬 소비 환경의 변화가 일본 이외에서도 나타나고 있다. 그러한 의미에서, 지금까지와는 질적으로 다른 글로컬한 문화의 다이내믹스가, 이쿠노 코리아타운의 역사의 축적 위에서 폭주하고 있는 상황이 발생하고 있다고 할 수 있다.

여기서의 에스닉문화란, 상품화와 소비를 큰 원동력으로, SNS와 같은 새로운 플랫폼 아래에서 상품 제공자와 소비자가 (의식하지 않고) 퍼포먼스performative를 구축하고, 미디어를 통해서 보다 강고한 이미지로 정착해 가는 성질의 것이다. 또, 현재로서는 그 수가 적다고 해도 K-POP 팬이 모이는 점포를 일본인 팬 스스로 개업하는 사례를 볼 수 있는 것도 흥미롭다. 현재 K-POP에서, 일부 그룹에서 멤버의 다국적화가 진행되고 있는 것처럼, 로컬적인 장면에서도 에스니시티의 사회적 경계의 동요가 발생하고 있는 것도 주목된다.

이상에 보여준 근년의 동향은, 점포의 구성이나 고객층이라는 부분뿐만이 아니라, 집주 지구를 특징짓는 에스닉 문화의 존재 그 자체가 변용하고 있는 것을 나타낸다. 다만 새로운 변화에 대해, 기존의 상점회 측은 수동적인 것만은 아니다. 먹으면서 돌아다닐 수 있는 메뉴를 새롭게 제공하거나 혹은 먹고 갈 수 있는 장소를 마련하는 등 적극적인 대응을 취하는 상점주도 있다. 상점회로서도, 고객 증가에 의한 번영의 창출에는 호의적이며, 인프라 정비나 '인스타용' 스폿spot의 설치 등 여러 문제에의 대응을 통해서 매력 향상에 임하고 있다는 것도 덧붙이고 싶다.[15]

5. 나가며

글로벌리제이션의 영향력의 크기 때문에, 그것과 로컬과의 관계는 종종 현대적인 사상으로 간주되기 쉽다. 그러나 이쿠노 코리아타운의 사례에서는, 다양한 글로컬 층이 쌓이고, 그것이 나중의 글로컬한 동향과 복잡하게 섞이면서, 역사의 환기나 억제가 부단히 행해졌고, 그러한 프로세스를 통해서 에스닉 문화가 항상 재구축되어 가는 양상을 확인할 수 있다. 특히 이 글에서는 20세기 이후 동아시아의 국제 관계와 그 안에서의 인구 이동의 전개가 집주 지구의 문화적 역동성과 불가분하게 연결되어 왔음을 알 수 있다.

글로벌한 문화 유통과 에스닉 문화의 상품화에 의해 에스니시티의 진정성이나 경계가 점점 더 동요하는 것과 동시에, 특히 동아시아에서는 대중문화를 통한 월경적인 공동성이 생겨나고 있다. 한편, 정치 정세가 양호하지 않은 징후들이 많이 보이는 가운데, 집주 지구에서의 문화적 역동성은 그것에 잠식될 것인가, 혹은 대항할 수 있는 무언가를 만들어 낼 것인가. 이 점과 관련해서는 향후, 동아시아 타 도시와의 비교 연구의 진전이 기대되는 바이다.

---

15 그 일례로서, 2020년에 미유키모리 공원(〈그림 14〉)에 설치된 공공 화장실 창립 경위를 소개하고 싶다. 예전보다 관광객의 희망도 컸지만, 원래 현지 고객을 주된 고객으로 해온 상가의 독자적인 힘으로는 공간이나 자금 면에서 대응이 어려웠고, 특히 제3차 한류 붐 이후에는 최대 현안의 하나가 되고 있었다. 이에 주오사카 한국총영사관이 중개하는 형태로, 한국의 재외동포재단이 자금을 제공하고 오사카시가 공원의 공유를 인정함으로써 겨우 공공 화장실을 설치할 수 있었다. 외관은 한국식 의장으로 공들여 꾸몄다.

참고문헌

飯田剛史, 『在日コリアンの宗教と祭り－民族と宗教の社会学』, 世界思想社, 2002.

出水薫, 「敗戦後の博多港における朝鮮人帰国について－博多引揚援護局「局史」を中心とした検討」, 『法制研究』 60, 1993.

稲津秀樹, 「在日韓国・朝鮮人運動のカルチュラル・ターン－生野民族文化祭における〈民族〉と〈楽しさ〉」, 2006.

金時鐘・細見和之, 「陰画としての大阪」, 『現代思想』 40, 2012.

金石範, 「曺智鉉写真集に寄せて－時代を超えた在日の歴史の証言」, 曺智鉉, 『猪飼野－追憶の1960年代』 9-11, 新幹社, 2003.

金成玟, 『K-POP－新感覚のメディア』, 岩波新書, 2018.

金太基. 『戦後日本政治と在日朝鮮人問題－SCAPの対在日朝鮮人政策1945~1952年』, 勁草書房, 1997.

高賛侑, 上田正昭 監修, 「朝鮮市場からコリアタウンへ」, 猪飼野の歴史と文化を考える会 編, 『ニッポン猪飼野ものがたり』, 批評社, 2011.

杉原達, 『越境する民－近代大阪の朝鮮人史研究』, 新幹社, 1998.

______, 『帝国という経験－指紋押捺を問い直す視座から. 倉沢愛子ほか編『岩波講座アジア・太平洋戦争1 なぜ, いまアジア・太平洋戦争か』 47-86, 岩波書店, 2005.

外村大, 『在日朝鮮人社会の歴史学的研究』, 緑蔭書房, 2004.

西成田豊, 『在日朝鮮人の「世界」と「帝国」国家』, 東京大学出版会, 1997.

ハーヴェイ, D.(吉原直樹監訳), 『ポストモダニティの条件』, 青木書店, 1999.

韓載香, 『「在日企業」の産業経済史－その社会的基盤とダイナミズム』, 名古屋大学出版会, 2010.

福本拓, 『大阪のエスニック・バイタリティー近現代・在日朝鮮人の社会地理』, 京都大学学術出版会, 2022.

八木寛之, 「新聞記事におけるエスニックタウン－大阪・生野コリアタウンの事例から」, 『関西国際大学研究紀要』 24, 2023.

ワグナー, E. W., 外務省アジア局北東アジア課 訳, 『日本における朝鮮少数民族 1904~1950年』, 湖北社, 1975.

王仁博士歌碑建立委員会 編, 『王仁博士「難波津」の歌と猪飼野』, アットワークス, 2011.

Kim, J., "Manhattan's Korea town as a transclave : The emergence of a new ethnic enclave in a global city. City & Community" 17, 2018.

Lee, H. K., "Cultural Performance, Subjectivity and Space : Osaka's Korean Festival. Geo-graphical Review of Japan" 74B, 2001.

중국 대도시의 외국인 집단 거주지 형성 메커니즘

베이징·상하이·광저우 비교 연구

저우원팅·류윈강

이 글은 중국의 대표적 외국인 거주지역 3곳베이징(北京)의 왕징(望京) 한국인 거주지역, 상하이(上海)의 구베이(古北) 일본인 거주지역, 광저우(廣州)의 샤오베이(小北) 아프리카인 거주지역에 대한 실증적 연구를 바탕으로 서로 다른 이민자 집단의 도시 선택 선호도 및 이민 그룹과 도시 간의 상호 작용 관계를 탐색한다. 그 결과 베이징에 거주하는 한국인들은 주로 기업, 무역, 교육지향적이고, 상하이에 거주하는 일본인들은 기업지향적이며, 광저우에 거주하는 아프리카인들은 무역지향적인 것으로 나타났다. 이러한 특징은 이 3개 도시의 기능적 차이를 보여주고 있다. 베이징, 상하이, 광저우의 외국인 집단 거주지는 모두 유사한 거시적 도시제도하에서 형성되었으며, 생산 활동의 글로벌 재편, 국가 간 관계, 국가 시스템 및 외국 관리 정책과 같은 요인이 공동으로 외국인 증가에 영향을 미쳤다. 그러나 도시마다 서로 다른 소프트웨어와 하드웨어 환경 간의 상호 작용과 중국 내 각 외국인 집단의 상이한 정체성에 따라 서로 다른 특성을 지닌 외국인 집단 거주지가 형성되었다. 이것을 각각 결합형結合型, 베이징 왕징, 특구형特區型, 상하이 구베이 및 민족형民族型, 광저우 샤오베이으로 개괄할 수 있다. 이 글에서 중국 도시의 국제화는 이미 투자 유치자본의 국제화와 사람 유치인구의 국제화의 단계로부터 나아가 이제는 새로운 단계에 진입했다고 보았다. 따라서 대도시 외국인 집단 거주지의 관리 및 서비스에 대한 지도와 규범화에 더욱 주의를 기울여 시범적이고 주동적인 역할을 충분히 발휘해야 하며, 향후 중국의 대외개방은 더욱 심도 있고 수준 높게 추진되어야 한다고 주장한다.

1. 들어가며

국경을 넘는 노동력의 이동이 일상화됨에 따라 국경을 넘는 사람들의 흐름은 더 이상 저개발국이나 선진국에서 선진국으로의 이동에만 국한되지 않고, 개발도상국 간 이동과 선진국에서 저개발국으로의 이동도 점차 보편화되고 있다.[1] 유럽, 북미 등의 전통적인 이주 목적지 외에도 동아시아, 남아프리카공화국, 브라질, 인도 등의 새로운 경제 중심지에서도 점점 더 많은 다국적 이민자들이 유입되고 있으며, 중국은 점차 다국적 이민자들의 중요한 목적지 중 하나가 되고 있다. 제7차 인구조사 자료에 따르면, 2020년 중국에 거주하는 외국인 인구는 845,697명으로 10년 전보다 42.4% 증가했다. 기존 연구에 따르면 선진국이든 개발도상국이든 초국적 이민자들은 주로 경제적으로 발전된 대도시에 모인다.[2] 이런

1 Massey DS et al., "Theories of international migration : a review and appraisal", *Population and Development Review* 19(3), 1993, pp.431~466.

현상은 중국에서도 나타나는데, 6차 인구조사 자료에 따르면 상하이, 베이징, 광둥성이 중국 전체 외국인 인구의 각각 24.2%, 15.3%, 12.5%를 차지해 가장 많은 외국인을 수용하고 있다. 국적이나 민족을 특징으로 하는 외국인 정착촌도 많은 도시에 형성되었다.

그러나 도시마다 소프트웨어 및 하드웨어 환경예 : 주택 시장, 경제 및 산업 구조, 기본 공공서비스, 도시 역사 및 문화, 시민의 질 등의 차이로 인해 각 도시는 서로 다른 도전과 압력에 직면하게 된다. 도시의 태도와 반응은 초국적 이민자들의 생존 전략과 일상생활에 영향을 미칠 것이다. 이민자 집단의 생존 전략과 일상생활 관행은 고유한 속성에 따라 달라질 뿐만 아니라, 국가 간 관계, 국가 거시 환경 정책, 다양한 도시 요인 등에 의해 크게 영향을 받는다. 따라서 중국에서의 사례연구에 있어 이 부분에 특별한 주의가 필요하다. 또한 한 국가 내에서도 여전히 지역 간 차이가 크기 때문에, 분석의 기본 단위인 '도시'는 '국가'보다 초국적 이주에 대해 더 심도 있는 논의를 할 수 있다. 도시의 관점에서 이민자 집단이 도시에서 어떻게 생활하고 일하는지 그리고 그들이 지역의 사회경제적 환경에 어떤 영향을 미치는지 탐구하는 것이 점차 연구의 초점이 되고 있다.[3] 도시에 있어 외국인 정착지는 이주민 집단이 생존 전략, 일상생활 실천, 이주민 네트워크 구축을 통해 형성한 생존과 생활을 위한 물리적 공간일 뿐만 아니라, 다양한 사회 시스템과 맥락에서 이주민을 대변하는 집단 정체성 확

---

2 Caglar A., "Urban migration trends, challenges and opportunities", *World Migration Report*, 2015; "Migrants and Cities : New Partnerships to Manage Mobility", *Switzerland : International Organization for Migration*, 2015.

3 Winders J., "New immigrant destinations in global context", *International Migration Review* 48(1), 2014, pp.149~179.

인이 이루어지는 정체성 공간이며, 인지도는 지속적으로 강화되고 확고해진다. 따라서 도시별로 형성된 외국인 정주지역은 외부 공간경관, 내부 형성 메커니즘, 심지어 도시의 지역적 반응에 있어서도 매우 다르다.

위와 같은 배경을 바탕으로 이 글에서는 대표적인 3개 외국인 거주지역인 베이징 왕징 한국인지역, 상하이 구베이 일본인지역, 광저우 샤오베이 아프리카인지역에 대한 과거 실증 연구를 바탕으로 다양한 이민자 집단의 인구 이동 패턴, 인구통계학적 구조특성 및 도시 선택 선호도를 파악하고 정착지의 형성 특성과 메커니즘을 비교하여 이민자 집단과 도시 간의 상호 관계를 밝힌다. 대부분의 기존 연구는 단일 도시의 단일 이민자 집단에 초점을 맞추고 있으며, 중국의 외국인 정착지 형성 메커니즘에 대한 설명은 필연적으로 편향적이고 일방적이다. 이 글에서는 기존 연구의 축적을 바탕으로 중국 내 이민자 집단과 도시의 상호 작용적 특성을 보다 잘 요약하기 위해 다중 이민자 유형과 다중 사례 위치에 대한 비교 연구를 시도할 것이다. 이와 관련된 통계자료가 부족하여 필자는 지난 10년간 중국 내 일본인과 한국인을 대상으로 한 장기 추적 실증연구, 설문조사, 반구조적 인터뷰 등을 통해 직접 얻은 정보를 주로 활용하였으며, 중국 내 아프리카인에 대한 비교 연구는 제6차 인구 조사 데이터로 보완하였다.

다음으로, 먼저 거시정책배경 분석을 바탕으로 이민자 집단의 도시선택 선호도를 살펴보고, 이를 바탕으로 베이징, 상하이, 광저우 외국인 집단 거주지의 형성특성을 정리하고 그 형성의 매커니즘을 분석한다. 21세기 이후 중국의 신규 이민자 현상은 글로벌, 국가, 지역 등 다층적 요인이 공동으로 작용한 결과이다. 이에 이 글에서는 거시연구세계와 국가,

중간도시, 미시이민/민족 관점에서 외국인 정착지 형성의 외부적, 내부적 원인을 다각적으로 다루겠다.

2. 연구 관점 및 연구 방법

1) 관련이론 및 고찰

이민과 도시 간의 관계는 이전부터 도시사회지리학의 주요 연구 주제였다. 초기 연구는 주로 특정 이민 집단의 도시 공간에서의 집단화 현상에 중점을 두었으며, 그들의 집단화된 공간을 "빈민가"나 "민족 거점ethnic enclaves, 한 국가나 도시 안의 소수 민족 집단 거주지"과 같은 개념으로 설명하여 이민자 거주 공간의 공간적 분화와 현지화 문제를 드러냈다. 이에 따라 세 가지 주요 이민지역 형성을 설명하는 세 가지 이론적 구조가 점차 발전되었는데, **공간동화이론**, **지역층위이론**, **선택이론**이 이것이다.[4] 앞의 두 가지 이론은 이민자 자신의 경제 및 문화적 요인에 따른 것으로 수동적 통합에 해당하고,[5] 선택이론은 인종 선호의 영향을 강조하며 주동적 격리에 해당한다.[6] 이 세 가지 이론은 공통적으로 이민자 집단이 주류 사회에서

---

4 Logan JR. "Variations in immigrant incorporation in the neighborhoods of Amsterdam", *International Journal of Urban and Regional Research* 30(3), 2006, pp.485~509; Brown LA · Chung SY., "Market-led pluralism : Rethinking our understanding of racial / ethnic spatial patterning in US cities", *Annals of the Association of American Geographers* 98(1), 2008, pp.180~212.

5 Massey DS · Denton NA., "Spatial assimilation as a socioeconomic outcome", *American Sociological Review* 50, 1985, pp.94~106; Logan JR et al., "Immigrant enclaves and ethnic communities in New York and Los Angeles", *American Sociological Review* 67(2), 2002, pp.299~322; Alba RD · Nee V., *Remaking the American Mainstream : Assimilation and Contemporary Immigration*, Cambridge : Harvard University Press, 2003.

약세의 위치에 있으며, 그들의 구성원은 대부분 저임금 또는 노동 이민자임을 짐작하게 한다. 그러나 1980년대 이후, 세계화가 진전되면서 이민자 집단의 인구 구조 및 거주 공간 형태가 새로운 특징을 나타내기 시작했다. 새로운 이민사회의 주체는 주로 하류 이민자 또는 노동 이민자가 아닌 초국가적 기업 관리자, 상업 및 기술 전문가, 엘리트 이민자와 같은 중산층 구성원으로 확대되었다. 전통적인 이민자 공동체의 민족 집단 속성은 상대적으로 단일하며, 혈통과 지리적 관계로 구성된 사회적 네트워크를 구축하고 유지하는 데 중점을 두며, 사회적 자본을 최대한 활용하고 노동집약적인 경제 활동에 투자하여 폐쇄적인 경제 활동을 형성한다. 따라서 외부 세계에 대해서는 폐쇄적이며, 내부적으로 단합된 이민자 커뮤니티를 형성하고 있다. 반면 새로운 이민자 공동체의 민족 특성은 상대적으로 다양한데, 일반적으로 여러 민족이 같은 지역에 함께 거주하고, 경제 및 인적 자본의 이용, 자본집약적 경제 활동 참여에 더 많은 관심을 기울인다.[7]

새로운 이민자 집단의 출현은 이들의 정착공간이 위에서 언급한 전통적인 이민자 공동체의 연구 범위를 벗어나게 만들었다. 예를 들어 Logan 등은 뉴욕과 로스앤젤레스의 부유한 지역 사회에 살고 있는 아

6 Schelling TC., "Dynamic models of segregation", *Journal of Mathematical Sociology* 1(2), 1971, pp.143~186; Clark WAV., "Residential preferences and neighbourhood racial segregation : A text of the schelling segregation model", *Demography* 28(1), 1991, pp.1~19.

7 週敏·林閩鋼, 『族裔資本與美國華人移民社區的轉型』, 社會學研究, 2004, 36~46면(Zhou Min·Lin Mingang, "A study on ethnic capital and the transformation of Chinese migrant communities in the United States", *Southeast Asian Studies*, 2004, pp.36~46); 週敏·黎相宜, 『國際移民研究的理論回顧與未來展望』, 東南亞研究, 2012, 56~62면(Zhou Min·Li Xiangyi, "Overview of research on international migration and future trends", *Southeast Asian Studies*, 2012, pp.56~62).

프리카계 및 라틴 아메리카 이민자들이 이민자의 개인적 선호와 거주지 선택에 따라 집단 거주공동체를 형성한다는 사실을 발견했다.[8] 마찬가지로, 일본에 새로 유입된 중국 이민자들 사이에서 고학력 '사무직 근로자'는 전문 기술 및 기타 산업에 더 집중되어 있으며, 도쿄에 주택을 구입하는 경향이 더 높은 만큼 공간적으로 다양해졌다 하겠다.[9] 또한 Li는 중산층과 하층이민자들이 공존하는 다민족 집단 거주 공간인 에스노버브ethnoburbs가 북미 대도시 교외지역에서 등장했다는 사실을 발견했는데, 이러한 집단적 거주공간의 특징은 소수민족 주거지역과 상업지구가 공간적으로 집적되어 있는 것이 특징이다. 이는 경제세계화, 국제 및 국내 정치적 투쟁, 미국 이민 정책의 변화, 지역 조건 간의 상호 작용의 결과이다.[10] Ang은 또한 일부 민족거주지가 이민자 집단을 위한 주거 공간에서 지역 주민과 관광객을 위한 민족 테마의 여가와 소비 및 오락 공간을 제공하는 공간으로 변모했다고 지적했다.[11]

Kim은 사례 분석을 통해 맨해튼의 코리아타운을 상업화된 민족 공간, 즉 수출국의 다국적 소비문화를 수용사회의 물리적 공간에 내장하고 건물과 점포의 외관, 프랜차이즈 브랜드를 통해 수출국의 소비문화 풍경을 반영하는 초국적 거주지transclave라고 정의했다.[12] 이제 전통적

---

8 Logan JR et al., op. cit., pp.299~322.

9 張耀丹, 「東京大都市圏における中国人ホワイトカラー層の住宅の購入動機と選好パターン－インタビュー調査を用いて」, 『地理学評論』 93(1), 2020, 1~16면(Zhang Yaodan, "The residence pur-chasing motives, preference and patterns of Chinese white collar residents in Tokyo Metropolitan area : using an interview survey", *Chirigaku Hyoron* 93(1), 2020, pp. 1~16).

10 李唯, 『多族裔聚居郊區－北美城市的新型少數族裔社區』, 北京 : 商務印書館, 2017, 27~53면(Li Wei, *Ethnoburb : the new ethnic community in Urban America*, Beijing : The Commercial Press, 2017, pp.27~53).

11 Ang I. "At home in Asia? Sydney's Chinatown and Australia's 'Asian Century'", *International Journal of Cultural Studies* 19(3), 2016, pp.257~269.

인 이론 모델은 이러한 새로운 이민 사회 현상을 설명하기 어려워졌다.

〈표 1〉 구 민족공동체와 신 민족공동체의 발전 비교

유형	전통적 이민공동체		신 유형의 이민공동체	
특징	빈민굴	소수민족거주지	다민족 후예 집단 거주 공동체	중국 내 외국인 집단 거주지
형성시기	1980년대 이전		1980년대 이후	1990년대 이후
후예들의 특징	노동력 이민, 단일민족 후예		다민족 혼합	다민족 혼합, 여행자형 이민
형성원인	강제 격리	강제 혹은 자원	자원	정부지정 혹은 자원
이론모형	공간적 동화, 지역 내 격리, 선택이론		미형성	
위치	문제가 많은 도심지역	시내와 교외	교외	시내, 업무중심지
경제 활동	경제 자립부 족	서비스업 및 노동집약형	자본집약적 기업 위주	각종 기업, 서비스업 및 자본집약형 위주
네트워크	혈연 및 지연		인터넷, 지연 및 업종별 연결	
공동체	소속 민족 내 발전	대체로 소속 민족 내 발전	소속 민족 내부와 외부 쌍방향 발전	소속 민족 내부와 외부 쌍방향 발전
격리현황	외부와 단절, 내부적 단결		비교적 개방된 자세, 내부 응집력 다소 느슨함	
사례	19세기 차이나타운	현대 차이나타운	미국 산 가브리엘 밸리 (San Gabriel Valley)	중국 상하이 구베이, 베이징 왕징

Li Wei가 만든 표[13]를 토대로 필자가 보충하였음

반면, 중국에서 초국적 이주에 대한 연구가 활발히 이루어지고 있지만, 지리학 분야의 연구는 대부분 공간적, 민족적 차원에 초점을 두고 있다. 이에 중국 내 외국인의 공간적 분포를 연구는 대개 현장방문, 설문조사 등의 방법을 사용하고 있다. 이민자 공동체의 공간적 형태와 인종 집단 이민자 경제 활동의 사회경제적 특성에 대한 연구는 이루어졌으나, 이민자 공동체의 공간 형성 메커니즘에 대한 심층적인 분석은 부족한 편이다. 그렇다면 1990년대 이후 중국 대도시에 등장한 외국인 정

---

12 Kim J., "Manhattan's Koreatown as a Transclave : the emergence of a New Ethnic enclave in a Global city", *City&Community*, 2018, pp.1~20.

13 李唯, 앞의 책, 27~53면.

착지의 형성 메커니즘은 무엇일까? 더불어 서양 연구와 다른 새로운 특징은 무엇일까?

2) 연구 관점 및 연구 방법

이 글은 중국 대도시 외국인 거주지역의 형성 메커니즘에 대한 문제를 여러 이민 유형 및 다양한 사례를 통해 비교하려는 시도이다. 여러 이민 유형 또는 다양한 사례지역의 비교 연구는 특정 지리 공간 변수를 통제하여 동일 이주 국가에서 여러 이민 집단이 담당하는 역할을 조사하거나 동일한 이민 집단이 서로 다른 지역의 집단 거주지에서 다른 처우를 받는 것을 탐구한다. 이러한 연구는 시간 변수를 도입하여 동시 또는 지속적인 비교를 통해 이민 집단의 이동 활동과 정착 및 거주 활동의 규칙과 특성을 더 잘 파악하게 할 수 있다.[14] 현재 중국 내에서는 주로 사회학적 방법을 사용한 주요 연구들이 있었는데, 그중에서 주목할 만한 것으로는 저우다밍周大鳴 등이 광저우의 아프리카 무역 이민자와 한국 상업 이민자 간의 지역적 구분과 통합 모델의 차이를 다룬 연구가 있다.[15]

이 글은 여기에서 한 걸음 더 나아가 베이징의 왕징 한국인 거주지역, 상하이의 구베이 일본인 거주지역, 광저우의 샤오베이 아프리카인 거주지역이라는 세 가지 대표적인 사례를 선택하여 비교 연구를 수행하고자 한다. 다양한 이민 유형 및 다양한 사례의 비교 연구이므로 분량의 제한

---

14 週大鳴 · 週愛華, 「廣州非洲和韓國商貿型移民的比較」, 『中國國際移民報告 2018』, 北京 : 社會科學文獻出版社, 2018, 88~106면(Zhou Daming · Zhou Aihua, "A comparative study on African merchants and Korean merchants in Guangzhou", *Annual Report on Chinese International Migrantion 2018*, Beijing : Social Sciences Academic Press, 2018, pp.88~106).

15 위의 글.

때문에 글의 내용은 주로 결론 요약 및 논의가 주를 이루며, 다양한 경험과 분석 프로세스에 대한 상세한 설명은 제외하였다. 연구 범위도 상당히 크며, 1990년대 이후 현재까지의 세 가지 대표적인 외국인 거주지역과 세 가지 이민 집단의 변화에 대한 조사를 다룰 것이다. 이 글이 중국의 외국인 거주지역의 변화와 중국 도시 개발과의 관계를 이해하는 데에 도움이 되기를 기대하며, 중국 도시의 국제화 발전을 촉진하고 중국에서의 외국인 이민 거주 현상을 이해하는 데에 참고가 되기를 희망한다.

3. 중국 내 외국인의 도시 선택 선호도

중국은 전통적으로 이민국가가 아니었다. 오랫동안 중국정부는 "이민"이라는 개념 대신 일반적으로 "외국인" 또는 "외국 국적자"라는 용어를 사용하여 중국 시민이 아닌 다른 모든 사람들을 가리키는 말로 사용해 왔다.[16] 인구조사 데이터에 따르면, 중국에서의 외국인 체류는 기간이 짧은 특성을 가지고 있으며거주 기간이 3개월에서 5년 사이인 사람이 7할 이상, 입국 목적은 학업35%, 취업30%, 비즈니스18% 등이 주를 이루고 있다. 정책적 이유로 대다수의 중국 체류 외국인들은 중국에서 장기적인 거주 조건을 갖추고 있지 않다. 중국에서 이들이 주로 대도시에 모이는 이유는 "여

16 劉雲剛 · 陳躍, 「全球化背景下的中國移民政策 – 評論與展望」, 『世界地理研究』 24(1), 2015, 1~10면(Liu Yungang · Chen Yue, "Remarks on Chinese migration policy within globalizing urbanization", *World Regional Studies* 24(1), 2015, pp.1~10).

행"의 속성이 주도하기 때문이다. 따라서 이들이 현지 사회에 적응하려는 목적이 일상생활 부분에 있는 것이 아니라 어떻게 빠르게 현지 생활에 적응하여 비즈니스 활동이나 경력을 원활히 수행할지에 대한 고민이 중심이다.

1) 한국인의 도시선택 선호도와 인구통계학적 특성

한국의 해외 동포 통계에 따르면 2013년 중국에서 장기 거주 중인 대한민국 국민은 35만 명을 넘어섰다. 이는 미국209.1만 명과 일본89.3만 명에 이어 세 번째에 해당한다. 이 가운데 2만 명 이상의 인구가 거주하는 지역은 다음과 같다. 베이징北京, 74,025명, 광둥廣東, 51,902명, 칭다오青島, 45,321명, 톈진天津, 28,840명, 랴오닝遼寧, 24,237명, 웨이하이威海, 21,607명, 상하이上海, 20,412명. 환보하이環渤海지역, 동부 연해지역 그리고 동북 3성에 한국인이 집중되어 있다. 이들 지역 중에서 한국인 인구 규모가 가장 큰 곳은 베이징이며, 2003년에는 이미 4만 3천 명에 달했으며, 2008년 금융 위기 때에는 10만 명에 이르렀다. 이후 점차 감소하여 현재는 대략 7만 명 수준을 유지하고 있다.[17] "작은 서울"이라는 칭호를 가진 베이징 왕징지역은 대략 6만 명의 한국인이 모인 이주지역으로, 베이징에서 가장 큰 외국인 거주지역 중 하나이다.[18]

---

17 교육과학기술부, 재외동포현황 – 동북아시아 · 남아시아태평양 · 북미 · 중남미 · 유럽 · 아프리카 · 중동, 2015.10.20(Ministry of Science and Technology of South Korea, Annual report of statistics on Korean nationals overseas 2013 : Northeast Asia, South Asia Pacific, North America, South America, Europe, Africa, Middle East., 2015.10.20).

18 周雯婷 外, 「全球化背景下在華韓國人族裔聚居區的形成與發展演變 – 以北京望京為例」, 『地理學報』 71(4), 2016, 649~665면(Zhou Wenting et al., "Making, development and transformation of South Korean Enclave in China : A case study of Wangjing, Beijing", *Acta Geographica Sinica* 71(4), 2016, pp.649~665).

2) 일본인의 도시 선택 선호도와 인구통계학적 특성

일본 외무성의 '해외 체류 일본인 수 통계조사'에 따르면 중국에서의 일본인본 글에서는 장기체류자(長期居留者)로 지칭. 중국에 3개월 이상 체류하지만 영주권이 없는 일본인은 지난 20여 년 동안 꾸준한 증가 추세를 보이며, 1996년의 43,879명에서 2016년에는 125,089명으로 늘었다. 2000년 이후로 중국은 영국을 추월하여 미국에 이어 일본인이 이주하는 해외 2위 국가가 되었으며, 현재까지 이 상황은 변함이 없다. 중국 내 일본인도 특정 대도시에서의 공간 집중화 경향을 보이고 있다. 통계에 따르면, 2016년에는 일본인 5천 명 이상이 살고 있는 도시로서 상하이44,072명, 홍콩23,975명, 베이징8,326명, 광저우7,532명, 수저우蘇州, 6,656명, 선전深圳, 5,437명, 다롄大連, 5,293명 등이다.[19] 상하이는 중국 내 일본인 집단거주 규모가 가장 큰 도시이며상하이에 거주하는 일본인은 중국 내 전체 거주 일본인의 약 35% 정도임, 또한 2011년에는 뉴욕을 추월하여 전 세계에서 장기 거주 일본인을 가장 많이 유치한 두 번째 대도시로 성장하였다. 통계 방식의 차이로 인해 상하이 통계 연보에 따르면 2016년 상하이에 거주하는 일본인은 31,230명으로, 상하이 상주 외국인 중 18%를 차지하며 상하이에서 가장 큰 일본인 거주 집단의 지위를 계속 유지하고 있다. 그중 "작은 도쿄"로 불리는 구베이지역은 상하이에서 가장 큰 외국인 거주지역 중 하나이다.[20]

상하이의 일본인들은 경제적으로 발전한 국가에서 경제적으로 미발

19 日本外務省, 海外在留邦人數調査統計(平成 28年), 2018.3.7(Consular and Migration Policy Division, Consular Affairs Bureau, Japanese Ministry of Foreign Affairs, *Annual report of statistics on Japanese nationals overseas* 2016(http://www.mofa.go.jp/mofaj/files/000293757.pdf), 2018.3.7).

20 위의 자료.

전된 국가로의 이주로, 전형적인 "북남이민北南移民 : 북쪽에서 남쪽으로의 이민"에 해당한다. 상하이의 일본인은 주로 세 가지 유형으로 나뉘며, 그중에서도 일본 기업의 파견 근로자 및 그 가족직접 일본에서 상하이로 파견되어 일하는 사람들, 현지 고용주상하이에서 일자리를 얻은 개인, 현지 창업자소자본 기업을 설립하거나 자영업을 하는 사람 등이 있으며, 이 중에서도 첫 번째 유형의 인구 비중이 가장 크다. 이처럼 상하이의 일본인집단은 뚜렷한 기업 중심 특성을 가지고 있다.[21]

3) 아프리카인의 도시 선택 선호도와 인구통계학적 특성

중국과 아프리카와의 경제 및 무역 관계가 계속해서 강화되면서 중국은 아프리카의 최대 무역 파트너가 되었으며 중국에 거주하는 아프리카인 인구는 계속해서 증가하고 있다. 그러나 공식 통계 자료가 부족하여 그 규모에 대해서는 의견이 분분하다. 보도모Bodomo와 그의 연구팀은 중국에 40~50만 명의 아프리카인이 12개월 동안 거주하고 있으며 그 중 상당수가 상인으로 그 수는 약 30~40만 명에 이른다고 주장한다.[22] 다른 학자들의 현장 조사에서도 중국내 아프리카인 집단의 유동성이 매우 높으며 종종 홍콩, 광저우, 포산佛山, 이우義烏 및 기타 중국 도시 사이를 오가는 것이 밝혀졌다. 많은 아프리카 상인들이 광저우와 홍콩, 마카오 또는 다른 국가 간을 자주 이동하는데, 그 이유는 주로 중국 비자 기

---

21 周雯婷, 「上海における日本人集住地域の形成・変容過程－古北地区を事例として」, 『地理学評論』 87(3), 2014, 183~204면(Zhou Wenting, "Formation and transformation processes of a Japanese enclave in Shanghai : case study of the Gubei area", *Geographical Review of Japan Series A* 87(3), 2014, pp.183~204).

22 Bodomo A., *Africans in China : a sociocultural study and its implications for Africa-China relations* 21(212), Cambria Press, 2012, pp.1133~1135.

간을 연장하기 위함이라는 것을 확인하였다.[23] 이러한 연구들은 광저우가 중국 내 아프리카인의 주요 집결지이자 무역 도시임을 보여준다. 리즈강李志剛 등은 2008년 조사 결과를 바탕으로 광저우에 상주하는 아프리카인 수를 약 1.5~2만 명으로 추정하며, 이들 대부분은 서아프리카 출신으로 기니, 베냉, 말리, 세네갈, 코트디부아르 및 원래 영국령 식민지인 나이지리아, 가나와 같은 국가들에서 온 것이며 중아프리카의 콩고와 앙골라, 동아프리카의 탄자니아와 케냐 등도 상당한 인구를 차지한다고 주장한다.[24] 광저우의 아프리카인 중에는 유학생 외에도 74.6%가 비즈니스 F 비자를, 12.1%가 관광 L 비자를 소지하며 싼위안리三元里와 샤오베이小北는 아프리카인이 상대적으로 밀집된 두 지역으로 나타났다.[25] Haugen은 싼위안리지역이 주로 나이지리아인으로 이루어져 있으며 그곳이 나이지리아인의 무역 중심지라고 하며, 샤오베이지역은 주로 프랑스어를 사용하는 아프리카의 무슬림들이 많이 거주하고 있다고 설명한다.[26]

광저우의 아프리카인들은 경제적으로 발전이 덜 된 국가에서 경제적으로 발전된 국가로 이주하여 전형적인 "남남이민南南移民"에 속한다. 광저우의 아프리카인들은 비공식적이고 소규모의 국제 무역 활동을 주로

23 Brown A., "In the Dragon's Den : African traders in Guangzhou", *Journal of Ethnic& Migration Studies* 38(5), 2012, pp.869~888; Haugen H ø., "Nigerians in China : a second state of immobility", *International Migration* 50(2), 2012, pp.65~80.

24 李志剛 外, 『廣州小北路黑人聚居區社會空間分析』, 『地理學報』 63(2), 2008, 207~218면(Li Zhigang et al., "The African enclave of Guangzhou : a case study of Xiaobeilu", *Acta Geographica Sinica* 63(2), 2008, 207~218).

25 李志剛 · 杜楓, 「中國大城市的外國人"族裔經濟區"硏究 – 對廣州"巧克力城"的實證」, 『人文地理』 27(6), 2012, 7~12면(Li Zhigang · Du Feng, "The transnational making of 'chocolate city' in Guangzhou", *Human Geography* 27(6), 2012, pp.7~12).

26 Haugen H ø., op. cit., pp.65~80.

수행하며 대부분 중국에서 산업 제품을 아프리카로 수출하거나 관련 비즈니스를 수행하기 위해 중국에 온다. 소수는 소규모 상품을 운영하며 의류, 개인용품, 가정용품 등을 아프리카로 수출하는 등 뚜렷한 무역지향성을 가지고 있다.[27]

4. 대표적 외국인 집단 거주지역 3곳의 사례분석

1) 베이징 왕징의 한국인 집단 거주지

왕징 한인 거주지의 형성과 발전은 세 단계로 나누어 볼 수 있다. 첫 번째 단계는 1990년대 중반부터 2002년까지로 한중수교 이후 한국인의 베이징 진출이 시작되었던 시기로, 교육자원이 풍부한 화자디花家地와 한국형 주거설계를 활용한 왕징뉴타운望京新城이 이것이다. 이곳은 한국학생들 및 다른 한국인들이 1순위로 선택하는 거주지가 되었다. 2단계는 2003년부터 2008년까지이다. 왕징과학기술단지가 설립되어 더 많은 한국 기업이 정착하자 왕징 신도시는 한인 중심지역으로 확고히 자리를 잡았다. 3단계는 2009년부터 현재까지, 금융위기의 발발과 원화가치의 하락으로 인해 한인 기업, 한인 투자자 및 기업인들이 이주하기 시작한 시기이다. 이 시기에 이르러 왕징신도시를 중심으로 상대적으로 저렴한 주거지역으로 확산되는 추세이다.[28] 한국인의 주거 선호도를 보

---

27 李志剛 外, 『廣州小北路黑人聚居區社會空間分析」, 『地理學報』 63(2), 2008, 207~218면(Li Zhigang et al., "The African enclave of Guangzhou : a case study of Xiaobeilu", *Acta Geographica Sinica* 63(2), 2008, 207~218).

28 周雯婷 外, 「全球化背景下在華韓國人族裔聚居區的形成與發展演變 – 以北京望京為例」, 『地理學報』

면 생활공간의 안락함과 편리성을 중시하는데, 특히 사회경제적 여건이 상대적으로 우수한 한국 기업인과 간부들은 한국 기업과 가까운 업무지구와 주거환경을 선택하는 경향이 있다. 한국의 생활 습관과도 일치하고 지속되는 편안한 게이티드 커뮤니티Gated Community, 외부인 출입제한 주택지를 형성하고 있다. 왕징신도시 위치 자체는 본래 외국과 관련된 곳은 아니었지만, 외국 관련 자원이 풍부한 조양구에 위치하고 있으며, 인근에 외교관 아파트, 외국영사관, 외국 관련 호텔 등이 밀집되어 있다. 외교관 아파트 수는 제한되어 있고 임대료가 비싸기 때문에 지리적으로 가깝고 한국적인 디자인과 상대적으로 저렴한 임대료를 지닌 왕징신도시는 외교관 아파트지역의 이상적인 대안이 되었다. 왕징신도시 역시 계획 초기부터 늘어나는 외국인들의 주거 수요를 충분히 고려하며 '국제공동체'로서 적극적으로 자리매김했다. 왕징신도시에 한인 집단이 정착한 것은 지방자치단체와 투자개발자의 지도 및 지원이 불가분의 관계에 있음을 알 수 있다.

중국의 수도이자 국제정치와 문화 교류의 중심지인 베이징의 도시적 특성은 경제 수준많은 발전 기회, 한국 자본의 주요 투자 대상과 문화 수준유사한 전통적 문화 수준에서 '기업지향' 및 '교육지향'의 사람들을 불러 모았다. 왕징지역은 양질의 교육자원이 많을 뿐만 아니라 왕징과학기술단지가 조성되어 있으며, 수도공항 및 도심과 불과 10킬로미터 거리에 있어 한국인의 이상적인 주거지역으로 자리매김하고 있다. 또한 이 지역의 한인집단은 민족

71(4), 2016, 649~665면(Zhou Wenting et al., "Making, development and transformation of South Korean Enclave in China : A case study of Wangjing, Beijing", *Acta Geographica Sinica* 71(4), 2016, pp.649~665).

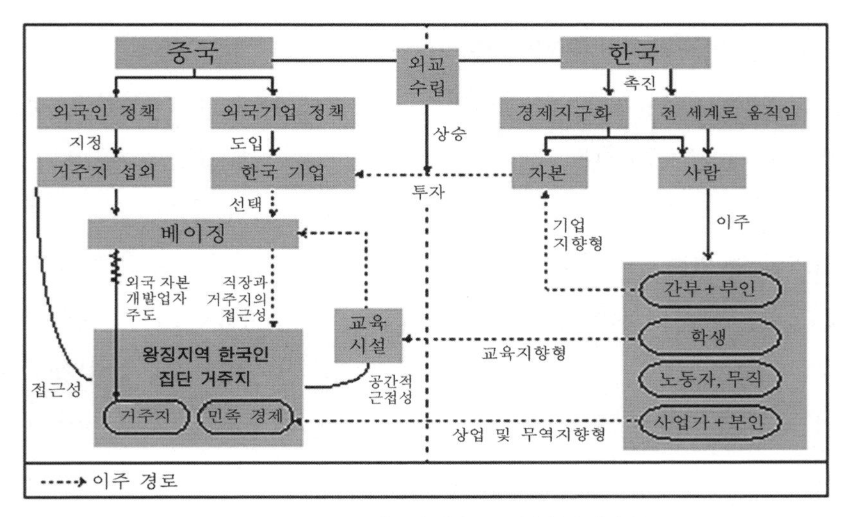

〈그림 1〉 베이징 왕징 한국인 집단 거주지의 형성 메커니즘

적 특성을 지닌 상품과 서비스에 대한 수요가 강하기 때문에 주거지역이나 산책로 등에 한인 경제시설이 많은지 여부도 거주지 선택 시 중요한 고려사항이다. 한인 경제시설은 정주지역을 중심으로 한 공간적 집적 효과를 형성하여 더 많은 한인들이 거주하게 함으로써 정주지역의 주거 및 동족의 후예에 의해 행해지는 상업적 기능을 더욱 강화할 뿐만 아니라 왕징신도시를 중심으로 정주지역을 활성화시킨다. 중심은 주변지역으로 확산되어 '큰 정착지, 작은 분산'의 주거공간 패턴을 제시한다. 그러나 왕징의 경우에는 특수성을 갖고 있는데, 한인 정착지의 주요 구성원에는 조선족도 포함되어 있다는 점이다. 중국동포들은 한민족과 밀접하게 생활할 뿐만 아니라 한민족 경제를 운영하고 소비하는 데에도 적극적으로 참여하고 있다. 한인 집단이 다른 이주민 집단에 비해 지역 사회에 더 빨리 적응하고 사회통합도가 높아 반폐쇄적이고 반개방적인 한인정착지를 형성하는 것은 바로 일과 생활에서 중국 내 동포들의 지원 덕분이다.

2) 상하이 구베이의 일본인 집단 거주지역

구베이 일본인 정착지의 형성과 발전은 두 단계로 나눌 수 있다. 첫 번째 단계는 1990년대 초반부터 2002년까지로, 상하이는 일본인의 중국 투자 핵심 도시로서 일본인들이 일본 기업을 따라 상하이로 이주하여 외국인 관련 주거지 지정지역인 구베이 신구古北新區에 거주하게 했다. 2단계는 2003년부터 현재까지이다. 외국인 거주지정제도가 해제되었으나 구베이 신구는 원래 일본인 인구가 많고 일본식 생활환경이 강하기 때문에 이후의 개발과정에서 점차 일본인 거주지역으로 발전하였다.[29] 이상의 과정에서 일본 기업은 일본인 정착촌의 형성과 발전에 핵심적인 역할을 하였으며, 특히 초기에는 대부분의 일본 기업이 파견자들에게 사택社宅, 회사가 임대하는 아파트 및 기숙사을 제공하거나 임대료와 자녀 교육비의 일정액을 부담하는 복지 정책을 취했다. 이에 파견근로자의 임대료에 대한 염려를 불식시켰으며, 통근이 편리하고 지리적 위치가 좋으며 일본 학교를 오가는 통학버스가 있고 근처에 자국민이 운영하는 경제시설이 많고 안전하고 환경이 좋은 게이티드 커뮤니티에서 살기를 선택하는 경우가 많다.[30] 구베이 신구는 홍교경제기술개발구虹橋經濟技術開發區의 지원 시설로서 계획이 완벽하고 선진적이며 일본 영사관, 일본 학교와 가깝다는 지리적 이점이 있어 일본 투자 기업의 주거 수요를 충족시켰으므로 일본인의 주요 주거지로서의 위상을 확고히 다지게 되었다.

---

29 周雯婷, 「上海における日本人集住地域の形成・変容過程 – 古北地区を事例として」, 『地理学評論』 87(3), 2014, 183~204면(Zhou Wenting, "Formation and transformation processes of a Japanese enclave in Shanghai : case study of the Gubei area", *Geographical Review of Japan Series A* 87(3), 2014, pp.183~204).

30 위의 글.

지방정부와 관리 부서의 입장에서 보자면, 구베이 신구는 원래 외국인 전문가와 홍콩, 마카오, 대만 등 화교들의 주택 문제를 해결하기 위해 계획된 주거지역으로 해당지역 주택 시장의 특별한 사례이다. 상하이에 일본인 주민이 이주하는 것은 구베이 신구의 원래 목적에 부합되면서 동시에 지방정부의 이민자 관리도 용이하게 만들었다.

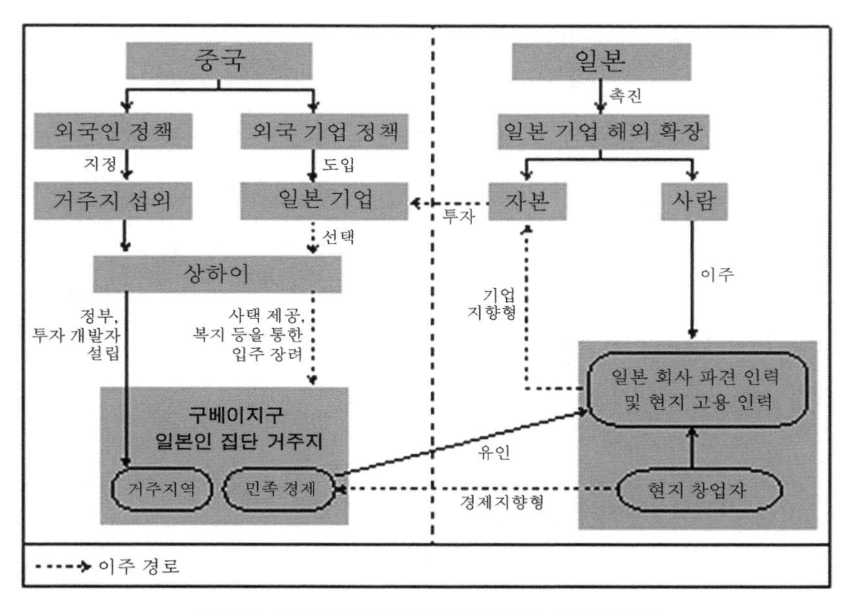

〈그림 2〉 상하이 왕징의 일본인 집단 거주지의 형성 매커니즘

상하이는 금융과 경제의 중심지로서 다국적 기업이 많은 도시 특성을 갖고 있으며, 중국 내 일본 자본의 핵심 투자 대상으로 '기업지향적' 일본인이 상하이에서 발전할 수 있도록 이끌고 있다. 상하이에 입성한 후 지방 정부와 투자 개발자로 대표되는 현지에서의 요구들은 거주지 선택 측면에서 일본 자금 지원 기업이 대표하는 일본의 요구와 일치하여 구베이 신구를 일본인 거주지역의 중심으로 정하도록 만들었다. 또한 이

곳은 일본인 사회 특유의 강한 폐쇄성으로 인해 정착지의 경계가 비교적 뚜렷하게 형성되어 있다. 동시에 일본인들은 일반적으로 강한 문화적, 신분적 정체성으로 인해 모국의 생활 방식을 그대로 유지하려는 경향이 있으며 자국의 상품과 서비스에 대한 수요가 높다. 이러한 특별한 요구는 지역적으로 제공되는 표준화된 서비스와는 다르며, 특히 제공자는 지역 주민들이 제공할 수 없는 특정 기술, 언어 능력, 서비스 수용 방법, 공유 가치 등을 갖추어야 하므로 일본인 후예들이 집중거주지 공간 내에 모이고 발전할 수 있도록 이끌었다. 이는 일본인 집단 거주지에 자국의 상업적 기능을 강화할 뿐만 아니라 인구의 증가로 이어져 구베이 신구를 중심으로 한 주거지역이 외곽지역까지 확장되게 이끌었다. 그러나 상하이에 거주하는 일본인의 자국 상품과 서비스에 대한 강한 의존은 이들이 상하이 사회와의 통합에 대한 의지를 약화시키고 서로 융합하지 않는 결과를 가져왔다.[31]

3) 광저우 샤오베이의 아프리카인 집단 거주지역

샤오베이 북아프리카 정착촌의 형성과 발전은 세 단계로 나눌 수 있다. 첫 번째 단계는 1990년대 후반부터 2003년까지이다. 이 단계에서 아프리카인들은 금융위기로 인해 홍콩, 방콕, 쿠알라룸푸르 등지에서 광저우로 이주하기 시작했다. 두 번째 단계는 2004년부터 2007년까지 샤오베이와 싼위안리三元里가 점차 '광저우의 초콜릿 시티' 핵심지역이

31 周雯婷·劉雲剛, 「在華外國人社會融合的現狀與問題 – 以在滬日本人爲例」, 『世界地理研究』 28(1), 2019, 1~12면(Zhou Wenting · Liu Yungang, "The condition and problems of immigrants' social integration in China : A Case study of Japanese transmigrants in Shanghai", *World Regional Studies* 28(1), 2019, pp.1~12).

된 시기이다. 이어서 2008년부터 현재까지는 3단계에 해당하며, 이민 관리 정책 강화로 인해 핵심지역의 발전이 둔화되면서 황치黃岐, 동푸東圃, 황시黃石, 판위番禺 등지에서 아프리카인 인구가 증가하기 시작했다.[32] 이상의 과정에서 아프리카인 정착지의 경계는 중앙지역에서 외곽지역으로 분산되는 추세를 보이고 있으며, 동시에 중앙지역의 주거기능은 점차 약화되고 무역기능은 지속적으로 강화되고 있다. 그 이유는 우선 사회경제적 특성에 따른 제약 때문인데, 광동성 광저우에 거주하는 아프리카인 대부분은 생활공간을 선택할 때 임대료 수준과 주요 도매시장과의 접근성을 더 중요하게 생각하며 도매시장에 가까운 거주지를 선택하는 경향이 있다. 주거지역이나 심지어 어반 빌리지Urban Village 내에서도 일부 사람들은 더 저렴한 호텔을 선택한다. 그런데 2008년 이후 주택임대료가 계속 상승하면서 광저우는 이주인구 관리를 강화하기 시작했고, 그 결과 합법적으로 비자를 소지한 아프리카인들은 더 비싼 상업용 주거지역을 임대할 수밖에 없었다. 합법적 거주권이 없는 아프리카인들은 황치 및 기타 장소의 상업 주거지역이나 어반 빌리지 등 다른 곳으로 이주해야 했다. 둘째, 중앙지역의 샤오베이 및 싼위안리에 국제학교와 같은 교육 자원이 부족하고 주변 공립학교에서 외국인 학생을 받지 않는

32 李志剛·杜楓, 「中國大城市的外國人“族裔經濟區”研究 – 對廣州“巧克力城”的實證」, 『人文地理』 27(6), 2012, 7~12면(Li Zhigang·Du Feng, “The transnational making of ‘chocolate city’ in Guangzhou”, *Human Geography* 27(6), 2012, pp.7~12); 梁玉成, 「在廣州的非洲裔移民行爲的因果機制 – 積累因果視野下的移民行爲研究」, 『社會學研究』, 2013, 134~159면(Liang Yucheng, “African immigration in Guangzhou China : A cumulative causation perspective on immigration behavior”, *Sociological Study*, 2013, pp.134~159); 柳林 外, 「在粵非洲人的遷居狀況及其影響因素分析 – 來自廣州, 佛山市的調查」, 『中國人口科學』, 2015, 115~122면(Liu Lin et al., “Migration patterns and its influencing factors of African Immigrants in Guangdong Province : A survey form Guangzhou and Foshan Cities”, *Chinese Journal of Population Science*, 2015, pp.115~122).

사실은 아프리카인들이 가족과 함께 국제교육자원이 비교적 풍부한 판위 등지로 옮겨가도록 이끌었다. 더욱이 아프리카인들이 저지른 범죄를 보도하는 언론 보도도 아프리카인에 대한 지역 주민과 관리부서의 부정적인 인상에 큰 영향을 미쳐 일부 주민과 부동산 관리인이 임대료를 인상하거나 임대를 거부하는 사례도 발생했다. 이 때문에 어쩔 수 없이 해당지역에서 떠날 수밖에 없게 되었고, 지역 주택 시장은 점차 아프리카인을 배제하는 특징을 보이게 되었다.[33] 샤오베이지역은 두 개의 주요 모스크선현사(先賢寺)와 회성사(懷聖寺)와 가까워 이들 아프리카 무슬림들에게는 이슬람 사원 근처에서 살아가는 무슬림 전통과도 부합하는 면이 있었다.[34] 중앙지역의 도매 무역 시장과 두 개의 주요 모스크는 서로 다른 지역의 아프리카인을 연결하는 노드 역할을 하여 광저우에서 아프리카인의 사회적 네트워크를 구축하고 아프리카 거주지역의 "물리적 분산과 영적 집합"을 유지하도록 한다. 이는 아프리카인 집단 거주지가 다양한 아프리카 국가 출신의 사람들, 다국어를 사용하는 사람들, 다양한 인종이 혼합된 글로벌 집단 거주지라는 사실과도 관련이 있다.

아시아, 아프리카, 라틴 아메리카의 신흥 시장과 자주 교류하는 대외무역 중심지로서의 광저우의 특성은 "무역지향적"인 아프리카인들이 광저우로 이주하도록 유도하는 주요 요인이다. 광저우 진출 이후 도매

---

33 李志剛 · 杜楓, 「中國大城市的外國人"族裔經濟區"研究 – 對廣州"巧克力城"的實證」, 『人文地理』 27(6), 2012, 7~12면(Li Zhigang · Du Feng, "The transnational making of 'chocolate city' in Guangzhou", *Human Geography* 27(6), 2012, pp.7~12).

34 許濤, 「在華非洲族裔聚居區的類型, 特徵及其管理啓示 – 以廣州地區爲例」, 『非洲硏究』 2, 2016, 182~195 · 270~271면(Xu Tao, "Types, features and implications on the management of the African communities in China : A case study of Guangzhou", *African Studies* 2, 2016, pp.182~195 · 270~271).

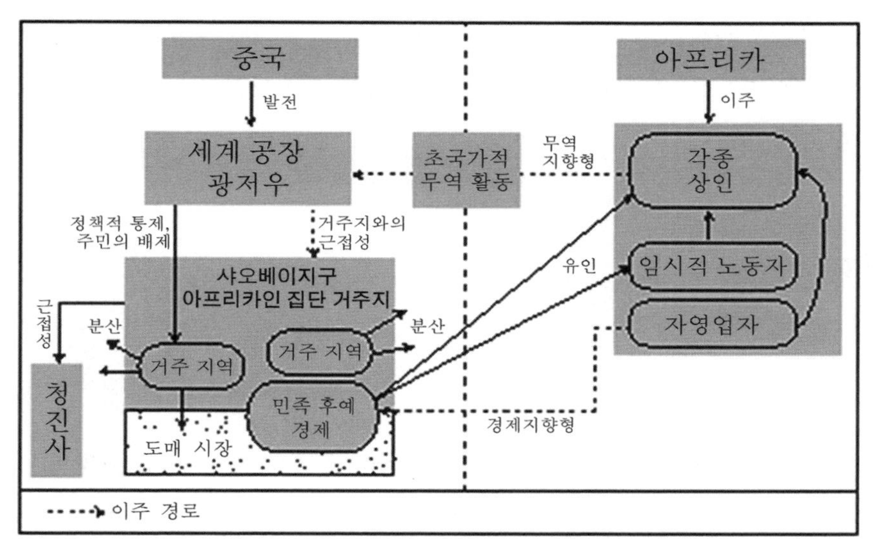

〈그림 3〉 광저우 샤오베이의 아프리카인 집단 거주지의 형성 매커니즘

무역시장과 모스크의 지리적 위치, 도시 관리 정책의 변화, 아프리카계 어린이들의 교육 접근성, 지역 주민들과의 교류와 거부 등이 모두 아프리카인 집단 거주지의 형성과 발전에 공통적으로 영향을 미쳤다. 동시에 광저우의 아프리카인들은 자기 민족의 경제시설에 대한 의존도가 매우 높으며, 제도적 보장이 어려운 것 외에도 종교적 신념과 할랄 기반 생활 습관도 주요 영향 요인이다. 한국인과 일본인 집단의 민족경제시설은 주로 집단 거주지역 내에 분포되어 있는 것과 달리, 광저우 아프리카인의 민족경제시설은 집단 거주지에만 관련된 것이 아니라 무역 거래를 하는 주요 도매시장 근처에 더 많이 분포되어 있다. 이는 공간이 상대적으로 분산되어 있고 경계가 뚜렷한 정착지가 없는 것과 관련이 있으며, 무역 활동에 중점을 둔 이들의 삶의 특성을 잘 보여주고 있다. 광저우 아프리카인들이 민족적 경제시스템을 갖추게 된 것은 이들의 종교적 신념과 식습관을 충족시키고, 아프리카인 집단과 지역 사회 사이의

모순과 갈등을 감소시키며, 동포 간의 상호지지를 강화하는 데에 더 큰 의미가 있다.

5. 고찰 및 논의

1) 외국인 집단 거주지의 형성 매커니즘

거시적 차원에서 볼 때 초국가적 이민자의 이주 동기, 이주 행동 및 이주 결과는 모두 경제 세계화가 심화되는 맥락에서 생산 활동의 글로벌 재편, 국가 간 관계, 국가 시스템 및 외국인 관리 정책과 같은 요인의 영향을 받는다. 경제 세계화에 따른 초국가적 생산 요소의 흐름과 국제 산업 이전, 특히 베이징과 상하이의 많은 다국적 기업과 기관의 존재로 인해 광저우는 수출 가공이 집중된 '세계의 공장'이 되었다. 이는 초국가적 이민자들의 집중적인 흐름이며, 중국 3대 도시의 글로벌 환경이다. 둘째, 일본과 한국은 모두 중국의 10대 무역 상대국에 속하며, 중국과 아프리카 경제 무역 관계도 지속적으로 밀접해지고 있으며 경제 교류를 통한 국경 간 이주가 빈번해지고 있다. 그러나 중일 관계는 '정치적으로 차갑고 경제적으로 뜨거운' 경우가 많으며, 한중 관계도 사드 사태로 인해 그늘을 드리우고 있다. 국가 간의 미묘한 관계 변화는 중국에 거주하는 초국가적 이주민들의 삶에 지대한 영향을 미쳐 이주자들끼리의 단합과 집단화를 부추긴다. 전통적인 비非이민국가인 중국의 호적제도와 외국인 관리 정책은 중국의 주택, 의료, 교육 시스템에서 초국가적 이주자들을 배제하고 있다. 특히 1990년대 외국인을 위한 지정거주지

정책과 더불어 이주자 관리의 원활화와 투자유치를 목적으로 조성된 외국인 관련 주거지역 및 국제 커뮤니티는 중국 내 대부분의 외국인 집단 거주지 형성의 근원이 되었다. 중국으로 이주해 오는 이들 초국가적 이주민들이 중국 사정에 밝지 못하기 때문에, 외국인 관련 주거지역, 국제 커뮤니티, 지정 외국인 관련 호텔 등이 이들 이민자들의 안전하고 안심할 수 있는 생활에 대한 요구를 만족시키고 있다. 이상의 요인들은 중국 대도시의 외국인 집단 거주지 증가에 직접적인 영향을 미쳐왔다.

중간 수준의 관점에서 볼 때, 도시의 소프트웨어 및 하드웨어 환경은 외국인 집단 거주지의 형성 과정과 특성에 큰 영향을 미쳤다. 우선, 도시의 역사적, 문화적 전통과 경제, 산업 구조가 어느 정도 그 도시가 유치하는 이주자 집단을 결정한다. 베이징은 한국과 가장 가까운 국제도시로, 수천년의 유구한 역사와 문화적 축적은 같은 유교문화계에 속해 있고 영토가 작은 한국인들에게 자연스럽게 매력적이다. 상하이는 제2차 세계대전 전 일본인들의 해외 투자처이자 이주해 살았던 중요한 도시였다. 인구가 가장 많았을 때는 약 10만 명의 일본인이 상하이 조계지에 살았다. 따라서 상하이는 일본인들에게 매우 친숙하고 애정 깊은 도시이다.[35] 광저우는 청나라 때부터 조계지로서 "제13은행" 설립 이래 중국 전체의 수출무역 기능을 수행해 왔으며, 홍콩, 마카오에 인접하여 외국 문화에 관용적이다. 또한 1957년부터 매년 중국수출상품박람회가 개최되어 왔다. 이는 아프리카 사업가들에게 매우 매력적일 수밖에 없

35 陳祖恩, 『尋訪東洋人 - 近代上海的日本居留民(1868~1945)』, 上海 : 上海社會科學院出版社, 2007, 2~3면(Chen Zu'en, *Looking for the Japanese in Shanghai from 1868 to 1945*, Shanghai : Shanghai Academy of Social Sciences Press, 2007, pp.2~3).

었다. 둘째, 광저우시의 투자유치 및 이민관리 정책은 필연적으로 지역 주택 시장과 이민자 집단의 생활패턴에 더 큰 영향을 미치게 될 것이다. 중하위층 이민자들은 사회경제적 여건의 제약으로 인해 이러한 주택 자원을 누릴 수 없는 경우가 많으며, 심지어 지역 주택 시장에서 배제될 수도 있다. 더욱이 외국인 정착지 형성에는 지역 주민의 태도도 중요한 역할을 하였으며, 특히 이민 신분이나 국가 간 관계 및 행사 등으로 인한 다양한 소란은 지역 주민의 환영이나 환영의 표시로 직접적으로 이어지기도 하였다. 예를 들어, 왕징의 한인 정착지 형성에는 중국조선인들이 적극적인 역할을 한 반면, 샤오베이의 경우 현지 지역 주민들은 이와 상반된 행동을 하였다. 댜오위다오釣魚島사건으로 촉발된 시위 또한 이들에게 적지 않은 영향을 미쳤다.

미시적 관점에서 볼 때 중국으로 이주하는 외국인들은 일시적이라는 느낌이 강하고 인구 이동성이 높으며 경제적 목표가 강하고 지역 사회에 적극적으로 통합하려는 의지가 부족하며 도시 생활에서 다양한 장애물에 직면하게 된다. 언어 장벽, 현지 환경과 사회적 배경에 대한 적절한 이해 부족 등의 장벽은 모두 외국인 정착지에서의 체류 및 고립이라는 공통된 특성으로 이어진다. 정주의식은 일상생활 활동이 주로 본국의 생활방식과 정체성을 유지한다는 점에서 부족한 실정이고, 고립되어 있고, 동포들끼리 집단생활을 하며, 인간관계에 있어서도 같은 민족과의 교류에 국한되며, 현지 사회와의 교류가 부족하다. 이들의 일상생활은 민족 집단, 민족 경제 체제에 따라 달라진다. 이러한 특성은 초국가적 이민자들이 도시 자원을 얻을 수 있는 기회를 다방면에서 방해하고 초국가적 이민자와 지역 사회 간의 상호 작용을 약화시킨다.

이렇게 볼 때 중국 대도시의 외국인 집단 거주지 증가에 있어 초기에는 글로벌 경제 구조조정, 중국의 외국인 관리정책, 도시 공공서비스 시설 공급 등의 요인 때문에 제약을 받았고, 이것들이 다방면에 영향을 미쳤음을 알 수 있다. 다만 이후 발전 과정에서 도시별 특성의 차이는 외국인 집단 거주지역에 고유한 특성을 부여하였다. 따라서 현재 중국의 국내정세와 '여행자형旅居型' 이주자의 우세 상황에서 이러한 외국인 밀집지역은 기존 정책 환경하에서 다양한 이민자 집단과 도시 간 상호 작용의 결과이다.

2) 외국인 집단 거주지역의 특성

(1) 지리적 위치의 우월성

선택 제한 설명모형에 따르면 선택이론은 민족적, 문화적 선호에 기초한 자립적 정착모형을 반영하는 반면, 제한이론은 소수집단이 직면하는 다양한 제약을 강조한다.[36] 중국은 1985년 「중화인민공화국 외국인 출입국 관리법中華人民共和國外國人入境出境管理法」을 공포하였고, 1990년대 중국에 입국한 외국인은 주로 정부 및 기업 기관, 유학생, 투자자 및 기타 특정 집단의 파견 인력이었다. 이들은 지정된 외국 전문관, 외교관 등 아파트, 유학생 기숙사, 외국 관련 호텔 등에서 생활했다.[37] 외국인은 거주지 선택에 있어 명백히 외국인 관리정책의 제약을 받기 때문에 대부분의 외국인 집단 거주지역은 특정 정책지역 내에서 형성된다. 예를 들어

---

36 Lewis P., *Islamic Britain : religion, politics and identity among British Muslims*, London : I.B. Tauris, 1994.

37 Brady A M., *Making the foreign serve China : managing foreigners in the People's Republic*, Oxford : Rowman & Littlefield Publishers, 2003.

베이징 왕징의 한국인 주거지역은 외국 관련 호텔, 외교관, 영사관 등이 밀집한 조양구에 형성됐고, 상하이 구베이의 일본인 주거지역은 '외국인 주거지역'에 형성됐다. 북아프리카 정착촌이 형성될 당시 외국 관련 호텔이 많은 웨슈구越秀區와도 가까웠다. 21세기 이후 외국인 거주지정제도가 해제되면서 외국인과 내국인 간의 주거지 소외가 완화되기 시작하였다. 외국인의 출입국 절차를 더욱 단순화하기 위해 2013년부터 새로운 「중화인민공화국 출입국 관리법中華人民共和國出境入境管理法」이 시행되었다. 위와 같은 외국인 관리정책의 변화는 기존에 정부와 정책 주도하에 '외국인 관련 주거지역'을 중심으로 형성되어 있던 외국인 정주지역에 새로운 변화를 가져왔다. 예를 들어, 외국인들은 상하이 푸동 신구上海浦東新區의 일본인 정착촌과 같이 자율적이고 자발적으로 형성된 외국인 정착촌에서 살기 시작했다.[38] 일반적으로 중국 내 외국인 정착지의 공간적 위치는 자기선택의 결과가 아니라 국가제도의 제약과 외국인 관리정책의 산물이다. 그러나 전통적인 서구 이민자 커뮤니티와 달리 중국의 외국인 정착지 대부분은 도심이나 CBD 등 주요 위치에 위치하고 있으며, 구베이와 왕징은 선진 국제 커뮤니티로 알려져 왔다.

(2) 게토ghetto에서 자신들 중심의 민족 경제를 널리 형성함

사회경제 설명모형에 따르면 제도적 차별, 특히 사회복지제도의 완전성과 적용범위, 주택 시장, 노동 시장, 의료제도, 교육제도 등에서 소수집단에 대한 개방성과 수용성은 모두 정착지역에 대한 영향은 형성에

38 ZHOU Wenting. "Development and characteristics of the Japanese enclave in Pudong New Area of Shanghai", *Tsukuba Geoenvironmental Sciences* 10, 2014, pp.21~32.

상당한 영향을 미친다.[39] 중국에서는 주택, 의료, 교육 등 공공서비스가 주로 중국 국적을 가진 주민과 호적을 가진 주민에게 제공되기 때문에 외국인은 자기 민족의 경제적 루트를 통해 일상생활에 필요한 것을 충족시킬 수 있다. 예를 들어, 광저우와 상하이의 일본 민족 경제는 이기적이며 지역적으로 뿌리를 두고 있다.[40] 광저우와 베이징의 한인 경제는 모두 한인과 중국 조선족이 공동으로 운영하며 셀프서비스에 중점을 두는 특징을 갖고 있다.[41] 광저우의 아프리카 민족 경제 시설은 아프리카 생활 및 문화 공동체를 구성하는 중요한 요소이다.[42] 각 도시의 민족 경제가 공간적으로 외국인 정착지를 기반으로 하고, 나아가 정착지 내 민족 경제로 발전하기 때문에 외국인 집단 거주지가 지속적으로 발전할 수 있는 것이다.

---

39 Musterd S · Winter MD, "Conditions for spatial segregation : some European perspective", *International Journal of Urban and Regional Research* 22(4), 1998, pp.665~673.

40 劉雲剛 · 陳躍, 「廣州日本移民族裔經濟的形成及其社會空間特徵」, 『地理學報』 69(10), 2014, 1533~1546면(Liu Yungang · Chen Yue, "Global economy, local landscape : study on the ethnic economy of Japanese expatriates in Guangzhou city", *Acta Geographica Sinica* 69(10), 2014, pp.1533~1546); 周雯婷 · 劉雲剛, 「上海古北地區日本人聚居區族裔經濟的形成特徵」, 『地理研究』 34(11), 2015, 1~16면(Zhou Wenting · Liu Yungang, "Charac teristics of the Japanese ethnic economy in the Gubei Japanese enclave of Shanghai city, China", *Geographical Research* 34(11), 2015, pp.1~16).

41 周雯婷 外, op.cit., 2016, 649~665면; 劉雲剛 外, 「全球化背景下在華跨國移民社區的空間生產 – 廣州遠景路韓國人聚居區的案例研究」, 『地理科學』 37(7), 2017, 976~986면(Liu Yungang et al., "Production of space of South Korean enclave in Yuanjing Road, Guangzhou", *Scientia Geographica Sinica* 37(7), 2017, pp.976~986).

42 王亮, 「全球化背景下在華非洲人社區的生成及演進路徑 – 以廣州小北非洲人社區爲例」, 『青海民族研究』 28(2), 2017, 1~5면(Wang Liang, "The formed path of the African community in China under the background of globalization", *Qinghai Journal of Ethnology* 28(2), 2017, pp.1~5).

(3) 또렷한 폐쇄적 특징

이전 문헌에서는 폐쇄성이 이민자 공동체의 공통적인 특징이라고 지적했다.[43] 문화와 민족 설명 모델에 따르면 소수집단은 자신의 발전 요구에 따라 동포와 함께 살기를 선택하는 경우가 많다고 보는데, 문화적 정체성을 유지하기 위해 민족 정체성 이론, 민족 자원을 획득하기 위해 민족 자원 이론, 차별과 차별에 대처하기 위한 쉼터이론 등이 이것이다.[44] 리즈강李志剛 등은 아프리카 집단의 저비용 개발 자체 선택, 지역 사회의 거부에 저항하고 지역 사회 연결을 강화하고 정보를 공유해야 하는 필요성 등이 공동으로 아프리카 정착촌의 폐쇄적 성격을 가져왔다고 믿는다.[45] 류윈강劉雲剛 등은 일본 집단의 안전과 질 높은 삶 추구가 지역 사회와의 긴밀한 유대 관계 구축을 가로막고 있다고 생각한다.[46] 중일 관계의 복잡한 변화와 양국 간 상호신뢰와 이해의 부족 또한 일본인 정착 문제를 악화시켰으며, 해당지역이 폐쇄성을 가중시키고 있다.[47] 한인 거주지역의 폐쇄성은 위의 두 가지에 비해 약한데, 이는 주로 한인 집단의 일상생활에서 중국 조선족의 중개 및 지원 역할에 기인한다.[48] 이민자 정착에 대한 전통적인 서구 연구에서 소수 집단의 주거 분리는 사회적 박탈박탈 집단이 박탈된 지역에 거주함 또는 공간적 불균형분리된 공동체가 주거 집단에 미치는 다양한 부정적인 영향으로 간주되는 것을 볼 수 있다.[49] 이에 따라 발생하는

43 Zhou M, *Chinatown : the socioeconomic potential of an urban enclave*, Philadelphia, PA : Temple University Press, 1992.

44 Clark WAV., op.cit., pp.1~19; Kempen RV, "Escaping poverty neighborhoods in the Netherlands", *Housing Theory and Society* 20(4), 2003, pp.209~222.

45 李志剛 外, 앞의 글, 2008, 207~218면.

46 劉雲剛 外, 앞의 글, 2010, 1173~1186면.

47 周雯婷, 앞의 글, 2014, 183~204면.

48 周雯婷 外, 앞의 글, 2016, 649~665면; 劉雲剛 外, 앞의 글, 2017, 976~986면.

문제는 주로 소수 집단이 주류 사회의 노동 시장 및 경제 시스템에 진입하기 어렵기 때문에 이민자 정착촌의 폐쇄적 성격이 원인이다. 중국 내 외국인 게토의 폐쇄적 성격은 사회적 박탈이나 공간적 불균형의 결과라기보다는 자기 정체성에 더 기초를 두고 있다.

3) 외국인 집단 거주지의 유형

이상의 분석에 따르면, 중국 대도시의 외국인 정착지 형성 메커니즘은 상대적으로 복잡하며, 특구형特區型, 민족형民族型, 결합형結合型의 세 가지 유형으로 요약할 수 있다.

(1) 특구형

상하이 구베이 일본인 거주지역은 원래 홍교경제기술개발구에 지원 시설을 갖춘 '외국인 거주지역'이며, 베이징 왕징 한국인 거주지역이 위치한 조양구는 대외 관련 자원이 집중적으로 집중되어 있다. 두 곳 다 특정 정책 분야로 말미암아 형성되었지만 그 성격은 각각 다르다. 구베이 일본인 집단 거주지는 하향식 정책설계로 형성된 전형적인 외국인 거주지역으로, 외국인 관리정책이 외국인의 고정거주를 제한하는 시대의 맥락에서 지방자치단체와 자본투자개발자 등이 참여한 것이다. 다국적 기업을 대표하는 일본 기업들도 이 과정에 적극적으로 협력하고 있으며, 지정된 사회주택이나 주택 보조금 및 혜택을 통해 일본인들이 구베이 신

49 郝亞明, 「城市與移民 - 西方族際居住隔離研究述論」, 『民族研究』, 2012, 12~24면(Hao Yaming, "City and immigrant : A summary of Western researches about the ethnic residential segregation", *Ethno-National Studies*, 2012, pp.12~24).

지역으로 이주하도록 유도하고 있다. 이 글에서는 구베이와 같이 정책 체계와 지방자치단체로 대표되는 행정력이 형성과 발전 과정에서 주도적인 역할을 하는 주거지역을 '특구형' 외국인 주거지역으로 정의한다.

(2) 결합형

베이징 왕징 한인 사회 역시 초기에는 하향식 정책 설계의 특징을 갖고 있었다. 그러나 주거공간 개발 측면에서는 향후 한인 인구의 증가를 예상하고 특히 한식주택을 통한 한인 입주를 유치하기 위해 투자개발업자들이 착공에 나섰는데 이에 반해 지자체의 역할은 상대적으로 미미하였다. 개발의 중기 및 후기에는 한인 인구의 사회경제적 특성이 다양해지고, 거주 기간이 길어지면서, 지역 사회에 익숙해지게 되었다. 이에 경제, 교육, 편의를 도모하고, 중국 주거지역을 확대하여 정착경계를 주변부로의 확대를 촉진하겠다는 이유로 왕징 신도시 인근지역으로 이주하는 한인이 생기기 시작했다. 따라서 이 글에서는 왕징과 같은 정착지의 형성 및 발전 과정을 하향식 정책 지도와 해당 민족의 자발적인 상향식 촉진을 모두 갖춘 "결합된" 외국인 정착지로 정의한다.

(3) 민족형

광저우 샤오베이의 아프리카인 정착촌은 그와 정반대이며, 상향식 사회민족 집단 세력에 의해 자발적으로 형성된 '원주민' 외국인 정착지의 전형적인 대표로서 이 글에서는 이를 '민족형'으로 정의한다. 민족형 게토의 개발 모델은 지리, 혈연 등 사회적 관계를 기반으로 개발되고 특정 사회 공간과 연계되는 국내 이민자 정착지와 더 유사하다. 왕징, 구베이 등 생활환경이 좋은 상업주거지역에 비해 아프리카인들은 주로 임대료가 낮은 상업 및 주거용 건물에 거주하고 있으며, 심지어는 생활여건이 상대적으로 열악한 어반 빌리지의 악수건물握手樓 : 건물과 건물 사이가 매우 좁아 악수를 할 수 있을 정도로 지어진 불법 건축물을 의미하는 용어에도 거주하고 있다. 지방정부와 투자개발자들은 이것의 형성과 발전에 참여하지 않았을 뿐만 아니라, 아프리카인들의 인구가 증가하면서 그에 따른 사회문제가 끊임없이 과장되면서 여론의 압박을 받게 되자 지방정부의 태도는 점차 바뀌었다. 부정적이고 엄격한 통제를 위해 지역 주민들 대부분은 자신들이 거주지 인근에 아프리카인들이 모여 사는 것에 반대하고 있으며, 이들이 근처에 사는 것을 꺼려할 뿐만 아니라 일부 상업 및 주거용 건물과 공동체에서는 임대료를 인상하고 입주를 제한하기 위해 강제로 임대를 거부하는 등의 조치를 취하기도 한다.[50] 아프리카인 집단 거주지의 형성은 민족 집단 자체의 정착 선호도뿐만 아니라 지역 사회와 주민들의 외국인 혐오적 태도와 행동에 의해서도 영향을 받는다.

〈표 2〉 베이징 · 상하이 · 광저우 외국인 집단 거주와 집단 거주지역 비교

	베이징 왕징(望京)	상하이 구베이(古北)	광저우 샤오베이(小北)
집단 거주지 유형	결합형	특구형	민족형
이주집단	한국인	일본인	아프리카인
비자 유형	취업비자(Z), 유학비자(X)	취업비자(Z)	상업 목적 방문비자(F)
종사 업종	한국 기업(제조업, 도소매업)	일본 기업(제조업, 도소매업)	상업 무역 활동
환경적 요구	양질의 생활 환경, 안전성,	안전성, 업무의 용이성	저렴한 임대료,

50 李志刚 外, 앞의 글, 2008, 207~218면.

	베이징 왕징(望京)	상하이 구베이(古北)	광저우 샤오베이(小北)
	업무의 용이성		무역거래의 용이성
경제적 요구	자국 생활 방식 유지 및 삶의 질		종교 활동, 음식 습관, 각종 문화적 갈등 해소
집단 거주지 주위	주변지역과 또렷한 구분, 반(半)밀폐형	주변지역과 또렷한 구분, 매우 폐쇄적	주변지역과 구분이 느슨함. 개방적
주위 변화	중심에서 주변으로 확산		중심으로 주변으로 분산 이주
거주지 위치	한국 기업 밀집지역과의 근접성	일본 기업 밀집지역과의 근접성	무역도매시장과의 근접성
현지인들과의 관계	중국 조선족과 밀접한 왕래	외부와의 접촉·왕래가 매우 적음	배척과 멸시를 받고 있음

이상 3개의 외국인 집단과 그들의 집단 거주지역의 비교를 〈표 2〉와 같이 요약할 수 있다.

6. 향후 연구 전망

세계 경제의 중심이 이동하면서 글로벌 이주민들의 흐름도 소리 없이 변화하고 있다. 전 세계 도시는 도시, 지역, 국가, 심지어 세계 간 인구의 흐름과 감소를 경험하고 있으며, 도시가 이주민들을 끌어들이고 있다. 이것이 도시의 미래 발전에 기여할 수 있는지 여부는 도시 발전의 지속가능성의 중요한 척도가 된다. 중국은 과거 이민자 송출국에서 지금은 이민자 송출과 입국을 동시에 수행하는 국가로 변모하고 있다. 이제 중국은 점점 더 세계 인구 이주 패턴에서 중요한 위치를 점유하고 있으며, 이는 중국이 초국가적 이주 연구에 중요한 역할을 해야 함을 보여준다. 현재 중국이 겪고 있는 세계화의 깊이와 폭, 속도는 서구사회와 비교할 때 유래가 없는 수준이며, 중국 특유의 국가체제와 사회체제의 영향, 초국가적 이주민들의 인구이동 메커니즘, 입국 후 생존전략, 일상생활 관행 등이 맞물려 있다. 이에 따라 외국인 집단 거주지의 형성 특성, 지역 사회에 미치는 영향 등은 모두 서구 담론 체제하의 초국가적 이민자들과 상황이 다르다. 전통적인 이주민들로부터 새로운 이주민 집단으로의 시대 변화는 필연적으로 이주민들과 도시의 관계, 이주민 커뮤니티의 공간적 형태와 메커니즘의 변화로 이어질 것이다. 이주민공동체의 발전 모델은 특정 시대의 각 국가와 도시의 정치·경제적 환경, 사회경제적 조건 등 외부적 요인과도 밀접하게 연관되어 있다.

중국 대도시의 외국인 집단 거주지의 유형 중 처음 두 가지 유형인 특구형과 결합형은 정책과 자본의 지원을 받으며 도시 발전의 현대화 수준을 대표하는 '국제공동체'이다. 이러한 집단 거주지의 형성은 지역 주택 시장의 차별 때문이 아니라, 외국인 소유 외국 기업의 관련 인력, 사업가, 기업가들이 이 두 이민자 집단을 지배하고 있기 때문에 그들의 높은 사회경제적 지위는 국제 정책과 일치한다. 또한 현대 도시의 발전 전략은 고급 국제 커뮤니티를 구축하려는 자본 개발자의 목표와도 일치한다. 이 두 이민자 그룹은 종종 정부 정책과 자본 개발자의 의도에 협력해야 한다. 이는 주거안전과 질 높은 커뮤니티서비스를 고려하여 국제사회의 주요 거주지가 되도록 안배하고 유도하려는 것이다. 베이징 왕징과 상하이 구베이의 외국인 집단 거주지는 첨단기술과 대기업, 외자에 의존하는 정부의 도시개발 모델에 맞추어 형성됐다. 이에 따라 사회세력은 동일한 목표를 가지고 함께 협력한다. 비록 각 민족의 집단 거주지는 서양의 경우와 유사한 특성을 갖고 있으나 서양처럼 가난한 이주민들이 형성한 주거지역은 아니므로 특성상 유럽과 달리 뚜렷한 중국적 특성을 갖고 있다. 따라서 중국의 초국가적 이주에 대한 연구는 중국의 맥락에 기초해야 하며 국가 시스템, 경제 시스템, 시장 전환, 사회 구조 변화 등 모든 요인으로부터의 영향을 고려해야 한다. 도시 공간의 변화, 이민 거버넌스, 심지어 새로운 국제 관계와 같은 이슈 역시 앞으로도 지속적인 관심이 필요한 중요한 주제이다.

뿐만 아니라 갑작스러운 코로나19 사태로 인해 현재 중국 내 외국인 단체 및 거주지역의 상황이 변화하고 있다. 이번 글에서는 주로 코로나19 사태 이전의 상황을 비교하였다. 포스트 전염병시대에 외국인 집단의 초국가적 이주형태의 변화와 그에 따른 중국 내 외국인 집단 거주지의 발전 및 진화는 더 많이 주목받아야 할 만한 문제라고 생각한다.

참고문헌

Massey DS et al., Theories of international migration : a review and appraisal. *Population and Development Review* 19(3), 1993.

Caglar A., "Urban migration trends, challenges and opportunities", *World Migration Report*, 2015; "Migrants and Cities : New Partnerships to Manage Mobility", *Switzerland : International Organization for Migration*, 2015.

Winders J., "New immigrant destinations in global context", *International Migration Review* 48(1), 2014.

Logan JR. "Variations in immigrant incorporation in the neighborhoods of Amsterdam", *International Journal of Urban and Regional Research* 30(3), 2006.

Brown LA · Chung SY., "Market-led pluralism : Rethinking our understanding of racial / ethnic spatial patterning in US cities", *Annals of the Association of American Geographers* 98(1), 2008.

Massey DS · Denton NA., "Spatial assimilation as a socioeconomic outcome", *American Sociological Review* 50, 1985.

Logan JR et al., "Immigrant enclaves and ethnic communities in New York and Los Angeles", *American Sociological Review* 67(2), 2002.

Alba RD · Nee V., *Remaking the American Mainstream : Assimilation and Contemporary Immigration*, Cambridge : Harvard University Press, 2003.

Schelling TC., "Dynamic models of segregation", *Journal of Mathematical Sociology* 1(2), 1971.

Clark WAV., "Residential preferences and neighbourhood racial segregation : A text of the schelling segregation model", *Demography* 28(1), 1991.

週敏 · 林閩鋼, 『族裔資本與美國華人移民社區的轉型』, 社會學研究, 2004(Zhou Min · Lin Mingang, "A study on ethnic capital and the transformation of Chinese migrant communities in the United States", *Southeast Asian Studies*, 2004).

週敏 · 黎相宜, 『國際移民研究的理論回顧與未來展望』, 東南亞研究, 2012(Zhou Min · Li Xiangyi, "Overview of research on international migration and future trends", *Southeast Asian Studies*, 2012).

張耀丹, 「東京大都市圏における中国人ホワイトカラー層の住宅の購入動機と選好パターンーインタビュー調査を用いて」, 『地理学評論』 93(1), 2020(Zhang Yaodan, "The residence pur-chasing motives, preference and patterns of Chinese white collar residents in Tokyo Metropolitan area : using an interview survey", *Chirigaku Hyoron* 93(1), 2020).

李唯, 『多族裔聚居郊區－北美城市的新型少數族裔社區』, 北京 : 商務印書館, 2017(Li Wei, *Ethno-burb : the new ethnic community in Urban America*, Beijing : The Commercial Press, 2017).

Ang I., "At home in Asia? Sydney's Chinatown and Australia's 'Asian Century'", *International Journal of Cultural Studies* 19(3), 2016.

Kim J., "Manhattan's Koreatown as a Transclave : the emergence of a New Ethnic enclave in a Global city", *City & Community*, 2018.

週大鳴 · 週愛華, 「廣州非洲和韓國商貿型移民的比較」, 『中國國際移民報告 2018』, 北京 : 社會科學文獻出版社, 2018(Zhou Daming · Zhou Aihua, "A comparative study on African merchants and Korean merchants in Guangzhou", *Annual Report on Chinese International Migrantion 2018*, Beijing : Social Sciences Academic Press, 2018).

劉雲剛 · 陳躍, 「全球化背景下的中國移民政策－評論與展望」, 『世界地理研究』 24(1), 2015(Liu Yungang · Chen Yue, "Remarks on Chinese migration policy within globalizing urbanization", *World Regional Studies* 24(1), 2015).

교육과학기술부, 재외동포현황－동북아시아 · 남아시아태평양 · 북미 · 중남미 · 유럽 · 아프리카 · 중동, 2015.10.20(Ministry of Science and Technology of South Korea, Annual report of statistics on Korean nationals overseas 2013 :Northeast Asia, South Asia Pacific, North America, South America, Europe, Africa, Middle East., 2015.10.20).

周雯婷 外, 「全球化背景下在華韓國人族裔聚居區的形成與發展演變－以北京望京為例」, 『地理學報』 71(4), 2016(Zhou Wenting et al., "Making, development and transformation of South Korean Enclave in China : A case study of Wangjing, Beijing", *Acta Geographica Sinica* 71(4), 2016).

日本外務省, 海外在留邦人數調查統計(平成 28年), 2018.3.7(Consular and Migration Policy Division, Consular Affairs Bureau, Japanese Ministry of Foreign Affairs, *Annual report of statistics on Japanese nationals overseas* 2016(http://www.mofa.go.jp/mofaj/files/000293757.pdf), 2018.3.7).

周雯婷 · 劉雲剛, 「上海古北地區日本人聚居區族裔經濟的形成特徵」, 『地理研究』 34(11), 2015(Zhou Wenting · Liu Yungang, "Characteristics of the Japanese ethnic economy in the Gubei Japanese enclave of Shanghai city, China", *Geographical Research* 34(11), 2015).

周雯婷, 「上海における日本人集住地域の形成 · 変容過程－古北地区を事例として」, 『地理学評論』 87(3), 2014(Zhou Wenting, "Formation and transformation processes of a Japanese enclave in Shanghai : case study of the Gubei area", *Geographical Review of Japan Series A* 87(3), 2014).

Bodomo A., *Africans in China : a sociocultural study and its implications for Africa-China relations* 21(212), Cambria Press, 2012.

Brown A., "In the Dragon's Den : African traders in Guangzhou", *Journal of Ethnic& Migration Studies* 38(5), 2012.

Haugen H Ø., "Nigerians in China : a second state of immobility", *International Migration* 50(2), 2012.

李志剛 外, 「廣州小北路黑人聚居區社會空間分析」, 『地理學報』 63(2), 2008(Li Zhigang et al., "The African enclave of Guangzhou : a case study of Xiaobeilu", *Acta Geographica Sinica* 63(2), 2008).

李志剛 · 杜楓, 「中國大城市的外國人"族裔經濟區"研究－對廣州"巧克力城"的實證」, 『人文地理』 27(6),

2012(Li Zhigang · Du Feng, "The transnational making of 'chocolate city' in Guangzhou", *Human Geography* 27(6), 2012).
周雯婷 · 劉雲剛, 「在華外國人社會融合的現狀與問題－以在滬日本人爲例」, 『世界地理研究』 28(1), 2019(Zhou Wenting · Liu Yungang, "The condition and problems of immigrants' social integration in China : A Case study of Japanese transmigrants in Shanghai", *World Regional Studies* 28(1), 2019).
樑玉成, 「在廣州的非洲裔移民行爲的因果機制－積累因果視野下的移民行爲研究」, 『社會學研究』, 2013(Liang Yucheng, "African immigration in Guangzhou China : A cumulative causation perspective on immigration behavior", *Sociological Study*, 2013).
柳林 外, 「在粵非洲人的遷居狀況及其影響因素分析－來自廣州, 佛山市的調查」, 『中國人口科學』, 2015(Liu Lin et al., "Migration patterns and its influencing factors of African Immigrants in Guangdong Province : A survey form Guangzhou and Foshan Cities", *Chinese Journal of Population Science*, 2015).
許濤, 「在華非洲族裔聚居區的類型, 特徵及其管理啓示－以廣州地區爲例」, 『非洲研究』 2, 2016(Xu Tao, "Types, features and implications on the management of the African communities in China : A case study of Guangzhou", *African Studies* 2, 2016).
陳祖恩, 『尋訪東洋人－近代上海的日本居留民(1868~1945)』, 上海 : 上海社會科學院出版社, 2007 (Chen Zu'en, *Looking for the Japanese in Shanghai from 1868 to 1945*, Shanghai : Shanghai Academy of Social Sciences Press, 2007).
Lewis P., *Islamic Britain : religion, politics and identity among British Muslims*, London : I.B. Tauris, 1994.
Smith S., "The politics of 'race' and residence : citizenship, segregation and white supremacy in Britain", *Progress in Human Geography* 15(4), 1989.
Brady A M., *Making the foreign serve China : managing foreigners in the People's Republic*, Oxford : Rowman & Littlefield Publishers, 2003.
ZHOU Wenting, "Development and characteristics of the Japanese enclave in Pudong New Area of Shanghai", *Tsukuba Geoenvironmental Sciences* 10, 2014.
Musterd S · Winter MD, "Conditions for spatial segregation : some European perspective", *International Journal of Urban and Regional Research* 22(4), 1998.
劉雲剛 · 陳躍, 「廣州日本移民族裔經濟的形成及其社會空間特徵」, 『地理學報』 69(10), 2014(Liu Yungang · Chen Yue, "Global economy, local landscape : study on the ethnic economy of Japanese expatriates in Guangzhou city", *Acta Geographica Sinica* 69(10), 2014).
劉雲剛 外, 「全球化背景下在華跨國移民社區的空間生產－廣州遠景路韓國人聚居區的案例研究」, 『地理科學』 37(7), 2017(Liu Yungang et al., "Production of space of South Korean enclave in Yuanjing Road, Guangzhou", *Scientia Geographica Sinica* 37(7), 2017).
王亮, 「全球化背景下在華非洲人社區的生成及演進路徑－以廣州小北非洲人社區爲例」, 『青海民族研究』 28(2), 2017(Wang Liang, "The formed path of the African community in China under the background of globalization", *Qinghai Journal of Ethnology* 28(2), 2017).

Zhou M, *Chinatown : the socioeconomic potential of an urban enclave*, Philadelphia, PA : Temple University Press, 1992.

Kempen RV, "Escaping poverty neighborhoods in the Netherlands", *Housing Theory and Society* 20(4), 2003.

劉雲剛 外, 「廣州日本移民的生活活動與生活空間」, 『地理學報』 65(10), 2010(Liu Yungang et al., "Japanese expatriates in Guangzhou city : the activity and living space", *Acta Geographica Sinica* 65(10), 2010).

郝亞明, 「城市與移民－西方族際居住隔離研究述論」, 『民族研究』, 2012(Hao Yaming, "City and immigrant : A summary of Western researches about the ethnic residential segregation", *Ethno-National Studies*, 2012).

한일 연근해 어업에서의 이주 노동자 수용 제도 비교

장기 고용으로의 변화에 주목하여

최민경

1. 들어가며

오늘날 저출산 고령화에 따른 청년 인구의 절대적 감소와 도농 격차로 인한 도시 집중화가 빠르게 진행됨에 따라, 국내 수산업의 노동력 부족 문제 또한 심각성을 더해가고 있다. 이와 같은 상황 속, 수산업 현장에서 부족한 일손을 채우고 있는 것이 바로 이주 노동자이다. 한 신문 보도에 따르면 코로나19로 출입국이 통제되면서 이주 노동자를 구하지 못한 군산의 김 양식장은 폐업했고, 부산의 통발 어선은 조업 일수를 반으로 줄였다.[1] 한편, 한국보다 먼저 2010년부터 인구 감소가 시작된 일본에서도 유사한 현상이 나타나고 있다. 일본에서는 수산업을 건설업,

1 「외국인 노동자 사라진 어촌, 오징어 풍년에도 고깃배는 뜰 수 없었다」, 『경향신문』, 2021. 10.29(https://www.khan.co.kr/economy/economy-general/article/202110290600045(검색일 : 2023.12.07)).

의료·개호介護업 등과 함께 '인재 고갈 산업人材枯渴産業' 중 하나로 자리매김하며, 이주 노동자를 적극적으로 수용하고 있다.

한편, 최근 들어 한일 양국의 수산업계에서는 이주 노동자의 장기 고용을 원하는 목소리가 높아지고 있다. 여기에는 크게 두 가지 이유가 작용하였는데, 우선, 수산업 분야의 인력난이 만성화하며 쉽게 돌파구를 찾지 못하는 가운데, 일손 부족 문제에 안정적으로 대응할 필요성이 높아졌기 때문이다. 이와 더불어 숙련된 내국인 노동자가 고령화하고 청년층의 신규 유입이 극히 적은 상황이 장기간 지속되면서 현장에서 비숙련 노동자만이 아니라 숙련 노동자의 부족 현상 또한 현저해졌고, 그 결과 한 분야에서 오랜 기간 일하여 일정 정도 이상의 숙련도를 지닌 이주 노동자의 수요가 커졌기 때문이다. 바꾸어 말하자면, 신규 유입된 이주 노동자와 숙련된, 하지만 고령의 내국인 노동자만이 남은 어촌의 상황을 고려한다면,[2] 이주 노동자의 장기 고용을 통해 인력 공백을 최소화하고, 조업의 효율성을 확보할 필요가 있다는 지적인 것이다.

그리고 이와 같은 목소리는 구체적인 제도 변화를 가져왔다. 2010년대 후반 이후 한국과 일본 모두 수산업으로 유입하는 이주 노동자의 고용을 장기화하는 방향으로 관련 제도를 발 빠르게 바꿔나가고 있다. 그런데 잘 알려져 있다시피 지금까지 한일 양국 모두 단순 기능직 이주 노동자의 경우, 정주 가능성을 배제한 단기 순환을 대원칙으로 해 왔으며, 수산업도 여기에 해당한다. 즉, 짧은 기간 동안 일을 하고 나서는 반드시 귀국하는 방식인데, 이는 위에서 언급한 수산업계의 목소리와는 배

2 현채민·최서리, 「숙련 외국인 어선원 확보를 위한 제도 개선 방안 - 연근해 어업을 중심으로」, 『수산경영론집』 54(1), 한국수산경영학회, 2023, 3면.

치되는 것이다. 그렇다면 제도 변화 과정에서 이와 같은 모순, 즉, 장기 고용 수요와 단기 순환 원칙은 어떻게 조정되었을까? 이 글은 수산업, 그중에서도 한국과 일본의 연근해 어업沿近海漁業 사례에 초점을 맞춰 비교 분석함으로써 이 질문에 답하고자 한다. 연근해 어업에 초점을 맞추는 이유는 한일 양국 모두 수산업에서의 이주 노동자 수용 대부분이 연근해 어업을 통해 이루어지고 있으며, 안정적인 노동자의 확보가 산업 자체의 지속가능성의 문제와도 연관됨에 따라 제도 변화 또한 다른 어떠한 분야보다 두드러지기 때문이다.

2. 선행연구 검토

한국과 일본의 이주 노동자 수용 제도는 1990년대 매우 유사한 형태를 보이다가 2000년대 중반 이후 분화되었다는 것이 일반적인 해석이다. 이는 당초 한국이 일본을 모방하여 관련 제도를 도입했기 때문이데, 그것이 바로 외국인 연수 제도外國人研修制度, 일본와 산업 연수생 제도한국이다. 양쪽 모두 '연수'라는 명목 아래 실제로는 '옆문side-door'을 통해 단순 기능직 '노동자'를 받아들여 내국인 노동자가 기피하는 3D 업종, 예를 들어, 중소 규모의 식료품, 고무 제조업 등에서 노동력을 확보하는 변칙적인 제도였다. 변칙적인 만큼 문제가 많아 노동자로서 권리를 인정받지 못한 연수생의 인권 침해 문제가 한일 양국에서 빈번히 발생하였고 결국에는 근무지를 이탈하는 미등록 이주 노동자를 양산하였으며, 국내외로부터 비판의 대상이 된다.[3] 그런데 이와 같은 문제점을 타개하는 방안으로 한국과 일본은 다른 길을 선택한다. 2004년 한국은 고용 허가제를 도입함으로써 단순 기능직 이주 노동자를 '노동자'로서 '앞문 front-door'을 통해 공식적으로 받아들이게 되었지만, 일본은 연수 이후 노동자로서 기능실습을 가능토록 하는 기능 실습 제도技能實習制度를 병행하고 점차 이를 확대 운용하는 방식을 취한다.

그리고 이렇게 한국과 일본의 이주 노동자 수용 제도의 큰 틀이 서로 달라지면서 그 배경, 원인 등을 고찰하는 연구가 축적되기 시작한다. 가장 초기의 연구로는 설동훈의 연구가 있으며,[4] 이후에도 전재호, 이병하, 사노 고지佐野孝治 등의 연구가 이와 같은 한일 비교의 시각에서 이뤄졌다.[5] 이들 선행연구의 공통점은 한국의 고용 허가제 도입을 '바람직한' 변화로 평가하고 한국은 왜 그러한 변화가 가능했던 반면, 일본은 왜 그러하지 못해 여전히 표리부동한 이주 노동자 수용 제도를 견지하는지를 밝히고자 했다는 것이다. 한편 이러한 제도 분화와 평가가 배경으로 작용한 결과, 이주 노동자 수용 제도에 관한 한일 비교 연구는 2010년 후반 이후 그다지 활발하지 못한 것이 사실이다. 국내의 경우, 하정봉 · 이광원 · 권경득의 연구[6] 외에는 관련 성과를 찾아보기 힘들며,

---

3 전윤구, 「한국의 외국인력정책에서 일본제도의 변용과 문제점 - 산업연수생제도의 도입과 운영을 중심으로」, 『강원법학』 42, 강원대 비교법학연구소, 2014, 413면.

4 설동훈, 「한국과 일본의 외국인노동자 정책 비교」, 『일본연구논총』 21, 현대일본학회, 2005, 201~230면.

5 전재호, 「『이주의 세계화』에 따른 한국의 『외국인 정책』 변화 - 일본의 사례를 참고하여」, 『한국과 국제정치』 23(3), 경남대 극동문제연구소, 2007, 191~223면; 이병하, 「한국과 일본의 외국인 노동자 정책과 외국인 노동자 운동 - 이중적 시민사회와 정치적 기회구조」, 『기억과 전망』 29, 한국민주주의연구소, 2013, 264~304면; 佐野孝治, 「外国人労働者政策における『日本モデル』から『韓国モデル』への転換 - 韓国における雇用許可制の評価を中心に」, 『福島大学地域創造』 22(1), 福島大学地域創造支援センター, 2010, 37~54면.

6 하정봉 · 이광원 · 권경득, 「외국인 노동인력 수용정책에 관한 한 · 일 비교 및 정책적 함의」, 『국가정책연구』 33(2), 중앙대 국가정책연구소, 2019, 89~120면.

오히려 일본에서 적지만 꾸준한 검토가 이뤄져 왔다.[7]

하지만 보다 큰 틀에서 보았을 때 한일 양국의 이주 노동자 수용 제도가 얼마나 다른 양상을 보이는지에 대해서는 비판적으로 검토할 필요가 있다. 한국의 고용 허가제 도입 이후, 한일 양국의 단순 기능직 이주 노동자 수용의 방식에 차이가 나타난 것은 사실이다. 하지만 신규 유입하는 외국인을 기술이나 지식의 전문성을 기준으로 양분하여 각각 다른 원리·내용으로 이들의 출입국·체류·활동을 진행·관리하였다는 점에서는 결국 크게 다르지 않다고도 해석할 수 있다. 한일 양국 모두 전문직에게는 우대 조치를 취하고 정주, 나아가 영주의 가능성을 여는 한편, 단순 기능직의 경우 일정 기간 체류 후 귀국하는 단기 순환 방식을 원칙으로 해 왔다. 그리고 규모라는 측면에서 보면 전문직의 유입은 매우 미미했기 때문에 관련 제도의 중심은 어디까지나 단순 기능직에 있었다.

그런데 이와 같은 제도 운용은 노동력 부족 현상이 해결될 기미 없이 심각성을 더하며 장기화하여 이주 노동자 없이는 존립 자체가 힘든 산업의 경우, 한계를 보이기 시작한다. 이 글에서 주목하는 수산업, 구체적으로는 연근해 어업도 그중 하나로 단기 순환 방식의 문제점을 노정하고 있다. 한국과 일본 모두 연근해 어업 분야의 인력난은 이미 만성적인 문제로 이주 노동자가 유입한지도 오래 되었다. 그리고 특히 최근 들어, 그 정도는 더욱 심해졌고 서론에서도 설명한 바와 같이 팬데믹을 겪

7 佐野孝治, 「韓国における外国人労働者『雇用許可制』と支援システム – 日本の受入れ政策に示唆すること」, 『労働の科学』 70(12), 大原記念労働科学研究所, 2015, 712~716면; 佐野孝治, 「外国人労働者受入れ政策の日韓比較 – 単純技能労働者を中心に」, 『韓国経済研究』 17, 九州大学研究拠点形成プロジェクト, 2020, 3~35면; 宣元錫, 「『特定技能』制度は雇用許可制になりうるのか – 外国人労働者政策の日韓比較」, 『韓国経済研究』 18, 九州大学研究拠点形成プロジェクト, 2021, 43~55면.

으며 안정적인 노동력 확보의 필요성을 한층 명확히 인식하게 되었다. 게다가 조업 현장에서 선장과 이주 노동자의 다리 역할을 해주던 내국인 숙련 노동자가 급감하면서 일부 이주 노동자에게 이와 같은 역할이 요구되기 시작했다. 그 결과 한일 양국의 연근해 어업에 있어서 단기 순환 방식을 전제로 한 단순 기능직 이주 노동자 수용 제도는 적지 않은 변화를 보이고 있다.

한편 2010년대 들어 한국과 일본의 연근해 어업, 나아가 수산업으로의 이주 노동자 유입에 관한 연구가 꾸준히 축적되고 있는 상황이다. 한일 양국 모두 해양·수산 연구의 일환으로 진행된 경우가 대부분인데, 한국에서는 이주 노동자 수용 현황과 인권 문제에 대한 법제도적 측면의 접근이 눈에 띄는 반면,[8] 일본에서는 수산 노동력의 수요와 공급의 문제로서 경제·경영학적 관점에서 제도 변화에 대한 비판적인 논의가 주를 이룬다.[9] 다만 이들 연구는 앞서 설명한 것처럼 2010년대 이

8 한양대 글로벌다문화연구원, 『어업 이주 노동자 인권상황 실태조사』, 국가인권위원회, 2012; 전영우, 「외국인선원의 근로조건에 관한 일고찰」, 『해사법연구』 25(2), 한국해사법학회, 2013, 1~28면; 노아현, 「우리나라 수산업분야의 외국인근로자 고용 현황 및 시사점」, 『수산관측리뷰』 3(1), 한국해양수산개발원 수산업관측센터, 2016, 13~29면; 홍재범·김병호, 「연안어업 외국인근로자 고용 실태에 관한 연구」, 『수산해양교육연구』 30(3), 한국수산해양교육학회, 2018, 807~818면; 지승우·노호래, 「어업 이주 노동자의 인권 침해와 대응 방안 - 개야도 어업 이주 노동자 사례를 중심으로」, 『한국해양경찰학회보』 11(1), 한국해양경찰학회, 2021, 53~80면; 박상식, 「연근해 어업 외국인선원의 인권침해와 개선 방안에 관한 연구」, 『한국해양경찰학회보』 12(1), 한국해양경찰학회, 2022, 1~28면; 우영옥, 「도서(섬)지역 고용 허가제 운영실태와 인력 정책의 방향」, 『한국이민정책학보』 5(1), 한국이민정책학회, 2022, 41~62면; 현채민·최서리, 앞의 글.

9 廣吉勝治, 「漁業・水産業における外国人就業の実態把握に関する考察」, 『漁業経済研究』 50(2), 漁業経済学会, 2005, 1~10면; 三輪千年, 「漁業・水産業分野における労働力の国際化」, 『水産振興』 40(1), 東京水産振興会, 2006, 1~56면; 佐々木貴文, 「日本漁業と『船上のディアスポラ』 - 『黒塗り』にされる男たち」, 駒井洋監修・津崎克彦編著, 『産業構造の変化と外国人労働者 - 労働現場の実態と歴史的視点』, 東京 - 明石書店, 2018, 237~258면; 佐々木貴文, 「日本漁業の『生命線』になる外国人 - 外国人漁船員の技能に注目した共生に関する考察」, 『アジア太平洋研究』 44, 成蹊大学アジア太平洋研究センター, 2019, 23~44면; 佐々木貴文, 「水産業における外国人労働力の導入実態と今

후 이주 노동자 유입 제도 전반에 관한 한일 비교 연구가 감소하는 가운데 한국과 일본 각각의 국내적 맥락에서만 분석이 이뤄졌다는 한계를 지닌다.

한국과 일본의 연근해 어업은 일손 부족 문제에 대하여 일부 기계화·자동화를 통해 대응하고는 있으나 기본적으로 매우 노동집약적인 특성을 지니는 산업인 만큼 앞으로도 이주 노동자에 대한 의존도는 쉽게 낮아지지 않을 것으로 예상된다. 게다가 과거와는 달리 이주 노동자의 숙련도에 대한 요구 또한 발생하고 있는 가운데, 연근해 어업에서의 이주 노동자 수용 문제는 단순히 '얼마나 많은' 노동력이 필요한지에 대한 고려만이 아니라 '어떠한' 노동력이 필요한지에 대한 이해와 조정을 포함하는 것으로 바뀌고 있다. 이에 이 글에서는 이러한 공통된 변화 속에 있는 한일 양국의 수산업, 그중에서도 연근해 어업으로의 이주 노동자 수용 제도를 국제 비교적 시각에서 분석하고자 한다. 오늘날 한국과 일본 사회가 공통으로 직면하고 있는 사회 구조의 변화를 고려하면 여전히 양국의 이주 노동자 유입 제도의 비교 분석은 유효하기 때문이다. 특히 이 글에서는 연근해 어업에 있어 이주 노동자의 고용이 어떠한 논리와 내용으로 장기화하고 있는지에 초점을 맞출 것이다. 이와 같은 작업은 단순히 연근해 어업에 그치지 않고 한국과 일본의 단순 기능직 이주 노동자 관련 제도 전반에 걸쳐 상호 정책적 함의를 모색한다는 의미를 지닌다.

後の展望」, 『水産振興』 54(6), 東京水産振興会, 2020, 1~45면; 増崎勝敏, 「近海カツオ一本釣り漁業の操業実態と外国人技能実習生について」, 『日本民俗学』 307, 日本民俗学会, 2021, 69~80면; 佐々木貴文, 「漁業センサスからみた漁業・水産加工業における外国人就業の実態とその推移」, 『漁業経済研究』 66(1), 漁業経済学会, 2022, 43~61면.

3. 한국의 제도적 전개와 특징

1) 이원화된 수용 제도와 단기 순환 방식의 확립

한국 연근해 어업으로의 이주 노동자 유입은 1990년대 중반 시작되었다. 당시 해운·수산업 전반이 처해 있던 국제 경쟁 심화 속,[10] 저임금, 높은 노동 강도에 기인한 내국인 선원 부족이라는 배경을 바탕으로 1991년 상선 부문에서부터 국적선으로의 외국인 선원 혼승混乘이 시작되었고, 수산업의 경우, 1993년 원양 어선에 도입되었다. 한편, 수협은 원양 어선의 외국인 선원 혼승이 시작된 직후부터 당시의 수산청 및 해운항만청을 상대로 연근해 어선의 외국인 선원 혼승 허용을 건의하였다.[11] 그리고 1996년 약 1천 명의 외국인 선원이 연근해 어선에 혼승하면서 실행에 옮겨지는데, 여기서 중요한 점은 연근해 어선으로의 외국인 선원 혼승은 당시 제조업에 국한되어 있던 산업 연수생 제도를 확대하는 형태로 이루어졌다는 사실이다. 즉, 원양 어선과 연근해 어선으로의 외국인 선원 혼승이 서로 다른 제도를 통해 진행되었으며, 이는 오늘날까지 이어지는 어업 분야에서의 이주 노동자 수용 제도 이원화의 시작이었다고 할 수 있다.

이와 같이 1990년대에 걸쳐 원양 어선과 연근해 어선으로의 외국인 선원의 혼승이 확대한 결과, 2000년이 되면 외국인 선원 수는 5,726명에 이른다. 다만 이 중 5,112명이 원양 어선에 혼승한 외국인 선원으로 연근해 어선의 경우 전체 선원의 2%를 차지하는 600명 정도였다.[12] 이

10 전영우, 앞의 글, 3~4면.
11 「船員 부족현상 심각」, 『매일경제』, 1994.8.3.

수치는 연근해 어선으로의 외국인 선원 혼승이 원양 어선보다 늦게 시작되었고 일손 부족 문제 또한 당시 시점에서는 상대적으로 심하지 않았다는 점을 고려하더라도 납득하기 어려운 적은 규모인데, 여기에는 이들의 이탈 현상이 반영되었다고 보인다. 연근해 어선에 혼승한 외국인 선원의 이탈율이 약 20%에 육박하였기 때문이다.[13] 이들은 어촌을 떠나 제조업 공장 등에 불법 취업을 하는 경우가 많았는데, 이는 비단 연근해 어업만의 문제는 아니었다. 산업 연수생 제도 자체가 이주 노동자를 노동자가 아닌 연수생의 신분으로 수용하는 것이었기 때문에 온전한 임금 지급, 노동 시간 준수 등 노동자로서의 권리를 보장하지 않았다. 따라서 합법적인 연수생보다 '불법 체류자'가 되는 편이 개인에게는 합리적인 선택이었던 것이며, 연근해 어선의 외국인 선원도 마찬가지였다.

산업 연수생 제도가 지니는 이와 같은 변칙성은 단순히 이주 노동자의 이탈만이 아니라 이들의 인권 유린 문제 또한 초래했으며, 결과적으로 2004년 이주 노동자의 노동자로서의 권리를 보장하는 고용 허가제로의 이행이 이뤄진다. 그리고 이 과정에서 외국인 선원 수용 제도 또한 재편된다. 고용 허가제는 기본적으로 산업 연수생 제도를 대체하는 것이었지만 2007년 산업 연수생 제도가 폐지될 때까지는 유예 기간으로서 두 제도가 공존하였다. 그리고 이 시기 외국인 선원 관련 제도의 변화가 진행되었는데, 선원 취업제의 도입과 고용 허가제로의 편입으로 정리할 수 있다. 선원 취업제는 기존의 원양 어선으로의 외국인 선원 혼

---

12 해양수산부, 「외국인 선원 고용 현황」, 『한국 선원 통계』, 국가 통계 포털(https://kosis.kr/index/index.do(검색일:2023.12.6)).

13 「외국인 선원 20% 직장 이탈, 불법 체류 심각」, 『부산일보』, 1997.10.18(https://www.busan.com/view/busan/view.php?code=19971018001002(검색일:2023.12.6)).

승을 바탕으로 일정 기준에 근거하여 연근해 어업을 포함하는 형태로 확대된 것이었으며, 그 기준은 선원법의 적용을 받는 20톤 이상의 어선이었다. 한편, 이와 같은 선원 취업제의 대상이 아닌 20톤 미만의 연근해 어선은 양식업, 소금 채취업과 함께 고용 허가제 어업 분야로 분류되어 이 제도를 통해 외국인 선원을 고용하게 되었다.

즉, 기존에는 원양 어업과 연근해 어업이라는 어업 근거지를 기준으로 외국인 선원 수용 제도가 이분화되어 있었다면, 고용 허가제 도입과 함께 선박 크기, 즉, 어가 경영 규모에 따라 나뉘게 된 것이다. 그리고 이와 같은 변화가 이루어진 데는 다음과 같은 배경이 작용했다고 보인다. 우선 행정 소관 및 유관 단체의 문제로, 고용 허가제의 소관 부처고용노동부와 선원 취업제의 소관 부처해양수산부가 서로 달랐으며, 외국인 선원의 고용 추천과 관련된 단체수협, 산업인력공단 등의 이해관계가 얽혀있었다는 점 등이 작용하였다.[14] 다음으로 선원 취업제의 경우 선원법의 적용을 받기 때문에 선주는 전국해상산업노동조합연맹에 회비 · 관리비 등의 추가 지출이 필요한데, 이것이 부담되는 영세 어가들이 있었기 때문이다.[15]

정리하자면 한국 연근해 어업으로의 이주 노동자 유입 제도는 2000년대 중반 이후 선원 취업제와 고용 허가제로 이원화하여 운용되어 왔으며, 구체적인 내용은 아래와 같다. 소관 부처를 비롯하여 운영 기관, 관계법 등이 서로 다른데, 흥미로운 점은 체류 기간만 동일하다는 것이다. 이는 선원 취업제와 고용 허가제 모두 이주 노동자를 단기간 고용한 후 귀국시키는 순환 방식을 취하고 있음을 보여준다. 국내 연근해 어업

14 전윤구, 앞의 글, 192면.
15 홍재범 · 김병호, 앞의 글, 811면.

에 종사하는 이주 노동자는 어떠한 제도를 통해 유입하였든 기본적으로 3년 간 체류하는 것이 원칙이며 고용주가 희망할 경우 1년 10개월까지 연장이 가능하다. 그리고 2022년 12월 현재 약 2만 명 이주 노동자가 이와 같은 형태로 연근해 어업에 유입해 있으며[16] 이는 전체 어업 종사 가구원70,684명의 30%에 육박하는 수치이다.[17]

〈표1〉 선원 취업제와 고용 허가제의 비교

	선원 취업제	고용 허가제
체류자격	E-10-2(어선원)	E-9-4(어업)
소관 부처	해양수산부	고용노동부
운영기관	수협중앙회	한국산업인력공단
관계법	선원법	외국인 근로자 고용 등에 관한 법률
송출국가	인도네시아, 베트남, 중국, 미얀마	한국 정부와 MOU를 체결한 16개국 (인도네시아, 동티모르, 스리랑카, 베트남이 어업 특화 국가)
선발 방법	선원 자격 등 관련 경험 유무	한국어능력시험
도입 규모	업종별 선박 소유자 단체와 협의하여 결정	정부(외국인인력정책위원회)에서 결정
체류기간	3년(+1년 10개월)	3년(+1년 10개월)
고용 허용 인원	한 척당 6명, 전체 어선원의 60% 이하	한 척당 4명, 전체 어선원의 60% 이하 (단, 기선 권현망 어업, 정치망 어업 별도)

---

16 한국 국내 연근해 어업에 유입한 이주 노동자의 규모를 파악하기 위해서는 두 종류의 통계를 검토할 필요가 있다. 바로 해양수산부의 「한국선원통계」 와 법무부 출입국·외국인정책본부의 「출입국 외국인 정책 통계 월보 – 등록 외국인 지역별 현황」이다(해양수산부, 앞의 자료; 법무부 출입국·외국인정책본부, 『2022년 12월 출입국 외국인 정책 통계 월보』). 이는 본문에서 설명한 관련 제도의 이원화를 반영한 것이라고도 할 수 있는데, 전자는 선원 취업제, 후자는 고용 허가제를 통한 수용 현황을 포함한다. 이들 통계에 따르면 2022년 말 기준 선원 취업제 어선원 비자(E-10-2) 9,793명과 고용 허가제 어업 비자(E-9-4) 15,996명, 합계 25,789명이 한국 국내 체류 중이다. 그리고 후자의 경우 양식업과 소금 채취업에 종사하는 경우를 일부 포함하기 때문에 연근해 어업에 유입한 이주 노동자는 약 20,000명으로 추산할 수 있다. 고용 허가제 어업 비자(E-9-4)의 세부 분야별 발급 현황을 한국산업인력공단에 정보 공개 청구를 하였으나 정보 부존재 회신을 받았기 때문에 추산에 그친다.

17 통계청 농어업통계과, 『농림어업조사』, 국가 통계 포털(https://kosis.kr/index/index.do(검색일 : 2023.12.07)).

2) '성실함'을 통한 '숙련됨'의 해석

그런데 이러한 단기 순환 방식에서 비롯된 문제는 이미 2010년대부터 나타나기 시작한다. 2007년 고용 허가제로의 완전 이행 후 3년이 지난 시점인 2010년이 되자 귀국하는 이주 노동자가 등장하기 시작했고 2012년도부터는 그 수가 급격하게 증가했기 때문이다.[18] 문제는 이와 같은 상황이 고용주 입장에서 보면 말 그대로 노동력 공급에 공백을 야기할 뿐 아니라 여러 가지 차원에서 비용 증가를 의미했다는 것이다. 이는 어느 정도 일을 익힌 이주 노동자가 귀국하고 이들 대신 신규로 고용을 하게 되면 처음부터 다시 적응·교육이 필요했기 때문으로, 결과적으로 장기 고용을 가능케 하는 방향으로 제도 개선을 요구하는 의견이 등장할 수밖에 없었다. 하지만 앞서 설명하였듯이 한국에 있어 단순 기능직 이주 노동자 수용의 대원칙 중 하나는 정주의 가능성을 만들지 않고 단기 순환시키는 것이므로 이와 같은 목소리와는 모순될 수밖에 없었다.

그리고 이 모순은 단순 기능직 이주 노동자라 할지라도 '성실함'이 판명할 경우 장기 체류가 가능하다는 논리로 조정이 된다. 바로 2012년 7월 도입된 성실 근로자 재입국 취업 특례 제도이하, 성실 근로자 특례 제도에 의해서이다. 이 제도는 기본적으로 고용 허가제에 대한 특례이기 때문에 연근해 어업의 경우, 선원 취업제는 해당하지 않는다. 성실 근로자 특례 제도는 고용 허가제로 입국하여 취업 활동 기간최장 4년 10개월이 만료될 때까지 사업장 변경 없이 계속 근무한 이주 노동자의 경우, 출국 3개월 후

18 고용 허가제 기간 만료로 인한 귀국 예정자가 2011년 27,431명에서 2012년 60,764명으로 크게 증가할 것으로 전망되었다. 「외국인 노동자 2년간 9만 명 출국, 대책은?」, 『연합뉴스』, 2011.1.5(https1//www.yna.co.kr/view/AKR20110105099000069(검색일 : 2023.12.6)) 참조.

재입국하여 동일한 사업장에 취업할 수 있게 한 것이다. 해당 분야는 농축산업, 어업 또는 30인 이하 제조업으로, 고용주는 내국인 구인 노력을 면제받아 일손 공백을 최소화함과 동시에 숙련된 이주 노동자를 고용할 수 있고, 이주 노동자 입장에서는 한국어 시험과 취업 교육을 면제받을 수 있었기 때문에 즉시 경제 활동이 가능해졌다. 성실 근로자 특례 제도는 1회 허용이 원칙으로 이 제도를 통해 유입한 이주 노동자의 경우 최장 9년 8개월 한 사업장에서 일을 하게 된다.

즉, 성실 근로자 특례 제도 도입으로 인해 단순 기능직 이주 노동자 중에서도 단기 순환하지 않고 10년 가까운 기간 고용되는 자들이 생겨난 것이며, 이는 일차적으로 한 사업장에서의 합법적인 근속이라는 '성실함'에 대한 인정을 바탕으로 한다. 그리고 이 '성실함'은 '숙련됨'과 짝을 이룬다. 장기 근무는 일정 정도 이상의 숙련도 확보로 이어진다는 논리이며, 인력난이 가속화하면서 '숙련됨'을 보다 유연하게 정의하여 제도의 양적 확대를 시도했다. 2021년부터 성실 근로자 특례 제도에서는 사업장이 아니라 업종을 기준으로 장기 근속 여부를 판단하기 시작한다. 바꾸어 말하자면, 4년 10개월 동안 사업장을 변경하더라도 연안통발 어업이든 연안 자망 어업이든 연근해 어업에 종사했던 이주 노동자는 일단 출국 후, 이 분야의 성실 근로자로 재입국할 수 있게 된 것이다. 이와 더불어 일시 출국 기간 또한 3개월에서 1개월로 단축하여 숙련된 이주 노동자를 잠시의 공백도 없이 안정적으로 장기 고용하는 방향으로 전개 중이며, 연근해 어업을 포함한 어업 분야에서 이 제도를 통해 한국에 들어온 이주 노동자의 수는 2012년 6명에서 2022년 486명으로 크게 늘었다.[19]

한편 "고질적인 숙련 인력 구인난으로 어려움을 겪고 있는 산업 분야에 안정적인 숙련 기능인력 공급 지원"의 필요성이 높아지면서 '숙련됨' 그 자체를 평가하기 위한 제도 또한 운용 중이다. 바로 숙련 기능 인력 점수제이다.[20] 이는 2011년 시작된 숙련 기능 인력 제도[21]에서 이행한 것이며 고용 허가제 · 선원 취업제 · 방문취업제를 통해 최근 10년 이내 5년 이상 국내에서 합법적으로 취업 활동을 하고 있는 외국인을 대상으로 소득 · 학력 · 연령 · 숙련도 등의 기준을 충족할 경우 숙련기능인력 E-7-4 비자로 전환하는 것이다. 성실 근로자 특례 제도와 달리 일시 출국이 필요하지 않고 체류 기간 연장이 무제한으로 가능하며 가족 동반이 허용된 것이 특징이다. 즉, 단순 기능직에 종사한다 할지라도 '숙련됨'을 인정받을 경우 정주, 사실상의 영주를 허용하는 내용이라고 할 수 있다. 구체적인 점수 항목은 아래와 같은데 매년 쿼터가 있고 이 쿼터의 범위 내에서 고득점자 순으로 E-7-4 비자를 받을 수 있다. 기본적으로 산업기여가치와 미래기여가치 중 하나를 선택하여 점수를 부여하며 최저 점수를 넘어야 심사 대상이 된다.[22]

---

19 한국산업인력공단의 정보 공개 청구 자료 「연도별 업종별 재입국 특례 외국인 근로자(E-9) 입국 인원」을 기반으로 한다. 재입국 특례 중 일부는 특별 한국어 시험 재취업 제도를 통해 유입한 경우도 포함하지만 전반적인 변화 추이를 이해하는 데는 큰 문제가 없다고 사료된다.

20 법무부 출입국 · 외국인정책본부, 「이민 정책 주요 제도 - 외국인 숙련 기능 인력 점수제 비자」 (https://www.immigration.go.kr/immigration/i ndex.do(검색일:2023.12.7)).

21 고용 허가제나 선원 취업제를 통해 한국에서 최근 10년 이내에 4년 이상 합법적인 취업 활동한 이주 노동자를 대상으로 한다. 해당자는 일시 출국할 필요가 없이 특정 활동(E-7) 비자를 부여받을 수 있으며 일정 요건을 충족할 경우 충족해야 하는 일정 요건은 산업 별로 상이한데 연근해 어업의 경우, 농축어업 숙련 기능인으로서 35세 미만이며 동일 분야에서의 4년 이상의 경력, 전문대 졸업 이상의 학력, 관련 자격 등 또는 직종 평균 임금에 해당하여야 한다.

22 산업 기여 가치는 기본 항목에서 최소 10점을 받고 선택 항목과 가점을 합하여 52점 이상이 되어야 심사 대상이 된다. 미래 기여 가치의 경우 기본 항목의 합이 최소 35점이고 선택 항목과 가점을 합하여 72점이 심사 가능한 최저 점수가 된다.

〈표2〉 숙련기능인력점수제 항목

기본 항목

산업 기여가치 – 연간 소득

구분	3,300만원 이상	3,000만원 이상	2,600만원 이상
배점	20	15	10

미래 기여가치 – 숙련도

구분	자격증			기량 검증(뿌리산업)
	기사	산업기사	기능사	
배점	20	15	10	10

미래 기여가치 – 학력

구분	학사	전문학사	고졸
배점	10	10	5

미래 기여가치 – 연령

구분	~24세	~27세	~30세	~33세	~36세	~39세
배점	20	17	14	11	8	5

미래 기여가치 – 한국어 능력

구분	토픽(TOPIK)			
	5급	4급	3급	2급
배점	20	15	10	5
구분	사회통합프로그램			
	5단계	4단계	3단계	2단계
배점	25	20	15	10

선택 항목

근속 기간

동일 업체 근속 기간에 따라 연도별로 최대 10점(1년 1점)

보유 자산

구분	2년 이상 국내 정기 적금					국내 자산		
	1억 원~	8천만 원~	6천만 원~	4천만 원~	2천만 원~	1억 원~	8천만 원~	5천만 원~
배점	15	12	9	7	5	20	15	10

최근 10년 이내 국내 관련 분야 근무 경력

구분	뿌리산업 및 농축산업 · 어업 · 조선업 · 내항상선			일반 제조업, 건설업		
	8년~	6년~	4년~	8년~	6년~	4년~
배점	20	15	10	20	10	5

관련 직종 국내 교육 또는 연수 경험

구분	국내 교육 경험		국내 연수 경험	
	학사 이상	전문 학사	1개월 이상	6개월 이상 1년 미만
배점	10	8	5	3

가점

- ▶ 국내 유학 경험 : 3~10
- ▶ 관련 중앙 부처 추천 : 10
- ▶ 사회 통합 프로그램 이수 : 5
- ▶ 읍, 면지역 근무 경력 : 5~10
- ▶ 사회 공헌 : 3~5
- ▶ 300만원 이상 납세 실적 : 5
- ▶ 코로나19 관련 계절 근로 참여 : 2~4
- ▶ 인구 감소지역 근무 경력 : 2~5

점수제로 이행한 숙련 기능 인력 제도를 통해 숙련 기능 인력 비자로 전환하는 이주 노동자는 매년 증가하여 2022년 7월이 되면 1,359명에 달해 2018년과 비교했을 때 약 3배에 이른다. 하지만 연근해 어업의 경우 해당자가 극히 적은 것이 현실이며[23] 제도의 실효성이 의문시되는 상황이라고 할 수 있다. 그 이유에는 여러 가지를 들 수 있겠으나 근본적으로는 현행 제도를 통해 연근해 어업에 유입한 이주 노동자의 숙련도를 확인할 수 있는 방법이 배제되어 있다는 점에 주목할 필요가 있다. 아래 표에서 숙련도 평가의 구체적인 항목을 보면 제조업과 관련된 자격증과 기량 검증으로만 구성됨을 알 수 있으며, 연근해 어업을 비롯하여 제조업 외 산업의 특수성을 반영하여 평가가 이루어질 수 여지는 극히 적다. 연근해 어업의 경우 그나마 이 부분을 보완할 수 있는 항목이 관련 중앙 부처 추천에 의한 가점으로 해양수산부 또한 2019년부터 추천을 하고 있으나. 이는 고용주에 대한 평가로 영세 어가, 관련 법령 준수, 수산 자원 회복 참여, 친환경 사업 참여 여부에 따라 주어지기 때문에 이주 노동자의 숙련도와는 관련이 없다.

이처럼 숙련 기능 인력 점수제는 '숙련됨'을 평가하고자 하는 제도임에도 불구하고 연근해 어업에 유입한 이주 노동자의 경우 평가 자체를 받을 수 없는 형태로 설계가 되어 있으며, 따라서 이 제도를 활용하기 위해서는 이들이 숙련도 이외의 항목에서 더 높은 점수를 받아야 하는 모순된 상황에 있는 것이다. 그리고 연근해 어업에 유입한 이주 노동자

23 법무부 체류관리과 정보 공개 청구 자료 「숙련 기능 인력 점수제 비자 전환 현황」에 따르면 2018년부터 2022년까지 E-9-4 및 E-10-2 비자에서 E-7-4 비자로 전환한 인원은 총 232명에 불과하다. 이는 전체의 약 4.2%에 해당한다.

는 학력이나 소득 면에서도 다른 산업에 유입한 이주 노동자보다 불리한 경우가 많기 때문에 궁극적으로는 숙련기능인력 비자로 전환하는 경우가 매우 적은 결과를 낳는다. 참고로 최근 들어 가점 항목에 추가된 읍, 면지역 근무 경력이라든지 인구 감소지역 근무 경력과 같은 부분은 연근해 어업으로 유입한 이주 노동자에게 유리한 내용이기는 하나 역시나 숙련도와는 무관하다. 이는 국내 연근해 어업의 이주 노동자가 스스로의 '숙련됨'을 평가받을 수 있는 방법은 결국 근속 연수 등 '성실함'을 통한 간접적인 방식밖에 없으며, 한편으로는 고용주의 상황이라는 외적 요인에 의해 좌지우지됨을 의미한다.

4. 일본의 제도적 전개와 특징

1) '배우는' 노동자의 제한적인 수용

제2장에서도 살펴보았듯이 일본에서는 1980년대 이후 외국인 연수 제도를 통해 '연수'라는 명목으로 단순 기능직 이주 노동자를 수용하였는데, 명목과 현실의 괴리 속에서 많은 문제가 발생하고 비판의 대상이 되자 1993년 외국인 연수·기능 실습 제도外國人研修·技能實習制度로 이행한다. 이는 1년의 연수를 마치면 그 후의 1년간은 '특정 활동特定活動'이라는 비자로 전환하여 고용 계약을 맺고 노동자로서의 권리를 보장받으며 '실습'을 할 수 있는 제도였다. 그리고 연근해 어업에서의 이주 노동자 수용은 이 시점에서 본격화되었다. 흥미로운 점은 해상작업이라는 특수성이 고려되어 매우 한정적으로만 시작되었다는 것으로, 당초 가다랑어

채낚기 어업에만 허용되었다. 1990년대 중반 이후 일손 부족 현상이 광범위하게 나타나면서 기타 어로 대상과 방법 등으로 확대되었으나 여전히 수용 분야가 매우 구체적으로 지정되어 있다.

한편, 연근해 어업을 비롯하여 단순 기능직 분야의 노동력 부족 현상은 쉽게 개선되지 않았고 그 결과 이주 노동자 확대 수용의 목소리가 한층 높아지면서 1997년에는 연수 후 '특정 활동'의 기간이 2년으로 늘어났다. 하지만 외국인 연수·기능 실습 제도는 기본적으로 외국인 연수 제도의 틀을 유지한 채 세부 내용이 조정된 것에 불과했으므로 이주 노동자에 대한 인권 침해 문제 등은 여전히 이어졌고, 미국 국무성De-partment of State이 이를 '강제 노동'이라 비난하기에 이르자[24] 2009년 기능 실습 제도로 대대적인 개편이 이뤄진다. 기능 실습 제도에서는 '기능 실습技能實習'이라는 비자가 따로 마련되었고, 세부적으로 보면 기존의 '연수'에 해당하는 기간은 '기능 실습 1호'1년, '특정 활동'은 '기능 실습 2호'2년로 구분하였다. 이 제도의 가장 큰 특징을 '기능 실습 1호'의 경우, 일본 입국 후 약 2개월간의 일본어 등 강의교육 기간을 제외하고는 실무에 투입되는 즉시 노동자로서의 권리를 인정받을 수 있다는 것이다.

그런데 기능 실습 제도에 있어 '기능 실습 1호'에서 '기능 실습 2호'로의 이행은 자동으로 이뤄지는 것이 아니라, 분야에 따라 다양한 형태의 기능 검정을 받을 필요가 있다. 연근해 어업의 경우, 이 분야 기능 실

24 미국 국무성이 작성한 「2007년 인신매매 보고서(Trafficking in Persons Report 2007)」에서 처음으로 언급되었고 이듬해 2008년도 보고서에서도 일본 정부의 감독, 단속 의지 결여를 비판하였다.

습 제도의 감리 단체監理團體[25]인 어업협동조합漁業協同組合이 중개하고 대일본수산회大日本水産會[26]가 위탁 진행하는 형태로 이루어지며, '기능 실습 1호'에서 '기능 실습 2호'로 옮겨가려면 초급 시험에 합격해야한다. 초급 시험은 가다랑어 채낚기 어업·참치 연승업·갑각류 통발업 등 8개 세부 분야 중 이주 노동자가 1년간 종사했던 분야를 선택하여 학과와 실기 시험에 응시한다. 그리고 이렇게 기능 검정 통과 여부에 따라 나뉘어 '기능 실습 1호' 2명, '기능 실습 2호' 4명의 총 6명이 각 어선에 혼승이 가능하나, 전체 어선원의 50% 이하로만 제한된다.

한편, 기능 실습 제도를 통해 일본 연근해 어업으로 유입한 이주 노동자는 90% 이상이 인도네시아인이라는 특징을 지닌다. 인도네시아인이 압도적으로 많은 이유는 현지의 교육 및 고용 상황과 밀접하게 관련이 있는데, 우선 인도네시아의 경우 수산 고등학교가 전국적으로 있어 어업 관련 직업 교육을 받은 청년들이 다수 배출된다. 이들은 평균적인 교육 수준이 낮은 인도네시아 국내에서 보면 고학력자들로, 아이러니컬하게도 고학력이라는 이유로 인해 실업률이 높은 상황에 처해 있다. 인도네시아의 어업은 아직까지 매우 노동집약적으로 의무 교육을 받지 않은 노동자를 저임금으로 고용하는 것이 일반적이기 때문이다.[27] 그 결과 수산 고등학교를 졸업한 인도네시아인의 일본 기능 실습 제도는 주요 취업 경로가 되며 이주의 배출 요인push factor이 강하게 작용할 수밖에 없는 것이다.

25 상공회, 협동 조합 등 영리를 목적으로 하지 않는 단체로서 기능 실습생과 이들을 고용하는 사업주 사이에서 원활하고 적정한 제도 운용을 돕는다.

26 1882년 설립되었다. 수산업과 관련된 생산자, 가공업자, 유통업자 등 약 400명의 회원으로 구성된 단체이다.

27 佐々木貴文, 2018, 前揭論文, 244면.

이처럼 일본 연근해 어업에 있어 기능 실습 제도를 통한 이주 노동자 수용의 가장 큰 특징은 제도 운용이 매우 제한적으로 이루어져 왔다는 점이다. 이미 언급한대로 대상이 되는 작업분야가 세분화되어 있고 일본 체류 중간에 이에 대한 검증이 이뤄지며 수용하는 이주 노동자의 출신지도 특정 국가에 한정되어 있다. 이와 더불어 이주 노동자의 체류기간도 엄격하게 제한을 두었다. 일본 연근해 어업으로 유입한 이주 노동자는 '기능 실습 1호'와 '기능 실습 2호' 비자를 합하여 최장 3년 동안만 일본에서 일을 할 수 있으며, 동일한 제도를 통한 재입국은 불가능한 내용이다. 이는 기능 실습 제도의 태생적 특성과 관련이 있는데, 이 제도는 실제 현장의 현실과는 괴리되지만 어디까지나 기술을 습득하고 이를 실습한다는 명목으로 운용되므로, 한 번 일본에 와서 기술 습득을 마치고 귀국한 기능 실습생을 다시 수용하는 것은 논리가 자연스럽지 않기 때문이다. 그리고 이와 같은 특징으로 인해 일본 연근해 어업에서 기능 실습 제도를 통해 수용하는 이주 노동자의 규모 또한 제한적일 수밖에 없어, 2014년 시점에서 1,000명 정도에 불과했으며 이는 같은 해 한국의 상황과 비교했을 때 10분의 1 이하 수준이다.[28]

2) 제도의 적정화와 기능의 재정의

기능 실습 제도를 통한 이주 노동자의 수용 규모가 제한적인 상황이 이어지면서 노동력 부족 문제는 심화되었고, 결국 2010년대 들어 경제

28 2014년 한국 연근해 어업에서 수용한 이주 노동자는 고용 허가제(E-9-4) 7,578명, 선원 취업제(E-10-2) 7,913명이다. 전자의 경우 양식업과 소금 채취업을 포함하는 수치이기는 하지만 일본과 비교했을 때 그 차이는 여전히 매우 크다.

계를 중심으로 기능 실습 제도의 개편을 요구하는 목소리가 높아졌다. 여기에는 1990년대 이후 오래 동안 일본에서 단순 기능직 분야의 일손 부족을 메워온 일본계 브라질인들의 감소가 크게 작용한 것으로 보인다. 20세기 초반부터 중반에 걸쳐 브라질로 떠난 일본인 이민의 자손들은 1980년대 중남미지역의 경제 위기 속 경제적인 목적으로 귀환하여 일본의 노동 시장에 유입하였다. 당초 이들은 단기간에 목돈을 벌어 다시 브라질로 돌아갈 생각이었으나 다양한 이유로 인해 일본에 정주하게 되었고, 특히 제조업 분야 하청 공장에서는 항상적인 단순 기능직 노동자로 자리매김해 왔다. 그런데 2010년대 이후 일본계 브라질인 노동자들의 수가 감소하기 시작한 것이다. 이는 2008년 글로벌 경제 위기의 여파로 일부 귀국한 자들이 있었고, 일본계 브라질인의 고령화가 진행되었기 때문이다.

그리고 이와 같은 배경 속 기능 실습 제도의 변화는 2016년 「외국인 기능 실습의 적정한 실시 및 기능 실습생 보호에 관한 법률外国人の技能実習の適正な実施及び技能実習生の保護に関する法律, 이하 기능 실습법」 제정을 통해 현실화되었다. 기능 실습법은 기능 실습생의 보호, 구체적으로는 노동자로서의 권리 보호를 위해 고용주와 감리 단체에 대한 관리 및 감독을 강화하는 내용을 포함하는 한편,[29] 궁극적으로는 제도의 적정화라는 표현 아래, 수용 확대를 꾀한 것이었다. 특히 주목해야 할 부분은 '기능 실습 3호' 비자를 새롭게 설정했다는 것으로, 이는 일부 직종과 분야에서 '기능 실습 2

29 이를 위해 새롭게 만들어진 것이 '외국인기능실습기구(外國人技能實習機構; OITI)'이다. 기존에 기능 실습 제도를 실질적으로 운영해 온 '국제인재협력기구(國際人材協力機構; JITCO)'와의 차이는 전자의 경우 인가 법인(認可法人), 즉, 특별법에 기반하여 행정 관청의 인가를 받아 설립된 법인의 자격을 주어 법적 권한을 공인하였다는 것이다.

호'까지 마친 기능 실습생이 관련 기능 검정을 통과할 경우 취득할 수 있으며, '기능 실습 3호'를 취득하면 일단 1개월 이상 귀국 후 일본에 재입국하여 추가로 2년 동안 기능 실습을 할 수 있도록 하였다. 즉, '기능 실습 1호'부터 시작하면 총 5년 간 기능 실습생으로서 일본에 머무를 수 있게 된 것이다.

이와 같은 기능 실습법에 따른 변화는 얼핏 보면 특정 분야에 있어 재입국 과정을 거쳐 이주 노동자의 장기 고용을 확대한다는 측면에서 한국의 성실 근로자 특례 제도와 유사해 보인다. 하지만 성실 근로자 특례 제도가 기본적으로 근속 등 '성실함'에 대하여 평가를 하고 '숙련됨'은 이에 부수한다는 논리를 바탕으로 한다면, '기능 실습 3호'로의 이행 과정에서는 '숙련됨'이 전면에 등장한다는 미묘한 차이를 보인다. 기능 실습법의 목적을 보면 기존의 기능 실습 제도가 고수해 온 기술 습득이라는 명목이 명문화되어 있음을 알 수 있다. 그렇기 때문에 '기능 실습 3호'의 신설은 어디까지나 장기 체류를 통해 보다 고도의 기술 습득과 실습을 위함이었고 따라서 '기능 실습 2호'에서 '기능 실습 3호'로의 이행에는 기능의 숙련도에 대한 추가 평가가 필요할 수밖에 없다.

그렇다면 연근해 어업의 경우, '숙련됨'은 어떻게 평가하게 되었을까. 기능 실습법 제정 이후 농림수산성農林水産省 수산청水産廳에서는 어업기능실습사업협의회漁業技能實習事業協議會를 설치하여 구체적인 제도 운용 방침을 정하도록 하였다. '기능 실습 3호'까지 이행 가능한 연근해 어업 작업은 가다랑어 채낚기 어업 · 연승 어업 · 오징어 낚시 어업 · 선망 어업 · 인망 어업 · 자망 어업 · 정치망 어업 · 갑각류 통발 어업의 총 8개이며 '기능 실습 2호' 비자 취득 시와 마찬가지로 대일본수산회에서 시행하는 시험

기능 실습 평가 시험(技能實習評價試驗)을 치러야하는데, 전문급 시험 합격이 요구된다. 전문급 시험도 초급과 동일하게 어업 일반과 어업 안전에 관한 공통 학과 시험과 함께 작업별 학과 시험 그리고 작업별 실기 시험으로 구성된다. 이 중 예를 들어 가다랑어 채낚기 어업의 초급과 전문급 실기 시험의 내용을 비교하면 다음과 같다.

〈표3〉 기능 실습 제도 기능 실습 평가 시험 예(가다랑어 채낚기 실기 시험)

	초급 (기능 실습 1호→기능 실습 2호)	전문급 (기능 실습 2호→기능 실습 3호)
작업의 안전	안전 장비 착장(6분)	안전 장비 착장(3분)
어구 제작 · 보수	로프 묶는 법(4분, 2종류)	로프 묶는 법(4분, 4종류)
	어구 제작(13분) 낚싯대 끝에 원줄(道糸)를 묶는다. 미끼용 바늘에 목줄을 연결하고 원줄과 묶는다.	어구 제작 I(4분) 낚싯대 끝에 원줄(道糸)를 묶는다. 미끼용 바늘에 목줄을 연결하고 원줄과 묶는다. 미끼용 바늘을 손잡이 상부에 건다. 어구 제작 II(17분) 꼬임낚시용 바늘에 새 깃털과 생선 껍질을 붙여 만든다.
어구 · 어로 기계 조작	가다랑어 잡아 올리기(3분) 가다랑어를 잡아 올려 왼쪽 옆구리로 안는 동작을 5회 반복한다.	가다랑어 잡아 올리기(7분) 가다랑어를 잡아 올려 왼쪽 옆구리로 안는 동작을 5회 반복한 후, 원줄을 교체한다. 이후 다시 한번 가다랑어를 잡아 올려 왼쪽 옆구리로 안는 동작을 5회 반복한다.
어획물 처리	어획물 선별(3분) 20장의 사진 중에서 날개다랑어, 만새기, 물치다랑어, 가다랑어, 황다랑어를 구분한다.	어획물 선별(3분) 40장의 사진 중에서 날개다랑어, 만새기, 물치다랑어, 가다랑어, 황다랑어, 참다랑어, 기타를 구분한다.

문제는 이러한 상세한 '숙련됨'의 평가는 양질의 숙련 노동자를 확보하는 데는 일정 정도 효과가 있을지는 몰라도 일본 연근해 어업이 직면한 대규모의 일손 부족 문제는 해결할 수 없다는 사실이다. 2022년 6월의 상황을 살펴보면기능 실습 제도를 통해 일본 연근해 어업에 유입

한 이주 노동자는 1,570명에 불과하며,[30] 이는 현장의 목소리와 괴리된 양상이다. 그리고 이러한 상황 속에서 2019년 추가로 도입된 제도가 특정 기능 제도特定技能制度이다. 이 제도는 “심각해지는 일손 부족에 대한 대응”의 일환으로서 특정 분야에 한하여 “일정 정도의 전문성·기능을 지닌 바로 실무에 투입 가능한即戰力 외국인을 수용하기 위한” 것이다.[31] 특정 기능 제도의 대상은 이 글에서 주목하는 연근해 어업을 포함한 어업을 비롯하여 개호·건설·조선선박공업·농업 등 노동력 부족 현상이 심각한 12개 분야에 한정된다.

이처럼 특정 기능 제도는 기본적으로 수용하는 이주 노동자의 양적 확대를 꾀한 것이나 이와 동시에 고용주들 입장에서는 이들의 안정적인 장기 고용이 가능하도록 설계되었다. 특정 기능 제도 관련 비자는 ‘특정 기능 1호’와 ‘특정 기능 2호’로 나뉘는데 ‘특정 기능 1호’의 경우 1년 이하 기간1년·6개월·4개월을 갱신하여 최대 5년까지 일을 할 수 있으며, ‘특정 기능 2호’는 체류 기간의 제한이 없고 배우자와 자녀의 동반 또한 가능하다. 당초 ‘특정 기능 2호’는 건설과 조선선박공업에만 국한되었으나, 2023년 8월 31일부로 개호를 제외한 모든 분야까지 확대 적용 하는 것이 결정되었다. 특히, 특정 기능 비자는 ‘기능 실습 2호’를 완료한 기능 실습생이나 유학생일본어학교 졸업생 포함 등도 신청할 수 있어, 진입 장벽이 상대적으로 낮은데, 예를 들어 ‘기능 실습 1호’ 비자를 취득하여 일본에 입국한 이주 노동자의 경우, ‘기능 실습 2호’와 특정 기능 제도

30 出入国在留管理庁,『技能実習制度及び特定技能制度の在り方に関する有識者会議, (第1回資料) 技能実習制度及び特定技能制度の現状について』, 出入国在留管理庁, 2022, 16면.

31 出入国在留管理庁,『外国人材の受入れ及び共生社会実現に向けた取組』, 出入国在留管理庁, 2023, 6면.

를 거친다면 최소 8년 이상의 기간 한 분야에서 일을 하게 되는 것이다.

그런데 이러한 특정 기능 제도의 내용은 단순 기능직 이주 노동자들이 사실상 정주, 나아가 영주할 수 있는 가능성을 열었다는 측면에서 일본이 오래 동안 견지해 온 이들의 단기 순환 원칙과 배치된다. 그리고 이와 같은 상황을 조정하기 위해 진행된 것이 기능에 대한 재정의이다. 특정 기능 제도의 대상이 되는 산업은 과거 단순 기능직이라 여겨졌던 분야인데, 이들은 '특정 산업 분야特定産業分野'라는 이름이 붙여졌다. 그리고 '특정 산업 분야'의 경우 그 분야 고유의 "상당한 정도의 지식과 경험을 필요로 하는 기능"이 요구된다는 논리에 따라 전문적·기술적 분야로 재분류하여 장기 고용과 체류를 가능토록 한 것이다.[32] 그런데 여기에서 중요한 부분은 바로 "상당한 정도의" 구체적인 내용이다. 어느 정도의 지식과 경험을 갖추면 장기 고용과 체류가 가능한 것일까.

다시 연근해 어업의 사례로 돌아가 살펴보면, '특정 기능 1호' 비자를 취득할 수 있는 경우는 크게 두 가지로 나뉜다. '기능 실습 2호'를 완료한 기능 실습생은 다른 조건 없이 취득할 수 있고, 이 밖의 경우에는 일본 국내 또는 해외 현지에서 '어업 기능 측정 시험漁業技能測定試験'과 일본어 시험에 합격해야 한다. 다만 특정 기능 비자 취득을 위한 '어업 기능 측정 시험'은 '기능 실습 3호' 이행에 필요한 기능 실습 평가 시험 전문급과 동일한 수준이라고는 하지만 학과 및 실기 시험 모두 작업별 기능을 구체적으로 묻지는 않는다. 특정 기능 비자를 취득하기 위해 응시해야 하는 '어업 기능 측정 시험'은 어업 일반, 어업 안전 그리고 어업 전문

32 위의 책.

부문으로 구성되는데, 이 중 어업 전문 부문은 '그물 작업'과 '낚시 작업'으로 단순하게 분류된다. 앞서 살펴 본 기능 실습 제도에서 시행하는 기능 실습 평가 시험이 어로 작업에 따라 매우 구체적으로 나뉘어 있는 것과는 대조적이다. 실제 대일본수산회에서 발행한 '어업 기능 측정 시험' 학습용 교재의 '낚시 작업'편을 보면 〈표 3〉와 달리 가다랑어 채낚기 어업에 대해서 조업 과정과 어획물 처리 등에 대하여 원리적인 수준에서 간략하게 정리하고 있음을 알 수 있다.

그리고 여기에서 한 가지 아이러니컬한 사실을 발견할 수 있다. 특정 기능 비자를 통해 연근해 어업에 유입하는 이주 노동자는 '특정 산업 분야'에서 필요한 "상당한 정도의" 전문성과 기술이 있다고 인정되어 장기 고용 및 체류의 대상으로 자리매김한다. 하지만 이들의 실제 '숙련됨'은 단순 기능직 분야에서 기능을 '실습'하는 기능 실습생, 그중에서도 '기능 실습 3호' 비자를 취득한 경우와 비교했을 때 더 낮은 기능 수준을 보인다는 것이다. 이처럼 기능 실습 제도의 적정화로도 해결하지 못하는 일부 산업 분야의 극심한 일손 부족 현상에 대응하기 위해서 도입된 것이 바로 특정 기능 제도이며, 따라서 이 제도는 기능, 나아가 '숙련됨'에 대한 보다 넓은 해석과 재정의를 통해 '더 많은' 이주 노동자를 수용하는데 방점이 찍혀있다. 그리고 특정 기능 제도 도입의 결과, 연근해 어업의 경우에는 특정 기능 제도를 통해 유입한 이주 노동자 수가 2022년 9월이 되면 1,331명에 달해 기능 실습생 수에 거의 육박한 양상을 보인다.

5. 나가며

이 글에서는 인구 및 산업 구조의 급격한 변화 속, 한국과 일본의 연근해 어업 분야에서 이주 노동자의 수용 제도가 그들의 장기 고용이 가능한 형태로 변화하고 있음에 주목하여 그러한 변화가 구체적으로 어떠한 내용과 논리를 통해 이뤄지고 있는지를 비교 분석하였다. 특히 한일 양국 모두 오랫동안 단순기능직 이주 노동자의 경우 정주 나아가 영주의 가능성을 배제하고 단기 고용과 귀국을 원칙으로 고수해 온 만큼, 장기 고용으로의 변화에는 다양한 형태의 조정이 필요했다는 점에 주목하였다. 분석 결과를 정리하면 다음과 같다.

한국과 일본의 연근해 어업의 이주 노동자 수용 제도는 그 시작부터 2010년대 초반까지 약 20년간 단기 순환 방식이라는 대원칙을 공유하면서도 그것의 구체적인 운용은 매우 상이하게 진행되어 왔다. 한국은 선원 취업제와 고용 허가제라는 이원화된 제도를 통해 수용하였는데 어느 쪽이든 기본적으로 노동 시장 테스트에 기반한 방식이었다. 따라서 부족한 노동력의 '양'을 채우는 것이 최우선이었으며, 수용 규모를 어떻게 조정하는지가 제도 운용의 중심이었다. 한편, 일본의 기능 실습 제도는 기술 이전이라는 명목을 가졌기 때문에 국내 노동 시장의 상황과는 분리된 채 '배우는' 노동자를 수용하였다. 그리고 그 결과 어로 대상과 방식에 따른 매우 세분화된 수용 분야 설정과 실습 결과의 평가 등 '기능'에 초점이 맞춰졌다.

그런데 이와 같은 차이에도 불구하고 2010년대 중반 이후가 되면 한일 양국의 연근해 어업은 유사한 문제에 직면하는데, 이를 타개하기 위한 제도 변화는 큰 틀에서 수렴하는 양상을 보인다. 여기서 말하는 유사한 문제란 일차적으로 연근해 어업의 일손 부족 현상이 그 정도는 심해지고 만성화함을 뜻한다. 저출산 고령화와 도농 격차로 인한 도시 집중화에 따라 어촌 인구가 급속하게 감소하는 변화와 궤를 같이하며, 제한적으로 '배우는' 노동자를 수용한 일본은 물론이고, 노동 시장 테스트에 기반하여 이주 노동자를 수용해 온 한국도 부족한 노동력을 채우지 못했다. 이와 더불어 연근해 어업의 일손 부족 현상이 오랫동안 이어지면서 이주 노동자에게는 숙련됨이 요구되는 상황에 이르게 된다. 일정 정도의 숙련도를 요하는 작업을 담당할 내국인 노동자의 유입이 끊기면서 이주 노동자에게 이 역할을 기대하게 된 것이다. 그 결과 한일 양국 연근해 어업에서의 이주 노동자 수용은 더 많은 사람들을 더 오래 고용하고 숙련도를 확보할 수 있는 방향으로 관련 제도가 변하게 된다.

다만 관련 제도의 구체적인 변화 양상을 보면 한국과 일본에 있어 특징적인 차이를 보인다. 특히 앞에서도 언급하였지만 단순 기능직 분야에 해당하는 연근해 어업에서 이주 노동자의 고용을 장기화하는 논리가 미묘하게 달라 흥미롭다. 우선 한국은 연근해 어업으로 유입하는 이주 노동자의 규모를 점진적으로 늘리면서 그중 '성실함'을 증명받는 자에게 장기 고용과 체류의 가능성을 열었다. 한편 '숙련됨'에 대한 평가는 기본적으로 '성실함'과 짝을 이루며, 별도의 기준이 명확하지 않다. 숙련 기능 인력의 안정적인 공급을 목적으로 하는 숙련 기능 인력 점수 제도 또한 어디까지나 제조업 중심이며 연근해 어업의 경우 이주 노동자의 '숙련됨'은 근속 연수 등을 통해 간접적으로 평가된다.

반면에 일본은 기존의 기능 실습 제도를 확대하여'기능 실습 3호' 신설 보다 장기간에 걸쳐 높은 수준의 기능을 실습하는 방향으로 제도의 적정화를 추구하였지만, 기본적으로 수용 규모가 작아 일손 부족 현상에 대응하지 못했다. 이에 추가로 도입한 것이 특정 기능 제도인데 여기에서는 보다 많은 이주 노동자의 장기 고용을 위해 기능 자체의 재정의가 이뤄졌다. 연근해 어업을 '특정 산업 분야'로서 고유의 '상당한 정도의' 지식과 경험이 필요한 전문적·기술적 분야로 간주하는 방식이다. 아이러니컬한 것은 특정 기능 제도를 통해 유입하는 이주 노동자의 경우 전문적·기술적 분야의 인력으로 자리매김함 불구하고 그 기능에 대한 평가가 단순 기능직의 기능을 실습하는 기능 실습 제도의 그것보다 낮은 수준에서 이뤄지고 있다는 점으로, 이는 특정 기능 제도가 기능을 앞세우고 있지만 실제로는 노동력 공급이 중심이라는 사실을 말해주며 기능 실습 제도와는 또 다른 명목과 현실의 괴리를 보인다.

이처럼 최근 한일 양국의 연근해 어업에서 이주 노동자 수용을 위해 관련 제도가 변화하는 양상은 다양한 차원에서 제도 자체의 모순됨을 내포한다. 그리고 한일 양국의 비교 분석은 서로가 지니는 모순됨을 비춰본다는 측면에서 의의가 있다. 이 글은 발 빠르게 변화하는 관련 제도의 정리와 그 변화의 의미를 검토하는 데 그쳐 구체적인 제도 개선 방향은 제시하지 못했다는 한계를 지닌다. 향후 현장의 관찰·조사와 병행함으로써 제도와 현장의 통합적 분석을 통해 이와 같은 한계를 보완하는 것을 과제로 삼고자 한다.

참고문헌

자료

법무부 출입국·외국인정책본부, 『2022년 12월 출입국 외국인 정책 통계 월보』(https://www.immigration.go.kr/immigration/index.do).

__________, 「이민 정책 주요 제도–외국인 숙련 기능 인력 점수제 비자」(https://www.immigration.go.kr/immigration/ index.do).

통계청 농어업통계과, 『농림어업조사』, 국가 통계 포털(https://kosis.kr/index/index.do).

해양수산부, 「외국인 선원 고용 현황」, 『한국 선원 통계』, 국가 통계 포털(https://kosis.kr/index/index.do).

「외국인 노동자 2년간 9만 명 출국, 대책은?」, 『연합뉴스』, 2011.1.5(https://www.yna.co.kr/view/AKR20110105099000069).

「船員 부족현상 심각」, 『매일경제』, 1994.8.3.

「외국인 노동자 사라진 어촌, 오징어 풍년에도 고깃배는 뜰 수 없었다」, 『경향신문』, 2021.10.29(https://www.khan.co.kr/economy/economy-general/article/202110290600045).

「외국인 선원 20% 직장 이탈, 불법 체류 심각」, 『부산일보』, 1997.10.18.(https://www.busan.com/view/busan/view.php?code=19971018001002).

出入国在留管理庁, 『外国人材の受入れ及び共生社会実現に向けた取組』, 出入国在留管理庁, 2023.

__________, 『技能実習制度及び特定技能制度の在り方に関する有識者会議, (第１回資料)技能実習制度及び特定技能制度の現状について』, 出入国在留管理庁, 2022.

논저

노아현, 「우리나라 수산업분야의 외국인근로자 고용 현황 및 시사점」, 『수산관측리뷰』 3(1), 한국해양수산개발원 수산업관측센터, 2016.

박상식, 「연근해 어업 외국인선원의 인권침해와 개선 방안에 관한 연구」, 『한국해양경찰학회보』 12(1), 한국해양경찰학회, 2022.

설동훈, 「한국과 일본의 외국인노동자 정책 비교」, 『일본연구논총』 21, 현대일본학회, 2005.

우영옥, 「도서(섬)지역 고용 허가제 운영실태와 인력정책의 방향」, 『한국이민정책학보』 5(1), 한국이민정책학회, 2022.

이병하, 「한국과 일본의 외국인 노동자 정책과 외국인 노동자 운동–이중적 시민사회와 정치적 기회구조」, 『기억과 전망』 29, 한국민주주의연구소, 2013.

전영우, 「외국인선원의 근로조건에 관한 일고찰」, 『해사법연구』 25(2), 한국해사법학회, 2013.

전윤구, 「한국의 외국인력정책에서 일본제도의 변용과 문제점–산업연수생제도의 도입과 운영을 중심으로」, 『강원법학』 42, 강원대 비교법학연구소, 2014.

전재호, 「『이주의 세계화』에 따른 한국의 『외국인 정책』 변화–일본의 사례를 참고하여」, 『한국과 국제정치』 23(3), 경남대 극동문제연구소, 2007.

지승우·노호래, 「어업 이주 노동자의 인권 침해와 대응 방안–개야도 어업 이주 노동자 사례를 중심으로」, 『한국해양경찰학회보』 11(1), 한국해양경찰학회, 2021.

하정봉 외, 「외국인 노동인력 수용정책에 관한 한·일 비교 및 정책적 함의」, 『국가정책연구』 33(2), 중앙대 국가정책연구소, 2019.

한양대 글로벌다문화연구원, 『어업 이주 노동자 인권상황 실태조사』, 국가인권위원회, 2012.

현채민·최서리, 「숙련 외국인 어선원 확보를 위한 제도 개선 방안 – 연근해 어업을 중심으로」, 『수산경영론집』 54(1), 한국수산경영학회, 2023.

홍재범·김병호, 「연안어업 외국인근로자 고용 실태에 관한 연구」, 『수산해양교육연구』 30(3), 한국수산해양교육학회, 2018.

佐々木貴文, 「漁業センサスからみた漁業・水産加工業における外国人就業の実態とその推移」, 『漁業経済研究』 66(1), 漁業経済学会, 2022.

__________, 「水産業における外国人労働力の導入実態と今後の展望」, 『水産振興』 54(6), 東京水産振興会, 2020.

__________, 「日本漁業の『生命線』になる外国人 – 外国人漁船員の技能に注目した共生に関する考察」, 『アジア太平洋研究』 44, 成蹊大学アジア太平洋研究センター, 2019.

__________, 駒井洋 監修, 津崎克彦 編, 「日本漁業と『船上のディアスポラ』–『黒塗り』にされる男たち」, 『産業構造の変化と外国人労働者 – 労働現場の実態と歴史的視点』, 東京 : 明石書店, 2018.

佐野孝治, 「外国人労働者受入れ政策の日韓比較 – 単純技能労働者を中心に」, 『韓国経済研究』 17, 九州大学研究拠点形成プロジェクト, 2020

________, 「韓国における外国人労働者『雇用許可制』と支援システム – 日本の受入れ政策に示唆すること」, 『労働の科学』 70(12), 大原記念労働科学研究所, 2015.

________, 「外国人労働者政策における『日本モデル』から『韓国モデル』への転換 – 韓国における雇用許可制の評価を中心に」, 『福島大学地域創造』 22(1), 福島大学地域創造支援センター, 2010.

宣元錫, 「『特定技能』制度は雇用許可制になりうるのか – 外国人労働者政策の日韓比較」, 『韓国経済研究』 18, 九州大学研究拠点形成プロジェクト, 2021.

廣吉勝治, 「漁業・水産業における外国人就業の実態把握に関する考察」, 『漁業経済研究』 50(2), 漁業経済学会, 2005.

増﨑勝敏, 「近海カツオ一本釣り漁業の操業実態と外国人技能実習生について」, 『日本民俗学』 307, 日本民俗学会, 2021.

三輪千年, 「漁業・水産業分野における労働力の国際化」, 『水産振興』 40(1), 東京水産振興会, 2006.

제3부

모빌리티Mobility

서광덕_ 동북아해역도시의 변화를 통해 보는 세계화

이호상_ 국제공항 건설이 지역에 미친 영향
일본 간사이국제공항과 인천국제공항의 사례를 중심으로

우양호_ 해양 관광 블루투어리즘을 위한
연안크루즈 활성화

남종석_ 동북아 흐름의 경제와 가덕도신공항

동북아해역도시의 변화를 통해 보는 세계화

서광덕

1. 들어가며

20세기 말 강한 바람을 일으켰던 세계화Globalization의 물결이 최근에는 다소 힘이 약화된 듯하다. 이런 현상을 대변하는 듯 탈세계화Deglo-balization가 거론되고 있는데, 이것은 세계화가 둔해지는 것 또는 세계화에서 벗어나려는 움직임이라고 하겠다. 다시 말해 전 세계의 특정 단위일반적으로 국가 간의 상호 의존성 및 통합이 감소되는 과정이다.

세계화와 탈세계화의 중심에는 역시 미국이 자리하고 있다. 그것은 세계화를 추동한 것도 또 탈세계화를 제기한 것도 모두 미국에 의해서이기 때문이다. 정치경제인 측면에서 볼 때, 잘 나가던 세계화의 흐름이 주춤거리기 시작한 것은 2008년 금융위기라고 볼 수 있다. 그리고 이를 더욱 가속화시켜 탈세계화라는 말이 일반화된 것은 3년 전에 발생한 코로나19 바이러스의 창궐을 얘기할 수 있다. 전자의 금융위기는 세계화를 주도했던 미국이나 선진국 내부 중산층의 붕괴를 유발했고, 이는 자연스럽게 글로벌 물류체인 곧 글로벌 공급망의 정점에 있던 미국 등의 선진국이 자유무역에 대한 회의적인 시선을 갖게 했다. 후자의 코로나19 바이러스의 세계적인 확산은 사람의 이동과 물자의 유통을 막아서게 했고, 이는 세계화의 퇴조 현상을 한층 뚜렷하게 했다.

그런데 최근에는 재세계화Reglobalization라는 용어가 등장하였다. 탈세계화가 제기되는 등 세계화의 추세가 약화되어 가는 시대에 다시금 세계화를 주장하는 이것은 물론 단순히 이전의 세계화 방식으로 회귀하자는 것은 아니다. 세계화는 이제 지구상에서 사라질 수 없는 현상이라는 점을 인정하고, 그래서 기존의 세계화 방식을 점검하고 그 문제점을 파악함으로써 세계화의 방향을 새롭게 정립하자는 의도를 갖고 있다.

이 글에서는 세계화를 둘러싼 최근의 이러한 논란을 검토하고, 동아시아지역에서 세계화를 다시금 사고하고자 한다. 탈세계화가 운위되고 있지만, 기존의 세계화가 낳은 문제를 직시하면서도 새로운 세계화를 모색할 필요는 분명히 있다고 생각하기 때문이다. 왜냐하면 세계화가 1990년대에 비롯된 것이 아니라 오랜 역사를 갖고 있으며, 경제적인 측면에서만이 아니라 지구촌이란 세계적인 공간의식의 형성과 함께 전인류가 공동으로 대처해야 할 문제들이 대두하면서 글로벌 연대가 중요하게 자리잡았기 때문이다. 이런 시각에서 구체적으로는 해역이란 바다와 인접한 공간을 대상으로 새로운 세계화의 방향을 검토해보고자 한다.

2. 본론

1) 세계화를 둘러싼 논의들[1]

(1) 세계화, 탈세계화 그리고 재세계화

1980년대 후반부터 본격화된 세계화의 바람은 지난 수십 년간 세계 경제 성장을 이끄는 견인차 역할을 했다. 중국을 비롯한 저임금 국가에 생산설비를 집중해 글로벌 공급망을 구축함으로써 생산비용을 크게 낮출 수 있었다. 그 결과 기업은 매출과 이익을 획기적으로 늘렸고, 증시는 장기 호황을 구가했다. 여기에 기술 개발로 생산단가가 하락하면서 물가 상승이 억제되면서 인플레이션 없는 장기 성장이 이어졌다. 이러한 세계화 추세는 영국 경제학자 데이비드 리카도의 비교우위론에 입각했다. 나라별로 생산비용이 상대적으로 낮은 제품의 생산에 특화함으로써, 효율성을 극대화하고 글로벌 생산성을 높여야 한다는 이론이다. 하지만 세계화의 진전에 따라 그늘도 짙게 드리워졌다. 글로벌 생산성 향상은 실상 도시로 이주해 저임금과 장시간 노동에 시달린 중국의 농민공과 같은 저개발국의 노동자가 희생한 결과였다. 누적된 세계화에 대한 분노는 2010년대 이후 반反이민 정서와 민족주의를 강화하자는 정치적 흐름으로 분출됐다.[2]

그런데 세계화에 대한 불만은 20세기 후반 세계화를 이끈 미국에서도 표출되었다. 알다시피 미국은 냉전체제가 붕괴된 이후 타국에 대한

---

1 세계화 개념과 역사에 대해서는 서광덕, 「해역의 시각에서 다시 보는 세계화 그리고 동북아해역」, 『해항도시문화교섭학』 29호, 2023, 92~95면 참조.

2 「[새문안通] 탈세계화와 韓수출 위기」, 『브릿지경제』, 2023.9.26(http://m.viva100.com/view. php?key=20230926010007540).

영향력을 극대화하면서 글로벌 공공재를 주도적으로 공급했으며, 교역로 확보, 글로벌 경제 정책 조율, 세계안보 등을 책임졌다. 이제 세계질서는 미국에 의해 정해졌고 유지됐으며, 세계화는 그 주요 수단이었다. 덕분에 동아시아도 눈부신 성장을 하였고 세계화는 거침없이 전개되었다. 그런데 이런 흐름은 2008년을 기점으로 상황이 바뀌었다. 탈세계화 조짐이 여기저기서 나타나기 시작했던 것이다. 영국의 브렉시트와 트럼프 미국 대통령 당선은 이를 상징한다. 왜 질주하던 세계화는 주춤하기 시작했을까? 가장 큰 원인은 세계화로 인한 불평등의 심화다. 앞에서도 언급했듯이 세계화의 끝에는 가난한 나라는 더욱 가난해지고, 부자 나라는 더 부자가 되는 현실이 존재했다. 곧 세계화는 개인은 물론 국가 간 격차를 더욱 늘렸다, 또 세계화의 이면에는 불법 노동, 환경오염, 식량 위기 등의 문제를 낳았다.

게다가 미국과 같은 선진국 중산층은 자신들이 세계화로 인해 가장 큰 피해를 봤다고 믿었다. 물론 미국은 세계화로 가장 큰 이득을 본 국가라 얼핏 생각하기 쉬운데, 하지만 자국민 입장에서 보면 그렇지 않다. 세계화로 인한 이득은 모든 미국 국민에게 골고루 분배되지 않았다. 세계화는 기업의 해외 이전을 자유롭게 했지만 이는 자국 산업의 경쟁력 약화로 이어졌다. 양질의 일자리가 사라지고 중산층 이하 가계의 소득이 줄거나 정체하는 현상이 벌어졌다. 대기업과 거대 자본은 이득을 봤지만 중산층과 중소기업은 손해를 봤다는 인식이 확산됐다. 무엇보다 중국과 같은 신흥강국의 부상도 그들을 불안하게 만들었다. 이 모두가 세계화로 인한 것이란 불만이 쌓이기 시작했다.

이와 같은 중간계층의 불만은 결국 정치를 바꿨다. 트럼프의 등장이 이를 잘 말해 준다. 트럼프는 자국 이익을 우선시하는 신고립주의와 보호무역을 옹호함으로써 2017년 미국 대통령 자리에 오른다. 트럼프가 등장하면서 자유무역이란 가치는 서서히 그 빛을 잃어간다. 이때 코로나19 바이러스가 덮쳤다. 바이러스는 이런 흐름에 기름을 부었다. 생산·물류 흐름은 일시에 멈췄다. 문제없이 작동하던 공급망이 흔들리자 각국은 위기를 맞았다. 필수 소비재 수입의존도가 높은 국가일수록 더했다. 이때 주요국은 자국 생산과 제조가 얼마나 중요한지를 절감한다. 자본과 무역 자유화로 대변되는 세계화가 정답이 아니란 인식이 일반화됐다. 세계화 퇴조 현상은 이로써 한층 뚜렷해진다.

이는 2021년 취임한 바이든 대통령시대에도 크게 바뀌지 않는다. 자유무역 가치를 존중한다고는 하지만 자국 기업 우대와 중국 및 중국 기업에 대한 압박은 더욱 강화되고 있다. 러시아와의 갈등도 깊어지고 있다. 올해 초 발발한 러시아·우크라이나전쟁은 세계화가 더 이상 지향해야 할 지상 목표가 아니란 것을 서구, 특히 미국이 확인한 계기가 됐다. 게다가 현재 벌어지고 있는 강대국 간 갈등은 미국이 주도하던 단극체제가 끝나가고 있다는 것을 말해 준다. 대만을 둘러싼 미중 대립, 러시아·우크라이나전쟁 등이 이를 웅변한다. 러시아와 중국이 한 축, 미국과 서방이 한 축이 돼 서로 동맹을 규합해 대립하는 시대가 본격화하고 있다. 미국의 글로벌 공공재 공급 역할이 축소되면서 대륙마다 패권을 차지하려는 군웅할거群雄割據 조짐마저 보인다. 중동 패권을 둘러싼 이스라엘, 이란, 사우디아라비아, 튀르키예터키 간 경쟁이 좋은 예다. 세계는 이미 다극체제로 접어들고 있다. 이 모두는 세계화 퇴조를 의미한다. 세계는 이미 탈세계화 혹은 지역화를 지향하고 있다.

이를 부추기는 건 정치적·경제적 요인만이 아니다. 눈부신 기술혁신도 '탈세계화'를 가속하고 있다. 지난 50년이 통신·유통·운송 분야에서의 기술진보에 따른 '세계화' 시기였다면, 향후는 또 다른 기술진보에 의한 '탈세계화'가 촉진되는 시대가 될 수 있다. 지난 세기 세계화가 필요했던 이유는 화석 연료의 원활한 수급, 저임금 수요 때문이었다. 21세기 인류는 여전히 화석 연료에 의존하고 있지만 새로운 에너지시대로의 전환에 속도를 내고 있다. 최종 소비자와 가까운 곳에서 에너지를 생산하는 신재생에너지의 등장은 세계화의 필요성을 그만큼 줄이게 될 것이다. 또한 3D 프린터나 가상·증강 현실, 로봇 등 기술 진보 및 도입 역시 지역화를 가속할 수 있다. 싼 노동력을 찾아 해외로 생산기지를 옮기는 오프쇼어링 유인은 줄어들고, 대신 미국처럼 자국 내에 제조회사를 유치하는 '온쇼어링onshoring'이나 '니어쇼어링nearshoring' 바람이 점차 거세질 수 있다. 이는 우호적인 공급망 확보, 경쟁국 압박 등이 목적이기는 하지만 궁극적으론 새로운 기술에 힘입은 바가 크다. 노동원가가 높은 선진국에서 제조업을 육성할 수 있는 발판이 신기술로 만들어지고 있다. 경제학자들은 앞으로 50년은 탈세계화·지역화시대가 될 수 있다. 최소한 세계화 추세는 약화할 것인데, 이는 정치적·경제적 필요성과 새로운 기술이 그것을 가능케 하고 있다고 전망한다.[3]

이처럼 탈세계화의 조짐이 감지되고 있는 상황은 결국 크게는 선진국과 개발도상국 모두에서 소위 세계화의 그늘이라고 할 빈부빈곤의 문제가 발생하고 있기 때문이다. 이러한 세계화를 둘러싼 최근의 변화에 대

3 『나라경제』, KDI, 2022.9(https://eiec.kdi.re.kr/publish/naraView.do?fcode=00002000040000100001&cidx=13972&sel_year=2022&sel_month=12&pp=20&pg=1).

해 재세계화reglobalization라는 용어가 대두하며 주목을 끈다. 이것은 탈세계화의 반란을 진압하고 전통적인 세계화로의 회귀를 의미하는 것은 아니다. 역시 경제적인 측면에서 코로나19 이전 기존의 세계화가 무역과 투자의 양적 확장을 통한 규모의 경제 효과를 추구했다면, 새로운 세계화는 보편적 가치에 기반한 무역과 투자의 질적 발전을 추구해야할 것으로 진단한다. 글로벌 연계성을 활성화한다는 목적은 동일하지만, 장단기적 비용 산출과 지불 방식이 다르다. 기존에는 단기적 공급망 확보와 비용 절감이 장기적 이익에 그대로 부합한다고 여겨졌으나, 이제는 단기적 이익 추구도 장기적 공급망 확보와 비용 변수에 따라 달리 판단해야 한다는 것이다.

재세계화는 세 가지 측면에서 논의해 볼 수 있다. 먼저 '경제안보'로 포장된 자국 우선주의의 베일을 어떤 방식으로 어느 정도까지 벗겨낼 수 있을까다. 어느 국가도 자발적으로 자국 우선주의를 포기하지 않을 것이므로 설득력 있는 세계화의 인센티브를 재발견해야 한다. 둘째, 다자적 협력 관계를 어떻게 업그레이드시킬 것인가를 논의해야 한다. 개별 국가간에는 경제안보 이슈가 상충할 수 있다. 다자적 협력 관계에서 거래비용 부담을 상호 완화시킬 수 있다. 셋째, 다자주의 무역체제의 효과성이다. 양자적 FTA와 복수국·다자 간 Mega-FTA를 포괄할 수 있는 효과적인 통상규범의 정립과 이행이 필요하다. WTO 홈페이지는 기후변화 대응에 중점을 두고 있고 올 11월에 개최하는 2023년 공개포럼도 그린 경제와 지속 가능한 미래를 위한 무역체계에 논의의 초점을 두고 있지만, 효과성 제고가 관건이다. 유럽연합EU은 올 10월부터 탄소국경조정제도CBAM를 적용하고, 다른 각국도 2030 탄소중립net-zero 정책을 시행하고 있는데, WTO의 환경상품협정은 2014년 이후 협상이 현재진행형이다.

그래서 재세계화는 약화되지 않고 강화될 것이다. 엄밀하게 보면, 경제안보와 자국 우선주의 자체가 탈세계화는 아니다. 미국 중심의 글로벌 공급망 재편은 중국 첨단산업에 대한 견제와 중국 우위의 공급망 리스크를 완화하자는 것이지 탈세계화를 추구하는 것은 아니다. 우리나라의 통상강국 행로가 GATT-WTO 체제에서 1단계 발판을 내딛었고 다발적 FTA 체제에서 2단계 도약을 했다면, 이제 포스트 FTA로써 Mega-FTA와 재세계화의 업그레이드된 다자 체제에서 3단계 발전을 도모해야 한다.[4]

이상의 경제적 관점에서 제기된 재세계화는, 결국 탈세계화에 의해 나타난 자국중심과 경계짓기가 글로벌 공급망의 위기로 인한 한시적인 현상으로서 계속될 수 있는 것이 아니며, 이미 지구가 글로벌적 현상에서 벗어나기 어려운 시대이기 때문에 세계화는 사라지지 않을 것이라는 점을 강조하고 있다. 특히 이것은 지구의 기후위기로 비롯된 환경이나 생태 문제가 이제 글로벌한 공동의 과제가 되고 있다고 보는 학자들에 의해 더욱 힘을 받고 있다. 이제 경제 성장 자체도 지속가능성 및 ESG 경영 그리고 다자간 상호협력 등의 측면을 고려하지 않으면 안되는 상황이 전개되는 한 여전히 세계화는 유지되나 이전과 다른 버전은 필수적이다.[5]

---

4 김태황, 『대한경제』, 2023.7.10(https://m.dnews.co.kr/m_home/view.jsp?idxno=202307090851554240781).

5 21세기 이후 세계화의 흐름과 관련하여 '슬로벌라이제이션(Slowbalization)'이라는 표현도 사용되고 있다. 이것은 'slow(느린)'와 'globalization(세계화)'의 합성어로 세계화의 속도가 점

(2) 문명론과 리저널리즘

세계화를 둘러싼 이상의 논란에서 중요한 것은 재세계화든 탈세계화든 슬로벌라이제이션이든 앞으로 세계화는 조정이 필요하다는 것이다. 곧 새로운 세계화는 재세계화가 제시한 논의들을 검토하고, 그 가운데 그린블루 경제와 지속가능성 그리고 보편적 가치 등을 고민해서 새로운 대안을 마련해야 한다는 사실이다.

이런 문제는 단지 예전의 산업화와 경제 성장의 논리보다 더 큰 틀예를 들어, 문명론 차원에서 생각해봐야 한다. 이와 관련하여 미국의 경제학자인 제러미 리프킨은 최근에 한글로 번역출판된 자신의 책[6]을 토대로 한 신문 인터뷰에서 다음과 같이 말한다. "지금은 진보가 아닌 회복력의 시대다. 지구 온난화가 우리가 만든 시스템과 인프라, 전력망 등 모든 것을 무너뜨리고 있다. 새로운 인프라가 필요한 시기다. 엄청난 기회가 될 수도 있다는 뜻이다." 리프킨은 이 시대를 '회복력시대'라고 정의한다. 지구상에 생명이 나타났다 사라지는 대량절멸대멸종이 지금까지 다섯 번 있었는데, 지금은 여섯 번째 대멸종기를 지나고 있다고 설명했다. 소위 진보의 시대인 산업시대에 화석 연료 사용으로 대기 중에 배출된 온실가스가 극심한 홍수와 가뭄 같은 전 세계의 기후변화로 돌아오면서 인류가 절멸의 시기에 접어들었다는 것이다. 리프킨은 "우리가 알던 지구의 모습이 아니다. 더 이상 걷잡을 수 없는 상태에 도달한 것이다"라고 단

차 늦어진다는 의미를 담고 있다. 개발도상국의 성장으로 무역 시장의 역할 변화가 이뤄지면서 선진국과 개도국의 관계가 상호 호혜적 관계에서 경쟁적 관계로 변화한 것이 큰 요인이라고 평해진다. 대표적인 것이 중국의 경제 성장이다.

6 제러미 리프킨(Jeremy Rifkin), 안진환 역, 『회복력시대 – 재야생화되는 지구에서 생존을 다시 상상하다』, 민음사, 2022. 원서는 *The Age of Resilience : Reimagining Existence on a Rewilding Earth*, New York City : St. Martin's Press, 2022.

언했다.[7]

최근 세계해양포럼에서의 기조강연에서 그는 회복력과 관련해 물에 주목한다고 밝혔다. 이상기온 등 기후변화의 핵심에는 '물'이 있다. 지구 기온이 1도 상승할 때마다 증발한 수분은 구름에 모인다. 그 결과 통제 불능의 극심한 수해와 폭설이 발생한다. 홍수와 가뭄, 이상 고온과 산불 같은 이상기후도 물이 지구상에 미치는 영향의 결과다. 그는 서구의 세계관이 이런 상황을 더욱 부추겼다고 본다. "서구는 세계를 구조와 형태와 사물로 본다. 객관적 분석을 통해 자연의 신비를 알아내고 부를 위해 자연을 이용하는 것이다." 이와 같은 진보시대의 가정과 원칙, 전제가 인류가 처한 지금 위기의 근원이라는 것이다. 가장 큰 문제는 새로운 시대에 대응할 매뉴얼이 없다는 것이다. 리프킨은 "우리는 우리를 절멸로 몰아넣은 진보시대, 산업시대, 화석 연료시대의 원칙과 전제, 아이디어, 매뉴얼을 가지고 그 시대를 끝내려고 한다"면서 "새로운 매뉴얼이 필요한 시기"라고 진단했다. 리프킨은 새로운 매뉴얼의 초점은 '물'이 되어야 한다고 강조한다. '물'이 지구의 모든 것을 지배하고 있고, 지구의 미래 또한 결정하지만, 과거의 인프라들은 물에 대한 고려 없이 만들어졌기 때문이다. 그는 "예를 들어 전 세계 건물은 '물'의 영향을 고려해 설계되지 않았기 때문에 모두 새로 건설돼야 한다. 건물의 경제적 가치는 320조 달러다"면서 "완전히 새로운 인프라를 건설하기 위해서는 수십만 개의 새로운 기업들과 수억 개의 새로운 일자리가 생겨난다"고 강조했다.

---

7 https://www.busan.com/view/busan/view.php?code=2023100418452564136
https://www.busanwa.com/772

그는 특히 물을 중심에 둔 매뉴얼을 만들 때는 '회복력'을 고려해야 한다고 제언했다. "물의 흐름이 홍수와 폭염, 가뭄과 산불, 대기와 하천을 결정한다. 우리는 눈앞의 이익을 위해 물과 우리를 격리하기보다 물이 움직이는 대로 적응하는 새로운 인프라를 만들어 물에 적응해야 한다"는 주장이다. 리프킨은 "우리는 가장 적응력이 강한 포유류다. 빙하기를 거치면서도 살아남았다. 사람들이 이 사실을 알게 된다면 미래에 대한 희망을 갖게 될 것이다"라면서 "인류는 물을 어떻게 대할 것인지, 지구의 인프라를 어떻게 변화시킬 것인지에 대해서 배워야 한다"고 말했다. 역설적이게도 지금 매뉴얼의 부재는 많은 기업과 국가에 새로운 기회로 작용할 수 있다. 리프킨은 "정치적 의지들이 화석 연료 에너지, 옛 법령, 옛 규제, 옛 기준, 구시대의 방식에 맞춰져 있는 경우가 있다. 우리는 새로운 세대, 산업과 협력할 수 있는 새로운 거버넌스가 필요하다"고 말했다. 또한 "특히 자연을 유기적으로 이해하는 아시아권은 그러한 변화를 만들어 낼 수 있는 문화적 DNA가 있다"고 평가했다.

리프킨은 동양의 문화적 배경이 전 세계가 맞닥뜨린 위기를 해결하는 열쇠가 될 것이라고 봤다. 기독교에서 하나님은 아담에게 '내가 너에게 지구상의 생명을 다스릴 권세를 주겠다. 너는 동물과 식물과 생명이 있는 모든 것의 주인이 되어라'라고 말한다. 이 사명이 다양한 형태로 발현되면서 결국 산업시대까지 이어지면서 우리를 멸망에 이르게 하고 있다는 게 리프킨의 분석이다. 하지만 동양의 문화는 다르다. 그는 "아시아 종교에는 우리가 자연과 분리된 존재가 아니라는 믿음, 철학이 있다. 우리가 자연을 지배하는 것이 아니라 우리는 자연의 일부일 뿐이라는 것이다"라며 "현대인들은 이러한 믿음에서 다소 멀어졌다고 하더라도 문화적 DNA에는 남아 있다"고 보았다. 리프킨은 물과 밀접한 관련이 있는 해양문제를 다루는 것은 현재 가장 중요한 글로벌한 과제라고 말한다.[8]

2) 동북아해역과 새로운 세계화

이상의 세계화를 둘러싼 논의들을 동북아해역이란 공간에 적용해서 다시 얘기해본다면, 앞서 말한 올해 세계해양포럼의 화두인 '블루테크노미BlueTechNomy'라는 신조어와 연결될 수 있을 듯하다. 그린과 블루가 대변하는 환경과 생태 또 테크놀로지라는 기술 그리고 이코노미라는 경제를 결합해서 만든 이 용어가 해양산업 등에 종사하는 전문가들이 모인 세계해양포럼에서 제기되었다는 것은 의미가 있다. 제러미 리프킨 등의 학자들이 제기하는 문제를 경제 및 기술의 발전과 분리해서 다루지 않겠다는 의지를 보여준 것이기 때문이다. 하지만 해양산업에서 친환경 문제를 다루면서 늘 부딪히는 것은 기업의 수익률 그리고 정부규제와 지원 및 기술의 발전 수준 등이다.

게다가 해양산업 종사자들은 산업화 그리고 성장과 발전이라는 틀을 완전히 벗어던지지 못하기 때문에, 결국 이를 위한 방안으로서 환경 파괴로 인한 비용을 줄이기 위해 기술을 더욱 개발해야하는 과제를 안고서 여기서 새로운 성장 동력을 찾아야 한다고 주장한다. 여전히 진보라는 패러다임은 유지한 채 그 틀 안에서 성장을 찾고 이를 위해서 테크놀

---

8 「"여섯 번째 대멸종 위기 벗어나려면 물과 협력하라" [제17회 세계해양포럼]」, 『부산일보』, 2023.10.24(https://www.busan.com/view/busan/view.php?code=2023102419133125590).

로지가 중요한 요소가 되고 여기에 많은 투자가 이루어져야 된다고 주장하면서 국가의 지원을 요구하게 된다. 진보라는 이러한 인식론적 틀은 1800년대 산업화에 의한 근대화 과정에서 제기된 이후 결코 달라지지 않았다. 이상 기후로 인해 빈번히 등장하는 재난과 환경파괴는 지구에 부담을 주고 있지만, 아직도 이것은 진보의 바깥이 아니라 안에서 산업화로 대표되는 성장 패러다임에서 심각한 문제로 받아들여지지 않고 있다. 그리고 산업화의 폐해에 대해서는 이미 오랜 전부터 문제제기가 있었던 것이지만, 기후 위기로 인한 자연계의 변화를 겪고 있는 현재에 그 심각성을 조금씩 인지하고 있다 보니, 이제 대책을 글로벌적으로 고민하고 연대해서 마련해야 하는 시점이다. 그래서 앞에서 세계화를 둘러싼 논의뿐만 아니라, 제러미 리프킨과 같은 이들이 지속가능성을 위해 회복력을 주장하게 된 것은 당연하다. 아울러 리프킨이 동아시아지역을 주목했던 것은, 동아시아라는 리저널리즘과 문명자산 그리고 이에 기반한 물곧바다에 대한 인식론의 문제를 거론한 것이라고 본다.

경제학자이자 사회학자이고 미래학자인 리프킨의 주장을 통해 세계화를 둘러싼 여러 가지 문제들이 왜 리저널리즘으로 환기되는지, 그 이유는 무엇인지와 함께, 해역을 연구하는 입장에서 물바다의 회복력을 위해 동아시아의 문화전통을 거론한 것—당연히 서구 근대화에 대한 철학적 반성이 깔려 있다—을 어떻게 풀어내야 하는지를 살펴야 한다. 이 둘을 묶어서 동아시아 해역이라고 한다면, 바다를 중심에 둔 이 동아시아지역을 공간혁명이라는 리저널리즘의 문제로 끌고 온 이는 잘 알다시피 칼 슈미트이고, 또 세계화의 문제로 인식하게 한 이는 조반니 아리기다.

칼 슈미트Carl Schmitt는 『땅과 바다』에서 공간혁명이야말로 지구적 변화의 진정한 핵심이라고 말했다. 그는 공간혁명이란 인간 실존의 모든 측면과 수준을 포괄하는 공간 개념에 대한 의식의 전환으로서, 인류 역사상 발생한 중요한 변화는 모두 이 새로운 공간 인식의 변화에 종속된다고 보았다. 그런데 수많은 사례들 가운데 역사상 가장 철저한 지구적 관점의 전환은 16~17세기 아메리카 대륙의 발견과 세계일주가 탄생시킨 '신세계'라고 할 수 있다. 이 새로운 '근대'의 본질은 땅에서 바다를 향하는 역사적 실존의 이동에 있다. '신세계'의 분배를 둘러싸고 포르투갈, 스페인, 프랑스, 네덜란드, 영국 사이에서 벌어진 싸움은 땅의 노모스Nomos에서 바다의 노모스로의 이동을 담고 있다. 18세기 말 영국의 '대양 취득Seenahme'은 이러한 근대적 노모스의 절정이었다. 19세기 말 영국의 세가 기울고 미국을 중심으로 하는 세계질서가 수립되었다.[9]

공간 구성의 중심축이 지중해에서 대서양으로 그리고 다시 태평양으로 이어지는 과정을 조반니 아리기Giovanni Arrighi는 제노바 순환, 네덜란드 순환, 영국 순환, 미국 순환으로 이행하는 자본주의의 장기지속으로 정의했다. 그는 『장기20세기』의 에필로그에서 네 번째 단계의 자본주의가 가을에 접어들었다고 진단하면서 다음 이행기로 동아시아에 주목했다. 현재의 미국 세계헤게모니에서는 앞선 헤게모니의 쇠퇴 국면과 달리 미국을 대체할 두드러진 경합지역들이 새로이 부상하고 있지 않다. 또한 자본주의를 새롭게 재생산할 것으로 보이는 새로운 이윤창출의 기제가 출현하고 있는 것으로 보기도 어렵다. 이런 점에서 미국 세계

---

9 칼 슈미트, 김남시 역, 『땅과 바다 - 칼 슈미트의 세계사적 고찰(*Land und Meer : Eine welt-geschichtliche Betrachtung*)』, 꾸리에, 2016(원서는 1942년).

헤게모니의 쇠퇴가 가져올 향후 체계의 카오스가 어떻게 전개될 것인지 그리고 새로운 생산의 중심지로 형성되어 온 동아시아가 헤게모니 경합과 관련해 어떤 역할을 할 것인지가 중요한 쟁점으로 남게 된다.

이 책은 예상되는 향후의 체계의 카오스에 대해 세 가지 시나리오를 제시한다. 미국을 중심에 두지만 대서양 연안의 각 국가들이 공동 지배하는 방식으로 진정한 세계제국이 형성되고, 전세계에서 착취한 이윤에 의존해 새롭게 지배를 전환하는 첫번째 길. 동아시아가 자본주의 세계경제의 중심지로 등장하여 동양과 서양의 국가들이 비교적 형평성 있는 관계를 형성하는 두번째 길. 그리고 헤게모니 국가가 부재한 채 세계적 수준의 카오스가 끝없이 지속되는 세번째 길이 그것이다. 이 세 가지 시나리오 모두 지금까지의 역사적 자본주의의 구조가 자본주의의 틀 내에서의 '수선'을 통해 지속되기 불가능한 한계에 이르렀음을 지적하고 있으며, 그런 점에서 이 책은 현재의 체계의 카오스가 자본주의의 진정한 구조적 위기임을 강조하고 있다.

체계의 카오스 이후 다음 세기로의 이행과 관련해서, 다음 세계헤게모니를 장악할 잠재력을 가진 지역으로 아리기가 가장 주목하고 있는 곳이 바로 동아시아다. 탈냉전에 따른 지정학적 변화와 생산의 집중에 따른 체계적 축적 순환의 변화 조짐 등 동아시아 세계 헤게모니시대의 도래에 대해 긍정적으로 볼 수 있는 부분이 여전히 많지만 실제로 그런 체계가 실현될 것인가에 대해서는 아무도 쉽게 예측할 수 없다.[10]

『장기20세기』가 집필되던 1990년대, 중국의 부상을 좀처럼 예상할

10 조반니 아리기, 『장기20세기』, 그린비, 2014, 1장 참고.

수 없었던 시점에서, 미국과의 긴밀한 의존 관계에 의해 지탱되는 일본 중심의 동아시아 체제가 미국을 대체하리라 예상했다. 하지만 2007년에 출간된 『베이징의 애덤 스미스』는 이런 한계에 대해 전면적으로 보완한다. 아리기는 자본주의 장기지속성이 미국 축적체제에서 동아시아 축적체제로 이동하는 기존의 구도를 유지하되, 동아시아 축적체제의 중심축을 일본에서 중국으로 재조정한다. 주목할 것은 그 과정에서 『장기 20세기』의 핵심 전제였던 근대의 장기지속성에 대한 모종의 단절이 감지된다는 점이다. 이를 테면, 아리기가 중화제국의 '내향성'과 중화인민공화국의 '스미스적 개혁'을 강조하면서 중국식 축적체제의 특징을 '비자본주의적 시장 경제'로 규정할 때, 그것은 중국이 앞의 단계들의 자본주의 축적체제들과 근본적으로 다른 속성을 지니고 있음을 암시한다.

이처럼 슈미트의 '공간혁명'과 아리기의 '장기지속' 개념을 연결시켜 보면, 16세기부터 20세까지 이어져 온 근대 자본주의는 유럽 역사의 실존을 육상에서 해양 중심으로 전환하는 공간혁명의 과정이었다. 해양적 실존은 전 지구가 보편적 규범으로 따라야 할 '문명'을 만들었고, 그것이 19세기 말 태평양을 건너 동아시아의 근대를 규정하는 준거가 되었다. 엄습해오는 해양 실존에 저항하며 '대륙 웅비'를 외쳤던 메이지明治 일본의 아시아주의도 결국 해양 실존 위에 구축된 '문명'에 가세함으로써 동아시아를 식민과 전쟁의 소용돌이로 빠뜨렸으며, 이후 냉전 체제와 결속하면서 한층 내재화된 해양 실존은 '환태평양Pacific Rim'이라는 새 이름으로 20세기 동아시아의 질서와 논리를 형성했다. 브루스 커밍스Bruce Cummings의 말처럼, '환태평양'이라는 개념은 1970년대 중반 이후 '유로-아메리카'의 발명품으로 출현한 것이지만, 실제 그 기원은 페리Matthew C. Perry 제독의 흑선이 도쿄에 도착했던1853 도쿠가와시대로까지 올라가는 것이었다.[11]

아리기의 근대의 장기지속성에서 모종의 단절을 일본에서 중국으로 그 중심축을 이동하는데서 느낀다고 하는 지적을 받아들이면서 우리는 동아시아 특히 동아시아 해역을 주목하게 된다. 그것은 해양국가 일본과 대륙국가 중국이라는 정리가 겹치는 지점이 동아시아 해역이기 때문이다. 다시 말해 전후 침몰한 해양국가 일본이 1980년대 이후 다시 부상하려는 시도와 개혁개방정책 실시후 전해령展海令을 발동하면서 해양국가를 표방해가는 중국과 대립하는 모양이 21세기 이후 본격화되고 있는 것이다. 그것은 최근 남중국해상에서의 군사적 대립을 보이기도 하지만, 동북아해역의 변화에서도 확인할 수 있다. 아리기는 자본주의 장기지속성이 동아시아로 특히 중국으로 이전한다고 하면서 앞 단계들의 축적과정과는 근본적으로 다른 속성을 갖고 있다고 했지만, 일본에서 중국으로 라고 다시 정리하는 그 사이에 공간은 해양에서 대륙으로 전환되어가기 전의 과도기로서 동아시아 해역이 중첩되고 여기서 동아시아 해역의 변화가 세계화라는 현상과 맞물린다.

해역은 세계화의 첨병인 장소공간이다. 자본, 사람, 물자, 문화 등이 가장 빨리 강렬하게 충돌하는 장소로서 그 양상은 수용과 적응 또는 대응으로 나타나며, 또 이로 인해 공간의 변화가 발생하는데, 에스니스티, 혼종, 환대 그리고 정체성, 문화유산, 제3의 문화, 정체성, 문화유산 등의 문제를 내부적으로 갖고 있다. 아울러 산업화에 의해 해역공간에는

11 백지운, 「'일대일로(一帶一路)'와 제국의 지정학」, 『역사비평』 123, 역사비평사, 2018, 199~202면.

재난, 환경파괴의 문제가 발생하고 이는 생태와 공존이라는 곧 리프킨이 말하는 회복력이 글로벌적 과제가 되었다.

현재 동아시아해역은 중국대륙의 세계화 대 중국해역과 일본과 한국해역의 세계화가 진행되고 있고, 앞으로 재세계화+친환경+지속가능성의 문제를 함께 고민하면서 탈세계화, 탈산업화, 블루 경제, 환경보호를 위한 동아시아적 나아가 지구적 연대가 요구되고 있다. 문명론적으로 자연인 바다의 회복력을 구현하는 해역간 거버넌스해역 네트워크를 형성하면서 블루에 기반한 지속 가능한 해양산업과 해상건축공항, 항만의 미래를 구상해야한다. 따라서 단지 과거 회귀가 아닌 블루테크노+인간의 행동+지구적 거버넌스가 결합된 실천과 프로그램이 요구되는데, 이러한 문제를 동아시아 해역 특히 해역도시들의 변화를 검토하면서 정리해보자. 먼저 중국의 세계화를 살피는데 이를 위해 가장 좋은 사례로서 홍콩을 들 수 있다. 홍콩은 중국으로 반환되기 훨씬 전인 1970년대부터 아시아 4대 용의 하나로서 경제 성장을 달성해나가면서 대륙 중국의 앞바다에서 세계화의 길을 달려갔다. 그리고 중국에 반환된 이후에도 최근의 웨이강아오대만구 건설이라는 해역권역에 편입되면서 중국의 해상진출의 입구로서 일대일로라는 중국식 세계화 전략에 자신의 역할을 다하고 있다.

이 글의 주제와 연결해서 구체적으로 본다면, 세계화의 한 현상으로 공간혁명과 확장이 모빌리티의 문제와 연결되고, 이것은 공항이나 항만과 같은 해상건설과 접목된다. 그리고 이 해상건설과 이에 따른 해역도시의 변화가 발생할 때 파생되는 환경파괴 및 어민들의 생존권, 해역문화유산의 보존 등과 같은 문제에 대한 대응 그리고 이 공동의 문제에 대한 거버넌스 구성의 필요성은 글로벌적 문제이다. 이것을 동아시아의 대표적인 해역도시를 통해 살펴보고, 이를 통해 새로운 세계화의 방향을 찾아볼 수 있다.

(1) 홍콩의 신공항 건설과 세계화

홍콩은 북으로 광둥성 선전에 인접한 신계지구를 시작으로 구룡반도 끝머리와 홍콩섬의 3개 지역을 중심으로 구성되어 있다. 바다의 관점에서 홍콩문제를 접근한 대표적인 논자인 하마시타 다케시는, 바다에서 접근해 갈 경우 홍콩은 주변의 도서부가 매우 중요한 역할을 했다고 할 수 있는데, 도서부, 도시부 그리고 신계의 농촌부 혹은 촌락부라는 3개의 구조로 성립되었다고 말한다. 1842년 난징조약에서의 홍콩할양, 1860년 베이징조약에서 구룡반도 끝머리 할양 여기에 주변의 도서부를 더해서 홍콩의 이미지가 완성된다. 홍콩섬과 구룡반도 끝머리 사이의 해협이 연해지방 교역의 중계지이자 교차점이었다. 또 넓은 시야로 보면, 란터우섬蘭頭島, 다른 말로 大嶼島이 서쪽에 또 서남쪽에는 장주도長州島가 있는데, 이 일대의 섬과 해협은 역사적으로 교역과 이민의 요충치로서 기능했기 때문에 동시에 해적이 활약하는 장소이기도 했다. 또 신계지구는 홍콩이라고는 하나 화남의 특징이 많이 남아 있는 곳으로 구룡반도와 홍콩섬과는 구별된다. 그리고 홍콩의 연해지역에는 단민蜑民이라는 불리는 수상생활자를 찾아볼 수 있다.[12] 이처럼 우리가 홍콩이라고 통칭하는 지역은 다양한 구성으로 이루어져 있다.

아편전쟁 후 영국에게 할양된 홍콩섬은 당시 상주 인구해적으로 추정가

---

12 하마시타 다케시 외역, 『아시아의 네트워크도시 홍콩』, 신서원, 1997, 105~108면.

약 2만 명에 불과했다. 1840년대 이후 피란민의 유입이 시작되었고, 1949년 전후에는 약 1백만 명이 유입되었으며, 문화대혁명 이후 또 다시 피난지로서 역할을 했다. 그래서 홍콩은 영국의 식민지식민주의+자본주의와 중국 피난지인 셈이다. 이러한 홍콩의 역사는 개인의 이익을 중시하는 상업도시로서 면모를 보였는데, 한때 유행했던 "홍콩 간다"라는 말이 1960년대 홍콩이 베트남전쟁의 특수를 누리면서 생긴 것으로서, 참전한 미국군인들에게 전쟁의 트라우마를 잊게 해주는 공간이었고 그래서 부정부패가 심각했다. 이러한 도시의 성격은 자연스럽게 시민의식 부재를 낳았다. 그래서 1997년 홍콩의 중국 반환 이후 정체성에 대한 고민을 하기 시작했고, 이에 "소년 홍콩"이라는 용어가 탄생되었다.[13]

곧 홍콩 또는 홍콩인의 정체성에 대한 고민이 시작된 것은 중국 반환 전후다. 세계화에 의해 물류와 금융의 중심이 된 해역도시 홍콩이 모빌리티의 핵심인 항만뿐만 아니라 항공에 관심을 두고 도심에 있는 카이탁공항을 대신할 신공항 건설을 모색한 것이 1960년대 이후이다. 이것은 알다시피 아시아지역의 경제 성장에 기인했다. 이것은 방금 말한대로 세계화 현상을 불러왔는데, 곧 인력과 물자의 이동이 크게 확대되었으며, 이는 아시아 태평양지역의 항공기 여객 점유율 확대로 이어졌다. 게다가 홍콩을 비롯해 아시아 각국의 공항 정비 계획은 대부분 대도시 근교의 매립지나 간척지에 집중되었는데, 홍콩의 경우도 예외가 아니었다. 홍콩은 해상도시였기 때문에 24시간 쉬지 않고 이착륙이 가능한 공항 부지는 해상밖에 없었다. 첵랍콕섬에 신공항을 건설한다는 계획은

13 전명윤, 『리멤버 홍콩』, 사계절, 2021, 33~41면.

이미 1970년대 초부터 검토되었고, 신공항은 원래 1980년대에 건설할 예정이었으나, 홍콩 반환에 대한 중국과 영국의 협상 때문에 90년대로 건설이 연기되어 1997년에 준공되었다.

원래 첵랍콕의 본섬인 란터우섬은 트레피스트수도원 정도만 있는 작은 어촌이었고, 핑크색 돌고래 구경으로 유명한 타이오마을이나 골프나 바다 낚시를 즐기러 주말에 놀러가는 디스커버리베이 정도가 유명 낚시터로 각광받던 곳이다. 란터우 앞바다의 작은 섬 람차우와 첵랍콕암초 그리고 란터우 본섬 사이의 공간을 간척해 공항 부지를 조성했다. 계획 초기에는 란터우섬은 신계에 속해 있어 1997년에 모두 중국에 반환한다고 생각해, 영국이 영구 소유하는 영토인 홍콩섬 남부 스탠리 혹은 근처의 라마섬도 고려되었다. 1989년 10월 11일, 총독 데이비드C. Wilson가 첵랍콕섬에 홍콩 국제공항 건설을 발표하고 홍콩의 번영을 위한 새로운 장이라고 소개했다.[14]

그런데 이 공항은 인공섬을 개발해 만든 간사이공항과는 다르지만, 일단 섬의 산을 깎아 바다를 매워 해상에 세워진 공항이기 때문에 자연히 자연 곧 해상환경에 많은 영향을 미쳤고,[15] 또 원주민들이 자신의 생업어업과 고향을 잃고 이주를 하지 않을 수 없었다. 그러나 홍콩 정부는 처음에 신공항이 주변지역 사회에 미칠 파장을 동시에 발표하지는 않았다. 그중 영향을 받는 주변지역은 주로 첵랍콕섬과 둥충의 두 주요지역이다. 첵랍콕은 원래 둥충 향사위원회에 속한 둥충 맞은편 개해면에 위

14 劉智鵬 外, 『天空下的傳奇 - 從啟德到赤鱲角』 上 · 下, 香港三聯書店, 2014.

15 홍콩신공항 건설과 관련해서는 NHK스페셜 '테크노 파워' 프로젝트, 최학준 역, 『세계의 거대건설3 바다 위에 떠오른 국제공항』, 하늘출판사, 1994, 1장 4절 참조.

치한 작은 섬이었다. 신공항 계획이 추진되면서 허름한 마을집과 천후묘 한 칸만 남아 있는 이 섬은 초토화돼 매립을 통해 신공항이 들어서게 되었다. 첵랍콕 섬에는 약 200명의 마을 주민이 있으며 대부분이 도시에 정착하고, 일부는 둥충으로 이주하여 둥충의 원래 거주자 마을과 합류하여 인접해 살게 되었다. 천후묘어민들이 모시는 신는 해체하여 원래 모양에 맞게 둥충에 다시 지어야 했다. 첵랍콕섬은 신공항 계획을 추진하기 전 지리적으로나 지역 문화적으로나 둥충東涌과 판이했다. 첵랍콕의 마을 사람들은 둥충으로 이주한 후 이렇게 자신의 정체성을 유지하면서 새로운 지역 사회에 통합되어야 했다.[16]

공항 건설을 통해 세계적인 물류항구도시로 성장한 홍콩이지만, 그 이면에는 환경파괴와 이주민이라는 문제를 낳았고, 이것은 해상 곧 물의 오염문제와 어업의 중단 그리고 공동체의 파괴를 동반했다. 경제적 세계화를 위해 이러한 희생이 따랐는데, 이를 사전에 예방하는 노력이 부재했던 것이 홍콩이 사례라고 할 수 있다. 아울러 원주민의 존재는 이민자 도시인 홍콩의 인적 구성과 연결되면서 중국반환 이후 홍콩인의 정체성 그리고 홍콩문화라는 인식을 생산하는 과정에서도 고민거리를 제공했다. 공항 건설이란 모빌리티의 문제는 이처럼 해역도시의 세계화를 추동하는 것과 밀접한 관련을 맺으면서, 이 과정에서 제기되는 환경, 생태, 공존의 문제를 다시 돌아보게 한다. 이러한 사례는 부산에서도 여전히 문제가 될 과제다.

아울러 중국으로 반환되면서 중국화되는 홍콩은 과거의 자산이 점차

16 區可屏, 「歷史記憶與香港新國際機場周邊地區之遷徙」, 『歷史人類學學刊』 第七卷 第一期, 2009.4, 119~143면.

일대일로의 교두보로서 중국의 해상진출을 위한 역할을 강요받고 있다. 그 대표적인 것이 웨이강아오대만구건설이다. 선전, 홍콩, 광저우, 마카오, 주하이를 잇는 해양 경제 권역은 해양중국을 대표하는 곳이면서 중국 세계화의 전초기지이다. 하지만 이 해양 경제 권역이 단지 경제적 성장과 대외적 확장에만 집중하지 않고, 블루 경제, 공존과 생태를 생각하고 이를 통해 홍콩시민의식의 성장과 민주적 질서의 확립을 도모하는 새로운 세계화에 대한 고민을 갖고 나아갈지는 살펴볼 일이다.

(2) 부산의 신공항 건설계획과 세계화

이동은 21세기에도 여전히 학술계의 화두의 하나가 되고 있다. 이동 자체가 하나의 연구대상이 되었다고 해도 과언이 아닌데, 그만큼 현대에 들어서면서 이동이 국제사회에 등장한 주목할 만한 현상의 하나이기 때문이다. 이것은 '모빌리티'라는 용어로 국내 학계에서 널리 통용되고 있다. '모빌리티'는 최근 기차, 자동차, 비행기, 인터넷, 모바일 기기 등과 같은 모빌리티 테크놀로지에 기초해 사람, 사물, 정보의 이동을 의미하는 용어이다. 그리고 이에 수반되는 공간도시 구성과 인구 배치의 변화, 노동과 자본의 변형, 권력 또는 통치성의 변용 등을 통칭하는 사회적 관계의 이동까지 '모빌리티 연구'라는 영역에서 다루어지고 있다.[17]

최근 '모빌리티'론과 관련한 이러한 설명을 통해 모던 즉 근대라는 시대는 이동을 본래적으로 갖고 있는 사회임을 확인할 수 있다. 네트워크는 바로 이 이동의 현상이 나타나지 않는다면 성립되기 어렵다. 모빌리

---

17 피터 메리만, 김태희 외역, 린 피어스 편, 『모빌리티와 인문학 - 인문학, 이동을 생각하다』, 앨피, 2019.

티는 일상적인 운송과 커뮤니케이션, 인공물의 이동뿐만 아니라, 사람, 상품, 자본 및 정보의 대규모 이동을 포함한다. 이동의 양상은 인구, 물자, 문화 교류의 형태로 나타난다. 따라서 '모빌리티'론에 포함되는 이동의 동력 곧 이동을 발생시키는 원인, 교통과 통신 즉 이동의 수단 그리고 이동의 결과 곧 정주와 도시의 형성 등이 네트워크를 형성하는 요소이다. 그렇다면 부산은 이러한 이동의 양상에 따라 형성된 해역 네트워크 속에 편입되고, 그것이 부산이라는 도시 공간의 모습을 형성하게 했다. 그래서 근대를 전후하여 어떤 물자와 사람 그리고 문화가 부산을 통해 이동했는지에 대한 연구가 구체적으로 전개되고 있다.[18]

최근 부울경 메가시티 구상이 부산경남권지역 자치단체를 중심으로 활발하게 논의되고 있다가 중단된 상태다. 또 중앙정부에서 K뉴딜 정책을 발표하자, 지방 중심의 뉴딜 정책이 되어야 한다며 비수도권지역민들이 주장하고, 여기에 편승하여 부산시 역시 북항재개발, 철도시설 지하화, 가덕도신공항 건설 등 지역 현안을 풀어내고자 노력하고 있다. 아울러 해프닝으로 끝났지만, 중국의 민간 단체에서 제기되었다고 하는 상하이-부산-큐슈의 동북아 해역도시를 연결하는 결절점으로서 부산시에서 가까운 양산에 바이러스 등 생명공학 관련 벨트를 조성하자는 구상도 부산지역을 중심으로 한 미래 발전 방안으로 눈길을 끈다. 미래 부산의 청사진을 그려 보려는 이와 같은 최근 지자체 및 정치권의 구상은 탈국민국가와 글로벌화에 대응하는 지역발 자체 발전 구상으로, 이는 '메가트렌드 아시아 또는 중국' 그리고 '메가아시아'라는 사회과학적

---

18 서광덕, 「해역 네트워크의 관점에서 다시 보는 부산항-부산 연구를 위한 이론적 시탐(試探)」, 『인문사회과학연구』제21권 제4호, 2020, 13면.

지역 또는 도시 이론을 배경으로 하고 있는 듯하다. 곧 부산을 중심으로 한 메가시티 구상은 이러한 이론에 기반하고 있으며, 이를 초국가적인 지역 간 연합으로 구상한다면 메가아시아로 나갈 수 있겠다. 아직 발상 수준의 이러한 주장들이 실제적인 기획으로 전개되기까지는 시간이 필요하겠으나, 이미 신문지상에는 다양한 분야에서 이와 관련한 제안들이 나오기 시작했다. 예를 들어, 문화 분야에서는 부울경 메가시티 구상에서 지역 간 문화통합이 선행되어야 한다는 제안을 내놓고 있다.

2030 엑스포 유치 그리고 부울경 메가시티 구상 등의 이면에 역시 모빌리티의 문제가 놓여 있다. 그 대표적인 것이 가덕도신공항 건설이다. 홍콩의 사례에서 보았듯이, 이제 가덕도신공항 건설을 단순한 공항 건설에 만족하지 말고, 새로운 인류의 아젠다를 실현하는 핵심 기지가 되는 전략으로, 우리도 자랑할 만한 국책 기반시설을 건설해 나가야 한다는 주장은 타당하다. 가덕도 주변의 해역과 어업유산을 보존하면서 공항을 만들 수 있는 방법을 생각하면서 공생과 상생의 철학을 실현하는 아름다운 신공항 건설을 지향해야 한다.

탈세계화론자들 그리고 제러미 리프킨의 논지를 따른다면, 모빌리티의 문제는 앞으로 영향력이 축소될 수 있을지는 모르지만, 지구적 이동이란 현상은 사라지지 않는다. 물바다의 회복력을 염두에 두면서 이에 맞는 기술 개발과 거버넌스 구성은 해역도시의 세계화를 추진할 때 깊이 고민해야할 문제다. 홍콩의 신공항 건설이 놓친 것 또한 여기에 있다. 부산은 홍콩의 경험을 곰곰이 따져보고 미래지향적인 해역도시를 형성해가야 한다. 그 실천은 가덕도신공항 건설에서부터 시작되어야 한다. 인공섬 위에 건설한 간사이공항이 친환경 공법을 사용하여 당시로서는 미래지향적인 공항건설로 평가를 받았듯이, 가덕도신공항은 21세기 후반 세계화를 둘러싼 다양한 논의들 특히 이동의 플랫폼이면서도 그 플랫폼 자체가 하나의 인문학에 바탕을 둔 문화를 만들어서 해역도시 부산이 블루어바니즘을 구현하는 미래지향적인 건설이 될 필요가 있다. 경제적인 효과를 따지면서 가덕도신공항에 대한 성공여부에 찬반이 존재하고 있는데, 이러한 논의보다 부산이란 해역도시민들과 그 주변 사람들이 행복한 삶을 영위할 수 있는 공항건설과 인프라 형성에 대한 창의적인 논의가 필요한 시점이다.[19] 이것은 해역도시 부산로컬이 발신하는 세계화글로벌에 대한 기대이기도 하다.

3. 나가며

세계화에 대한 긍부정이 존재하고 있지만, 여전히 세계화는 유지될 것이라고 본다. 다만 세계화의 방식과 내용은 달라질 수밖에 없는데, 그 핵심은 바로 공생공존을 지구적으로 실현해가는 것이다. 근대자본주의의 역사는 현재까지 특정 시기 강력한 국가를 배경으로 한 자본이 세계시장에서 우위를 점하는 축적체제를 수립해오는 과정이었다. 동시에, 강력한 군사, 정치, 이데올로기적 우위를 바탕으로 국가 간 체계에 자국 중심의 새로운 질서를 부여함으로써 상대적으로 오랜 기간 고이윤 부문을 독점할 수 있는 헤게모니 국가를 등장시키게 된다. 이때 헤게모니 국

19 세계인문학포럼, 「부산 특별 세션」, 『제7회 세계인문학포럼 자료집』, 2003 참조.

가에게 중요한 것은 새로운 세계적 축적체제를 주도하여 이윤율 동학의 궤적을 주도할 수 있는 '경제적' 역량과, 체계의 카오스에 빠져 있는 세계질서를 헤게모니 국가의 축적에 유리한 방향으로 이끌어 갈 수 있는 '보편성'에 기반을 둔 국가간 체계를 수립해 내는 역량이다. 전자가 형성된다고 해서 후자가 보장되는 것은 아닌 만큼, 자본주의 역사에서 이 과정은 지난한 과정이었고, 전쟁과 폐허, 대대적인 파괴를 동반해 온 과정이기도 했다. 이렇게 해서 근대자본주의의 역사는 이런 헤게모니의 등장과 쇠퇴 그리고 새로운 헤게모니로의 교체의 역사로 파악된다. 세계화 역시 이렇게 전개되었지만, 이제는 이와 다른 세계화가 필요하다. 이 글에서는 홍콩과 부산이라는 해역도시의 세계화 추진을 모빌리티신공항 건설와 해양 환경 및 해역민에 주목하여 살펴봄으로써, 서로 보는 시각은 다르지만 아리기와 리프킨이 주목한 동아시아 그리고 해역이 지닌 역사적 의미를 탐구해보았다. 특히 부산의 신공항 건설과 엑스포 유치 및 부울경메가시티 구상 등은 모두 미래의 일이기 때문에, 이 글에서 논의한 재세계화, 친환경 그리고 지속가능성의 문제를 고민하면서 탈세계화, 탈산업화, 블루 경제, 환경보호를 위한 지구적 연대 그리고 바다의 회복력을 도모하는 아래로부터의 해역 네트워크와 해양거버넌스를 형성하는 노력이 필요하다. 다시 말해 부산은 이제 새로운 세계화를 위한 시험대에 올랐고, 또 그 성패는 동아시아 나아가 세계의 미래를 고민하는 주체로서의 위상을 가질 수 있는지를 가늠하는 잣대가 될 것이다.

참고문헌

칼 슈미트(Carl Schmitt), 김남시 역, 『땅과 바다－칼 슈미트의 세계사적 고찰(*Land und Meer : Eine weltgeschichtliche Betrachtung*)』, 꾸리에, 2016.

조반니 아리기(Giovanni Arrighi), 『장기20세기(*The Long Twentieth Century : Money, Power and the Origins of Our Times*)』, 그린비, 2014.

피터 메리만(Peter Merriman), 김태희 외역, 린 피어스(Lynne Pearce) 편, 『모빌리티와 인문학－인문학, 이동을 생각하다(*Mobility and the Humanities*)』, 앨피, 2019.

제러미 리프킨(Jeremy Rifkin), 안진환 역, 『회복력시대－재야생화되는 지구에서 생존을 다시 상상하다(*The Age of Resilience : Reimagining Existence on a Rewilding Earth*)』, 민음사, 2022.

劉智鵬 外, 『天空下的傳奇－從啟德到赤鱲角』上・下, 香港三聯書店, 2014

NHK스페셜 '테크노 파워' 프로젝트, 최학준 역, 『세계의 거대건설 3 바다 위에 떠오른 국제공항』, 하늘출판사, 1994.

세계인문학포럼, 「부산 특별세션」, 『제7회 세계인문학포럼 자료집』, 2023.

전명윤, 『리멤버 홍콩』, 사계절, 2021.

하마시타 다케시 외역, 『아시아의 네트워크도시 홍콩』, 신서원, 1997.

서광덕, 「해역 네트워크의 관점에서 다시 보는 부산항-부산 연구를 위한 이론적 시탐(試探)」, 『인문사회과학연구』제21권 제4호, 2020.

서광덕, 「해역의 시각에서 다시 보는 세계화 그리고 동북아해역」, 『해항도시문화교섭학』 29호, 2023.

區可屏, 「歷史記憶與香港新國際機場周邊地區之遷徙」, 『歷史人類學學刊』第七卷 第一期, 2009.4.

백지운, 「'일대일로(一帶一路)'와 제국의 지정학」, 『역사비평』 123, 역사비평사, 2018.

김태황, 『대한경제』, 2023.7.10(https://m.dnews.co.kr/m_home/view.jsp?idxno=202307090851554240781)

『나라경제』, KDI, 2022.9(https://eiec.kdi.re.kr/publish/naraView.do?fcode=00002000040000100001&cidx=13972&sel_year=2022&sel_month=12&pp=20&pg=1)

「"여섯 번째 대멸종 위기 벗어나려면 물과 협력하라" [제17회 세계해양포럼]」, 『부산일보』, 2023.10.24(https://www.busan.com/view/busan/view.php?code=2023102419133125590).

「지금은 진보 아닌 회복력의 시대 … '물' 중심의 새로운 매뉴얼이 필요」, 『부산일보』, 2023.10.4(https://www.busan.com/view/busan/view.php?code=2023100418452564136).

「[새문안通] 탈세계화와 韓수출 위기」, 『브릿지경제』, 2023.9.26(http://m.viva100.com/view.php?key=20230926010007540).

국제공항 건설이 지역에 미친 영향

일본 간사이국제공항과 인천국제공항의 사례를 중심으로

이호상

1. 들어가며

20세기는 도로와 철도를 중심으로 도시와 산업이 발달하였다면, 21세기는 공항과 고속철도를 중심으로 사람, 화물, 정보가 더욱 활발히 교류되고 있다. 이러한 지역 간 기능적 연계의 강화를 통해 새로운 고부가 가치를 창출하는 산업이 발달하고 있으며, 특히 항공교통은 세계화의 진전과 항공산업의 고도화로 국제교통의 핵심적인 역할을 담당하고 있다. 항공교통의 거점인 공항은 기능과 역할이 다양화되면서 공항을 단순히 교통시설로서만 인식하는 것이 아니라 지역 성장을 견인할 수 있는 도시의 핵심 기반시설로서 그 중요성이 더욱 부각되고 있다.

20세기 초반의 공항시설은 이착륙에 필요한 기본적인 활주로, 격납고, 사무실 등이 전부였으며, 오늘날의 공항 모습과는 현격한 차이를 보였다. 1950년대 중반, 제트여객기가 상용화되기 시작하면서 공항의 시설도 점차 대형화·현대화되었는데, 항공산업이 발달함에 따라 공항은 단순히 항공기가 이착륙하는 교통시설에서 벗어나 점차 복합적인 기능을 수행할 수 있는 공간으로 거듭나게 되었다.

오늘날의 공항은 여객 및 물류서비스를 제공하고 창출하는 하나의 거대 기업으로 성장하였고, 최근에는 공항도시Airport City 또는 Aeropolis 개념을 도입하여 다양한 사회경제 활동의 요구에 부응하는 데 필요한 전반적인 기능을 고루 갖춘 거대하고 독립된 하나의 도시로 진화하고 있다. 공항이 대형화되고 모도시의 평면적 확장과 도심과의 교통 혼잡, 환경문제 등이 가중되면서 공항은 점차 도시 외곽으로 이전하게 되었고, 이후 공항 본래의 역할에 충실하기 위해 도심과의 접근성이 강조되고 있다. 그로 인해 공항 상주직원의 생활수요까지 충족시킬 수 있는 주거환경을 비롯하여 호텔, 전시장, 컨벤션센터, 사무실, 상가, 위락시설, 자유무역지대, 물류시설, 항공업체, 쇼핑센터 등 공항도시의 효용가치를 높이는 전략을 구사하기에 이르고 있다. 과거 소음 공해, 고도제한 등의 이유로 외면받았던 공항 주변지역이 새로운 개발지역으로 주목받고 있으며, 대규모 국제공항이 있는 대도시는 국제적 경쟁력이 강한 도시로 인식되는 경향이 있다.

최근 우리나라도 항공 수요의 증가와 지역 개발에 대한 기대심리로 여러 지역에서 공항을 건설하고 있거나 계획하고 있다. 그러나 기존의 일부 공항은 이용 실적이 매우 저조하여 심각한 경영난을 겪은 바 있고, 이는 지자체와 국가의 재정 부담으로 작용하기도 했다. 공항은 항만이나 버스터미널 같은 여타 교통시설보다도 더 많은 부대시설과 지역 인프라가 함께 구축되지 않으면, 기대했던 개발 효과를 거두기 어려운 측면이 있으며 유지관리비용도 상당히 많이 요구된다. 그러므로 공항을 최첨단 시설로 건설한다고 할지라도 주변 배후지나 인접 도시에 상시적인 항공 수요가 창출될 만한 여건이 형성되지 못하면, 공항 경영은 적자를 면하기 어려울 뿐만 아니라, 막대한 운영경비가 소요되는 공항은 결국 지역 사회의 애물단지로 전락할 위험성도 있다.

그런데 종합적이고 면밀하게 수립된 장기적인 지역 발전 계획도 없이 근시안적인 안목이나 지역의 이해관계에 따라 지역 성장 또는 균형 발전이라는 명분을 앞세워 공항 건설을 단기간에 추진하는 사례도 나타나고 있다. 공항 건설이 지방정부나 지역의 바람대로 지역 성장에 순기능적인 역할을 충실히 수행한다면, 이는 매우 건설적인 지역 개발 모델로 인정받을 수 있을 것이다. 그러나 공항이나 배후단지 건설과정에서 수요분석과 타당성 검토가 객관적으로 충분히 이루어졌는가, 또는 당초 목표대로 투자비용 대비 파급 효과를 나타내고 있는가 등 공항 건설과 운영의 적절성을 둘러싼 논란이 적지 않다. 특히 국제공항의 경우, 국내의 상황뿐만 아니라 주변 국가의 항공시장이나 세계 경제의 경기 흐름까지 고려해야 하는 등 공항 건설의 파급 효과를 정확히 예측하는 것은 결코 간단한 일이 아니다.

그렇다고 공항 건설 문제를 무조건 소극적으로 접근해야 한다는 의미는 아니다. 공항 건설의 적기를 놓치면 지역의 성장 기회를 잃어버리는 우를 범할 수도 있다. 문제는 공항이라는 교통시설이 필요한가 또는 흑자경영을 할 수 있느냐가 아니라 공항 건설을 계기로 지역을 성장시킬 수 있는 '전략'을 가지고 있느냐가 가장 중요한 포인트라고 할 수 있다. 공항 건설의 궁극적인 목적은 공항의 흑자 운영이나 항공 화물·여객 실적의 증가가 아니라 '지역의 성장'이라는 것을 분명히 할 필요가 있으며, 이를 위해 지역과 공항이 연계된 실행 가능한 지역 활성화 전략을 수립·추진하는 것이 공항 건설 이전에 전제되어야 한다.

그런데 최근 우리나라에서 전개된 공항 건설 관련 논의를 살펴보면, 지역의 성장 전략을 구체적으로 어떻게 수립할 것인가보다는 명분으로만 지역 성장을 내세운 채 공항 유치에만 매몰되거나 이 문제로 지역 갈등까지 일어나는 모습을 어렵지 않게 볼 수 있다. 마치 공항만 유치하면, 공항 건설만 확정되면, 지역의 밝은 미래가 보장될 것처럼 주장하는 모습도 볼 수 있다. 그렇다면 과연 공항을 건설했던 도시나 지역들이 모두 긍정적인 결과만을 얻었는지 객관적으로 살펴볼 필요가 있을 것이다.

따라서, 이 글에서는 지역의 입장에서 국제공항 개발을 어떻게 이해해야 하는 것인지, 다른 국내외 도시에서는 국제공항 건설이 지역에 어떤 영향을 미쳤는지 살펴보고자 한다. 이를 위해 일본의 간사이關西국제공항과 우리나라 인천국제공항의 사례를 중심으로 공항 주변지역의 개발과정에서 발생했던 문제점을 살펴봄으로써 부산 가덕도신공항 건설과 관련된 시사점을 도출해보고자 한다.

2. 공항 건설과 지역 개발

1) 공항 주변지역의 개발

현대의 항공교통은 다른 교통수단과 달리 전 세계의 항공노선들이 하나의 네트워크로 연결되어 전 세계의 공항들이 상호 유기적으로 결합되어 있는 특징이 있다. 이 때문에 어느 지역에서 세밀한 지역 개발 전략도 없이 공항시설만 대규모로 건설한다고 해서 항공사들이 그 공항에 취항하는 것은 아니다. 기본적인 항공 수요는 물론이거니와 항공기의 정비시설, 항공유 가격, 공항이용료, 주변 허브공항과의 역학 관계, 물류기지의 구축, 대형 숙박시설의 유무, 공항 주변의 사회간접자본 등 매우 많은 측면에서 여타 공항과 비교하게 된다. 특히 국적항공사의 국제선이나 외국 항공사의 경우, 노선을 신설하거나 증편할 때 이러한 요소들은 매우 중요한 결정 요인으로 작용하기도 한다.

예컨대, 미국의 항공기들이 일본의 나리타공항을 경유하여 인천공항까지 운항하는 것은 이 노선을 이용하는 승객이 많다는 것이 노선 운영의 일차적 이유이지만, 인천공항이 나리타공항보다 항공유의 가격, 공항이용 수수료, 승무원 체제비, 항공기 정비 등이 상대적으로 저렴하면서도 만족도에 큰 차이가 없다는 점이 매우 매력적인 요인으로 작용했기 때문이다. 이러한 배경으로 인해 공항개발의 개념도 과거에는 항공기 이착륙에 필요한 시설의 구축을 의미하였으나, 최근에는 공항의 주변지역에 이르기까지 다양한 공항 이용자의 요구에 맞추어 복합적인 기능과 시설을 갖출 수 있는 지역 개발의 의미까지 포함하는 것으로 확장되었다. 그러므로 공항과 배후지의 개발 전략을 수립하기 위해서는 경쟁 관계에 있는 여타 공항과 그 배후지역을 비롯한 인근 대도시권까지 종합적인 분석이 요구된다.

그럼에도 불구하고 지역적 측면에서 공항을 조명한 연구는 많지 않지만, 선행연구에서 지역의 관점에서 공항을 고찰한 연구내용을 정리하면 다음과 같다.

첫째, 세계도시 성장전략 및 경쟁력 확보 차원에서 공항과 주변지역의 개발을 바라보는 것이다. 이러한 관점은 다시 네 가지 논점으로 나뉘어 볼 수 있는데, ① 공항과 모도시와의 접근성 강화를 통한 경쟁력 확보 방안, ② 공항 주변지역 또는 모도시의 주변지역 개발 및 기능 강화, ③ 모도시와 공항을 포함한 대도시권 또는 국토 전체의 개발 및 경쟁력 강화 방안, ④ 주변 국가들과의 역내 경제권에서 국제경쟁력 강화 방안 등에 대한 논의가 그것이다. 이러한 지역 개발 논의는 세계화시대로 접어들면서 도시의 국제경쟁력 강화를 위해서 국제공항의 활용 방안이 논의되었다.

둘째, 국제물류경쟁력 강화를 위한 공항과 주변지역 개발이다. 이 논의는 공항 화물터미널 자체의 물류시스템보다는 물류단지를 조성하거나 물류서비스를 강화하기 위해 공항 주변지역을 개발하는 방안과 항공교통과 타 운송수단과의 연계를 위해 교통시스템을 재정비하는 방안이다. 전자는 공항 배후지역에 물류단지를 조성하는 것이 대표적이며, 후자의 경우는 거시적 차원에서 대도시권 또는 국토 전체의 물류시스템을 공항과 인근 물류단지를 중심으로 재편하는 차원까지 논의되고 있다.

마지막으로 지역 경제 활성화 및 지역 개발을 위한 공항과 주변지역 개발이다. 공항도시 조성, 인접한 지역과의 기능적인 연계를 통한 시너지 효과, 항공교통 관련 산업, 물류, 위락시설 등의 입지를 통해 공항 지원기능 강화 및 공항이용객 편의 제공, 공항의 재무구조 개선, 주변지역 개발에 따른 소음, 고도제한, 환경문제 등에 대한 논의가 이에 해당된다. 또한 공항의 장점을 활용한 제조업, 물류 · 유통, 가공산업 이외에도 비즈니스, 금융, 레저, 호텔, 컨설팅, 부동산, 금융, 의료 등의 다른 산업도 함께 발전시켜 다양한 분야로의 파급 효과를 창출시킬 수 있는 방안에 대한 논의도 진행되고 있다. 이러한 산업의 발전은 공항의존도를 더욱 높일 수 있으며, 공항의 역할도 강화되어 공항과 공항도시의 자족성을 제고시킬 수 있다.

항공교통과 관련 산업이 발달하면서 공항의 기능과 의미도 변화의 과정을 겪게 되었다. 과거 승객과 화물의 이동을 담당하는 단순한 교통시설로서의 공항은 고부가가치를 창출하는 다양한 서비스 및 산업 활동 기능이 공항을 중심으로 이루어지는 공항도시 개념으로 발달하게 되었다. 공항도시란 도시 및 국가 발전에 필요한 물류, 교통, 자본, 정보가 가장 빠르게 움직이는 곳에 공항 이용객의 요구에 맞춘 레저, 업무, 산업시설 등의 입지를 통해 기존의 단순한 여객, 물류 이동 외에 다양한 고부가가치 산업기능을 가진 복합도시로 성장·개발되는 곳을 일컫는다. 공항도시는 비즈니스, 호텔, 엔터테인먼트, R & D, 전시장, 컨벤션 기능 등이 집적되며, 교통수단 변화와 함께 성장·변화하는 거점으로 육성하여 미래 산업의 고부가가치를 창출하는 복합기능을 수행하는 곳이다박형서, 2007. 대규모 국제공항이 입지하고 있는 도시나 국가는 공항 주변지역이 국가 및 지역 경제의 견인차 역할을 하는 주요 거점으로서 개발하게 되는데, 현재 세계 주요 허브공항은 공항 배후단지에 다양한 도시기능을 갖춘 공항도시를 경쟁적으로 개발하고 있다.

특히, 허브공항 구축과 공항 관련 산업은 새로운 도시 성장과 국가경제 성장의 원동력으로 인식되면서 공항 주변은 고부가가치를 창출하는 첨단산업의 최적 입지로 부상하고 있다. 항공 수요의 빠른 증가와 함께 공항 주변지역 활용에 대한 요구도 증가하면서 각 공항은 공항수익 증가와 더불어 허브공항의 기능을 확장하기 위하여 경쟁하고 있으며, 많은 공항은 재무건전성을 높이기 위한 방안으로 공항 주변에 물류, 관광, 컨벤션, 상업시설을 갖춘 공항도시를 개발하여 비항공부문의 수익 증대를 위해 노력하고 있다. 최근 개발되고 있는 대형 공항들은 배후지역까지 개발범위를 확대하여 복합도시 형태로 개발하고 있으며, 항공 수요 창출과 지역 사회 연계를 통한 공항도시의 자족성을 제고하고 있다박형서, 2007.

허브공항 경쟁에서 우위를 점하기 위해서는 공항의 우수한 시설과 서비스뿐만 아니라 배후지역에 공항과 시너지 효과를 누릴 수 있는 산업과 서비스를 함께 발달시켜야 하며, 그로 인한 성장 효과가 주변지역 및 국가 경제에 파급될 수 있도록 개발되고 있다. 즉, 공항 내의 비항공수익 창출뿐만 아니라 공항 배후지역에서의 비항공수익을 창출할 수 있는 모델도 개발되어야 한다. 현대 사회에서 공항은 물류기지나 여객터미널의 수송 기능만을 수행하는 단순한 교통시설로서의 의미에 그치지 않는다. 공항과 관련 시설들은 그 자체가 지역 사회의 기간산업으로 기능하거나, 다른 교통체계나 산업과 연계되어 시너지 효과를 일으키며 지역을 성장시키는 원동력으로 작용하고 있기 때문이다.

예컨대, 미국 로스앤젤레스는 LAX공항을 중심으로 미국을 대표하는 항공우주산업의 메카로 성장하였다. 로스앤젤레스 일대에 입지하고 있는 항공산업체들은 이 지역에서 최고 수준의 고용 창출 효과를 나타내며 지역 경제를 견인하고 있다. 또한 싱가포르 창이공항은 항공교통을 해운교통과 유기적으로 연계시켜 동남아시아의 최대 국제물류 중심지로 부상하였다. Sea & Air 복합운송전략을 도입하여 해상운송의 저렴한 가격과 항공운송의 신속성을 결합하여 그 효과를 극대화시킨 것이다. 창이공항의 항공허브산업은 연간 22만 명 이상의 일자리를 창출하고 있으며, GDP 13% 이상의 경제적 파급 효과를 거두며 막대한 경제적 이익을 거두고 있다홍철 외, 2005. 이외에도 네덜란드 스키폴공항, 프랑스 샤를드골공항, 미국 댈러스공항, 홍콩 첵랍콕공항, 태국 수완나품공항 등 많은 국가에서 공항 주변지역의 잠재력을 인식하여 공항도시를 건설하고 있다.

2) 국제공항 개발이 지역에 미치는 파급 효과

국제공항 개발로 인해 지역이 받는 영향은 매우 광범위한데, 이러한 파급 효과는 직접 효과와 간접 효과로 나누어 볼 수 있다. 이 글에서는 국제공항 개발의 직접 효과를 공항부지 내에서 항공교통과 관련하여 발생하는 효과로 정의하였고, 간접 효과는 관련 산업분야에 미치는 파급 효과 또는 공항부지 내·외부에서 공항 운영과 직접적인 관계가 없는 분야에서 발생하는 효과로 정리하였다. 우선 국제공항이 지역에 미치는 직접 효과는 크게 3가지로 볼 수 있을 것이다.

첫째, 공항터미널 자체의 경제적 파급 효과이다. 공항과 지역과의 관계에서 가장 밀접하고 중요한 부분인데, 대형 국제공항의 경우 공항 운영, 항공기 정비, 기내식 제공, 터미널 내부의 상가, 공항서비스 등과 관련된 고용·창출 효과와 지역 경제의 활성화를 기대할 수 있다. 이는 지방재정의 증대로 이어져 지역 성장에 기여할 수 있다.

둘째, 지역의 접근성을 획기적으로 향상시킨다. 국제공항의 항공노선을 통한 국내·국제항공교통의 접근성이 향상되는 1차적인 효과뿐만 아니라, 국제공항과 다른 지역들을 연결시켜주는 육상교통망과 대중교통수단이 공항을 거점으로 새롭게 정비됨으로써 공항 주변지역은 새로운 교통중심지로 성장할 수 있게 된다. 이러한 접근성의 향상은 기업의 유치와 경제 활동에 긍정적인 영향을 미치게 되고, 이를 통해 지역의 성장 잠재력을 제고할 수 있게 된다.

셋째, 물류산업 성장에 기여한다. 공항단지 내에 화물터미널, 유통업무단지, 물류센터 등의 건설을 통해 물류비용 절감, 배송시간 단축, 타 교통수단과의 연계를 통한 수송의 효율성 증대 등의 효과를 거둠으로써 주변 산업단지의 경쟁력을 강화하게 된다. 무엇보다 항공교통은 기존의 상품시장의 공간적 한계를 극복할 수 있는 수송수단으로서 재화의 이동성을 증대시켜 상권의 공간적 범위를 전 세계로 확대할 수 있다.

다음으로 국제공항 개발의 간접 효과를 살펴보면, 첫째, 관광산업과 지역 상권을 발달시킨다. 항공교통이 다른 산업에 가장 직접적으로 영향을 미치는 분야가 관광산업이라고 할 수 있는데, 외국인 관광객을 유치하기 위해 가장 필요한 인프라가 국제공항이다. 그러나 관광객에게 공항은 목적지로 가기 위해 거치는 단순한 경유지로서의 의미에 그치는 경우가 대부분이다. 이 때문에 외국인 관광객이 공항 주변지역에서 체류하면서 소비하도록 유도하기 위해 테마파크, 리조트, 골프장, 카지노, 숙박시설, 경기장 등을 건설하여 지역 관광산업을 육성시키기도 한다. 이러한 관광객의 증가는 쇼핑몰 등의 유치를 통해 지역의 상권 활성화에 결정적인 기여를 할 수 있다.

둘째, 공항 의존형서비스업을 성장시킨다. 렌터카, 호텔, 장기주차장, 주차대행업, 공항버스, 공항택시, 항공택배, 쇼핑센터, 요식업 등 공항 터미널 외부에서 공항 이용객들을 대상으로 서비스를 제공하는 공항 의

존형서비스업은 국내선 위주의 공항보다 국제공항에서 더욱 발달하게 된다. 공항 의존형서비스업이 발달할수록 공항 주변의 토지이용과 지역 산업 구조가 다양화되고 지역 경제 성장을 촉진시킨다.

셋째, 국제적인 인적교류와 국제비즈니스 활성화에 기여한다. 국제공항은 정치, 경제, 학술, 문화, 예술, 스포츠 등 사회 전 분야에 걸쳐 국제적인 인적교류를 가능케 하며, 특히 고부가가치 산업으로 최근 주목받고 있는 마이스산업의 발달에 핵심적인 요소이다. 이러한 인적교류는 정보의 이동을 동반하게 되며, 공항은 대중매체, 인터넷 등과 함께 정보의 이동에 있어서 중요한 기능을 담당하고 있다. 또한 세계화가 진행되면서 국제공항의 중요성이 더욱 부각되고 있는 이유 중의 하나가 바로 사람, 정보, 화물의 국제적인 이동을 단기간에 가능하게 해주는 대표적인 교통수단이기 때문이다. 장거리 이동에 있어서 항공교통의 신속성과 편리함은 국제적인 경제 활동을 촉진시키고, 이러한 이동성이 확보됨으로써 새로운 비즈니스의 기회를 창출하게 되는 것이다.

마지막으로, 공항 주변지역의 개발과 경제적 파급 효과는 부동산과 건설 수요의 증가 및 인구 증가로 이어진다. 공항 주변지역 개발에 따른 건설시장의 활성화는 지역 경제에 2·3차 경제적 파급 효과를 유발시키며 지역의 지속적인 성장을 유도할 수 있다. 이러한 공항개발에 따른 지역의 성장은 인구 흡인요인으로 작용하게 되는데, 공항 주변지역의 주거환경 조성 및 다양한 생활인프라 구축을 통해 공항 관련 직종의 종사자들뿐만 아니라, 국제적인 업무에 종사하는 고급 인력을 유치함으로써 국제도시로 성장할 수 있는 기반을 구축할 수 있다.

이와 같이 국제공항은 지역 경제를 활성화시키고 주변지역에 투자를 촉진시킴으로써 지역 및 국가 경제 성장의 원동력으로 기능할 수 있다. 그렇다면 공항만 건설하면 지역은 성장하는 것인가? 결론부터 말하자면, 공항 건설이 반드시 지역 경제 활성화를 담보해주는 것은 아니며, 모든 국제공항에서 상술한 파급 효과들이 나타난 것도 아니다. 공항 건설보다 중요한 것은 공항을 통해서 지역의 실질적인 성장을 견인할 수 있는 지역의 전략이 관건이다. 공항의 계획·건설단계에서부터 공항과 지역이 동반 성장할 수 있는 종합적인 지역 개발 전략이 수립되어야 하며, 국가 또는 광역 차원의 국토 개발 전략도 동시에 고려될 때 비로소 파급 효과를 극대화할 수 있다.

한편, 공항 건설이 지역에 긍정적인 영향만을 미치는 것도 아니다. 공항으로 인해 주변지역의 개발 및 고도 제한, 소음 공해, 환경문제, 지역 커뮤니티 붕괴 등의 부정적인 측면도 존재한다. 그리고, 공항 주변지역의 개발 전략이 지나치게 대외 의존도가 높은 국제비즈니스에 치중하고 대규모 개발프로젝트 중심으로 추진될 경우, 대내외 경제 여건에 따라 사업추진 결과가 크게 달라질 수 있고, 그 결과가 지역의 부담으로 전가될 수 있는 리스크도 존재한다. 향후 예상되는 인구감소와 저성장시대를 상정하여 면밀한 수요분석을 토대로 공항 건설을 추진해야 하며, 항공 수요 변화에 유연하게 대응할 수 있도록 다양한 도시기능과 고도화된 산업기능을 함께 유치할 수 있는 공항 주변지역의 개발 전략이 필요하다.

3. 일본 간사이국제공항 건설이 지역에 미친 영향

1) 공항 배후단지 개발과 과제

간사이공항은 일본 제2의 도시 오사카부大阪府가 있는 간사이関西 지방의 항공 수요에 대응하고 동북아 허브공항을 목표로 평균수면 18미터 바다를 매립하여 건설되었다. 1994년 7월 개항한 간사이공항은 오사카시 남서쪽 40킬로미터 지점에 위치하고 있으며, 일본 최초로 24시간 운영이 가능한 공항이다. 서일본의 관문으로서 개발된 간사이공항은 공항 건설과 함께 낙후되어 있던 오사카부의 남부지역 개발을 위해 대규모 공공사업들이 함께 추진되었는데, 대표적인 것이 린쿠타운りんくうタウン이라고 할 수 있다. 린쿠타운은 공항과 육지를 연결하는 연안부를 매립하여 조성되었으며, 간사이공항이 해상공항이라는 점을 감안하여 공항기능의 지원과 지역 발전을 도모하기 위하여 개발되었다. 린쿠타운은 린쿠대로를 사이에 두고 남측은 다국적 기업군, 연구기관, 국제물류센터, 북측은 호텔, 상업, 위락시설 등이 위치하고 있다〈그림 1〉. 또한 30만 제곱미터의 업무·상업지구를 국제비즈니스 중심지로 조성하고, 매립지의 환경개선을 위한 하수처리시설, 부두시설, 녹지시설 등을 건설하였다.

1980년대 이전까지 일본은 공항 주변지역에 제조업 중심의 공업단지를 조성하는 것이 전형적인 개발방식이었다는 점을 감안한다면, 린쿠타운과 같이 국제 비지니스 중심의 개발은 당시로서는 매우 획기적인 개발 전략이었으며, 간사이지방뿐만 아니라 국가적 차원에서도 린쿠타운에 대한 기대가 높았다. 린쿠타운은 일본 국토 균형 발전과 간사이지방의 산업 및 문화 활성화를 개발 목표로 내세우며 야심차게 진행되었

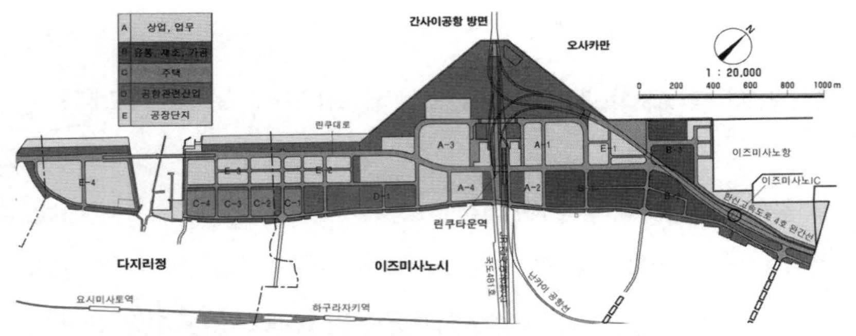

〈그림 1〉 이즈미사노시의 린쿠타운 토지이용도
출처 : 오사카부 린쿠타운(http://www.pref.osaka.jp, 필자수정)

고, 우리나라에서도 인천공항 건설과 송도와 청라지구 개발을 추진할 때 참조했던 개발모델이기도 했다.

그러나 일본의 버블 경제기에 추진된 린쿠타운 개발사업은 1990년대 일본의 버블 경제가 붕괴되면서 직접적인 타격을 입게 된다. 사업예산도 당초 1,700억 엔에서 1990년 5,500억 엔, 1995년에 7,400억 엔까지 증액되었다가 몇 차례 수정과정을 통해 2009년 5,672억 엔으로 조정되었다. 계획 당시 예상했던 당초 사업비보다 3배 이상 증가했고 개발기간도 20년 이상 연장되었는데, 버블 경제 붕괴로 인한 일본의 부동산시장 침체가 사업실적 부진으로 이어진 것이 주요 원인으로 지목되었다. 린쿠타운 사업의 실적 부진으로 인한 재정적 부담은 고스란히 지방정부로 전가되면서 지역 사회에서 많은 비판적 의견들이 쏟아졌다.

공항 주변지역 개발사업이 기대치에 크게 못 미치자 오사카부는 2001년에 「린쿠타운 활용방침과 사업계획 수정안」을 발표하였다. 상업업무지구, 공업단지, 공항 관련 산업지구, 공원, 주택지구 등의 기존 토지개발계획을 산업성장·고도화지구, 교류·문화지구, 공공·생활지구로 재조정하였으며, 분양단가를 대폭 인하해서 분양 예상 수입도 당초 6,187억 엔에서 3,707억 엔으로 하향 조정했다.

오사카부의 수정안에서 지적하고 있는 린쿠타운 개발 부진의 원인은 공항 파급 효과의 과도한 기대, 산업정책적 관점의 결여, 현실성이 부족한 이념적인 도시계획, 버블 경제의 영향 등이다. 마지막의 버블 경제 영향은 국가적 차원의 문제이므로 지역의 책임을 묻기는 어려운 측면이 있으나, 나머지 3가지 원인은 지역 스스로가 공항 건설에 대한 대비가 충분하지 못했다는 비판을 피하기 어려운 내용인데 이를 오사카부 스스로가 인정한 셈이다. 이 내용은 우리나라에서 신규 공항을 계획하거나 건설할 때 반드시 타산지석으로 삼아야 할 교훈이라고 할 수 있다.

간사이공항 개항 당시 간사이지방은 제조업체의 해외 이전, 신산업 성장동력 부재, 한신·아와지대지진 등의 여파로 지역 경기가 매우 불안정했던 시기였다. 결국 버블 경제기에 경제의 양적팽창을 전제로 개발된 간사이공항과 배후단지 개발은 사회경제 환경의 변화로 인해 극심한 경기 침체와 지가 하락 등으로 인해 주변지역에 미친 개발 효과는 매우 제한적이었다. 린쿠타운의 경우 후술할 나리타공항의 사례에 비해 지역경제와 시너지 효과를 높일 수 있는 연계성이 부족했던 점 또한 빼놓을 수 없는 문제점이라고 할 수 있다.

2) 지방정부의 재정위기와 인구감소

간사이공항 배후단지 개발 문제는 결국 해당 지자체의 재정위기까지 불러오게 된다. 간사이공항의 개발을 계기로 지방채를 발행하며 대규모 지역 개발을 진행했던 오사카부 이즈미사노시泉佐野市가 2009년에 재정파탄 직전까지 몰리는 상황이 발생하였다. 공항 건설과 함께 오사카부의 남북축 강화를 위시한 교통체계의 정비, 공항 주변지역의 도시기반 및 산업시설 정비 등 공항 건설과 더불어 오사카부를 재정비하는 사업들이 다양하게 추진되었다.

간사이공항의 입지가 결정된 1974년 당시, 오사카부는 1970년의 오사카 만국박람회를 계기로 고속도로, 철도 등의 인프라 정비가 활발히 진행되던 시기였다. 간사이공항이 건설되기 이전의 이즈미사노시를 비롯한 오사카 남부지역은 당시 교통 인프라가 매우 열악하였고, 잦은 홍수로 많은 피해가 발생되던 낙후된 지역이었기 때문에 공항 건설을 계기로 지역 개발을 꾀했던 것이다. 1984년 간사이공항 계획안이 승인되면서 일본 정부와 오사카부는 이즈미사노시를 비롯한 공항 인근지역 개발에 착수하게 되는데, 대표적인 것이 바로 린쿠타운 건설이었다. 해안을 매립하여 국제도시를 건설해서 민간에 분양하겠다는 계획이 발표되자 기업들은 전담 부서까지 만들어가며 부지확보에 나섰고, 고층빌딩 건설계획들이 연이어 발표되었다. 바로 일본의 버블 경제가 절정에 달하던 시기에 일어난 일들이었다.

한편, 이즈미사노시는 린쿠타운의 하수도 정비를 담당하면서 낙후되어 있던 지역의 하수도정비 사업도 함께 본격적으로 추진되었다. 이렇게 공항과 배후단지 건설을 계기로 시립병원, 시민회관, 대학 등 지역의 다양한 공공사업들이 연이어 추진되었고, 부족한 재원은 지방채 발행을 통해 마련하였다. 서일본의 관문도시를 건설하는 사업이었기 때문에 중앙정부와 오사카부에서도 지방채 발행에 별다른 이의를 제기하지 않았다. 이 당시에는 버블 경제 붕괴가 시작되던 시기였고, 중앙정부에서도 지방정부가 지방채 발행을 통해 공공사업을 적극적으로 추진함으로써 지역 경기를 되살리는 것이 당면한 국정과제였던 상황이었기 때문에,

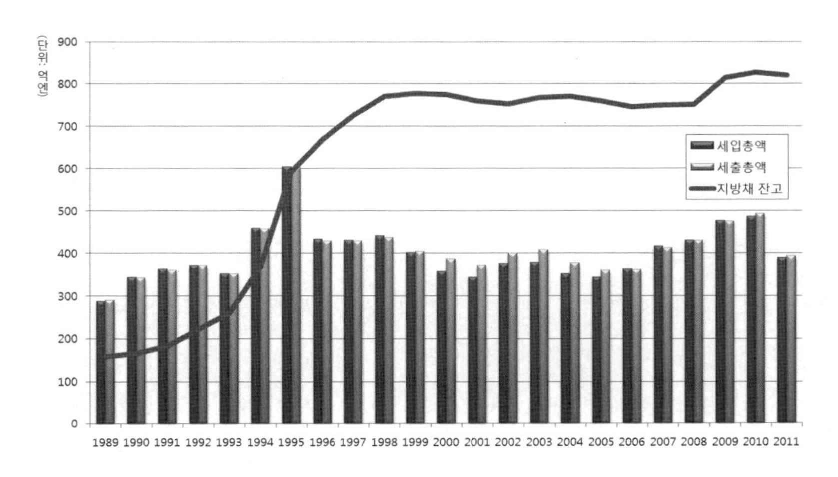

〈그림 2〉 이즈미사노시의 재정 현황
출처 : 泉佐野市行財政管理課(http://www.city.izumisano.lg.jp)

오히려 지자체의 공공사업을 장려하던 분위기였다.

또한, 간사이공항 개항으로 세수가 급격히 증가하면서 지방채 발행에 대한 부담을 크게 의식하지 않았던 것이다. 이즈미사노시의 당시 재정 상황을 살펴보면, 1990년에 고정자산세 수입이 44억 엔에 불과했던 것이 간사이공항 개항 이듬해인 1995년에는 120억 엔으로 3배 가까이 급증했다. 이후 공항 관련 고정자산세만 연간 약 100억 엔 가까이 들어왔기 때문에 재정지출의 급속한 확대를 크게 걱정하지 않았다. 결과적으로 간사이공항 개발이라는 대형 개발사업이 추진 중이던 이즈미사노시 입장에서는 여러 공공사업을 추진하기에 더없이 좋은 환경이 조성되었던 것이다.

그러나 단기간에 지나치게 재정지출을 확대하고 버블 경제 붕괴의 영향이 예상보다 오래 지속되면서 개발 투자비용이 제때 환수되지 못하면서 이즈미사노시에도 점차 문제가 발생하기 시작하였다. 뉴타운 건설이

한참 진행되고 있던 린쿠타운에서 대기업들이 점차 철수하기 시작했고, 공항 관련 실제 세수도 평균 약 70억 엔으로 30% 가까이 감소하였다. 그러나 이즈미사노시는 이미 간사이공항의 건설과 더불어 지역 정비를 위하여 각종 공공사업을 추진하고 있었기 때문에 지출을 줄일 수 없었고 부족한 세수를 또다시 지방채로 채우는 악순환이 시작되었다. 실제로 세출항목에서 투자적 경비가 1990년에 109억 엔이었던 것이 간사이공항이 개항되던 1994년에 209억 엔, 1995년에 315억 엔으로 급격히 확대되었다. 〈그림 2〉에서도 볼 수 있듯이, 이러한 재정지출 확대는 지방채 잔고의 급격한 증가로 이어졌으며, 1999년에는 지방채 잔고가 777억 엔까지 치솟았고, 결국 2004년에 지방재정의 비상사태를 선언하기에 이른다. 간사이공항이 개항한 지 10년만에 해당 지자체는 부도위기에 몰리는 상황이 빚어진 것이다.

간사이공항의 개항과 더불어 주변지역도 동반 성장할 것이고, 그에 따른 세수도 증가할 것이라는 예상이 빗나가면서 지역 성장을 기대했던 지역 사회의 실망과 당혹감은 클 수밖에 없었다. 당시 이즈미사노시는 린쿠타운 개발뿐만 아니라, 낙후되어 있던 구시가지에도 다양한 사회기반시설을 확충하기 위해 의욕적으로 재정지출을 확대했었다. 예컨대, 신설한 시립병원은 항공기 사고 등을 상정하고, 공항 운영에 따른 혜택을 독식한다는 주변 지자체의 시선을 의식해서 이즈미사노시가 주변지역 사회에 공헌한다는 차원에서 대형 의료시설을 최첨단으로 건설했다. 막대한 투자로 인해 처음부터 채산성이 맞지 않는 병원이었기 때문에 재정상황이 악화된 상황에서는 이즈미사노시의 시립병원도 재정위기의 한 원인으로 지적되었다. 이 외에도 간사이공항 건설을 계기로 지역이 성장할 것을 기대하며 추진했던 각종 지역 재정비사업들이 결과적으로 지자체의 재정 비상사태의 원인으로 지목되기도 했다.

간사이공항 개항 이후의 지역 위기는 지자체의 재정위기로만 끝나지 않았다. 간사이공항을 운영하는 '간사이국제공항주식회사'도 경영위기에 내몰리게 되었다. 1994년 간사이공항 개항 이후 공항 운영을 담당해오던 간사이국제공항주식회사는 2012년 이타미공항과 통합하여 '신간사이국제공항주식회사'로 변경되었다가 2016년 결국 공항 운영권을 민간회사에 매각하였다. 간사이공항 운영권을 매입한 운영사의 지분 40%를 프랑스의 컨소시엄이 소유한 것에 비해 지역 기업의 지분은 20%에 불과한 것에 대해서도 지역 사회에서 비판적인 의견이 많았다. 지역에서는 린쿠타운 개발사업의 실패보다도 공항 운영사까지 경영난에 시달리다 결국 외국계 회사에 매각된 것에 대한 실망과 충격이 더 컸었다. 이 당시 일본은 지방소멸론이 시대적 화두로 등장하면서 지방의 위기감이 고조되고 있던 시기였기 때문에 지역에서 체감하는 충격은 적지 않았다. 일본의 제2도시 오사카의 관문인 간사이공항의 운영사마저 경영난으로 외국계 회사에 매각되었다는 사실은 지방의 위기감을 한층 고조시키는 상징적인 사건으로 받아들여졌다.

간사이공항의 운영사가 경영난에 빠진 원인으로 지목되는 가장 대표적인 것이 막대한 공항건설비용이다. 간사이공항은 바다를 매립해서 공항을 지었는데, 공사 중에 계속된 지반침하로 인해 1단계 사업3,500미터 활주로 1개 공사비가 당초 1조 엔에서 1조 4천 5백억 엔으로 증가했으며, 결국 공항 건설 총사업비가 3조 엔에 달했다. 이는 인천국제공항 1단계 사업비 5조 6천억 원의 약 5.4배, 3단계까지의 총사업비 13조 2

천억 원의 2.3배에 달하는 천문학적인 비용이었다. 간사이공항 건설에 따른 부채만 약 1조 엔에 달하며, 이는 도쿄 나리타成田공항의 약 2배, 나고야 주부中部공항의 약 4배 수준이다. 이러한 부채로 인해 연간 약 200억 엔의 이자를 지불해야 했던 것이 경영에 가장 큰 부담으로 작용했던 것이다.

두 번째로 간사이지방의 공항 난립으로 인한 항공 수요의 분산이 경영난의 주요 원인으로 지목되고 있다. 오사카부 북쪽에는 간사이공항 건설 이전부터 운영 중이던 이타미伊丹공항이 간사이공항 개항 이후에도 국내선 위주로 운영되고 있었고, 2006년에는 고베神戸공항까지 개항하면서 간사이지방의 공항 및 배후단지 개발에 대한 중복투자 논란이 사회적 쟁점으로 부각되기도 했다.

간사이공항을 처음 기획했던 1969년에는 고베시 앞바다에 지금의 간사이공항을 건설할 계획이었으나, 지역의 반대로 무산되었다가 1980년대에 고베에서 공항 건설을 다시 추진하자 중앙정부가 거부한 바 있다. 그런데, 1990년대에 정부 재정 사업으로 고베공항을 결국 추가로 건설했는데, 이는 일본의 대표적인 과잉 중복 사업으로 지금까지도 비판의 대상이 되고 있다. 이에 대한 이즈미사노시나 공항 운영사는 간사이공항의 개항과 함께 오사카 북쪽의 이타미공항을 폐쇄하고 고베공항도 건설하지 않고 남쪽의 간사이공항으로 일원화했더라면, 현재와 같은 공항의 경영난도 없었을 것이고 공항개발에 따른 지역 파급 효과도 지금보다 더 긍정적으로 작용하면서 주변지역의 개발도 더욱 순조롭게 진행되었을 것이라고 주장하기도 했다.

이 외에도 간사이공항이 간사이지방의 주요 도시와 거리가 너무 멀어서 교통비도 비싸고, 천문학적인 공항 건설비용으로 인해 공항이용료도 다른 공항에 비해서 높은 점 등이 간사이 주민들이 공항 이용을 꺼리는 이유로 거론된다. 어쨌든 간사이국제공항이라는 안정적인 세원을 확보하고 있었음에도 재정파탄 위기까지 몰린 것은 공항 건설 이후 공공사업의 무리한 사업추진과 방만한 재정 운영에서 그 원인을 찾아야 할 것이다.

〈표 1〉 이즈미사노시 인구 추이

년도	인구(명)	면적(제곱킬로미터)	세대수(세대)
1980	90,684	50.82	25,091
1985	91,563	50.82	26,161
1990	88,866	51.66	26,575
1995	92,583	54.35	30,711
2000	96,064	54.38	33,663
2005	98,889	54.38	36,065
2010	100,801	55.03	39,084
2015	100,966	56.51	41,566
2020	100,131	56.51	43,864
2022	98,916	56.51	44,468

출처 : 泉佐野市市長公室政策推進課(http://www.city.izumisano.lg.jp).

문제는 공항 건설을 통해 지역의 성장을 견인하기 위해 막대한 재정 지출과 그로 인한 부작용에도 불구하고 그 파급 효과에 대해서는 매우 회의적이다. 〈표 1〉의 이즈미사노시의 인구 추이를 살펴보면, 간사이공항 개항 이후 1995년부터 2015년까지 20년간 약 8천 명 증가에 그치고 있다. 2015년 100,966명으로 정점을 찍은 뒤 이후로는 인구가 감소세를 유지하고 있으며, 이즈미사노시의 현재 인구는 2005년 수준으로 되돌아간 상황이다. 공항 개항 이후 세대수는 최근까지 약 1만 4천

세대 증가했으나, 인구는 증가 폭도 크지 않았으며 20년이 경과한 시점부터는 오히려 감소하고 있다는 점에서 공항 건설의 파급 효과에 대한 회의적인 시각이 적지 않다. 린쿠타운을 중심으로 오사카부 남부지역에 새로운 중심 도시를 건설하겠다는 당초 계획과 비교하면 그 파급 효과는 제한적이라고 할 수 있다.

4. 인천국제공항 건설이 지역이 미친 영향

1) 인천공항 건설과 인천경제자유구역 개발

인천공항은 국제항공수요 증가에 대비하고 국가경쟁력 강화 차원에서 건설되었으며, 우리나라는 동북아 경제 중심 전략을 구상하면서 인천공항을 동북아 항공 물류의 허브공항으로 발전시켜 왔다. 그러나 이에 앞서 지금의 인천공항인 '수도권 신공항'의 건설이 거론되기 시작한 것은 1988년 7월 김포공항 주변 주거지역에 대한 소음 공해 문제가 사회적으로 부각되면서 비롯되었다. 당시 김포공항은 주변지역에 주거지가 밀집되어 있어 공항 확장에 한계를 가지고 있었기 때문에 우리나라 관문공항으로는 적절치 않은 것으로 판단되어, 1990년 6월 서울 도심에서 약 52킬로미터 떨어져 있는 영종도를 수도권 신국제공항의 최적 입지로 결정하였다수도권신공항 건설공단, 1995. 항공기의 소음문제와 공항 운영에 따른 환경오염 등 공항 주변지역에 미치는 영향으로 인해 해상공항이 유력한 개발 방안으로 주목받았는데, 당시 일본의 간사이공항과 홍콩의 첵랍콕공항이 해상공항으로 건설된 것에 착안했던 것이다.

2001년 개항 이후, 인천공항은 공항서비스 평가 12년 연속 세계 1위, 국제화물운송 세계 3위, 국제여객운송 세계 5위 등 실로 괄목할만한 성장을 이루어 온 것을 부인할 수 없을 것이다. 그렇다면 이러한 세계적인 허브공항이 있는 주변지역은 어떤 영향을 받았을까? 인천공항의 개항 후 인천경제자유구역IFEZ은 정부가 추진했던 동북아 경제중심 실현 전략의 핵심지역으로서 2003년 8월 국내 최초로 인천공항과 항만을 포함하여 송도, 영종, 청라지구에 총 169.5제곱킬로미터 규모가 지정되었다. 전술한 간사이공항 배후단지 사례와 같이 대규모 매립사업을 통해 배후단지 조성 및 뉴타운 개발을 추진한 것이다. 주지하는 바와 같이, 인천경제자유구역의 개발 방향은 국제적인 공항도시를 지향해왔다. 세계화가 진행되면서 국경을 초월한 지역 간 직접교류가 더욱 활발해지고, 지역 개발 계획의 한 부문으로서 공항개발에 대한 요구가 증가하는 추세에 부합하기 위하여 수립된 개발 방안이었다.

과거 인천공항 건설과 관련된 논의들 중에서 가장 많이 제기되었던 주장은, 인천공항을 단순히 공항시설로만 구성해서는 안 되며, 주변에 국제업무지역, 산업단지, 물류단지, 관광·위락단지, 주거단지 등을 함께 개발하여 자족적이고 종합적인 공항도시를 건설해야 한다는 내용이었다. 정부도 한때 이러한 비전으로 영종지구 일대를 국제자유도시로 개발하려고 하였으나, 결국 영종지구 개발은 인천시에서 담당하게 되었다허동훈, 2001. 또한 영종, 용유, 무의 지구 등 기수립된 개발계획과의 기능 중복 및 개발용량 초과 가능성 제기, 투자유치실적 부진 등 인천경제자유구역의 개발계획에 대한 여러 가지 논란이 제기되어 왔다. 사실 대규모 토목사업을 통한 신도시 개발을 추진하면서 예상하지 못했던 다양한 문제점이 도출될 수 있는 가능성은 항상 존재하기 마련이다.

그러나 인천공항 주변지역의 개발은 지금까지 국내에서 개발했던 여타 신도시들과 본질적으로 다른 측면이 있다. 특히 수도권에 건설된 신도시들은 서울 또는 주변 도시들과의 상호 작용을 토대로 도시성장전략이 수립되었다면, 현재의 인천경제자유구역의 개발방식은 내부적인 관계보다는 외부적인 관계, 즉 국내 도시 간의 상호 작용보다는 국제적인 사회경제환경 변화에 의해서 도시의 성장이 좌우될 수 있다는 점이다. 따라서 공항 주변지역이 안정적으로 성장하기 위해서는 공항을 지역의 기간산업으로 인식하고 지역의 여타 산업 및 도시기능들과 시너지 효과를 발휘할 수 있는 차별화된 전략적 접근이 요구된다.

원론적으로는 공항도시의 개발 방향이 공항을 중심으로 이루어지는 다양한 국제적 활동과 수요를 충족시킬 수 있는 도시 건설이라고 정리할 수 있으나, 여기에는 전제조건이 따른다. 공항이 소재하고 있는 주변지역 또는 국가의 사회경제적 특징을 반영한 도시개발 전략이어야 한다는 점과 그것을 지지할 수준의 경제의 양적팽창이 동반되어야 한다는 점이다. 또한 공항이 있다고 해서 공항 인근에 반드시 배후도시를 건설해야 하는 것은 아니다. 도시가 있고, 도시에서 공항에 대한 수요가 존재하기 때문에 공항이 있는 것이지, 공항이 있기 때문에 도시가 있는 것은 아니기 때문이다허동훈, 2001. 공항개발의 가장 중요한 목표는 모도시의 경제 활성화이지 대규모 배후단지 조성이 아니라는 것이다.

일본 나리타공항의 사례를 살펴보면, 국제공항을 건설하고 주변에 대규모 신도시나 배후단지와 같은 하드웨어 개발에 치중하기보다는 공항과 인접한 지자체에서 각 지역의 입장에서 공항을 이용한 지역 성장 전략을 수립하여 주변지역이 자연스럽게 공항도시의 기능을 수행하도록 유도하는 정책을 추진했다. 반면, 간사이공항의 사례는 무리한 대규모 개발사업이 오히려 지자체의 재정위기와 같은 결과를 초래할 수도 있다는 점을 상기시켜준다.

2003년 인천의 송도·영종·청라지역이 경제자유구역으로 지정된 이후 20년이 지났지만, 여전히 건설이 진행 중인 인천공항의 배후단지들은 사실 계획단계부터 구조적인 문제점을 가지고 있었다. 공항 주변지역의 개발은 수도권 과밀화를 더욱 심화시킬 수밖에 없기 때문에 정부의 수도권 기능집중억제 정책과 상충된다는 점이다. 인천경제자유구역만 특별지구로 지정되더라도 그로 인해 발생되는 성장 파급 효과는 경제자유구역 외부로 파생될 수밖에 없으며, 특히 자유로운 국제적 활동이 중심이 되는 인천경제자유구역의 특성상 수도권의 각종 규제 완화 요구는 더욱 강화될 수밖에 없을 것이라는 점이 지적되었다.

또한, 인천공항 건설 당시 IMF, 예산문제 등의 이유로 인해 체계적인 공항 주변지역 개발이 추진되지 못했고, 이러한 대내외 투자환경의 악화는 결국 경제자유구역의 개발 및 투자 실적 부진으로 이어졌다. 글로벌 비즈니스의 전진기지로서 국가적 차원에서 인천경제자유구역을 국제도시로 육성하고자 했으나, 2008년 미국 금융위기 이후 세계적 경제불황을 겪으면서 외국인 직접투자와 국내 투자심리의 위축으로 인해 개발 실적이 당초 예상보다 저조했던 것이다. 금융위기 이후로도 저출산, 고령화, 산업체의 해외 이전, 부동산시장 침체 등 다양한 경기 불안 요인이 상존하고 있는 상황이다.

2) 공항 파급 효과의 과도한 기대와 인천의 재정위기

인천공항과 간사이공항의 사례가 가지고 있는 공통적인 측면이 많은데, 특히 공항이 위치한 해당 지자체 모두 공항 주변지역 개발 이후 재정위기를 겪었다는 사실은 시사하는 바가 크다. 인천시는 2009~2017년에 재정위기를 겪게 되는데, 인천시의 총부채는 2009년 7.7조 원에서 2014년 13.2조 원까지 증가하면서 채무 비율이 2009년 25.8%에서 2014년 37.5%까지 증가했다김재영 · 백형배, 2015. 간사이공항이 위치한 이즈미사노시가 공항 개항 10년 만에 재정위기를 겪은 것에 비해 인천시는 인천공항 개항 8년 만에 위기를 겪기 시작한 것이다. 2012년 인천시가 공무원의 수당을 지급하지 못하는 사태가 벌어지면서 재정 유동성 문제가 사회적으로 주목을 받았다. 결국 2015년에 채무 비율이 39.9%까지 상승하면서 재정위기주의단체로 지정되면서 행정자치부에 재정건전화 3개년 계획을 제출하는 상황까지 이르렀다. 채무 비율이 0.1%만 더 높았으면, 재정위기주의단체가 아니라 재정위기단체로 지정될 뻔한 상황이었다.

인천시의 재정위기 원인에 대해서 전문가마다 다양한 의견이 제시되었으나, 종합해보면 2014년 인천아시아게임 개최, 인천도시철도 2호선 공사, 송도 · 청라 · 영종 등 인천경제자유구역 개발, 220곳의 구도심 재생사업, 검단신도시 · 루원시티 건설 등 대형개발사업의 투입재원회수 지연, 2008년 글로벌 금융위기 이후 세수 감소 등이 공통적으로 지적되었다. 특히, 2009년 이후 인천도시공사의 부채 규모가 인천시 본청 부채의 2배에 이를 정도로 급격히 증가했는데, 2014년 기준으로 검단신도시 2.9조 원, 영종하늘도시 1.1조 원, 도화지구 약 9천억 원 등 주요

도시개발사업의 부채가 부동산 경기 불황의 여파로 급격히 증가한 것이 주요 원인으로 지목되었다.

앞서 살펴본 이즈미사노시의 사례에서처럼, 인천시도 공항 건설을 계기로 지역 정비를 위하여 각종 공공사업을 적극적으로 추진하면서 단기간에 재정지출을 무리하게 확대했던 것이 화근이 된 것이다. 공항이 개항하면서 세수가 급격히 증가하자 지자체의 입장에서는 이것을 계기로 지역을 한 단계 발전시킬 수 있는 발판을 마련하고자 했을 것이다. 그러나, 일본과 우리나라 모두 예상하지 못했던, 어쩌면 충분히 대비하지 못했던 대내외 경제 위기로 인해 공항 배후단지 개발사업과 각종 도시개발사업의 실적 부진이 부채로 돌아오고 결국 지자체의 재정위기를 초래하는 패턴을 동일하게 보여준 사례라고 할 수 있다. 이 두 도시 모두 그 근저에는 공항 개발에 따른 파급 효과를 지나치게 낙관적으로 기대하면서 동시다발적으로 대규모 공공사업을 추진했던 것이 재정위기의 근본 원인이라고 볼 수 있다. 마치 복권에 당첨된 사람이 머지않아 파산하는 사례처럼 공항 건설이라는 성공이 지역의 체계적인 개발과 관리라는 평정심을 잃게 만든 것은 아닌지 되돌아볼 일이다. 많은 선행연구에서 인천의 부채 증가를 주로 경제와 정치적 요인으로 설명하고 있지만, 내막을 들여다보면 "관리의 실패에 따른 재정위기"로 규정할 수 있다김재영·백형배, 2015.

물론 인천시의 재정위기 원인이 매우 복잡하기 때문에 인천공항 개항이 직접적인 원인이라고 단정할 수는 없으나, 간사이공항 개항 이후 전개된 이즈미사노시의 재정위기 상황과 그 과정이 매우 유사하다는 것은 주목해야 할 부분이다. 국제공항 개항 이후 두 도시 모두 매우 적극적인 재정지출을 전개했으며, 이는 공항 건설 이후 증가한 세수를 바탕으로 적극적인 도시개발을 추진했다가 예상하지 못한 경제 위기로 인해 유동성 확보가 어려워지면서 부채비율이 급격히 상승한 것까지 너무나 닮아 있다. 인천공항을 개발할 당시 바다를 매립해서 해상공항과 국제도시를 건설한 것도 닮은 꼴인데, 결과적으로 재정위기까지 비슷하게 경험한 셈이다.

인천시는 재정난을 극복하기 위해 시 직원 수당 삭감, 산하 공기업 및 출연기관 예산 삭감, 송도매립지 등 부동산 및 자산 매각 등을 추진했으며, 주민세 120% 인상 및 공공요금 인상 등 주민들도 재정위기의 영향을 받았다. 공항을 지역의 관점에서 바라봐야 하는 이유는 바로 여기에 있다. 공항과 배후단지 개발이 실패했을 때 그 여파는 고스란히 지역과 주민에게 전가되기 때문이다. 뒤집어서 이야기하자면, 공항과 배후단지 개발이 성공했을 때 그 효과는 고스란히 지역과 주민에게 돌아가야 한다. 이것을 실현하기 위해서는 반드시 공항과 지역이 연계되는 지역 성장 전략이 필수적인 것이다.

5. 가덕도신공항 주변지역 개발을 위한 제언

지금까지 살펴본 바와 같이, 공항은 더 이상 단순히 인프라로서의 '교통시설'이 아니라, 지역 성장에 획기적인 계기를 제공할 수 있는 지역의 '기간산업'으로 자리매김하고 있다. 과거 도로교통, 철도교통, 수상교통 등이 도시의 공간적 변화를 주도했었다면, 현대의 대도시권에서는 공항이 지역 개발의 새로운 매개체로서 새로운 형태의 도시 공간을 창출하고 도시구조를 변화시키고 있다고 볼 수 있다. 공항을 활용하여 지역을 활성화하고 경제 성장을 가속화시키기 위해서는 공항 주변지역의 개발이 관건이라고 할 수 있다. 공항이 성공적으로 운영되더라도 공항 주변지역이 함께 성장하지 못한다면 공항개발에 따른 파급 효과는 반감될 수밖에 없기 때문이다. 그런 의미에서 최근 부산 가덕도신공항의 건설 확정은 지역 활성화의 '끝'이 아니라 '시작'이라고 할 수 있다. 지역의 입장에서 중요한 것은 '공항의 흑자'가 아니라 '지역의 성장'이기 때문에 지금부터 본격적으로 공항을 활용한 지역 성장 전략을 수립하지 않으면 안된다.

그런데 공항 주변지역의 개발 전략이 지나치게 대외 의존도가 높은 국제비지니스에 치중되고 대규모 개발프로젝트 중심으로 추진될 경우, 대내외 경제 여건에 따라 사업추진 결과가 크게 달라질 수 있다. 리스크가 큰 대규모 공공사업의 경우, 자칫 그 피해가 고스란히 지역 사회에 전가될 수 있다는 것을 린쿠타운의 사례를 통해서도 잘 알 수 있다. 간사이공항 주변지역은 당초 상정했던 개발 목표를 달성하지 못함으로써 지역 사회가 그 부담을 떠안게 되었고, 결과적으로는 해당 지자체가 재정위기 상황에 처했던 사실을 주목할 필요가 있다. 또한 지역 경제의 활성화, 지역 인프라 확충, 국가적 메가이벤트 개최 등의 명분으로 저성장 시대에 대형 공항의 과잉 건설이나 대규모 건설사업 중심의 공공사업 추진은 장기적으로 지역 쇠퇴의 악순환을 심화하는 요인이 될 수 있으므로 면밀한 수요분석을 토대로 검토되어야 하며, 항공 수요 변화에 적응할 수 있도록 다양한 도시기능들을 함께 입지시켜야 할 것이다.

따라서 공항도시 개발은 지금까지 우리가 경험했던 신도시 개발과는 다르게 접근해야 한다. 예컨대 기존의 수도권 신도시는 서울과의 관계만을 고려해서 주택공급에 초점을 맞췄다면, 공항도시는 서울과 공항을 핵으로 놓고 양자를 동시에 고려해야 할 필요가 있다. 즉 공항-배후지역-모도시의 연계성을 극대화시킬 수 있는 지역 개발 전략이 필요하며, 국제공항의 특성상 지자체와 함께 중앙정부도 효율적인 국토 개발 전략 차원에서 접근해야 할 것이다. 가덕도신공항의 경우, 부산신항만을 비롯한 기존의 물류단지와 산업단지, 부산 도심 및 부도심, 울산 및 경남까지도 신공항의 주변지역으로 설정하고, 공항의 영향력이 미치는 공간적 범위에 따라 각 지역의 실정에 맞는 공항을 활용한 성장전략을 구상할 필요가 있다. 공항의 영향력이라는 것이 일부지역에만 국한되어 나타나는 것이 아니므로, 종합적이고 광역적이면서도 공항의 특성을 고려한 특화된 개발 전략이 요구된다.

공항은 더 이상 화물의 단순 처리시설이 아닌 복합 물류 클러스터로 발전하고 있으며, 따라서 가덕도신공항의 배후 물류단지도 주변의 관련 시설들을 다양하게 연계하여 물류산업의 시너지 효과를 창출하는 생산성 높은 공간이 되어야 한다. 이를 위해서는 공항 주변에 신규 화물수요를 창출할 수 있는 특화된 산업 클러스터의 구축이 필요하며, 현재 지자체 단위로 개별적으로 추진되는 공항 배후 산업단지 조성계획을 지역의 동반성장 차원에서 전략적으로 통합 및 특성화하고, 부산·울산·경남뿐만 아니라 우리나라 남부지역의 국토개발 차원에서 가덕도신공항과 연계할 수 있는 산업 클러스터와 사회기반시설 정비계획을 종합적으로 검토할 필요가 있다.

그리고 가덕도신공항 물류단지를 비롯한 공항도시를 단지 공항의 부대시설이 아닌 지역 경제 발전을 선도할 수 있는 새로운 성장동력으로 인식하고, 공항 인근의 광역 및 기초자치단체, 부산 항만 및 공항 당국, 주민 및 시민 단체, 학계 등 다양한 주체들이 상호신뢰하에 통합된 비전과 실천 방안을 마련하는 정책협의체가 활성화되어야 할 것이다. 이를 위해서는 나리타공항의 사례와 같이, 지역과 공항의 '공생'을 위하여 지자체, 유관 기관, 시민 단체 등이 참여하는 논의기구를 구성하여 지역과 공항이 연계된 지역 활성화 방안을 구상·추진할 필요가 있다. 나리타공항의 입지를 통해 지역이 얻을 수 있는 이익을 최대화시키면서, 지역의 성장을 통해 공항의 경쟁력을 높이고 지역이 이를 지원함으로써 시너지 효과를 거두고자 하는 것이다. 나리타공항 주변의 9개 지자체,[1] 지바현, (주)나리타국제공항, 국토교통성으로 구성된 '나리타공항에 관한 4자 협의회', 공항 주변의 9개 지자체로 구성된 '나리타국제공항도시 건설 추진회의', 나리타공항 관련 민·관·산·학 대표 및 단체로 구성된 '나리타공항지역 공생·공영회의' 등의 기구가 대표적이다. 가덕도신공항도 부산을 비롯해서 울산 및 경남의 기초지자체와 관계 기관과 협업할 수 있는 체계를 구축하고, 여러 지역의 각종 기능 및 자원과 연계를 강화하는 방안을 모색해야 할 것이다. 이를 통해 공항 주변지역 개발의 효율성을 제고하고 시너지 효과를 높일 수 있기 때문이다.

무엇보다도 가덕도신공항을 활용한 부산의 미래성장전략을 보다 치

---

1 공항 주변의 9개 지자체는 지바현의 나리타시, 도미사토시(富里市), 가토리시(香取市), 산무시(山武市), 사카에쵸(栄町), 고자키쵸(神崎町), 다코쵸(多古町), 시바야마쵸(芝山町), 요코시바히카리쵸(横芝光町)를 말한다.

밀하게 수립할 필요가 있다. 공항과 인접한 지역에 배후단지를 조성하는 것도 필요하지만, 신공항에서 기존 김해공항에 이르는 지역을 부산 서부의 새로운 성장축으로 개발할 필요가 있다. 두 공항을 기능적으로 연계해서 시너지 효과를 거두기 위해서는 교통, 관광, 숙박, 쇼핑, 공항 업무 지원시설, 주거시설 등을 새롭게 정비할 필요가 있다. 여기에 지역의 제조업, 물류, 농업, 관광 등이 두 개의 공항과 유기적으로 연계할 수 있는 체계도 구축해야 할 것이다.

덧붙여서 신공항의 배후 수요를 국내에서만 찾지 말고, 가까운 서일본을 비롯해서 해외로 시선을 돌릴 필요가 있다. 국내의 항공 수요는 한계가 있는데, 우리나라 공항끼리 나눠먹기식으로 항공 수요를 분산시키게 되면 일본의 시행착오를 우리도 답습하게 될 가능성이 크다. 필요 이상의 국제공항 건설은 자국 공항 간의 과잉경쟁을 유발시켜 항공 수요의 분산을 초래하여 노선의 감축 운항으로 이어지고, 결국 기존 허브공항의 중심성이 약화되는데, 그 대표적인 사례가 나리타공항이다. 도쿄는 오사카, 나고야, 후쿠오카 등 지방 국제공항의 건설, 우리나라와 중국의 신국제공항 개항 및 신규 국제노선 취항, 버블 경제의 붕괴 등의 영향으로 과거 도쿄에 집중되었던 동북아시아의 국제항공 유동량이 국내외 다른 도시로 분산되어 상대적으로 허브기능이 약화되었다이호상, 2010. 공항의 무분별한 건설은 공항운영과 항공사 경영에 악영향을 미치고 나아가서는 지방정부의 재정에도 큰 부담으로 작용할 수 있다는 것을 최근 일본의 항공사 법정관리 사태에서도 알 수 있다.

이러한 우를 범하지 않고, 가덕도신공항이 우리나라 남부지역의 관문공항으로 자리잡기 위해서는 부울경의 주민만을 대상으로 공항 운영 전략을 수립하는 것은 한계가 있다. 외국인도 많이 이용할 수 있도록 기존 공항과 차별화될 수 있는 운영전략을 수립해야 하며, 이는 단순히 공항만 잘 운영한다고 가능한 일은 아니다. 외국인이 가덕도신공항을 이용하는 근본적인 이유는 공항이 아니라 지역에 있으며, 지역에서 다양한 항공 수요를 창출하지 않으면 공항도 성공하기 어렵다. 즉, 항공 수요 예측 등 단편적인 기준이나 지나치게 낙관적인 근거로 공항개발계획을 수립하는 방식에서 벗어나 지역의 장기적인 발전 계획과 밀접하게 연계될 수 있도록 공항이 입지하게 될 지역의 성장전략과 더불어 종합적인 지역 개발의 차원에서 접근해야 한다. 공항의 성공이 지역의 성장으로 이어지기 위해서는 공항과 지역이 얼마나 상호 유기적으로 결합되어 시너지 효과를 발휘할 수 있는가에 달려있기 때문이다.

참고문헌

김재영 · 백형배, 「인천광역시의 재정위기 원인 분석－재정관리 요인을 중심으로」, 『현대사회와 행정』 25권 4호, 한국국정관리학회, 2015.
김천수, 「공항도시 개발방식 다양화에 관한 연구」, 인천대 동북아물류대학원 석사논문, 2008.
박형서, 「공항도시 개발의 필요성과 정책과제」, 『국토정책 Brief』 150호, 국토연구원, 2007.
수도권신공항 건설공단, 「수도권 신국제공항 건설사업 개요와 특성」, 수도권신공항 건설공단, 1995.
이호상, 「항공교통을 통한 도시 간 국제적 상호 작용 패턴」, 『국토연구』 65권, 국토연구원, 2010.
허동훈, 「신공항 개항과 서해안 시대의 개막 4－인천 및 공항 주변지역의 경제활성화 방안」, 『국토』 234권, 국토연구원, 2001.
홍철 외, 『21세기 허브공항전략 및 사례』, 범한, 2005.
成田国際空港株式会社 広報室, 「成田空港－その役割と現状」, 2010.
泉佐野市市長公室政策推進課(http://www.city.izumisano.lg.jp).

해양 관광 블루투어리즘을 위한 연안크루즈 활성화

우양호

1. 들어가며

세계의 주요 해양도시들은 저마다의 경관과 특색을 살려, 관광객을 모으고 시민의 삶의 질을 높이고 있다. 수변공간을 친수공간으로 바꾸고, 산업 중심의 항구를 시민과 관광 친화적 모델로 재생하려 노력하고 있다. 그 이유는 단순하고 명료하다. 일단 기술과 정보화의 진전, 소득과 여가시간의 증가로 인해 현대인이 갖는 생각이 달라졌다. 답답한 도시와 육지를 벗어나 바다나 섬, 해안가와 수변공간을 찾아 나서는 해양 관광의 수요가 과거에 비해 늘었다. 도시민들과 여행객들에게 바다여행, 해양 관광이 인기를 끌면서 바다와 연안에서의 특색 있는 휴가나 여가시간에 대한 선호도가 크게 증가했다.

게다가 2020년 초부터 약 3년이 넘게 코로나19 팬데믹이 휩쓸면서, 사람들은 오랫동안 사회적 거리두기와 비대면 상황에 갇혀 살았다. 감염병 창궐로 발생했던 사회적 혼란을 비롯하여, 개인들의 심리적 위축과 우울감도 높아졌다. 이에 바다가 가진 뛰어난 자연경관을 동경하고, 해양으로의 휴양이나 체험형 관광 등에 대한 사람들의 욕구는 과거보다 더욱 커졌을 개연성이 있다. 포스트 코로나19시대에 해양 관광은 사람들의 억눌렸던 여행욕구와 맞물려 새로운 기회를 잡을 수 있다. 물론 해양 관광이 양과 질에서 사람들의 눈높이를 맞추고, 차별적인 수요들을 받아들일 준비가 되었는지에 대해서는 논의가 시급하다.

해양 관광의 사회적 수요와 욕구가 증가한 것은 비단 우리나라만의 상황은 아닌 것으로 보인다. 세계의 유수한 해양도시와 관광지들이 겪는 공통적인 현상이라고 생각된다. 물과 바다가 가진 자원이 풍부한 세계의 해양도시들은 저마다 독특한 해양 관광 콘텐츠를 만들어 냈고, 이를 관광의 새로운 부흥에 적극적으로 활용하고 있다. 그 주요한 수단의 하나는 연안크루즈를 통한 해양 관광Coastal Cruise Tour의 활성화 문제이다.[1]

세계적으로 유명한 해양도시들은 연안크루즈를 이용해서 해양과 연안의 곳곳을 바다로 누비면서, 그 도시의 특색 있는 문화와 장소를 관광객에게 연결시켜 주고 있다. 하지만 우리나라는 연안크루즈와 해양 관광, 블루투어리즘Blue Tourism이라는 개념 자체가 아직 생소한 편이다. 이미 해외에서는 해양도시와 연안을 중심으로 크루즈와 해양 관광이 복합적으로 활성화된 곳이 많다.

이와 관련되는 예를 들자면, 미국 샌프란시스코San Francisco와 마이애

1 Yang, J. C. "A Comparative Evaluation of Main Cruise Ports in Korea, China and Japan in Northeast Asia", *World Environment and Island Studies* 6(1), 2016, pp.63~70; Tyrrell, T., Kim, S. G. and Chang, Y. T, "Marine Tourism Resource Development in Korea", *Marine Resource Economics* 14(2), 1999, pp.165~174.

미Miami, 호주 시드니Sydney와 브리스번Brisbane, 독일 함부르크Hamburger Hafen, 덴마크 코펜하겐Copenhagen, 네덜란드 로테르담Rotterdam, 일본 오사카Osaka, 싱가포르 하버프런트Harbour Front, 중국의 홍콩Hong Kong과 마카오Macau 등의 해양도시들이 대표적이다. 열거된 도시들은 모두 수변과 항구를 대상으로 하는 연안크루즈와 체험형 블루투어리즘으로 큰 성과를 내고 있다.[2]

이런 선진 해양도시에 관광객으로 다녀온 우리나라 사람은 자연스레 국내 해양 관광의 경우와 스스로 비교해 봤을 것으로 생각된다. 그러면 우리나라 해양 관광이 블루투어리즘의 방향으로 나아가야 하는 이유는 무엇인가? 일단 블루투어리즘의 주체는 '사람'이며, 수요자와 공급자로 구분한다. 수요자는 외지인과 시민으로 구성된 관광객 그리고 공급자는 이들에게 해양 관광을 안내하고 유도하는 현지인이나 전문가라고 볼 수 있다. 그리고 바다는 관광의 객체가 아니라 주체가 된다.

그런 측면에서 블루투어리즘은 '바다와 사람을 중심으로 한 해양 관광의 고도화'를 뜻하는데, 실제 이것은 연안의 크루즈를 이용한 해양 관광의 활성화 및 다양화 문제와 밀접한 연관을 갖는다. 해양도시의 특성을 가장 잘 대변하는 차별화된 관광수단이 연안크루즈이기 때문이다. 오늘날 연안크루즈를 통한 블루투어리즘의 성공은 세계적인 해양 관광도시로의 도약, 국가적으로는 관광대국으로 가는 필수 조건이 되고 있

2 Esichaikul, R., Chansawang, R. and Choksuvanich, "Problems and Obstacles of De-veloping Cruise Home Port in Andaman Tourism Cluster", *University of the Thai Chamber of Commerce Journal Humanities and Social Sciences* 38(4), 2018, 81~106면; 황진희 외, 「연안 크루즈 산업의 성장 잠재력과 발전 전망 연구」, 『KMI-기본연구보고서』, 한국해양수산개발원, 2014, 1~151면.

다. 이 글에서는 이러한 방향과 가능성에 가장 근접해 있는 해양도시가 바로 '부산'이라고 보았다.

장기적인 관점에서 우리나라 최대 해양도시인 부산에서는 새로운 해양 관광의 개념의 도입이 관심을 끌 것으로 예상된다. 그래서 이 글은 부산을 대상으로 하여, 연안크루즈 해양 관광 방식을 통해 새로운 블루투어리즘 활성화를 위한 구상을 해보려 한다. 즉 연안크루즈라는 기존 해상관광 및 해상교통수단의 변화를 통해 부산의 블루투어리즘이 장기적으로 성공할 수 있는 여러 배경과 조건들을 살펴볼 것이다. 이는 해양관광 국제도시를 지향하는 부산의 이미지 그리고 글로벌 해양도시로서의 장기적인 발전 구상과도 그 맥락이 크게 다르지 않을 것으로 보인다.

2. 이론적 논의와 개념의 고찰

1) 연안크루즈의 의의와 특징

크루즈Cruise는 사람들이 여가와 휴식을 즐기기 위해서 선박Ship을 이용하여 일정 시간 동안 여행하는 것을 뜻한다. 크루즈를 이용하는 목적은 순수하게 관광이나 여행의 목적으로 선박 안의 각종 시설을 이용하고, 기항지에서의 연계된 프로그램을 즐기는 것이다. 그래서 크루즈의 관광서비스는 해상서비스와 육상서비스로 크게 구분된다. 크루즈는 '해양 관광의 꽃'으로 일컬어지며, 육상관광과의 연계도 중요시하므로, 항구나 연안도시의 관광시스템 전체를 발전시킨다.

연안크루즈는 우리가 아는 일반적인 대규모의 크루즈가 아니다. 국내 연안에서 운영되는 크루즈는 일반인에게 '관광유람선' 정도로 알려져 있다. 통상적으로는 500톤급 미만의 선박이지만, 실제 국내에서는 200톤 미만의 유람선 수준으로 종종 운영된다. 우리나라 연안에서 이런 유람선 수준의 소형 선박은 약 90% 이상을 차지하고 있으며, 이마저도 작고 영세한 민간업체들이 대부분이다. 그래서 국내의 연안크루즈는 해외와 달리 관광객의 이목을 끄는 매력적인 해양 관광 수단이 되지 못하고 있다.[3]

연안크루즈는 제도적으로도 명확한 신분이 아니며, 아직은 부분적인 사각지대에 놓여 있다. 연안크루즈 용어는 법적 단어가 아니며, 국내에서 확정된 제도 용어라고 볼 수는 없다. 다만 연안크루즈는 현행법상 일반관광유람선 범주에 포함되어 있다. 국내 관광진흥법과 그 시행령 상으로 보면, 업종별로 관광유람선업은 일반관광유람선과 크루즈 형태로 나누고 있음이 확인된다관광진흥법 시행령 제2조 3항. 특히 크루즈업은 국내 해운법에 근거해서 해상여객운송사업의 면허를 받은 업체가 숙박 및 각종 편의시설을 선박에 구비하고 관광객을 유치하는 업종으로 정의하고 있다. 여기에는 해외를 오갈 수 있는 국내의 대형 크루즈 선박이 주로 포함된다. 제도의 세분화가 요구된다고 볼 수 있는 대목이다.

선박 자체로만 보면, 국내에서는 연안크루즈 선박이 제도적으로 '유선遊船'과 '여객선旅客船'의 개념에 포함된다고 봐야 한다. 유선은 법규상 "5톤 이상의 선박 혹은 5톤 미만인 경우에는 13명 이상의 사람을 태울 수 있는 선박"으로 정하고 있다유선 및 도선사업법 시행령 제3조. 그리고 여객선은

3 김기태, 「우리나라 크루즈항별 발전 방향에 대한 탐색적 연구」, 『한국항만경제학회지』 30(2), 한국항만경제학회, 2014, 51~75면.

'여객의 운송'을 총칭하는 선박으로 13명 이상의 승객이 운송 가능한 선박이다. 이때 정기여객선은 같은 구간을 항상 공시된 시간표에 따라 항해해야 하는 선박이다. 반면에 주유여객선은 관광수역을 주유 혹은 순항巡航하면서 항해의 출발점과 도착점이 같은 경우이다선박안전법 제2조 10항. 결과적으로 연안크루즈의 법적 지위는 주유여객선과 가장 유사한 개념이 되는 것이다.[4]

실무적으로 연안크루즈의 운항지역은 국내 연안과 섬에 한정된다. 이용객은 주로 기항지 도시나 휴양지, 자연풍광이 뛰어난 곳에 내려서 육상관광을 같이 즐긴다. 연안크루즈나 유람선은 그 크기에 따라 관광상품이나 서비스의 구성도 많이 달라진다. 예컨대, 숙박이나 케이터링Catering서비스가 가능하기 위해서는 선박이 적어도 수천 톤 이상의 크기가 되어야 한다. 해운법의 여객운송사업에 의하면, 유람선 선박의 기준은 2천 톤급 이상이다.[5]

그런데 실제로 200톤 미만의 소형선박들이 항구와 연안 주변에서 크루즈로 운항이 되고 있다. 앞서 밝힌 바처럼 연안크루즈의 대부분은 소형유람선 수준이며, 선내와 기항지에서 다양한 프로그램을 즐기는 수준은 아니다. 따라서 국내 연안크루즈는 선내와 기항지에서 다양한 서비스를 즐길 수 있는 블루투어리즘 단계까지는 올라서지 못한 것으로 이해된다.

---

4 정복철, 「국내 크루즈 산업 발전을 위한 정책적 제언」, 『해양관광학연구』 12(2), 한국해양관광학회, 2019, 33~50면.

5 유순호 · 김경숙, 「크루즈관광객의 라이프스타일, 선택속성 및 행동 의도 간의 영향 관계」, 『관광레저연구』 29(10), 한국관광레저학회, 2017, 131~149면.

2) 블루투어리즘의 의의와 특징

블루투어리즘Blue Tourism은 '바다와 수변공간에 관련된 능동적이고 인간적인 관점의 활력과 체험을 중시하는 관광 혹은 여행'을 뜻하는 개념이다. 관광학과 해양 관광 분야에서 파생된 개념인 블루투어리즘은 우리에게 조금 생소한 단어이다. 이것은 농촌과 산림을 대상으로 하는 그린투어리즘Green Tourism과 대별되는 개념이다. 자연휴양림과 산림욕, 농촌생활, 귀농 체험 등을 중심으로 하는 그린투어리즘은 대중에게 상대적으로 익숙한 상황이다. 관광학에서는 육지와 바다, 농촌과 어촌 등을 중심으로 하는 생태 관광의 한 범주로 묶어서 그린투어리즘과 블루투어리즘을 서로 비교하기도 한다.[6]

블루투어리즘의 의미가 좁게는 어촌과 사람 중심의 생태 관광을 의미하기도 하지만, 넓게는 어느 도시의 항구와 수변공간 전체를 대상으로 하는 개념이다. 우리나라에는 어촌 중심의 체험마을 관광 정도에 블루투어리즘 용어를 좁게 적용하고 있다. 하지만 이것은 해외에서 처음 생긴 용어와 개념에 대한 약간의 오해의 소지가 작용한 결과이다. 블루투어리즘은 생태 체험관광의 하나이긴 하지만, 해양과 관련된 보다 인간^중심적이고 능동적인 관광을 지칭한다. 관광을 하는 사람은 해역과 연안에 머물면서 바다의 경관과 해풍, 해양문화와 해양 관련 유적 등을 음미한다. 또한 연안지역에 분포하는 각종 해양생활과 해양자원을 학습하며, 현지인들과 접촉하고 교류하는 새로운 관광의 개념이다.[7]

---

6 Tonazzini, D. et. al, *Blue Tourism. Towards a Sustainable Coastal and Maritime Tourism in World Marine Regions*, Eco-Union(Barcelona). 2019, pp.1~80.

7 이정철, 「우리나라 해양레저관광 발전 방안-Blue Tourism을 중심으로」, 『해양관광학연구』 14(3), 한국해양관광학회, 2021, 27~46면.

하지만 블루투어리즘은 그 개념을 한 단계 더 확장시킨다. 일반적으로 우리가 사용하는 용어인 '해양 관광Marine Tourism'이 육지와 육지적 관점을 중심으로 '땅 위에서 바다를 바라보는 관광'이라고 한다면, 블루투어리즘은 그 반대로 이해할 수 있다. 즉 이 글에서 정의하는 블루투어리즘은 바다와 해양의 관점에서 '바다 위에 서서 육지를 바라보는 개념'으로 이해된다. 보다 직접적으로 생각해 보자면, 사람이 바다 위에서 육지를 보며 해풍, 기온, 바다색, 맑은 공기 등을 누리고 해양공간 및 수변공간의 모든 자산과 문화를 누리고 음미하는 관광이 블루투어리즘이다. 이런 관점을 가장 충실히 반영하는 수단은 선박과 선상을 갖춘 연안크루즈이다.[8]

같은 맥락에서 블루투어리즘은 해양과 연안에서의 해양 관광과 해양레저, 해양 체험 활동 등의 모든 범주를 일컫는 말이다. 그래서 선진국형 해양 관광과 블루투어리즘은 동일시되는 개념으로 종종 쓰이기도 한다. 하지만 엄밀히 말해서 블루투어리즘은 해양 관광의 수요자 중에서도 특히 높은 품질의 관광서비스를 요구하는 경우에 적용된다. 바다와 항구를 깊이 느끼고, 연안의 지역 사회를 알고 싶어 하고, 직접 체험하고 싶어 하는 사람들에게 블루투어리즘은 새로운 개념으로 자리할 수 있다. 그래서 공급자 입장에서 보자면, 블루투어리즘은 수요자의 마음과 욕구에 근거해서 지역의 해양자원을 재발굴하고 재조명할 필요성을 말해준다.[9]

8 Sharafuddin, M. A. & Madhavan, M. "Thematic Evolution of Blue Tourism : A Scientometric Analysis and Systematic Review", *Global Business Review* 35(1) 2020, pp.1~15.

9 Kabil, M., Priatmoko, S., Magda, R., & Dávid, L. D, "Blue Economy and Coastal Tourism

선진국형 블루투어리즘의 실현은 해양 관광에 대한 새로운 이미지를 제고할 수 있다. 해양 관광 브랜드의 가치를 높여주고, 해양 관광 분야의 다양성을 꾀할 수 있으며, 차별화된 생태 관광이나 에코투어리즘Eco-Tourism이 도입될 수 있다. 기존 해양도시와 연안의 육로관광객과 이해 관계자를 끌어들이면서 지역 사회 전체의 소득과 경제에도 다양하게 기여할 수 있다. 해외 선진국과 글로벌 해양도시에서는 이미 개별적이고 자유롭게 바다와 사람을 만끽하며, 해양문화에 의한 학습과 치유를 누리는 진일보한 관광을 지향하고 있다. 해양 관광의 선진화 개념인 블루투어리즘을 통해서 연안사회와 해양도시의 발전 측면에서도 많은 효과를 보고 있다.[10]

그런데 아직 국내 유람선과 크루즈업계는 블루투어리즘의 개념을 도입하지 않았다. 업체 규모가 영세한 이유에 더해서 운영상의 채산성 및 수익성과 깊은 연관을 갖기 때문이다. 운항거리가 짧은 국내 유람선이나 연안크루즈는 규모가 클수록 인건비와 유류비 등의 운항비용 증가가 수반된다. 기존 유람선 운영선사들은 규모를 키우고 서비스의 고급화를 시도했지만, 대부분 오래 가지 못했다. 연안크루즈 선사들은 아직 국내 해양 관광의 인식과 이미지가 해외 선진국과 같이 고급화되지 못한 것으로 보고 있다. 따라서 연안크루즈와 블루투어리즘을 결합하기 위해서는 구조적인 문제점을 인식해야 할 필요가 있다. 국내 크루즈 업계의 고

: A Comprehensive Visualization Bibliometric Analysis", *Sustainability* 13(7), 2021, pp.36~50.

10 Guinand, S, "Post-Tourism on the Waterfront : Bringing Back Locals and Residents at the Seaport", *Tourism and Gentrification in Contemporary Metropolises*, Routledge, 2017, pp.207~232.

질적인 영세성과 채산성 개선 과제가 극복되어야 하는 문제를 안고 있는 것이다.[11]

포스트 코로나19시대에는 부산의 해양 관광이 블루투어리즘의 길로 가야 한다는 점이 중요하다. 그러기 위해서는 부산의 특색 있는 해양 관광의 정체성과 블루투어리즘의 본질을 이해하는 것이 첫걸음이다. 실천적으로는 해양 관광의 새로운 패러다임인 연안크루즈와 해양 관광의 결합이 상당히 중요하다. 기본적으로 연안크루즈는 관광객의 대상과 속성, 요구와 취향을 깊이 이해해야만 그 운영의 성과를 내는 서비스 업종이다. 그런 면에서 부산의 연안크루즈가 만성적인 적자와 운영난을 겪고 있는 것은 새로운 블루투어리즘 개념의 이해와 서로 무관치 않아 보인다.[12]

해외의 유수한 선진국형 사례를 참고하면, 부산에서 블루투어리즘의 성공을 위해서 가장 우선시해야 할 방향은 명확하다. 그것은 부산이 가진 크고 작은 항구를 중심으로 해서 연안의 특색에 맞는 콘텐츠를 확립하고 조정하는 것이다. 부산의 긴 연안이 갖고 있는 다양한 콘텐츠를 연안크루즈 항로로 연계하고, 분절된 해안을 결합시키는 것이 중요하다. 물론 부산의 각 항구와 연안지역에서 특색 있는 각각의 콘텐츠를 발전시키는 주역은 시민이 되어야 할 것이다. 그리고 부산시와 각 지역의 기초자치단체들은 정책적으로 해양 관광 하드웨어와 소프트웨어에 대한 지원을 강화해야 한다. 이 글은 이런 구상의 방향을 갖고서, 부산의 연

11 최창호·임영태, 「중소해양도시 크루즈관광 여건 및 활성화 방안-여수시를 중심으로」, 『한국항만경제학회지』 29(2), 한국항만경제학회, 2013, 113~136면.

12 허양례, 「연안크루즈 관광 참여자의 선택속성에 관한 연구」, *Tourism Research* 40(2), 한국관광산업학회, 2015, 357~378면.

안크루즈 상황과 여건을 토대로 해양 관광의 블루투어리즘 활성화 방안을 제안해 보려 한다.

3. 연안크루즈 해양 관광의 상황과 여건

1) 부산 연안크루즈 운영의 환경

오랜 세월동안 해양도시 부산에서는 연안크루즈 운영의 활성화가 이루어지지 못했다. 물론 연안크루즈 운영이 부산에서 전혀 없었던 것은 아니다. 부산 연안에서는 과거 유람선 수준의 연안크루즈 운영이 몇몇 민간업체들에 의해 이루어졌던 바가 있다. 그러나 이들 업체는 모두 채산성과 경기의 영향을 크게 받았다. 과거 부산에는 테즈락크루즈, 팬스타21, 누리마루호 등의 연안크루즈가 장기적인 적자와 운영난으로 인해 사라진 사례들이 존재하고 있다.[13]

여수에서 운영되고 있는 연안크루즈인 미남호도 원래는 부산의 연안크루즈 선박으로 운영하려 했었다. 하지만 부산에서 연안크루즈 취항은 쉽지가 않았고, 영세한 기존 유람선들의 포화상태로 인해서 여수로 옮겨 갔다. 부산 시민과 부산을 찾는 관광객들은 관성적으로 육상 이동을 선호했고, 연안크루즈 이용에 대한 인식과 홍보도 부족했다. 국내 최대의 해양도시 부산에서는 연안크루즈 해양 관광의 잠재력이 있는 것으로 평가되었지만, 실제 업계 현실에서의 도전은 쉽지 않았다.[14]

13 남형식, 「부산항 크루즈 활성화 및 경쟁력 제고 방안 연구」, 『해항도시문화교섭학』 21, 한국해양대 국제해양문제연구소, 2019, 283~312면.

현실적으로 부산지역의 등록 유람선은 해운대 미포와 남구 용호만, 영도 태종대 등을 합치면 30척 수준이다. 하지만 30톤 미만의 초소형 선박이 26척 이상이고, 나머지 4척은 100톤 미만이다. 부산은 '티파니 21'과 '자갈치크루즈'가 등장하기 전에 이들 유람선들이 해양 관광객 대부분을 소화했었다. 소형 선박은 낙후된 선착장과 짧고 단순한 운항 코스 등으로 이용객의 만족도를 높일 수 없었다. 짧게 배를 타고 난 뒤에는 다시 찾는 경우도 거의 없었다. 오히려 연안크루즈라고 부를 수 없는 부산의 영세하고 작은 유람선들은 지난 수십 년 동안 부산 해양 관광의 낙후성을 그대로 보여주는 역할을 했다고 봐야 할 것이다. 2005년 이후가 되어서야 부산 일대에서 연안크루즈로 이름을 붙인 사례가 처음 등장했다.[15]

현재 부산 일대에서는 연안크루즈가 두 곳에서 운영되고 있다. 하나는 부산 해운대를 거점으로 하는 '티파니21TIFFANY21'이며, 다른 하나는 부산 원도심의 남항과 자갈치를 거점으로 하는 '자갈치크루즈'이다. 이들 두 곳은 모두 민간선사들이 운영해 왔다. 현재 부산의 연안크루즈는 해운대와 자갈치를 모항으로 삼아 중형급 선박을 이용하여, 단편적으로 운영되고 있는 실정이다. 짧고 단순화된 항로와 프로그램으로 인해 부산의 연안크루즈 총 이용객은 매년 50만 명 미만에 머물렀다. 부산은 수도권이나 전라남도 여수 등지의 연안크루즈 이용객 숫자도 넘어서지 못하고 있다. 보다 구체적으로 부산 연안크루즈 운영과 여건을 설명하

14 양승훈 외, 「한국적 크루즈의 포지셔닝과 상품화 방안에 관한 연구 – 부산 연안크루즈를 중심으로」, 『관광연구저널』 24(2), 한국관광연구학회, 2010, 321~334면.

15 우양호, 「부산 북항 연안크루즈와 항구관광 활성화 방향」, 『항도부산』 40, 부산광역시 시사편찬위원회, 2020, 519~552면.

면 다음과 같다.

먼저 티파니21의 경우에는 부산해상관광개발주식회사가 운영 중인데, 2005년에 처음 취항하였다. 부산에서 가장 먼저 취항했던 중형급 연안크루즈인 티파니21은 부산 해운대 동백섬에 모항이 있으며, 해운대와 광안리 연안 일대에서만 운항을 하였다. 선박의 크기는 298톤이며, 승선인원은 254명이다. 처음에 티파니21은 디너투어와 야간운행도 하였고, 고급화 전략을 사용해서 많은 해양 관광객을 유치하였다. 티파니21은 오랫동안 부산 해운대의 명물이 되었고, 시민과 관광객들의 사랑을 받았다. 하지만 이용객이 점차 감소하여 지금은 거의 최소한의 일반운항만 하고 있다. 특히 코로나19로 인해 2년 넘게 운항을 하지 못했고, 2022년 이후에서야 다시 영업을 재개하였다. 티파니21은 해운대의 계절적 요인에 따라 이용객의 편차가 심하다는 한계가 있고, 취항 20년이 임박하여 선령의 노후화 문제도 안고 있다.

자갈치크루즈는 부산 남항지역을 거점으로 하여, 2018년부터 운항을 시작한 연안크루즈이다. 민간선사인 신아BS주식회사가 운영하고 있으며, 보다 대중적이고 저렴한 연안크루즈를 지향한다. 선박의 크기는 379톤이며, 승선인원은 303명이다. 자갈치크루즈는 부산 자갈치시장 안에 터미널과 모항이 있으며, 송도와 태종대 일대를 운항하는 유람선이다. 초기부터 저렴하고 일반화된 가격정책을 쓴 탓에 이용자가 많았으나, 코로나19 상황 이후부터는 운영난을 겪었다. 부산역과 남포동 원도심 일대의 관광객을 목표로 운항하였으며, 프로그램과 이용객의 다양화된 요구를 수용하기에는 부족하다는 평가를 할 수 있다.

해운대의 티파니21과 함께 남항의 자갈치크루즈는 부산 연안크루즈 해양 관광의 양대 축으로 자리해 왔다. 하지만 부산의 연안크루즈 선사들도 영세성과 채산성의 취약점을 크게 벗어나지 못했다. 일례로 자갈치크루즈와 티파니21은 전부 고정된 선석을 확보하고 있지만, 선착장과 대기장소가 매우 영세한 수준이다. 해운대와 자갈치를 찾는 연안크루즈 승객에게 대기와 휴식을 위한 공간이 필요하지만, 현장에서는 임시매표소 수준의 공간으로 운영되고 있다. 연안크루즈가 탑승 전부터 서비스가 시작된다는 점을 고려하면, 부산 연안크루즈 선사들의 질은 높지 않다. 이것은 다시 이용객 감소와 수익성 악화라는 악순환으로 계속 반복되고 있다.

2) 항구와 수변공간의 강점과 약점

연안크루즈 해양 관광의 활성화를 통한 블루투어리즘 구현에 있어서 해양 관광과 육상관광 사이의 양적, 질적 연계는 매우 중요한 사안이다. 이미 개발된 코스도 중요하지만 연안크루즈 해양 관광 기항지 코스 운영을 통한 새로운 연계의 방법이 중요할 수 있다. 이 글에서는 그동안 부산의 기존 관광코스가 양과 질에서 다른 지역에 비해 뒤처져서 해양 관광이 활성화되지 못한 것은 아니라고 본다. 그런 점에서 부산의 각 연안의 지역별 항구와 수변공간의 강점과 약점을 면밀하게 살펴보는 것은 중요한 의미가 있다.

블루투어리즘 관점에서 부산 항구와 수변공간의 강점과 약점은 연안크루즈 항로가 실제 운영되고 있는 곳을 중심으로 살펴봐야 한다. 즉 해양 관광이 이루어지고 있는 해운대와 동부산 일대의 강점과 약점, 원도심 북항과 남항 일대의 강점과 약점으로 크게 구분하여 볼 수 있다.[16]

첫째, 해운대와 동부산 일대의 수변공간이 가진 강점은 뛰어난 접근성과 관광·숙박시설, 다양한 해양축제 인프라 등으로 볼 수 있다. 즉 해양경관과 해안시설 정비의 측면에서 우수한 해양 관광 자원을 갖고 있다. 해운대와 광안리 일대는 부산의 해양 관광 자원 인프라에서 해수욕장, 수상레저와 마리나, 요트시설 보유 등의 강점을 보인다. 또한 도심에서의 접근성에 있어서 편리한 교통망으로 인해 우위를 보이고 있고 정주여건이 좋은 편이다.

부산의 대표적인 부촌인 해운대와 광안리 일대는 시민들이 많이 거주하고 있으므로 다양한 분야에서 관광 하드웨어를 보유하고 있다. 해운대와 동부산 일대에는 부산의 주요 해수욕장도 위치하고 있으며, 여름 성수기에는 해운대, 송정, 광안리가 전국의 방문객이 찾는 휴양·레저의 명소가 되었다. 해양축제로는 부산바다축제, 해운대 모래축제와 북극곰 수영대회, 기장 멸치축제와 미역·다시마축제, 광안리 어방축제 등이 있다. 부산국제영화제, 부산불꽃축제도 해운대의 명물이다. 해운대와 동부산 앞 바다는 자연환경적 조건에서 연안 해상교통의 입지를 좌우하는 조석간만 차이가 적은 것도 장점이다.[17]

둘째, 해운대와 동부산 일대의 수변공간이 가진 약점은 해변으로의 주거시설 집중과 인구밀집도가 높아서 생기는 각종 문제로 볼 수 있다. 우선 정주인구 증가로 인한 지속적인 수질과 연안환경관리 상의 어려움이다. 수영강을 주변으로 하는 해운대와 광안리 일대에는 연안에 가까울수록 오염도가 증가하는 문제점을 갖고 있으며, 지속적인 정주인구의

16 부산광역시부산문화관광(http://mtour.busan.go.kr).
17 부산광역시다이내믹부산(http://www.busan.go.kr/news).

증가로 연안혼잡도와 육상오염원의 위협이 존재하고 있다. 또한 해양레저와 해양 관광에 있어서 기존 업체의 영세성이 남아 있고, 마리나 시설과 해변 거주지가 가까워 신규 인프라 투자에 제도적 한계를 노정하고 있다.

해운대와 동부산 일대의 수변공간에서는 해양 관광의 지속가능성 측면에서 구조적 한계점을 보이고 있는 측면도 존재한다. 부산의 해운대와 동부 연안은 과거 개발 논리로 인하여 경관이 훼손되었거나, 획일적으로 매립이 이루어졌다. 해운대는 바닷가 주거지와 초고층 아파트 건설로 인해 해양 관광지로서의 가치가 적지 않게 감소했다. 특히 주거지의 근접과 지가 상승으로 인해 연안의 선박계류장 확장이나 접안시설의 입지 확보도 용이하지 않다는 약점이 있다. 해운대와 광안리 등지의 해수욕장 위주로 운영되는 해양 관광은 여름에만 치중되는 경향이 있어, 계절적으로 큰 편차가 나타난다는 한계도 갖는다. 부산에 집중되는 여름 관광객의 과밀화와 혼잡으로 인해서, 해양 관광의 만족도 제고에 한계가 있다.

셋째, 원도심 북항과 남항 일대의 수변공간이 가진 강점은 전통적인 해양문화자산이 풍부하고, 역사 및 스토리가 있는 해양문화자원을 보유한 것이다. 부산의 원도심 일대에는 낚시터와 어장, 부산의 토속음식과 지방문화, 해양 관련 특산품 등의 해양 관광자원이 풍부하다. 자갈치시장과 국제시장을 중심으로 부산의 전통시장들이 북항과 남항의 원도심 일대에 분포하고 있다는 것은 해양 관광의 강점이다. 원도심 북항과 남항 일대에는 부산항축제를 비롯하여 영도다리축제, 자갈치축제, 고등어축제, 붕장어축제 등이 있다. 2022년에 1단계 사업을 마친 북항재개발

사업을 비롯하여 국립해양박물관, 국제여객터미널 등도 운영되고 있다. 원도심 북항과 남항 일대에 시설물 건립이나 재정비가 마무리 단계에 있다는 점은 해양 관광 활성화를 위한 강점으로 작용한다.[18]

넷째, 원도심 북항과 남항 일대의 수변공간이 가진 약점도 있다. 일단 다른 해양도시와 차별화된 다양한 콘텐츠 발굴이 지지부진하다는 점을 들 수 있다. 부산역, 도시철도 등의 대중교통을 이용한 관광 접근성은 좋은 편이지만, 육상으로 유입되는 외래관광객 수요를 부산의 해양 관광과 연계하는 것이 미흡하다. 특히 유람선이나 연안크루즈 노선 부족 등으로 도심과 해상 관광의 연결성이 크지 않다는 것은 약점으로 지적된다.

또한 기존 원도심은 전통시장 위주의 관광 패턴으로 인해 고급화된 쇼핑 관광과 부가가치 창출에는 한계가 있다. 원도심 재생과 북항의 정비가 해양 관광에 특성화되지 못한 점도 약점이 될 수 있다. 특히 원도심 남항, 북항, 감천항 등지에서는 해양 수질 기준의 강화도 시급한데, 오래 전부터 항만이 시민과 관광객을 위한 친수 공간이 아니었던 이유 때문이다. 이런 관계로 부산 해양 관광의 도약을 위해 원도심과 북항 일대를 위주로 기존 수출과 수입 및 군사목적의 임해 시설을 근본적으로 정비하여 연안과 해양생태를 복원할 필요성이 있다.

전반적으로 부산의 동쪽과 서쪽, 두 연안지역 모두 연안크루즈 해양 관광의 활성화하기에는 현재의 강점보다는 약점에 대한 보완이 더 필요해 보인다. 부산 원도심과 북항, 남항 등지에는 토속 문화와 원도심을

---

18 부산항만공사, 부산항(북항) 항만재개발 사업계획 변경, 2018.

가진 다른 오래된 해양도시들과의 해양 관광 인프라 차별화가 부족하다는 약점을 안고 있다. 이와 반대로 부산 해운대와 광안리 등지의 동부산 쪽에는 현대식 관광·숙박시설을 가진 강점이 있지만, 연안크루즈 해양 관광의 단순한 내용과 항로의 확장성에 일정한 문제가 있다.

부산 앞바다 곳곳에는 공유수면과 관련한 정부와 법의 규제도 가득하다. 그리고 전국 최대의 수산업협동조합과 수산시장이 부산 원도심 쪽에 있는 가운데, 해운대와 송정, 기장 등에 산재한 어촌들 주변에는 연안 어장과 공유수면이 많이 분포한다. 특히 어민들은 연안 관광에 대해서 어선 충돌문제나 마을어장의 사유재산이라는 인식도 크게 갖고 있다. 바다가 공유자산이기 때문에 생기는 이런 규제와 조건은 민간업체의 크루즈 해상 관광 투자를 계속 어렵게 만들고 있다.[19]

3) 항구와 수변공간의 개선과 변화

부산은 우리나라 최대의 무역항 기능을 담당해 왔고, 무역과 물류의 정상적인 운영을 위해서 관광용 연안크루즈의 운영은 외면 받았다. 남항과 감천항 등은 수산업 기능으로서 해양 관광과는 거리가 있었다. 과거에 부산항 전역은 항만과 물류, 수산업 중심의 항구였기 때문이다. 고도성장기 부산의 항구와 수변공간의 개념에 있어서 시민과 사람의 중요성은 낮았던 것이다.

하지만 지리적으로 부산의 중심을 차지하고 있는 옛 북항 일대를 중심으로 최대의 국책사업인 북항 재개발이 계속되고 있다. 이미 10년이

19 우양호, 「공유자원 관리를 위한 제도적 장치의 성공과 실패요인 - 부산 가덕도 어촌계의 사례비교」, 『행정논총』 46(3), 서울대 한국행정연구소, 2008, 173~205쪽.

넘는 항구재생과 재개발을 통해서 북항 일대는 시민 친화적인 친수공간으로 크게 변화되었고, 장기적으로는 2040년까지 부산항은 세계적인 미항으로 다시 태어날 전망이다. 연안크루즈 해양 관광의 관점에서 부산 항구와 수변공간의 개선과 변화 조짐은 구체적으로 다음과 같이 정리된다.[20]

먼저 부산 연안크루즈 운영에 일대 전환점이 된 사건이 있었다. 그것은 2020년 이후에 부산항의 주축을 이룬 북항과 원도심 연안을 대상으로 해양수산부와 부산광역시 행정규칙의 개정으로 인하여 연안크루즈 운영이 전면적으로 가능해졌다는 점이다. 해양수산부와 부산해양수산청은 2019년 5월에 「부산항 항법 등에 관한 규칙」을 전면 개정하였다. 부산의 옛 항구인 북항 연안 일대에서 관광용 연안크루즈 운항이 가능하게 된 것이다. 원래 북항은 대형상선의 출입으로 인해 일반 어선이나 유람선 운항은 수십 년 동안 금지되었다. 그런데 부산신항만의 이전 완료와 북항 재개발로 인해 친수공간이 생겨, 연안크루즈 관광정책에도 큰 변화가 생긴 것이다.[21]

부산항에서는 원도심 중앙동과 부산역을 기준으로 하여, 연안여객터미널 일대에서 연안크루즈 선착장이 별도로 건설된다. 북항 재개발 친수사업의 일환으로 국비와 일부 민간투자가 되었다. 또한 모든 부산항 연안의 연안크루즈 운행에는 큰 지장이 없을 만큼의 충분한 항로가 확보가 되었다. 북항 인근에는 새로운 연안크루즈가 취항하기로 허가가 되었고, 2023년 이후에 신규 취항을 위해서 민간선사가 입찰과 협약을

20 부산항만공사, 부산항(북항) 항만재개발 사업 발표자료(공개용), 2019.
21 부산해양수산청, 부산항 항법 등에 관한 규칙(2019 전부개정), 2023.

통해 새 선박을 건조하였다. 부산항만공사는 2019년에 부산항 북항 옛 연안여객부두 운영 민간사업체와 실시협약을 체결하였다. 부산드림하버 컨소시엄은 부산 북항 내에서 운항되는 최초의 연안크루즈 취항으로 지역 관광업계의 기대를 모았다.[22]

이러한 상황에 근거하면, 장기적으로 부산의 연안 3개의 기항지에서 연안크루즈가 운영된다. 해운대의 티파니21, 원도심과 북항의 크루즈, 남항의 자갈치크루즈가 부산을 대표하는 연안크루즈로 활동하기 때문이다. 또한 부산 연안권에서 이들을 서로 연결하는 운영도 가능한 상황이 되었다. 나아가 연안크루즈 간의 연결과 종합적인 해양 관광 프로그램을 구상할 필요성도 생기게 되었다. 예를 들자면, 부산 남항 인근의 자갈치시장과 국제시장, 태종대와 용두산공원 등을 기점으로 관광을 시작하여, 좁게는 원도심 인근 해역으로의 해양 관광 코스 확대가 충분히 가능해진다. 즉 부산 북항으로의 수변공원과 친수공간, 부산역과 원도심 산복도로, 용두산 및 자성대 공원 등을 연안크루즈 관광벨트로 이을 수 있다.

또한 기존 부산의 해운대 및 광안리 쪽의 명소들과 북항 및 남항의 연안크루즈 벨트가 서로 힘을 합친다면, 광범위한 해양 관광벨트를 구축할 수도 있을 가능성이 생겼다. 부산의 새로운 블루투어리즘Blue Tourism의 개념도 이러한 환경 위에서 구현이 가능할 것으로 보인다. 부산 연안크루즈의 모항 및 기항지로 삼을 수 있는 3대 거점은 해운대, 북항, 남항으로 설정하고, 부산에서 각 지역별 연안크루즈가 서로 연계되어 해

22 부산광역시, 북항 일원 그랜드 마스터플랜(Grand Master Plan), 2016.

양 관광의 주축이 되는 새로운 패러다임은 여기에서 출발한다. 나아가 연안크루즈 선박을 활용한 선상 활동과 육상의 차별화된 연계 프로그램 구상도 이러한 점들에 근거할 수 있을 것이다.

4) 연안크루즈 업계의 개선과 자구책

부산 연안크루즈 해양 관광의 중심은 역시 지역의 민간선사일 것이다. 과거 이들 선사는 이용객 증대를 위해 다양하고 꾸준한 노력을 기울여 왔지만, 다양하고 현실적인 문제들을 안고 있다. 현재 부산의 연안크루즈 해양 관광을 책임지고 있는 민간업체인 티파니21과 자갈치크루즈는 코로나19 이후에도 만성적인 채산성 악화에 시달리고 있다. 게다가 기존 선사들은 부산에 다른 신규 크루즈나 유람선이 취항하면, 이를 견제하고 반대하는 경향이 강하다. 기존 남항의 자갈치 크루즈가 취항할 때도 해운대 쪽의 이용객과 관광대상층이 비슷하다는 논란이 있었다.

북항 수변에 신규 취항허가가 되어 있는 연안크루즈도 사정은 다르지 않다. 북항의 연안크루즈는 자갈치크루즈와 운항노선이 부분적으로 겹친다. 영도와 태종대 쪽으로의 항로 중복이 불가피하고, 일부 운영상의 부작용이 예상되고 있다. 부산시와 부산항만공사 등이 밝히는 부산에서의 연안크루즈 사업목표는 연간 이용객 숫자가 약 100만 명, 재이용객 비율 15% 수준 정도로 잡고 있다. 하지만 민간선사들의 역량만으로 이 수치가 실현되기에는 어려움이 있고, 해양 관광 활성화에 대한 시민의 기대치에는 부족하다. 부산을 찾는 관광객을 해양 관광 쪽으로 끌어당기는 것은 연안크루즈 민간선사와 업계의 중요한 현안이다.

현안을 풀기 위한 단기적인 구상으로 부산 연안크루즈 해양 관광 이용객의 다변화가 필요하다. 연안크루즈는 지금과 같이 주간 경관 감상으로 운영이 가능하다. 반대로 야경 상품으로도 운영이 가능하다. 주요 수요층은 외국인 방문객, 가족 단위 방문객, 기업연수 등이 효과적이며, 단체방문객 위주로 유치하는 것이 운영에 득이 될 것으로 보인다. 물론 연안크루즈 이용객의 다변화에는 항차를 늘리는 문제가 있고, 유류비와 인건비 등의 채산성 문제가 걸림돌이다. 연안크루즈 선사 간의 통합이나 협업의 필요성은 바로 이 지점에서 발생한다.

해양 관광 이용객 다변화를 위한 추가적인 대안으로는 인근 국제여객터미널 크루즈로 입항하는 외국인 관광객과 모객이 연계될 필요성을 구상할 수 있다. 코로나19 직전에 부산항에 국제크루즈로 입항하는 외국인 관광객은 연간 85항차 정도에 약 24만 명 수준이었다. 이중에서 순수 외국인 관광객 및 외지인 관광객은 대략 14만 명 수준으로 집계되었다. 따라서 부산 연안크루즈 해양 관광은 국제크루즈 입항 외국인 관광객의 절반 이상을 잡아야 한다. 약 7만 명 이상의 신규 유치를 목표로 적극적인 모객마케팅을 해야 할 것으로 보인다. 이와 함께 인근의 부산항국제크루즈터미널이나 외국크루즈 선사와 동시기항도 모색하고, 외국인 크루즈 단체 관광객과의 연계서비스도 다른 선진항구의 사례를 참조해서 개발할 필요가 있다.

다른 한편으로 부산 연안크루즈 해양 관광은 만성적인 채산성과 적자 보전을 위한 자구노력과 정책적 지원이 필요해 보인다. 우선 자구 노력의 일환으로는 우선 민산선사들이 운항 스케줄 편성과 프로그램 비용 투입에 신중을 기해야할 것으로 보인다. 예컨대, 런치투어, 디너투어 등의 선상식사 프로그램은 도입을 검토하되, 정확한 하루 이용객에 대한 예측이 중요할 것이다. 고가 요금의 식사와 공연 포함 상품은 비용효율화를 위해서 철저히 외주와 아웃사이드 케이터링서비스로 지향할 필요가 있다. 또한 초기에 식당 전용 구조와 뷔페식 인테리어는 사후변경과 철거가 어렵고, 선체 훼손이 불가피하므로 적정선을 유지하도록 노력해야 한다. 장기적으로는 연안크루즈 관광객의 요구와 수요에 따라 운항 횟수를 탄력적으로 조정하되, 여름 극성수기에는 주·야간 특별항차를 만들고 계절적 요인도 반영해야 한다.[23]

마지막으로 부산 연안크루즈 해양 관광은 선상 프로그램의 다양화도 어느 정도 필요해 보인다. 예컨대 해외 선진도시들의 연안크루즈를 보자면, 다음과 같은 특화된 사례들이 있다. 연안크루즈의 출장연회 프로그램은 '패밀리·프렌들리 케이터링'이나 '파티공간 스타일링'으로 활용된다. 이는 가족행사, 동창모임, 각종 학교나 기업 단체행사 등에 활용될 수 있다. 특히 최근에는 핑거푸드라는 간편하고 퓨전화된 음식으로 변화하고 있다. 이에 외국 음식시음이나 음식문화 체험 프로그램은 '리셉션 케이터링'으로 볼 수 있으며, 육상에서의 행사나 공연 후에 선상에서의 케이터링 파티로 연결할 수 있다.[24]

연안크루즈 해양 관광의 야간 콘텐츠에는 내국인 및 외국인 관광객의

23 문보영·양승훈, 「연안 유람선 안전의 서비스 전략화」, 『관광학연구』 40(1), 한국관광학회, 2016, 185~198면.

24 '케이터링(Catering)'은 고객에게 사전에 조리되어 있는 음식을 제공하는 행위, 파티나 음식서비스를 위하여 식료, 테이블, 의자, 기물 등을 고객의 가정이나 특정 장소로 출장하여 서비스를 하는 것이다. 특히 '아웃사이드 케이터링(Outside Catering)'은 요리, 음료, 식기, 테이블, 비품, 글라스, 린넨 등 필요한 집기들을 미리 준비하여 선상으로 운반하여 고객이 만족할 만한 연회행사를 하는 것으로, 일종의 '출장연회'로 부를 수 있다. 케이터링서비스는 원래 미국과 유럽 특유의 음식문화로부터 발생했다. 고객의 취향과 상황, 음식과 집기류 및 위생, 분위기 연출, 대인서비스를 전부 포괄하므로 단순히 '출장 뷔페' 정도의 의미는 물론 아니다. 아직 국내에는 전문 케이터링 회사가 많지 않은 상황이며, 선상 출장 전문회사도 많이 부족한 상황이다.

시의적 요구를 즉시 반영하여, 대응도와 민감성을 높일 수도 있다. 맞춤형 디지털 미디어 콘텐츠의 적시 변화도 가능하여, 선상결혼식이나 대형모임은 물론 일반 개인의 수요까지 폭넓게 적용할 수 있다. 연안크루즈 기항지에서는 기다리는 따분함을 극복하고 부산과 항구에 대한 친숙감을 증대시키기 위해 경품 추첨, 참여형 이벤트, 무료 식음료서비스 제공도 고려될 수 있다.[25]

장애인이나 몸이 불편한 승객에 대한 서비스 직원의 별도 응대 매뉴얼을 제작하고, 유인매표소와 별도로 무인발권 키오스크Tiket Kiosk 설치하는 것도 승선 전 대기시간의 쾌적성을 증가시킬 수 있다. 더 나아가 연안크루즈 운항은 체험학습 크루즈 프로그램으로 새로운 차별화를 도모할 수 있다. 부산의 지역 대학과 지방정부가 함께 연안크루즈 선사와 협업하고, 지역 활성화 사업으로서 공공성 전략을 쓴다면 가능한 일이다. 해양 관광과 해양교육을 연결한다면 연안크루즈의 충분한 성공 가능성을 발견할 수 있다.

4. 연안크루즈 블루투어리즘의 구상과 가능성

1) 연안크루즈 업계의 협업과 통합 구상

부산에 적합한 블루투어리즘의 구상은 기본적으로 '사람人' 중심의 관광 패러다임에 입각해야 한다. 블루투어리즘의 기본은 기존의 공급자

25 Kim, Y. J. and Kim, S. G, "Overview of Coastal and Marine Tourism in Korea", *Journal of Tourism Studies* 7(2), 1996, pp.46~53.

중심의 해양 관광 시책이 아니라, 수요자와 인간 중심의 해양 관광 정책이다. 해양 관광 블루투어리즘 개념의 출발은 관광을 즐기는 사람의 욕구 충족과 능동적 활동, 현지 주민과의 소통과 지식의 폭넓은 공유 등에 있다. 그래서 이 글에서는 부산 시민과 부산을 찾는 관광객의 시각과 블루투어리즘의 관점에서 여러 갈래의 구상을 했다. 이를 토대로 부산의 연안크루즈 해양 관광이 앞으로 어떻게 달라져야 할지를 고민하였다. 구상과 고민은 다음과 같이 구체적으로 제시할 수 있다.

우선 부산형 연안크루즈 해양 관광업체 사이의 항로航路 공유와 적극적 협업이 필요하다. 기존 연안크루즈 해양 관광은 항로가 너무 짧고 단순하여, 이용객의 만족도가 낮은 고질적 문제가 있다. 이는 부산의 해양 관광 이슈 전체에서 가장 중요한 문제로 볼 수 있다. 해운대 쪽의 티파니21, 남항 쪽의 자갈치크루즈, 북항의 신규 크루즈가 항로를 연결하고 공유하여, 환승을 자유롭게 할 필요성이 크다. 티파니21, 자갈치크루즈, 북항크루즈는 각각 모항과 항로를 해운대, 남항, 북항 수역만으로 한정하고 있다. 지역별로 보면 동부산 쪽과 원도심 쪽으로 크게 나뉘어 있다. 그런데 이들 크루즈의 부산 연안 항로는 서로 겹치지 못하게 엄격히 조정된 상황이다. 그런 와중에도 북항과 원도심 및 남항의 영도 쪽은 항로가 일부분 겹치기도 한다.

기존 부산의 연안크루즈 민간선사들은 수익성과 고유의 항로 운영권 때문에, 기존의 짧고 좁은 항로를 고수하고 있다. 연안크루즈 해양 관광이 부산권 연안 내에서 철저하게 나뉘고 분절된 상황인 것이다. 이것은 부산을 찾는 해양 관광객의 나눠먹기와 수익성 감소의 악순환으로 계속 이어지고 있다. 물론 이런 사실은 민간선사는 물론이고, 부산의 해양 관광업계도 이미 인지하고 있을 것이다. 역설적이게도 항로의 분절 상황은 장기적으로 부산 북항, 남항, 해운대 사이에서 연안크루즈 운영상의 조율이나 협의의 필요성을 시사한다. 따라서 여기서는 부산 전체 연안크루즈 업계의 협업과 통합 구상의 방식을 〈표 1〉과 같이 잠정적으로 제시하였다.

〈표 1〉 부산 연안크루즈 업계의 협업과 통합 구상

연안크루즈	항로	기항지	운항시간
티파니21	동백섬→해운대→오륙도→이기대 →광안대교→광안리→동백섬	해운대 동백섬(현행)	약 1시간(현행)
북항크루즈	북항(구)연안부두→부산항대교 →태종대→오륙도→광안리 →오륙도 신선대 앞→크루즈터미널 →부산항대교 → 북항(구)연안부두	(구)연안부두(예정)	약 1시간(예정)
자갈치크루즈	자갈치→남항대교→영도 →태종대→송도→자갈치	자갈치시장(현행)	약 50분(현행)
통합크루즈, 가칭 부산크루즈(안)	동백섬→해운대→오륙도 →크루즈터미널→부산항대교 →북항(구)연안부두→남항대교 →영도→태종대→송도→자갈치 (순환항로는 역순)	모항 및 경유 기항지로 통합(상기 3개소)	약 2시간 (환승 무료, 할인)

비고: 통합크루즈는 부산 연안크루즈 3사의 협업을 가정한 항로를 구상한 것임

민간선사 차원에서 보더라도 북항, 남항, 해운대의 연안크루즈 항로를 서로 통합하고 공유할 수 있을 개연성은 충분하다. 티파니21, 자갈치크루즈가 공통적으로 채산성이 낮고, 어느 쪽에서도 뚜렷한 수익을 내고 있는 곳이 없기 때문이다. 향후에 부산의 각 민간선사가 가지고 있는 현재의 기항지를 전부 공유하고 협업이 된다면, 이야기는 크게 달라진다. 부산을 대표하는 연안크루즈선 사이의 연결을 통해 환승 무료 또는 환승할인을 한다면, 적지 않은 시너지 효과가 기대될 수 있다. 물론

이러한 연안크루즈 해양 관광업계의 협업을 위한 중재자와 유인책은 부산시와 정부, 부산 시민들이 맡아줘야 할 것으로 보인다.

2) 육상 관광과의 통합적 연계 구상

부산의 연안크루즈 해양 관광은 새로운 관점에서 육상 관광과의 통합적인 연계가 필요하다. 그래서 부산 연안의 크루즈 민간업체와 부산의 육상 관광에 대한 연계적 지원이 강화되어야 한다. 2019년부터 부산해양수산청은 '부산해양 관광 하나로패스 할인권' 시범사업을 국비사업으로 추진하였다. 이 사업에는 현재 (주)팬스타라인닷컴, (주)엠에스페리, 미래고속(주), (주)신아비에스 등 부산의 크루즈 업체 대부분이 참여하고 있다. 그리고 부산지역 해양레저 관광과 육상 관광의 참여업체는 약 20개 수준으로 결코 적지 않은 숫자이다.

이들 업체들이 부산해양 관광 하나로패스를 통해서 전부 힘을 합치면, 연안크루즈 블루투어리즘의 활성화를 기대할 수 있다. 이미 부산해양 관광 하나로패스를 스마트폰으로 가진 사람은 누구나 부산의 요트 및 크루즈, 서핑, 해상케이블카 등을 다양한 할인으로 이용할 수 있다. 그런데 아직 부산 연안크루즈 해양 관광과 육상 관광 사이의 분절과 간극은 존재하고 있다. 해운대 쪽과 원도심 쪽의 해양 관광 연결도 원활하지 않다. 부산시와 부산관광공사의 홍보가 부족한 탓인지, 부산을 찾는 여행객들은 부산해양 관광 하나로패스에 대한 인지도가 높지 않다.

문제는 연안크루즈 해양 관광과 육상 관광의 연결성을 대폭 강화하고 운영의 묘를 살리는 것이다. 즉 해운대와 광안리의 호텔 및 숙박시설, 원도심 북항과 남항 주변 호텔 및 숙박시설, 육상 관광시설과의 협약을 크게 늘려야 한다. 이를 통해 연안크루즈 이용객의 부산 정주형 전략을 수립할 필요성이 있다. 부산 연안 전체를 한 번에 돌 수 있는 연안크루즈를 통해 정주 시간이 길어지면, 해양 관광을 통한 부가가치 창출과 지역 활성화 효과도 증대되기 때문이다. 부산의 해양 관광업계는 앞으로 부산해양 관광 하나로패스 종합 플랫폼 강화를 통해 별도의 비용 없이 홍보와 편승 효과를 기대할 수 있다.

부산 연안크루즈 해양 관광의 기항 거점별로 보면, 해양 관광과 육상 관광의 연결성 문제는 더욱 중요해진다. 현재 갖고 있는 부산의 각 연안 구역별 특성만으로도 충분히 해양 관광의 차별화가 가능한 것으로 볼 수 있다. 해운대 쪽의 기항지는 기존의 고급화된 숙박과 마리나, 해수욕장, 쇼핑 등을 즐길 수 있는 곳으로 육상 관광과 연계하는 것이 적절하다. 이미 해운대지역은 전국적으로 유명하며, 부산과 인근 경남의 시민들도 주말이나 공휴일에 쇼핑이나 숙박을 목적으로 많이 방문하는 명소가 되었다. 부산 남항의 기항지는 자갈치와 국제시장을 중심으로 전통시장 투어 및 BIFF광장과 영화의 거리 등을 특화시키는 것이 적절하다. 따라서 연안크루즈가 부산 동쪽 기항지인 해운대 및 광안리와 함께 원도심 남항 일대의 반경 2킬로미터 정도를 관광과 도보순환코스로 각각 운영한다면, 해양 관광객의 호응도가 높을 것으로 보인다.

북항의 경우는 연안크루즈 해양 관광과 육상 관광의 연계 잠재력이 가장 큰 곳으로 예상된다. 북항재개발 1단계 구역과 옛 제1부두지역을 연안크루즈 기항지로 보면, 원도심 도보 관광의 물리적 범위는 왕복거리 3킬로미터 이내의 북항 근거리 접경지역이 해당될 것이다. 그런데 북항 재개발 1단계지역에서는 옛 항구와 원도심 부산역을 곧바로 연결하는 '보행자 전용통로'가 이미 건설되었다. 수변공간인 부산항 국제여객터미널과 부산역 환승센터, 초량 차이나타운 특구를 공중과 지하보행통로 방식으로 연결한 것이다.

부산역과 북항 연안에 보행자 전용 통로가 완공됨에 따라 항구와 원도심은 누구나 걸어서 24시간 건너다닐 수 있게 되었다. 또한 북항 수변에는 경관수로도 완성되어, 제2부두 북쪽에 조성되는 마리나 구역과 친수공원이 서로 어우러져 이색적인 풍광을 연출할 것으로 보인다. 이는 이 글이 제안하는 연안크루즈 기항지 도보 관광 프로그램의 필요성과 성공 가능성을 더욱 높여준다. 북항의 도보 이동거리 안에 초량왜관, 차이나타운, 중국 상해거리와 화교華僑 학교, 텍사스 골목, 산복도로 이바구길, 초량전통시장과 수정전통시장 등이 있다. 이미 관광 자원은 충분한 갖춘 편이다. 부산 원도심 항구가 품은 근대 역사 알기, 과거 시간 속으로 걸어가 보기, 부산 원도심 스토리 투어 등은 연안크루즈 연계상품으로서 충분한 구상이 가능하다.

3) 해상 대중교통의 분담 구상

해양 관광 선진국의 연안크루즈는 단순한 관광 유람선의 역할 외에도 연안 해상 대중교통 수단의 역할을 겸비하는 경우가 많다. 그 이유는 복잡한 도시의 육상교통을 분산시키고, 시민과 관광객의 이동권 선택에 대한 폭을 넓히기 위해서이다. 그런 점에서 부산 연안크루즈 해양 관광은 해상 대중교통의 분담 역할도 겸비해야 한다. 이것은 부산 연안크루즈 업계의 확장과 지속가능성을 위한 충분조건이 아니라, 반드시 이행되어야 할 필요조건으로 생각된다.

해상 대중교통이라 함은 부산시와 정부가 장기적으로 계획하고 있는 '수상버스'나 '수상택시'를 의미한다. 미래에 부산 연안에서는 수상버스나 수상택시가 도입될 것이 예상된다. 문제는 이것을 어떻게 도입하고 운영하느냐의 부분인데, 민간사업자 공모가 유력해 보이지만 여기에는 숨은 함정이 있다. 그래서 이 글은 기존의 연안크루즈를 서로 연결하여, 해상 대중교통의 일환으로 삼아야 한다고 주장한다.

만약 부산시나 정부가 부산 연안에서 수상버스나 수상택시를 별도로 운영한다면, 일단 민간사업자를 유치하고 운항구역을 한정시켜야 한다. 그럴 경우 낙동강이나 수영강 일대까지를 포함하더라도 운항 구간이 극히 짧고, 사업성이 없어져서 민자 유치에는 한계가 있다. 게다가 기존의 연안크루즈 항로와 겹치는 것도 불가피하고, 해양 관광 크루즈업계의 반발과 갈등도 무시할 수 없을 것이다. 수상버스나 수상택시는 대중교통의 공공적 성격도 가지므로, 만성적인 적자로 인해 추후에 정부의 재정 지원이 추가될 가능성도 존재한다.

불확실한 채산성과 비효율을 떠나, 수상버스나 수상택시는 안전문제가 더 크다. 선박의 소형화에 따른 바람과 조류, 날씨의 영향도 많이 받아서 실제 운항에는 큰 부침이 있을 것으로 본다. 대부분 100톤 미만의 소형 선박은 300톤 이상의 연안크루즈 선박에 비해서 해상 안전문제가 별도로 발생한다. 그래서 정부와 부산시는 수상버스나 수상택시의 도입을 정책적으로 검토한 바 있으나, 해상 대중교통수단으로 실제 도입을 단행하는 것에는 매우 신중해야 할 것이다. 특히 수도권에서 서울시의 주도로 한강변에 수상택시가 도입되어, 장기적으로 운영차원의 여러 가지 어려움을 겪었던 과거의 사례를 부산은 크게 참고해야 한다.

그런데 만약 부산을 찾는 해양 관광객이 연안크루즈만 타고서 해운대와 북항을 거쳐 남항까지 오거나, 반대쪽으로 한 번에 갈 수 있다면 육상에 대한 연안 해상교통의 분담도 가능해진다. 이것은 연안크루즈 해양 관광 선진도시들이 이미 활용하고 있는 방법이다. 즉 동부산에서 서부산까지 부산 전역의 연안 해상을 누비는 기존 3개 선사의 크루즈선이 활성화된다면, 부산 시민과 외래 관광객들이 연중 이용할 수 있는 해상버스나 수상택시의 역할도 충분히 수행할 수 있다.기존 3대의 연안크루즈가 하루에 7항차 내외로 각각 운영되므로, 이를 통합하면 해운대, 북항, 남항의 각 기항지별로 하루 30분 단위의 운항이 가능하다.

부산의 연안크루즈 선사들이 해상버스나 수상택시의 대중교통 역할을 겸비한다면 선사의 운영 수입 증가와 고질적인 채산성의 개선에도 큰 도움이 될 수 있다. 이것은 정부나 지방자치단체가 예산을 별도로 써서 해상대중교통을 인위적으로 활성화하려는 정책보다 효율적이라고 평가된다. 따라서 공공성을 띄는 수상버스나 수상택시를 정부 예산을 들여서 새로 만들기 보다는 부산의 기존 연안크루즈 항로의 연계를 통해 이러한 역할을 맡기는 것이 적절해 보인다.

4) 제도적 개선과 지원 구상

연안크루즈 해양 관광 활성화를 위한 부산 연안에 대한 규제 완화와 제도적 개선도 필요하다. 지금은 중앙정부가 해양 관광에 대한 정책적 관심이 높지 않고 규제가 엄격한 편이다. 법적으로 유람선은 어선에 비해 인·허가 절차가 까다롭고, 면세유 등의 정책 지원이 되지 않는다. 연안크루즈는 민간사업자 입장에서 초기 투자비가 많이 들고, 시장으로의 신규 진입이 쉽지 않다. 그런 상황에서 부산 북항, 남항, 해운대 등에서 3곳의 연안크루즈가 운영되는 것은 새로운 기회일 수 있다. 부산은 해양 관광업에 대한 규제를 완화하여 연안크루즈서비스업 시장의 진입 장벽을 낮춰주고, 선사의 운영에 드는 비용부담을 완화시켜 주어야 한다.

더 구체적인 제안을 하자면, 연안크루즈 운영비 구조에서 가장 많은 비중을 차지하는 것은 유류비와 인건비이다. 국제 유가와 국내 물가의 영향에 민감한 유류비는 곧 선사의 채산성과 직결되고 있다. 인건비 구조도 채산성을 높이기 위해서 저임금의 여성승무원 비중을 높인 곳이 많다. 남성은 모두 항해사와 기관사이며, 이들을 제외하면 선상서비스 업무는 여성이 대부분이고 신분상으로도 정규직원이 아니다.

코로나19의 장기화로 직격탄을 맞았던 약 3년의 시기, 부산 연안크루즈 승무원의 대부분은 해고나 무급 휴직으로 방치되었다. 인건비 절감이 엮인 승무원의 신분과 인적 구성은 곧 접객력과 서비스 질에 깊이 관여된다. 민간업체는 채산성 문제로 인해 스스로의 개선에 한계가 있다. 이에 정책적으로 부산의 해양 관광 진흥을 위한 연안크루즈 유류비와 인건비에 대한 일부 지원은 생각보다 중요한 과제이며, 해양 관광 활성화의 기폭제가 될 수 있을 것이다.

다른 관점에서 부산 연안에는 각종 해상사고 방지를 우선시하는 지나친 규제 중심의 장치들이 많이 있다. 이것은 연안크루즈 해양 관광 활성화의 분명한 저해요인이 되고 있다. 공유수면에 대한 규제를 비롯하여, 부산 연안 항로에서 아직 관광 목적의 선박은 가장 후순위로 밀려 있다. 연안크루즈 해양 관광의 도약과 블루투어리즘의 구현을 위해서는 정부와 지방자치단체가 사람과 수요의 관점에서 접근해야 한다. 2019년에

'부산항 항법 등에 관한 규칙'을 전면 개정해서 부산 북항의 해양 관광 항로를 개방한 것은 고무적인 사건이었다. 하지만 연안크루즈 선사들의 협업과 통합을 위해서는 관광 항로 규제가 추가적으로 완화될 필요가 있다. 정부와 부산시가 여전히 촘촘한 연안해상의 규제를 풀어서 기항지의 다변화와 운항 여건을 높여준다면, 해양 관광 고도화에 큰 도움이 될 것으로 본다.

5. 나가며

우리나라에서는 아직도 해양 관광이라고 하면, 대다수가 바닷가에서 보내는 단순한 시간을 상상한다. 바다를 보면서 수변을 그냥 걷거나 수산물 정도를 시식하는 것이 보통이다. 아니면 유람선이나 요트를 타고 짧은 시간 해상에서 보내는 시간이 일반적인 해양 관광의 이미지로 보인다. 이것은 지극히 육지적 관점의 해양 관광이다. 해외의 선진 해양도시와 같이 블루투어리즘의 개념과 인식이 국내에는 정착하지 못했다. 해양의 관점과 수요자의 입장에서 생각하고, 바다 위에 서서 연안 쪽을 바라보지 않았다. 그래서 우리는 블루투어리즘의 요소로서 조금 더 심층적이거나 질적으로 고급화된 해양 관광을 누리지 못했다. 해변과 항구에서의 여가, 수변공간의 자원을 다양하게 이용하는 해양레저, 체험형 여행 등을 접하기도 어려웠다. 블루투어리즘의 관점에서 해양 관광의 질적 수준은 아직 초보적 수준으로 판단된다. 이 글은 연안크루즈가 이런 현실을 극복할 수 있는 좋은 도구가 된다고 보았다.

부산은 우리나라 최대의 해양도시이면서 제2의 거대도시의 면모를 갖고 있다. 국내에서 가장 오래된 항구와 다양한 수변공간을 가지고 있는 것이 강점이다. 부산의 해운대와 광안리는 이미 전국 최대의 해양 관광지가 되었고, 남항과 자갈치는 유명한 수산전통시장과 각종 원도심 관광자원을 갖고 있다. 근래 부산항에서는 국내 최대의 항구재생사업인 북항 재개발이 장기간 진행되었다. 이미 북항 재개발의 1단계가 2022년에 끝났고, 부산의 옛 항구가 시민들과 관광객에게 일부 개방이 되었다. 이제 시민과 관광객 누구나 북항 수변구역에 들어갈 수 있게 되었다. 이런 상황을 기반으로 부산시와 정부는 부산세계엑스포Busan World EXPO 유치를 위해서 많은 노력도 했다. 2030 부산세계엑스포의 계획 부지도 북항 수변으로 확정되었다.

앞으로 부산은 글로벌 해양 관광도시로서 세계 각지의 방문객을 맞이할 준비를 할 것이다. 그런 점에서 연안크루즈 해양 관광을 통한 도시의 통합적인 블루투어리즘은 부산의 기존 해양 관광 패러다임에 대한 더 큰 고민과 보완을 필요로 한다. 부산과 같이 항구의 역사가 깊은 해양도시는 도시 특유의 해양문화와 역사를 가지고 있기 때문이다. 해양과 도시의 문화, 역사, 철학, 예술을 반영한 부산의 고유성 확보는 상당히 중요한 문제이다. 정체성과 고유성의 발견은 도시의 가치를 되찾는 것이고, 해양 관광 콘텐츠의 개발은 이것을 바탕으로 해야 하기 때문이다. 블루투어리즘과 해양 관광 활성화의 관점에서는 국내에서 부산항이 거의 선두주자이기에, 그러한 실험적 정책에 대한 부담은 적지 않을 것이다. 하지만 이 글에서 구상한 연안크루즈 해양 관광 활성화를 위한 항로 협업 및 연계 프로그램 등의 구상은 정책적으로 고려해볼 만하다.

특히 연안크루즈는 부산의 대표적인 해양 관광 상품으로 반드시 자리잡아야 함을 거듭 제안한다. 부산의 다양한 장소를 육지가 아니라 바닷길로 누비는 연안크루즈의 연결과 통합, 협력의 활성화는 해양 관광의 핵심적 사안이 되어야 한다. 연안크루즈는 부산 시민의 삶의 질 향상과 더불어 부산 관광객의 만족도를 한층 더 높일 수 있으며, 나아가 다른 여러 관광사업과 연계할 수 있는 확장성을 갖기 때문이다. 부산은 새로 구상되는 연안크루즈를 세계적인 관광 명물로 만들어, 해양 관광이 운신할 공간을 넓혀야 한다. 이와 함께 지역 해양 관광업계의 고질적인 문제인 계절적 편중성과 낮은 재방문율을 해결해야 한다.

부산은 우리나라 최대의 해양 관광 플랫폼을 갖고 있으므로, 잠재력과 가능성은 충분하다. 부산은 연안선 길이가 약 380킬로미터로 전국 대도시 중에서 가장 길며 항구와 수변, 어촌과 도심이 혼재한 보기 드문 유형의 도시로 정의된다. 부산에는 하드웨어적으로 무역항, 연안항, 마리나항만, 국가어항, 지방어항, 해수욕장, 관광·숙박시설 등이 다수 산재해 있다. 소프트웨어적으로는 해양 관련 대규모 행사와 축제도 전국에서 제일 많이 보유한 도시이다. 특히 이러한 자원은 부산의 연안과 수변에 고루 산재해 있는데, 이것을 서로 꿰고 연결시키는 것이 부산 해양 관광의 핵심이다.

이런 점에서 이 글은 부산의 맞춤형 해양 관광 구상으로 연안크루즈의 연계와 협력을 통한 블루투어리즘 개념의 도입을 잠정적으로 제안했다. 이는 부산이 가진 해양 관광 인프라의 분절성을 극복하게 만들고, 시너지 효과와 상생을 실현시킬 수 있다. 물론 시론적인 문제 제기와 탐색적 성격을 갖는 이 글은 아이디어 구상 단계로서 일정한 의미를 찾고자 한다. 즉 해양 관광 수단으로서 부산에 맞는 크루즈의 혁신과 통합 방법, 기항지 운영 계획을 이 글에서는 상세히 제안하지 않았다. 따라서 향후에 부산이 연안크루즈 해양 관광의 국내 중심지로 발돋움을 할 수 있도록, 글의 취지에 동의하는 후속 연구의 다양한 고민과 구상을 기대해 본다.

참고문헌

연구논문

김기태, 「우리나라 크루즈항별 발전 방향에 대한 탐색적 연구」, 『한국항만경제학회지』 30(2), 한국항만경제학회, 2014.

남형식, 「부산항 크루즈 활성화 및 경쟁력 제고 방안 연구」, 『해항도시문화교섭학』 21, 한국해양대 국제해양문제연구소, 2019.

문보영·양승훈, 「연안 유람선 안전의 서비스 전략화」, 『관광학연구』 40(1), 한국관광학회, 2016.

양승훈 외, 「한국적 크루즈의 포지셔닝과 상품화 방안에 관한 연구-부산 연안크루즈를 중심으로」, 『관광연구저널』 24(2), 한국관광연구학회, 2010.

우양호, 「부산 북항 연안크루즈와 항구관광 활성화 방향」, 『항도부산』 40, 부산광역시 시사편찬위원회, 2020.

______, 「공유자원 관리를 위한 제도적 장치의 성공과 실패요인-부산 가덕도 어촌계의 사례비교」, 『행정논총』 46(3), 서울대 한국행정연구소, 2008.

유순호·김경숙, 「크루즈관광객의 라이프스타일, 선택속성 및 행동 의도 간의 영향 관계」, 『관광레저연구』 29(10), 한국관광레저학회, 2017.

이정철, 「우리나라 해양레저관광 발전 방안-Blue Tourism을 중심으로」, 『해양관광학연구』 14(3), 한국해양관광학회, 2021.

정복철, 「국내 크루즈 산업 발전을 위한 정책적 제언」, 『해양관광학연구』 12(2), 한국해양관광학회, 2019.

최창호·임영태, 「중소해양도시 크루즈관광 여건 및 활성화 방안-여수시를 중심으로」, 『한국항만경제학회지』 29(2), 한국항만경제학회, 2013.

허양례, 「연안크루즈 관광 참여자의 선택속성에 관한 연구」, *Tourism Research* 40(2), 한국관광산업학회, 2015.

황진희 외, 「연안 크루즈 산업의 성장 잠재력과 발전 전망 연구」, 『KMI-기본연구보고서』, 한국해양수산개발원, 2014.

번역서 및 외국논저

Esichaikul, R., Chansawang, R. and Choksuvanich, "Problems and Obstacles of Developing Cruise Home Port in Andaman Tourism Cluster", *University of the Thai Chamber of Commerce Journal Humanities and Social Sciences* 38(4), 2018.

Guinand, S, "Post-Tourism on the Waterfront : Bringing Back Locals and Residents at the Seaport", *Tourism and Gentrification in Contemporary Metropolises*, Routledge, 2017.

Kabil, M., Priatmoko, S., Magda, R., & Dávid, L. D, "Blue Economy and Coastal Tourism : A Comprehensive Visualization Bibliometric Analysis", *Sustainability* 13(7), 2021.

Kim, Y. J. and Kim, S. G, "Overview of Coastal and Marine Tourism in Korea", *Journal of Tourism Studies* 7(2), 1996.

Sharafuddin, M. A. & Madhavan, M. "Thematic Evolution of Blue Tourism : A Scientometric

Analysis and Systematic Review", *Global Business Review* 35(1), 2020.
Tonazzini, D. et. al, *Blue Tourism. Towards a Sustainable Coastal and Maritime Tourism in World Marine Regions*, Barcelona : Eco-Union. 2019.
Tyrrell, T., Kim, S. G. and Chang, Y. T, "Marine Tourism Resource Development in Korea", *Marine Resource Economics* 14(2), 1999.
Yang, J. C. "A Comparative Evaluation of Main Cruise Ports in Korea, China and Japan in Northeast Asia", *World Environment and Island Studies* 6(1), 2016.

기타자료

부산광역시, 북항 일원 그랜드 마스터플랜(Grand Master Plan), 2016.
부산광역시다이내믹부산(http://www.busan.go.kr/news).
부산광역시부산문화관광(http://mtour.busan.go.kr).
부산항만공사, 부산항(북항) 항만재개발 사업계획 변경, 2018.
부산항만공사, 부산항(북항) 항만재개발 사업 발표자료(공개용), 2019.
부산해양수산청, 부산항 항법 등에 관한 규칙(2019 전부개정), 2023.

동북아 흐름의 경제와 가덕도신공항

남종석

1. 들어가며

국토교통부는 지난 8월 24일 3,500미터 길이의 활주로 1본과 연간 1,700만 명을 수용할 수 있는 여객터미널을 갖춘 가덕도신공항 건설사업의 기본계획을 발표했다. 국토교통부의 발표에 따르면 신공항은 부지 조성을 위한 턴키 발주를 시작으로 내년 12월 착공해, 오는 2029년 12월 개항을 목표로 한다. 또한 신공항 내부까지 부산신항 배후철도에서 분기해 연장 16.53킬로미터 복선 철도와 강서구 송정동에서 공항까지 연장 9.6킬로미터 4차 도로를 신설하겠다고 발표했다. 가덕도신공항은 24시간 운영가능한 국제공항이며 활주로, 여객, 화물터미널, 공항접근도로·철도 건설 및 물류·상업시설 등을 위한 부지를 조성할 예정이다. 가덕도신공항은 국제 항공 네트워크와 부산신항의 국제 해양 네트워크의 연계 효과를 통해 부울경지역의 경제 활력 제고에 크게 기여할 것으로 예상된다.

2021년 3월 26일 「가덕도신공항 건설을 위한 특별법」 통과 이후 2년만에 발표된 기본계획이다. 2년전 특별법 통과 이후에도 남부권 신공항 건설에 대한 논란이 끊이지 않고 있다. 논란의 배경에는 2021년 서울, 부산 보궐선거를 앞둔 정치권에서 여야가 경쟁하듯이 가덕도신공항 관련 특별법을 제출함으로써 동남권 관문공항 건설이 선거에서 승리하기 위한 매표행위로 비춰진 측면이 있기 때문이다. 특별법은 제목에서도 나타나듯이 공항의 입지를 구체적으로 규정하고 있고, 예산타당성 검증을 피해갈 수 있는 조항이 포함되어 있다. 이에 따라 예산타당성도 통과하지 못할 사안을 정치권이 서둘러 입법화함으로써 대규모 예산 낭비가 일어날 가능성을 배제할 수 없다는 비판이 쏟아졌다. 더구나 기후위기 대응이 어느 때보다 긴급한 전지구적 의제로 등장한 시점에 대규모 공항을 건설하는 것은 시대적 과제에 역행한다는 비판 역시 제기되었다. 신공항 건설은 정부가 추진하는 그린뉴딜의 취지와 맞지 않는다는 것이다.

특별법 통과가 진행되는 시점에 국토교통부가 가덕도신공항 건설에 반대하는 보고서를 제출한 것 역시 논란을 가중시켰다. 국회교통위에 참여한 한 관료는 “2016년도 사업타당성 평가를 통해 가덕도신공항의 시공성, 환경성 등 문제를 인지한 상황”에서 특별법안 수용은 공무원의 성실 의무 위반에 해당할 수 있다는 취지의 발언을 했다. 입법 관련 정치적 논쟁이 진행되는 국면에서 관련부처의 반대 입장표명은 가덕도신공항 반대 진영에 중요한 논거를 제시하는 것처럼 보였다. 정치적 이해관계에서 벗어난 전문가들의 평가에 의해 이미 김해신공항 건설로 결론이 난 사안을 다시 수면 위로 올려 놓은 것은 선거 승리를 위한 매표행위 이상이 될 수 없다는 것이었다. 특별법이 통과된 이후에도 가덕도신공항에 대한 반대 여론은 수그러 들지 않았다. 지난 8월 발표된 국토교통부의 가덕도신공항 건설 기본계획은 이 논란의 종지부를 찍는 점에서 의의가 있다.

가덕도신공항 건설에 대한 반대여론이 있음에도 불구하고 신공항 건설이 지속적으로 추진된 배경에는 현 김해공항 확장이 구조적으로 안전문제를 회피할 수 없다는 지속적인 용역 결과이다. 신공항 건설을 반대하는 입장에서는 김해공항 확장을 지속적으로 주장했지만 대안으로 제시된 V형 2본 활주로 건설도 '장애물회피표면OSC' 문제를 해결할 수 없다는 문제에 대안을 제시하지 못했다. 신공항이 경제성이 없어 일정 규모 이상의 국책사업에 대해 이뤄지는 '예산타당성 분석'도 통과하지 못할 것이라는 주장도 설득력이 없다. 현존하는 김해공항의 국제선 연평균 성장률은 11%가 넘으며, 2018년에는 연 800만 수요를 넘어섰다.[1] 경제적으로 지속가능성이 있다는 의미다.

예타 제외 논란 역시 특혜 시비로만 접근할 수 없다. 예타 제도는 수도권에 모든 인프라가 집중되도록 하는 동력으로 작용하고 있기 때문이다. 수도권은 이미 우리나라 인구의 50% 이상이 거주하고, 일자리를 찾아 청년들이 꾸준히 진입하는 젊은 대도시-지역mega city region이다. 인구과밀은 새로운 인프라 건설을 필요하게 만들고, 인프라 투자의 비용대비 편익을 크게 한다. 편익의 주된 항목을 구성하는 것이 이용자 수이기 때문이다. 추가적인 인프라 건설은 다시 수도권으로 인구 집중을 가

1 2019년은 일본과의 역사 분쟁으로 일본 여객이 크게 감소했으며, 2020년 이후 현재까지 코로나 19 영향으로 국제선 사용자의 수는 2019년 이전 수준을 회복하지 못하고 있음.

능하게 한다. 서울과 모든 지방 주요 도시들은 고속철도와 고속도로로 연결되어 있고, 수도권에는 인적자원도 집중되어 있으며, 대기업의 신규투자도 흘러넘친다. 충청권을 제외하고 다른 모든 지방은 이와 반대로 움직인다.

따라서 예타가 제외되었다고 해서 곧바로 특혜라고 말할 수 없다. 지역 난개발을 막고 한정된 재원을 합리적으로 집행하려는 예타 제도의 취지는 부정할 수 없으나, 대규모 인프라 투자를 모두 예타만으로 판정할 수 없다. 이는 예타 관련 법률 조항에도 명시되어 있다. 국토 균형 발전을 위한 전략적 필요에 의해 대형 국책 사업이 예타에서 면제되는 사례가 허다하다. 사업 진행의 타당성을 단순히 비용편익만으로 평가할 수 없기 때문이다. 필요한 인프라가 제공됨으로써 지역이 새로운 성장 거점이 될 수 있고, 낙후된 지역에 활력을 넣을 수 있다. 이런 이유로 가덕도신공항 관련 쟁점 역시 예타 제외냐 그렇지 않느냐를 통해 특혜 시비를 가릴 것이 아니라 실제 공항의 경제적 지속가능성, 지역 성장 거점 마련에 기여할 수 있는가 그렇지 않은가로 판단되어야 한다.

이 글은 가덕도신공항의 필요성을 동북아 흐름의 경제를 통해 접근하는 것이다. 흐름의 경제는 여객, 물류, 정보 등 다양한 인적, 물적인 것들이 네트워크화된 세계에서 지속적으로 이동하며 경제 활동을 촉진하는 세계의 특성을 일컫는다. 이 글에서는 여객이라는 형태의 인적인 흐름, 항만 등을 통한 물적인 것의 흐름 그리고 이런 흐름의 경제를 새롭게 구성하고 촉진하는 동남권 메가시티 측면에서 가덕도신공항을 논한다. 2절에서는 김해공항의 여객수요 변동을 통해 새로운 공항의 경제적 지속가능성을 논한다. 3절에서는 동북아시아의 물류의 흐름과 동남권 제조업의 공급망을 중심으로 항공 물류를 위한 인프라의 필요성을 논한다. 4절에서는 동남권 메가시티 차원에서 가덕도신공항의 필요성을 논한다. 동남권이 새로운 생산자서비스의 중심지가 됨으로써 동남권 동북아시아 네트워크 경제의 한 축이 되어야 한다는 의미다.

2. 여객수요를 통해본 신공항

1) 국제선 중심의 성장

인천공항과 가덕도신공항이 여객 및 물류 수송에서 부분적 경쟁 관계가 될 경우 공존할 수 있는가는 신공항 건설에 대한 가장 강력한 반대 논거였다. 이 의문에 대한 답은 코로나19 발생 전까지 최근 10년2010~2019간 항공운송산업의 추이를 분석함으로써 구할 수 있다. 국제민간항공기구ICOA가 제공하는 Annual Report of the Council 5년2015~2019간 자료에서 코로나19가 대유행하기 전 최근 5년2015~2019간 가장 빨리 항공여객이 성장한 지역은 아시아·태평양이다. 아시아·태평양 시장은 연평균 증가율이 8.3%에 이를 정도로 항공수요가 빨리 성장하고 있다. 2019년 세계 전체 항공여객 수요에서 아시아·태평양지역이 차지하는 비중은 37%로 가장 크다. 미래의 항공수요 역시 지속적인 증가 추세이다. 국제항공운송협회IATA는 2016년부터 향후 20년간 항공 여객이 꾸준히 성장하여 2035년이 되면 2016년의 약 2배가 될 것으로 예측한 바 있다. 이에 따르면 항공시장이 가장 빠르게 성장할 것으로 예측한 5개 국가중국, 미국, 인도, 인도네시아, 베트남 중 4개 국가가 남아시아, 동남아시아,

동북아시아에 위치하여, 향후 20년간 신규 항공수요의 거의 절반이 아시아·태평양에서 발생한다IATA, 2016.10.18.

우리나라의 항공여객 추이도 이런 예상을 뒷받침한다. 〈표 1〉은 우리나라 연도별 항공여객 추이를 나타낸다. 총여객 기준으로 보면 최근 5년간 연평균 8.3% 성장을 기록하고 있는데, 이는 앞서 말한 아시아·태평양지역의 연평균 증가율과 동일한 수준이다. 그렇지만 국적사 기준으로 보면 최근 10년간보다 최근 5년간 여객이 더 빠르게 증가하고 있다. 노선별로 살펴보면 총여객 증가의 압도적 부분이 국제선에서 이루어지고 있음을 알 수 있다. 국제선은 최근 10년간 연평균 9.5%씩 성장했지만, 최근 5년간은 10.1%에 달하여 성장세가 더 가파르다. 특히 국적사의 경우 최근 5년간 연평균 증가율이 11.3%에 달하여 국제선 성장을 주도하고 있음을 알 수 있다.

국제선 여객 증가는 소득 증가로 해외여행이 증가하고, 항공사간 경쟁의 결과로 소비자의 선택폭이 넓어졌기 때문이다. 더불어 동남아지역의 여객이 두드러지게 증가했다. 이는 지역 경제 성장과 동남아시아 생산기지화, 유학 증대를 비롯한 수요증가와 이에 발맞춘 여객 및 화물에 대한 3·4유형의 항공자유화협정[2]이 확대되었기 때문이다문상영·김종호, 2008 : 67~68. 반면 국내선 증가세는 뚜렷이 둔화되고 있다. 최근 10년간 연평균 증가율이 5.6%였지만, 최근 5년간은 4.2%를 나타낸다. 그 결과 총여객에서 국내선이 차지하는 비중은 2010년 33.5%에서 2019년 26.7%로 축소된다.

2 국토교통부에 따르면 제3자유란 자국 영토에서 실은 여객이나 화물을 상대 국가에 보낼 수 있는 자유, 제4자유란 상대국가에서 실은 여객이나 화물을 자국으로 보낼 수 있는 자유를 뜻한다.

〈표 1〉 연도별 항공여객 추이 (단위 : 천 명, %)

연도	총여객	국적여부		국제 vs 국내		국제선	
		국적사	외항사	국제선	국내선	국적사	외항사
2010	60,277	46,853(77.7)	13,424(22.3)	40,061(66.5)	20,216(33.5)	26,637(66.5)	13,424(33.5)
2011	63,628	49,117(77.2)	14,511(22.8)	42,647(67.0)	20,981(33.0)	28,136(66.0)	14,511(34.0)
2012	69,304	53,402(77.1)	15,902(22.9)	47,703(68.8)	21,602(31.2)	31,801(66.7)	15,902(33.3)
2013	73,340	55,615(75.8)	17,725(24.2)	50,987(69.5)	22,353(30.5)	33,261(65.2)	17,725(34.8)
2014	81,426	60,190(73.9)	21,236(26.1)	56,779(69.7)	24,648(30.3)	35,543(62.6)	21,236(37.4)
2015	89,415	67,401(75.4)	22,014(24.6)	61,434(68.7)	27,980(31.3)	39,420(64.2)	22,014(35.8)
2016	103,914	78,119(75.2)	25,794(24.8)	73,001(70.3)	30,913(29.7)	47,206(64.7)	25,794(35.3)
2017	109,362	84,977(77.7)	24,385(22.3)	76,956(70.4)	32,406(29.6)	52,571(68.3)	24,385(31.7)
2018	117,526	90,448(77.0)	27,078(23.0)	85,925(73.1)	31,601(26.9)	58,847(68.5)	27,078(31.5)
2019	123,367	93,473(75.8)	29,894(24.2)	90,386(73.3)	32,981(26.7)	60,492(66.9)	29,894(33.1)
2020	39,404	34,710(88.1)	4,694(11.9)	14,240(36.1)	25,164(63.9)	9,546(67.0)	4,694(33.0)
2010 ~2019	8.3%	8.0%	9.3%	9.5%	5.6%	9.5%	9.3%
2015 ~2019	8.4%	8.5%	7.9%	10.1%	4.2%	11.3%	7.9%

출처 : 항공정보포털

* 여객은 유임+환승, 국내선은 출발, 국제선은 출발+도착, 국내선은 외항사가 없음.

〈표 2〉 국제선 주요지역별 국적사 여객 추이(단위 : 천 명,%)

	2015	2016	2017	2018	2019	2015 ~2019
일본	10,419(26.4)	13,182(27.9)	17,103(32.5)	19,485(33.1)	17,020(28.1)	13.1%
중국	8,669(22.0)	10,163(21.5)	7,622(14.5)	8,681(14.8)	9,514(15.7)	2.4%
동남아	8,395(21.3)	10,199(21.6)	12,389(23.6)	14,507(24.7)	16,695(27.6)	18.8%
동북아	3,273(8.3)	4,139(8.8)	4,761(9.1)	4,981(8.5)	5,727(9.5)	15.0%
아시아계	**30,756(78.0)**	**37,683(79.8)**	**41,875(79.7)**	**47,654(81.0)**	**48,956(80.9)**	**12.3%**
북미	3,495(8.9)	3,731(7.9)	3,847(7.3)	3,942(6.7)	3,999(6.6)	3.4%
유럽	2,358(6.0)	2,406(5.1)	2,822(5.4)	3,359(5.7)	3,638(6.0)	11.4%
대양주	2,407(6.1)	2,931(6.2)	3,456(6.6)	3,323(5.6)	3,346(5.5)	8.6%

출처 : 항공교통서비스 보고서(2018 : 9~10; 2019 : 11~12)

* 여객은 유임+환승, 국제선 출발+도착기준, 괄호는 국적사 국제 여객에서 차지하는 비중

** 아시아계 : 일본+중국+동남아(동티모르, 라오스, 말레이시아, 미얀마, 베트남, 브루나이, 싱가포르, 인도네시아, 캄보디아, 태국, 필리핀 등)+동북아(대만, 마카오, 몽골, 홍콩), 독립국가연합은 유럽에 포함

국제선 증가를 좀 더 세분화해서 살펴보면, 앞서 언급했듯이 항공여객 성장을 주도하는 지역은 남아시아·동남아시아·동북아시아이다. 〈표 2〉는 이러한 상황을 그대로 보여준다. 우리나라 국제선 수요에서 동(남)아시아가 차지하는 비중은 2019년 기준 81%에 달할 정도로 압도적으로 높다. 최근 5년간 이 지역의 우리나라 국제선 수요는 연평균 12.3%씩 증가했다. 동남아시아는 우리나라 국제선 수요 중 일본 다음으로 여객 비중도 크고, 최근 5년간 연평균 18.8%나 성장하고 있다. 반면 중국 노선은 2006년 산동성·해남성과 여객 및 화물에 대한 3·4유형의 항공자유화 협정을 체결하였고 중국의 경제 성장이 급속하게 이루어지고 있음에도 여객 실적이 저조하다항공시장동향, 2017 : 103. 이는 2017년 사드배치 문제로 인한 외교적 갈등 여파 때문으로 판단된다. 2019년 일본 노선의 급격한 하락 역시 한·일 역사 갈등과 무역분쟁으로 대일본 여행이 크게 감소한 결과다. 우리나라와 중국 및 일본과의 외교적 갈등이 감소한다면 동북아시아 내의 항공수요도 증가추세로 전환될 것이다.

〈표 3〉은 국내선 항공수요를 나타낸다. 국내선 성장을 주도하는 것은 제주노선이다. 제주노선은 최근 10년간 연평균 7.4%씩 성장했다. 2016년 이후 전체 국내선에서 제주노선이 차지하는 비중이 86%에 달한다. 반면 제주외 노선은 최근 5년간 연평균 3.4%의 성장에 그치고 있다. 시간의 스펙트럼을 확장해 보면 제주노선을 제외한 내륙의 항공수요는 감소추세를 나타낸다. 2001년 13,000천 명이던 국내선 항공수요는 2019년엔 4,693천 명밖에 되지 않는다. 국내선 항공수요가 극적으로 감소했음을 알 수 있다. 2004년 도입된 KTX가 항공수요 상당부분을 대체했기 때문이다김재철·안미진, 2016 : 3~4. 전국 각 지자체마다 공항이

우후죽순 격으로 건설된 반면 국내선 항공수요가 급속히 감소하면서 '고추 말리는 공항'이 등장한 것이다.

〈표 3〉 국내선 노선별 여객 추이 : 제주 vs 제주 외(단위 : 천 명, %)

	제주노선	제주외 노선
2010	14,822(73.3)	5,394(26.7)
2011	16,263(77.5)	4,717(22.5)
2012	17,119(79.2)	4,483(20.8)
2013	18,225(81.5)	4,128(18.5)
2014	20,635(83.7)	4,013(16.3)
2015	23,871(85.3)	4,109(14.7)
2016	26,546(85.9)	4,367(14.1)
2017	27,883(86.0)	4,524(14.0)
2018	27,180(86.0)	4,421(14.0)
2019	28,288(85.8)	4,693(14.2)
2020	20,603(81.9)	4,561(18.1)
2010~2019	7.4%	-1.5%
2015~2019	4.3%	3.4%

출처 : 항공정보포털
* 여객은 유임+환승, 국제선 출발+도착기준

〈표 4〉는 일반항공사와 저비용항공사의 여객추이를 나타낸다. 〈표 4〉를 보면 저비용항공사는 최근 5년간 연평균 증가율이 17.2%에 달하여 전체 여객 증가를 주도하고 있다. 2010년 저비용 국적사 항공 수요는 전체의 16.9%에 불과했지만, 2019년엔 48.9%에 이른다. 저비용항공사가 가파르게 성장하면서 저비용항공사의 여객 구성에도 큰 변화가 나타나고 있다. 저비용항공사 총여객에서 국제선이 차지하는 비중은 2010년만 하더라도 11.7%에 불과했다. 그러나 최근 10년간 연평균 45.2%씩 성장한 결과 2019년 국제선 여객 수송비율은 58.3%에 이른다. 저비용항공사 국제선 수요는 최근 5년간 연평균 성장률이 31.3%이

다. 최근 5년간 성장률이 10년간 평균보다 낮아진 이유는 일본과의 외교분쟁, 사드사태로 인한 중국과의 갈등이 반영된 결과다. 그렇지만 동북아시아 국가간 외교적 갈등이 진행되는 국면에서도 국제선 수요의 성장세는 여전히 매우 높다.

〈표 4〉 연도별 국적사 항공여객 추이 : 일반항공사 vs 저비용항공사 (단위 : 천 명, %)

	국적사		일반항공사		저비용항공사	
	일반항공사	저비용항공사	국제선	국내선	국제선	국내선
2010	38,915(83.1)	7,938(16.9)	25,711(66.1)	13,205(33.9)	926(11.7)	7,012(88.3)
2011	38,596(78.6)	10,521(21.4)	26,302(68.1)	12,295(31.9)	1,835(17.4)	8,686(82.6)
2012	40,346(75.6)	13,056(24.4)	28,213(69.9)	12,133(30.1)	3,588(27.5)	9,468(72.5)
2013	39,928(71.8)	15,687(28.2)	28,352(71.0)	11,576(29.0)	4,910(31.3)	10,777(68.7)
2014	41,181(68.4)	19,009(31.6)	29,025(70.5)	12,156(29.5)	6,518(34.3)	12,491(65.7)
2015	43,141(64.0)	24,259(36.0)	30,454(70.6)	12,688(29.4)	8,967(37.0)	15,293(63.0)
2016	46,251(59.2)	31,868(40.8)	32,903(71.1)	13,348(28.9)	14,304(44.9)	17,565(55.1)
2017	46,248(54.4)	38,729(45.6)	32,268(69.8)	13,979(30.2)	20,302(52.4)	18,427(47.6)
2018	46,866(51.8)	43,582(48.2)	33,779(72.1)	13,087(27.9)	25,068(57.5)	18,514(42.5)
2019	47,764(51.1)	45,708(48.9)	33,851(70.9)	13,913(29.1)	26,640(58.3)	19,068(41.7)
2020	14,285(41.2)	20,425(58.8)	5,995(42.0)	8,290(58.0)	3,551(17.4)	16,874(82.6)
2010~2019	2.3%	21.5%	3.1%	0.6%	45.2%	11.8%
2015~2019	2.6%	17.2%	2.7%	2.3%	31.3%	5.7%

출처 : 항공정보포털

* 여객은 유임+환승, 국내선은 출발, 국제선은 출발+도착

** 항공교통서비스 보고서(2019 : 11)에 따르면 2019년 기준 여객운송실적이 있는 국적 일반항공사는 2개사(대한항공, 아시아나항공), 저비용항공사는 7개사(제주항공, 진에어, 에어부산, 이스타항공, 티웨이항공, 에어서울, 플라이강원)

2) 김해국제공항의 여객 구성과 가덕신공항

본 항에서는 공항의 경쟁력 측면에서 가덕도신공항의 지속가능성을 분석한다. 공항의 능력을 판단하려면 모든 이용객을 대상으로 살펴봐야 하므로 무임승객을 포함하고, 국내선의 경우 도착 승객까지 포함해야

한다. 이 기준으로 항공정보포털에서 제공하는 공항의 처리실적을 살펴보면, 김해공항은 제주공항, 김포공항에 이어 4번째이다. 그런데 이용객 증가율과 노선 구성을 고려하면 김해공항의 위상은 달라진다. 김해공항은 최근 10년간 이용객 증가율이 연평균 8.4%에 이르러 인천공항 8.7% 다음이다.

〈표 5〉 주요 공항 처리실적(단위 : 천 명, %)

	인천			김해			김포			제주		
	계	국내선	국제선	계	국내선	국제선	계	국내선	국제선	계	국내선	국제선
2010	33,479	529	32,950	8,161	5,068	3,092	17,566	14,405	3,161	15,724	15,011	714
2011	35,062	525	34,538	8,749	5,210	3,539	18,514	14,835	3,679	17,202	16,483	719
2012	38,971	620	38,351	9,196	5,163	4,034	19,429	15,335	4,095	18,443	17,358	1,085
2013	41,483	697	40,786	9,671	5,200	4,472	19,904	15,943	3,961	20,055	18,493	1,562
2014	45,512	605	44,907	10,379	5,513	4,866	21,567	17,484	4,083	23,198	20,940	2,258
2015	49,281	561	48,720	12,382	6,424	5,958	23,164	19,134	4,030	26,238	24,244	1,994
2016	57,765	613	57,152	14,901	7,124	7,777	25,043	20,801	4,242	29,707	26,965	2,742
2017	62,082	561	61,521	16,404	7,590	8,813	25,101	21,068	4,033	29,604	28,327	1,277
2018	68,260	584	67,676	17,065	7,198	9,867	24,602	20,312	4,290	29,455	27,556	1,899
2019	71,170	592	70,578	16,931	7,340	9,591	25,448	21,176	4,272	31,316	28,648	2,668
2020	12,050	94	11,956	7,236	6,082	1,154	17,446	16,902	544	21,055	20,772	283
2010~2019	8.7%	1.2%	8.8%	8.4%	4.2%	13.4%	4.2%	4.4%	3.4%	8.0%	7.4%	15.8%
2015~2019	9.6%	1.3%	9.7%	8.1%	3.4%	12.6%	2.4%	2.6%	1.5%	4.5%	4.3%	7.6%

출처 : 항공정보포털

* 여객은 유임+무임, 출발+도착

최근 5년간 연평균 증가율을 보더라도 8.1%로 인천공항을 제외한 다른 공항에 비해 압도적으로 높다. 인천공항은 다른 공항 대비 이용객 규모가 압도적임에도 불구하고 연평균 증가율이 여전히 높다. 이는 인천공항 이용객의 거의 99%가 국제선 여객이기 때문이다. 김포공항과 제주공항은 김해공항보다 이용객의 양적 측면에선 앞서 있지만, 2019년 기준 국내선 비중이 각각 83.2%, 91.5%에 달한다. 국내선 중심 공항이라는 의미다. 김포공항의 국내선 비중이 높은 것은 인천공항이 국제선을, 김포공항이 국내선 중심으로 운영된 결과이다. 제주공항의 국내선 비중이 높은 이유는 내륙교통과 연결할 수 없는 섬이기 때문이다. 인천공항과 달리 김포공항의 최근 5년간 이용객 연평균 증가율은 2.4%에 불과하고 제주공항 역시 4.3%이다. 국내선 중심의 공항이기 때문에 여객 증가율이 인천공항에 비해 현저히 낮다.

김해공항은 최근 5년간 주요 공항 중 국제선 여객 가장 빠르게 성장는 공항이다. 김해공항의 최근 5년간 연평균 성장률은 12.6%이다. 2010년 37.9%에 불과했던 국제선 비중은 2016년 국내선을 추월했으며, 2019년 57.8%이다. 인천공항 다음으로 국제선 비중이 높으며 2019년엔 일본 불매운동의 여파로 음의 성장을 기록했지만 최근 5년간 국제선 여객 상승률은 인천공항보다 높다. 김해공항의 급속한 성장은 국토교통부2015 : 19~29의 예상을 크게 뛰어넘는 결과이다. 국토교통부는 국제선 이용객이 2020년에 이르러야 8,039천 명에 다다를 것으로 예측했지만, 2017년에 이미 8,813천 명에 이르렀다. 그 결과 2018년의 경우 활주로이용율연간운항횟수 / 연간처리능력이 94%에 달하고 있다김상훈 의원 보도자료, 2019. 이런 점에서 2020년 코로나19의 대유행이라는 매우 특이한 상황을 예외로 한다면 가덕도신공항이 '고추 말리는 공항'이 될 것이라는 주장은 과도하다.

김해공항의 국제선 성장은 일본·중국·동북아·동남아를 포함하는 아시아지역이 주도하고 있다. 이들 지역의 최근 5년간 김해공항 국제선 증가율은 연평균 11.7%이다. 지역을 세분화하여 살펴보면, 2019년 불매운동이 발생하기 전까지 김해공항 국제선에서 가장 높은 비중을 차지한 지역은 지리적으로 가장 근접한 일본[3]이었지만, 2019년 기준 가장 높은 지역은 동남아이다. 동남아 국제선 수요는 최근 10년 간보다 최근 5년간 연평균 증가율이 더 높을 정도로 가파른 성장세를 나타낸다. 이 같은 추세는 김해공항의 국제선 성장에도 그대로 반영되어 있다.

〈표 6〉 김해공항 국제선 지역별 여객 추이 (단위 : 천 명, %)

	일본	중국	동북아	동남아	대양주	기타	아시아
2010	1,299(42.3)	811(26.4)	191(6.2)	688(22.4)	35(1.1)	49(1.6)	**2,990(97.3)**
2011	1,210(34.4)	871(24.8)	395(11.2)	964(27.4)	24(0.7)	54(1.5)	**3,440(97.8)**
2012	1,374(34.3)	986(24.6)	441(11.0)	1,118(27.9)	37(0.9)	53(1.3)	**3,919(97.8)**
2013	1,559(35.1)	1,050(23.6)	479(10.8)	1,232(27.7)	69(1.6)	52(1.2)	**4,320(97.3)**
2014	1,588(32.9)	1,177(24.4)	688(14.2)	1,290(26.7)	59(1.2)	28(0.6)	**4,744(98.2)**
2015	2,090(35.4)	1,262(21.4)	852(14.4)	1,539(26.0)	139(2.4)	28(0.5)	**5,743(97.2)**
2016	2,839(36.8)	1,445(18.7)	1,146(14.9)	1,985(25.8)	251(3.3)	42(0.5)	**7,417(96.2)**
2017	3,354(38.4)	1,136(13.0)	1,314(15.1)	2,493(28.6)	383(4.4)	53(0.6)	**8,297(95.0)**
2018	3,667(37.5)	1,321(13.5)	1,393(14.2)	2,872(29.3)	438(4.5)	98(1.0)	**9,254(94.5)**
2019	2,830(29.7)	1,380(14.5)	1,378(14.5)	3,337(35.0)	422(4.4)	176(1.9)	**8,926(93.7)**
2020	283(24.7)	110(9.6)	173(15.1)	486(42.4)	75(6.5)	19(1.6)	**1,053(91.8)**
2010~2019	9.0%	6.1%	24.5%	19.2%	31.8%	15.3%	**12.9%**
2015~2019	7.9%	2.3%	12.8%	21.4%	32.0%	58.4%	**11.7%**

출처 : 항공정보포털

* 여객 = 유임+환승, 출발+도착, 아시아 = 일본+중국+동북아+동남아, 괄호는 국제선에서 차지하는 비중

김해공항 국제선을 전체적으로 보면 아시아와 대양주괌, 사이판를 합한 아시아 · 태평양 노선이 98% 이상을 차지한다. 김해공항 국제선은 아시아 · 태평양 노선에 집중되어 있다는 의미다. 이들 지역은 모두 저비용항공사가 보유한 중 · 단거리 항공기가 운항할 수 있는 거리에 존재한다.

3 일본과는 2007년 여객과 화물에 대해 3 · 4유형의 항공자유화협정(도쿄 제외)을 체결하였다(국토교통부 국제항공 주요통계).

항공정보포털에 따르면 2019년 기준 국적사 저비용항공사가 보유한 주된 항공기는 중·단거리용으로 개발된 A320-200·A321-200이거나 B737-800이다. 이는 앞서 언급했듯이 저비용항공사들이 항공기 운항 횟수를 늘리기에 중·단거리가 유리하고, 단일기종 항공기를 보유함으로써 유지·보수비용을 절감할 수 있기 때문이다. 여기에다 장거리 노선의 경우 일반항공사 좌석 가격이 저렴하기 때문에 저비용항공사가 경쟁 우위를 갖는데 제한이 있기 때문이다조성우·서선애, 2020 : 124.

이런 이유로 김해공항 국제선 여객 수송을 주도하는 것은 저비용항공사이다. 한국공항공사가 제공하는 항공통계에 따라 김해공항 국제선을 국적사와 외항사로 나누어 살펴보면, 김해공항은 최근 5·10년간 모두 15.6%의 연평균 증가율을 기록한 국적사가 국제선 성장을 주도하고 있다. 국적사는 2010년 기준 1,946천 명의 여객유입+환승을 수송하여 국제선에서 63.3%를 차지하고 있었지만, 2019년이 되면 7,163천 명의 여객을 수송하여 국제선에서 차지하는 비중이 75.2%에 이르고 있다. 이를 일반항공사와 저비용항공사로 나누어 살펴보면 저비용항공사의 역할이 두드러진다. 저비용항공사는 2010년의 경우 160천 명의 여객을 수송하여 국제선 점유율이 5.2%에 불과할 정도로 미약했지만, 2019년이 되면 5,671천 명의 여객을 담당하여 국제선 점유율이 59.5%에 이르고 있다. 최근 10년 및 5년간 연평균 증가율을 살펴보면, 일반항공사는 각각 -2.0%, -4.1%로 음의 성장을 하고 있지만, 저비용항공사는 각각 48.7%, 26.0%를 나타내고 있다.

물론 저비용항공사 중심의 중·단거리 노선에 집중할 경우 신공항의 국제선 확장성에 한계가 있을 것으로 우려할 수 있다. 그렇지만 앞서 살펴보았듯이 아시아·태평양지역은 최근 5년간 항공여객이 가장 빠르게 성장했을 뿐만 아니라 양적으로도 가장 큰 지역이다. 여기에다 항공기 기술의 발전으로 새로 도입되는 항공기의 경우 그동안 저비용항공사가 취항할 수 없었던 인도네시아까지 운항이 가능해졌고, 인도까지도 포괄할 수 있게 되었다Airzine, 2018. 이런 점을 감안하면 저비용항공사를 통한 신공항의 확장 가능성은 높다고 판단된다.

3. 동북아 물류플랫폼과 신공항

가덕도신공항의 건설이 본격적으로 추진됨으로써 신항 중심의 물류 플랫폼은 항공 물류까지 연계할 수 있는 방안이 필요해졌다. 부산신항은 현재 1항이 완성되어 있고 진해에 제2항 건설이 확정되었다. 2항은 초대형 선박 운항을 가능하게 하는 메가포트로 조성될 예정이다. 북항 물동량이 제1신항으로 완전 이전되는 2030년과 제2신항이 건설되면 철도화물 물동량이 대폭 확대될 예정이며 이에 따라 관련인프라의 구축이 진행되어야 한다. 더불어 가덕도신공항과 부산1, 2신항을 연결하는 광역교통망과 연계가 필요하다. 더불어 신공항이 유치됨으로써 항만, 철도, 항공 및 신공항-부산신항 배후지의 물류기지가 연계됨으로써 동남권은 새로운 물류기지로 성장할 가능성이 더 높아졌다.

2019년 기준 동북아시아의 물동량은 세계 전체 물동량의 47.5%를 차지하며 그중 중국이 차지하는 비중은 38.3%였다.박병주 외, 2021 국가별 물동량을 보면 중국 1위, 미국 7.0%로 2위, 싱가포르 5.9%로 3위, 한국 4.4%로 4위를 차지하고 있다. 지역별로 보면 동아시아 지경이 47.5%로 압도적인 1위이며, 동남아시아 15.1%로 2위, EU 13.6%, 북미지역 9.8%, 타 아시아지역9.3%, 남미 2.4%, 아프리카 1.5%, 오세아니아대양주 0.9%이다. 동북아시아는 세계 제조업의 기지이자 물류 중심지이다. 이를 반영하듯 세계 주요항만의 컨테이너 처리 실적 10위 권을 보면 중국 항구가 6개, 한국 1개부산항, 홍콩 및 싱가포르 각 1개, 로테드르담 순이다. 세계 10대 항구 중 7개가 동북아에 있으며, 동남아시아를 포함하면 9개가 위치하고 있다. 동아시아가 제조업 중심지일 뿐만 아니라 환적 화물을 처리하는 중심지이기 때문이다. 더불어 역내무역이 가장 활발하게 이뤄지는 곳이다.부산항만공사, 2022

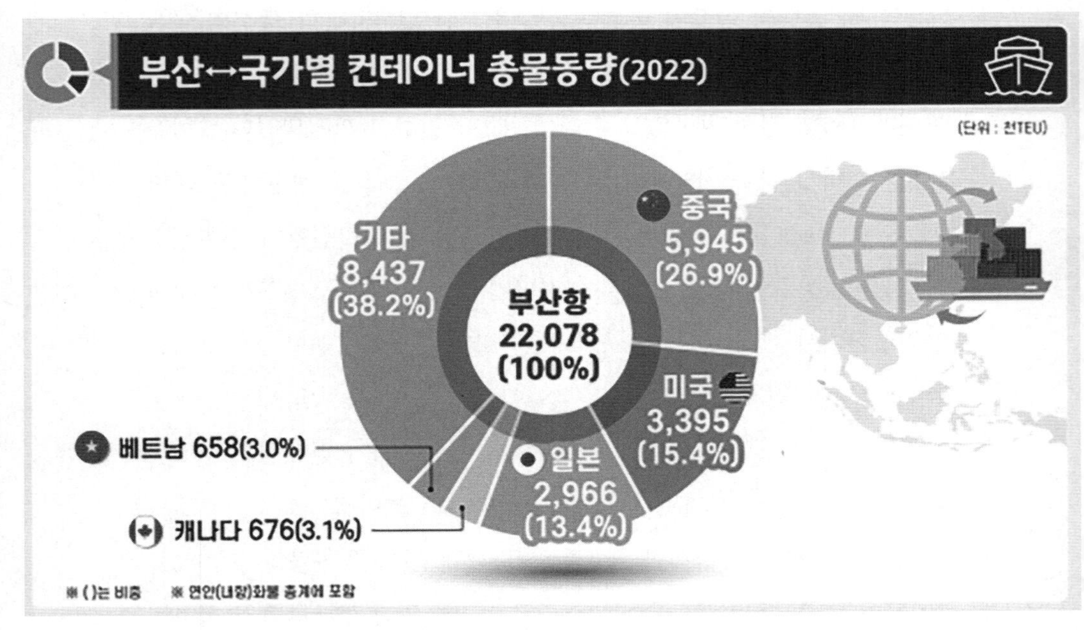

〈그림 1〉 부산항 국가별 컨테이너 물동량과 부산항 10대 교역항
출처 : 부산항만공사(2022)

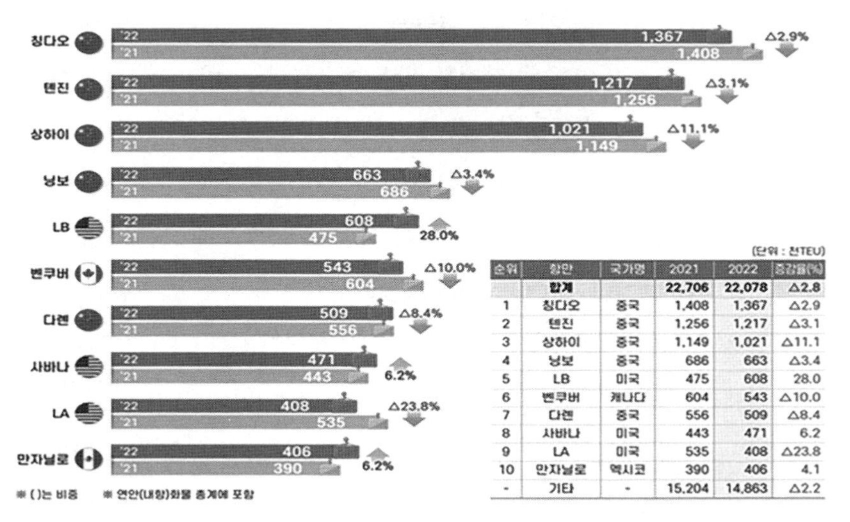

(단위 : 천TEU)

순위	항만	국가명	2021	2022	증감율(%)
	합계		**22,706**	**22,078**	△2.8
1	칭다오	중국	1,408	1,367	△2.9
2	텐진	중국	1,256	1,217	△3.1
3	상하이	중국	1,149	1,021	△11.1
4	닝보	중국	686	663	△3.4
5	LB	미국	475	608	28.0
6	벤쿠버	캐나다	604	543	△10.0
7	다롄	중국	556	509	△8.4
8	사바나	미국	443	471	6.2
9	LA	미국	535	408	△23.8
10	만자닐로	멕시코	390	406	4.1
-	기타	-	15,204	14,863	△2.2

〈그림 2〉 부산항 10대 교역항
출처 : 부산항만공사(2022)

부산항의 컨테이너 화물 수송 통계 역시 동북아의 물류 흐름이 어떻게 나타나는지 잘 보여준다. 부산항에서 처리되는 전체 물동량 중 중국 26.9%, 미국 15.4%, 일본 13.4%, 케나다, 베트남 각각 3.1%, 3.0%를 차지한다. 부산항과 물동량이 가장 많은 항구를 보면 칭다오 등 중국 항만이 5개 포함되어 있고, 미국 3개, 캐나다 1개이다. 중국과의 교역에서는 제조업 제품의 중간재가 주된 수출입 물품이고, 미국-캐나다의 경우 수출 물량이 대부분을 차지한다. 북아메리카는 최종재를 수출하는 지역이고 중국은 공급망이 연계된 제조업 부품 수출입과 소비재 수입이 주된 구성이다. 이렇듯 동북아는 세계 물류 흐름의 중심지이며 그 일부를 구성하는 것은 한국이고, 부산항이다.

동북아의 고도성장 시기, '일본-한국-중국-미국' 간에는 밀접한 무역 체인이 작동하고 있었다. 한국은 일본으로부터 정밀기계 등 설비재를 수입했고, 이를 통해 기계, 전자부품, 철강, 선박 등을 생산해 중국에 수출했으며, 중국은 이들 중간재를 활용하여 최종 소비재를 생산해서 미국과 유럽 시장에 판매했다. 한중일 간 '설비재-중간재-최종재'의 분업이 톱니바퀴처럼 딱딱 맞아 돌아갔다. 그러나 세계금융위기 이후 미국과 유럽 경제의 무역수요가 정체되자 한국이나 중국과 같은 수출주도 경제는 충격을 받는다. 2009년 이후 세계금융 위기 국면에서 중국 경제의 상승률은 정점이던 2007년에 14.2% 성장에서 2010년 10.6%, 2014년에는 절반 수준인 7.4%로 낮아진다. 2010년대 후반 중국 경제 성장률은 6%대로 안착하다가 2020년 이후 4%대로 크게 축소되었다. 한국 경제의 성장률은 세계금융위기 이전 5% 성장률에서 2012년 이후 3%, 2020년 이후 2%대로 하락했다. 금융-부동산 부분 충격으로 세계 경제가 경기침체에 빠진 후 회복은 지체되는 상태가 지속된다.

그럼에도 불구하고 한중일의 공급망은 여전히 조밀하게 구성되어 있다. 한국은 제조업의 글로벌 벨류 체인 참여 비중이 세계에서 가장 높은 국가 가운데 하나다. 제조업 산출의 무역 의존도가 높다는 의미다. 중국과 한국은 상호 전후방 가치사슬로 묶여 있다. 한국은 중국으로부터 부품이나 소재를 수입도 하지만, 한국 역시 중국에 부품이나 장비를 수출한다. 중국은 제조업 전 분야에서 한국의 강력한 경쟁자이지만 동시에 한국 제조업 중간재의 주된 시장이고, 글로벌 벨류 체인에서는 소재. 부품. 장비의 공급국가이기도 하다.

〈그림 3〉에서 보듯이 소부장 분야 수입액 기준으로 보면 상위 5개국 가운데, 세 국가가 동아사아에 위치하고 있으며 베트남을 포함하면 6위 국가 내 4개국이 동아시아 국가이다. 2020년 소·부·장 분야에서 한국

은 중국으로부터 550억 7천 7백만 달러 어치를 수입했다. 2위 일본이나 미국과 큰 차이를 보인다. 2021년 한국무역협회는 수입품 중 특정국가 의존도가 80% 이상인 상품이 3,941개이고 그 중국 제품이 1,850개라고 발표했다. 중국 비중이 압도적으로 높다. 한국은 특정 분야에서 과도한 중국 의존도를 낮춰야 하지만, 중국을 제외하고 한국 제조업의 공급사슬을 구성하는 것은 불가능하다. 동북아시아는 물류 흐름, 제조업 생산에서 상호의존성이 그만큼 크다는 의미다.

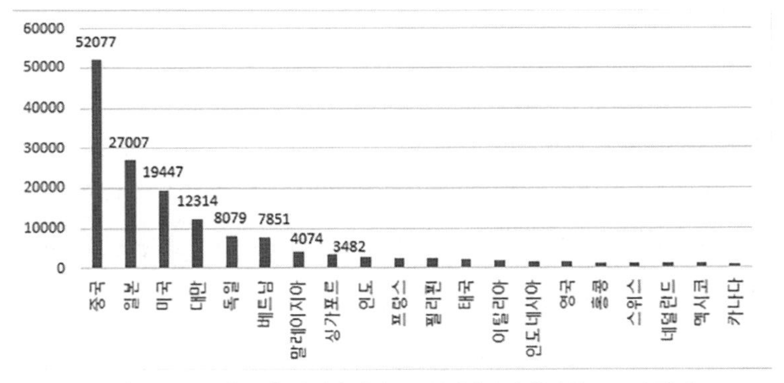

〈그림 3〉 2020년 소재부품장비 산업 주요국가별 수입액(단위: 100만 달러)
출처 : 남종석(2022)

시야를 동남권 제조업으로 한정해도 결과는 다르지 않다. 동남권 제조업은 자동차 제조 및 자동차 부품 산업, 조선 및 조선 기자재 산업이 최종재로서 선도산업을 구성하며 중간재 생산 분야로서 일반기계, 전자부품 산업, 후방산업으로 1차 금속, 금속 구조물, 석유화학 산업으로 구성되어 있다. 동남권에서는 국내 제조 완성차의 40.8%를 생산하고 있으며 자동차 부품의 27.7%를 생산한다. 조선은 79.3%가 동남권에서 제조되며, 철강[1차 금속] 및 금속구조물[2차 금속]은 23.8%가 생산된다. 동남권의 석유 정제 비중은 47.5%이며, 석유화학 산업 33.6%이다.

〈표 7〉 동남권지역별 수출입 금액(단위 : 1,000 달러)

국가명	수출금액	비중	수입금액	비중
총계	36,431,971	100.0	31,151,905	100.0
아시아	13,867,514	38.1	12,106,065	38.9
북미	8,406,360	23.1	4,098,685	13.2
유럽	6,432,998	17.7	4,450,624	14.3
대양주	1,529,481	4.2	5,792,358	18.6
중남미	2,877,802	7.9	1,089,952	3.5
중동	1,508,949	4.1	2,886,239	9.3
아프리카	1,808,837	5.0	726,493	2.3
기타지역	30	0.0	1,489	0.0

출처 : K-STAT, 수출입 무역통계(2022)

부산, 울산, 경남의 전체 수출액에서 아시아가 차지하는 비중은 38.9%이며 수입액 비중은 38.1%이다. 대양주까지 포함하면 수출액 43.1%, 수입액 56.7%이다. 대양주로부터의 수입액이 수출액보다 큰 이유는 철강, 석탄 등 1차 소재 수입이 차지하는 비중이 크기 때문이다. 국가별로 나눠보면 동남권 제조업 수출액은 미국 1위, 중국 2위, 일본 3위다. 중국, 일본으로의 수입액이 많은 반면 수출액이 상대적으로 적은 것은 동남권 최종재가 자동차 및 조선, 기계이기 때문이다. 중국, 일본은 자국 내에서 자동차 생산량이 세계 1, 2위이고 조선산업의 경우 한국, 중국, 일본이 선두 그룹이기 때문에 최종재의 수입액 비중은 적을 수밖에 없다. 수입액은 중국이 1위, 2위가 미국이다. 앞서 보듯이 부품, 소재 부분에서 중국 의존도가 높기 때문이다.

동남권 주력 제품의 공급사슬 역시 전체 무역 통계와 다르지 않다. 자동차 산업제조 가운데 해외로부터 중간재를 조달하는 비중에서 중국 부품이 차지하는 비중이 47.4%이고, 베트남 7.9%, 독일 7.5%, 일본

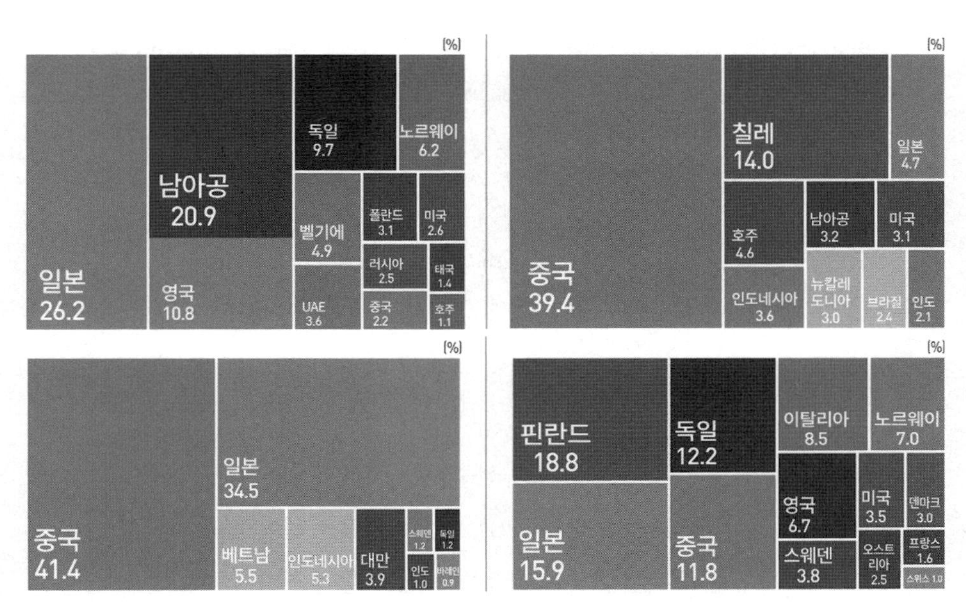

〈그림 4〉 ① 자동차 부품 국가별 수입비중, ② 자동차용 철강 · 화학 등 소재
③ 선박용 철강제 국가별 수입비중, ④ 선박용 기자재 국가별 수입비중
출처 : 한국은행 조사 통계국(2023)

〈표 8〉 동남권 국가별 수출입 금액(단위 : 1,000$)

국가명	수출금액	수출증감률	수입금액	수입증감률
총계	36,431,971		31,151,905	43.9
미국	7,731,774	21.2	3,657,470	11.7
중국	3,511,760	9.6	5,466,626	17.5
일본	1,881,457	5.2	2,561,685	8.2
인도(인디아)	1,743,873	4.8	213,761	0.7
라이베리아	1,609,218	4.4	40	0.0
대만	1,368,365	3.8	266,948	0.9
멕시코	1,255,503	3.4	84,728	0.3
싱가포르	1,242,369	3.4	91,865	0.3
베트남	1,219,111	3.3	803,843	2.6
러시아	957,101	2.6	1,102,395	3.5

출처 : K-STAT, 수출입 무역통계(2022)

6.4% 순이다. 중국으로부터는 가장 많이 수입하는 품목은 카스테레오 95.8%, 에어컨94.6%, 창문 91.7%, 휠86.9%, 기타차량부품83.4%이다. 완성차에 투입되는 소재 외에 자동차 부품 산업에서 활용하는 부품, 소재의 경우 일본으로부터의 수입 비중이 가장 크다. 국내 자동차 산업 1차 협력기업들이 핵심 부품을 일본으로부터 많이 수입하기 때문이다. 이는 일본의 부품 소재 산업과의 기술력 차이에서 비롯된다. 반면 철강·화학 소재의 경우 중국으로부터는 배터리 제조에 필요한 희토류리튬, 니켈 등 수입의존도가 높다.

국내 조선업 3사가 수주액 기준 선두를 유지하고 있지만 중간재에 대한 해외 의존이 결코 적지 않다. 2012년 이후 조선업이 붕괴되면서 중형조선소 대부분이 폐업하고 중간재를 공급하던 중소기업들이 문을 닫으면서 조선업 중간재 해외의존도가 크게 증가했기 때문이다. 선박용 철강제 수입은 중국으로부터 41.4%, 일본 34.5%, 베트남 5%로 동북아 두 국가 의존도가 매우 높다. 선박용 기자재의 경우 선박용 엔진 부품, 의장 등이 수입품의 주를 이루는데 이 분야에서는 핀란드가 18.8%, 일본이 15.9%, 독일은 12.2%, 중국은 11.8%를 차지하고 있다. 선박용 기자재 중 수입의존도가 높은 제품들은 대부분 고부가가치 제품으로서 국내 제조업의 기술력이 부재함으로 인해 수입의존도가 높은 편이다.

항공 물류 측면에서 동북아시아의 위상도 결코 적지 않다. 세계 항공물류의 36.3%가 동아시아에서 이뤄지고 있으며, 2위가 남아시아23.1%이다. 그러나 항공 물류에서 동남권이 차지하는 비중은 크지 않다. 김해공항에서 처리하는 물류의 비중도 크지 않다. 김해공항은 현재 여객 수송 중심으로 운항되기 때문이다. 동남권 제조업 제품들이 중후장대형이라 선박을 통한 수송 외에 다른 수요가 크지 않기 때문이다. 더불어 여객 수송 중심으로만 운영되어도 김해공항 활주로 사용율이 매우 높기 때문에 화물수송을 할 수 있는 여력이 없다는 점도 작용한다.

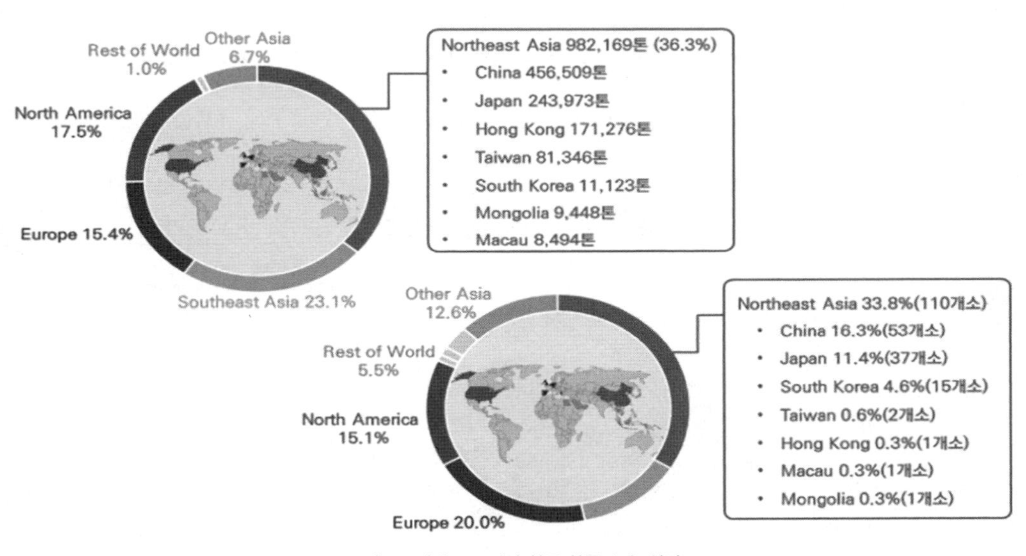

〈그림 5〉 세계 주요지역 항공 화물 수송 실적

출처 : 국가물류통합정보센터, 공항별수송실적(2019). 박병주 외(2021)에서 재인용

가덕도신공항의 건설은 동북아 흐름의 경제에서 부울경이 차지하는 역할을 높이고, 동남권에 새로운 물류 플랫폼 구성을 위한 새로운 계기로 작용할 수 있다. 물류플랫폼이란 스마트 기술 플랫폼과 대응하여 공간적·물리적 연결망을 통한 고부가가치 공간 창출 및 비즈니스 허브 역할을 수행하는 인프라를 의미한다. "물류플랫폼은 물류서비스의 원할한 이용을 위하여 관련된 다수 당사자들이 참여하여 상호 의존하고 보유자원과 역량을 교환 및 비교함으로써 가치를 창출하는 환경"이다노규성, 2014. 동남권에서 추진하고 있는 동북아 물류 플랫폼은 부산신항1항-진

해신항2항, 가덕도신공항, 부산에서 출발하는 대륙 철도로 구성된 트라이포트와 신항 배후단지 및 공항 배후단지를 통해 조성된 최적화된 물류복합인프라를 의미한다.박병주 외, 2021 동북아 물류플랫폼 구축은 항만, 화물, 창고, 장비 및 작업자, 운송수단, 교통, 지식 등에 대한 정보의 실시간 연계를 기반으로 새로운 물류 비즈니스 창출하려는 것이다. 신공항 건설은 이를 위한 필수불가결한 과제이다.

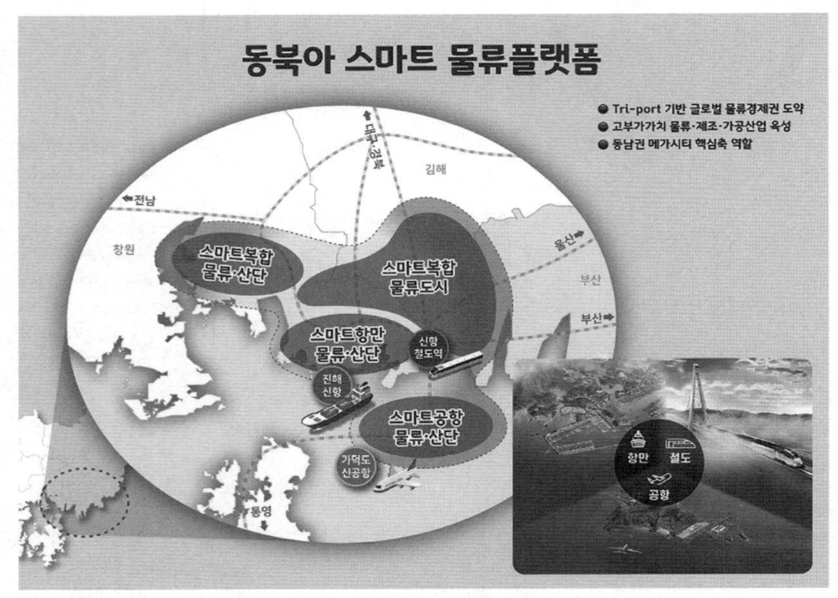

〈그림 6〉 동남권 물류 플랫폼 조성 계획
출처 : 경남연구원 외(2021)

이를 위해서는 트라이포트 기반 인프라가 구축되어야 한다. 부산항 신항, 가덕도신공항, 철송 네트워크, 진해신항과 그 배후단지, 신공항 배후단지의조성이 필요하다. 신항의 경우 배후 환적화물 물류 제조단지 조성 및 철도수송 컨테이너 장치장 조성, Sea & Air 화물유치, 철도CY

및 철도물류 지원을 위한 대규모 물류센터 조성이 필요하다. 가덕도 공항 건설 이후에도 국내·국제 화물터미널 조성, 배후 스마트공항 배후단지, 신공항 전략 노선 개발, 화물셔틀체계 형성 등의 과제가 산적되어 있다. 이와 더불어 신항만 건설은 인구 유입을 촉진할 수 있으며 이를 수용하기 위한 새로운 유형의 타운하우스 공급도 필요하다. 공항배후단지에서도 물류도시만이 아니라 새로운 첨단-스마트 도시 조성을 통해 물류관련 연구개발과 국제적인 물류서비스를 제공과 연결되는 비즈니스서비스를 담당할 수 있는 새로운 형태의 도시를 만들 필요가 있다.

4. 나가며 동남권 메가시티와 신공항

가덕도신공항 건설이 동남권의 주된 어젠다로 자리 잡게 된 배경은 앞서 논한 국제선 항공수요의 증대, 동북아 물류 플랫폼 구성 등 동남권의 흐름의 경제만이 문제가 된 것은 아니다. 한국 내적으로만 보자면 그것은 수도권 집중에 대한 원심력으로서의 동남권 경제의 재구성이라는 문제의식이 작용한다. 포항-경주-울산-부산-창원-사천-광양-여수로 이어지는 동남권 경제는 1970년대 이후 본격화된 한국 산업화의 중심축이었다. 정치·외교, 행정, 교육의 중심지사 수도권이었다면 동남권, 넓게는 남부권은 한국 산업화의 중심기지였다. 현재도 한국 주력산업인 조선, 자동차, 기계, 석유화학, 철강 등 주력 제조업 생산공장이 동남권에 집중되어 있다.

그러나 2010년대 이후 동남권 제조업은 정체를 거듭했다. 반도체,

디스플레이, 통신장비 등 ICT 관련 업종들의 투자는 수도권으로 집중되고, 자동차산업, 기계, 조선과 같은 전통 제조업조차 디지털전환이 대세가 되었지만 동남권지역은 그와 같은 전환에 제대로된 준비가 되지 않았다. 주력 제조업 제품의 가치사슬에서 조차 연구개발, 디자인, 마케팅, 후속서비스와 같은 고부가가치 활동은 수도권으로 집중하고 동남권은 점차 생산만 하는 생산기지화가 지속되었다. 이와 함께 더 많은 기회를 찾기 위해 청년층들은 수도권으로 집중되었으며, 상위권 대학-연구개발-인적자원의 집중은 다시 기업들의 수도권 투자를 촉진하는 계기로 작용했다.

한국 사회는 이미 수도권과 비수도권으로 크게 나눠졌고, 수도권의 초광역권 내에 위치한 광역지자체들에서는 인구성장, 산업 성장이 이뤄졌지만 그 자장을 벗어난 남부권은 지속적으로 축소되고 있다. 수도권과 충청권을 제외한 남부권은 인구비중, 경제적 비중, 1인당 부가가치에서 지속적인 정체를 경험하고 있다. 동남권, 대경권, 호남권 등 남부권의 경제성장률은 2% 미만에 머물렀지만 수도권, 충청권, 강원권은 평균 3% 이상의 성장률을 기록하고 있다. 강원도의 경우 수도권 관광객 수요에 의해 경제가 작동하고 있음을 감안하면 세 권역은 모두 수도권 자장 속에서 움직이고 있다. 전통적인 산업화지역이었던 대구경북, 부산·울산·경남, 호남지역은 모두 1% 내외의 성장률을 기록하며 정체가 지속되고 있다.

전통적인 제조업 중심지였던 부울경이 새로운 성장거점으로 자리잡기 위한 전략적 선택이 동남권 메가시티Mega-City-Region 구상의 출발이었다. 동남권은 부울경 790만, 영남권 1,300만 인구가 소재하고 있으며, 호남권이 포함된 남부권 기준으로 보면 1,800만 명의 인구가 자리 잡고 있는 지역이다. 앞서도 보았듯이 부산항은 세계 6위의 컨테이너 항구이고, 한국의 주력 제조업 생산공장이 집중된 곳이기도 하다. 동남권 메가시티 전략은, 내적으로만 보면 울산-부산-창원이라는 100만 도시 3개의 거점도시와 인접 도시권을 집중시켜 생활-경제-문화 공동체를 구성하는 전략이다. 메가시티는 부산, 울산, 창원, 진주 거점도시의 기능을 확대하고 도시간 연계성을 강화하려는 노력의 일환이다. 더불어 금융, 행정, 법률·회계·경영컨설팅 등 중앙업무지구의 기능을 담당하고, 동남권 넓게는 남부권 산업에 필요한 인력 공급, 연구개발 역량 축적, 지식서비스 기능을 담당할 수 있는 네트워크 공간을 구축하려는 것이며 이를 위한 인프라 구축철도, 공항, 항만 전략이다.

대외적인 면에서 보자면 동남권 메가시티에서 중심의 위상을 지닌 부산은 지역 도시와 세계를 연결하는 국제 관문 역할을 수행하도록 되어 있다. 동남권은 1,000만 인구가 집중되어 있으며, 이들은 해양을 통해서만 다른 국가들의 도시와 연결될 수 있다. 가덕도신공항은 동남권과 아시아의 주요 도시권과의 point-to-point로 연결함으로써 다른 메가시티와 연결된다. 소규모의 인원을 태운 단일 통로 비행체single-aisle cabins를 통해 동아시아 도시들을 촘촘하게 연결함으로써 동아시아 국제도시들이 생활권 내로 포섭되게 하는 것이다. 이것은 한편으로는 동남권이 국제적인 도시권으로 편입되는 경로이며 다른 한편으로는 동남권 내에 다양한 비즈니스 모델을 만들 수 있는 계기로 작용할 수 있다. 더불어 동남권 공항은 중국과 일본인들의 접근성을 높이는 것은 물론이거니와 한국 대학 및 노동 시장으로 꾸준이 유입되고 있는 동남아시아 인구들이 동남권에 쉽게 접근할 수 있는 경로를 제공한다.

산업측면에서 동남권 메가시티 전략은 동남권이 한국 제조업의 생산 기지화 되는 경향을 역전시키려는 계기이기도 하다. 동남권은 제조업 가치사슬 가운데 부가가치가 낮은 제조와 물류에 특화되고 나머지 기능은 점점도 역외로 이탈하는 상황에 직면하고 있었다. 이를 역전시키기 위해서는 생산자서비스 기능의 복원연구개발, 디자인, 마케팅, 사후서비스 등하고 이와 같은 역할을 담당할 수 있는 양질의 노동력을 생산할 수 있어야 한다. 동남권-남부권 수준에서 우수 인재를 양성하고, 이들이 취직할 수 있는 기업들이 존재해야 한다. 한편으로 도시어메니티를 통해 인재들이 모이는 도시는 것과 동시에 이들 인재들이 일자리를 구할 수 있도록 국내외의 기업들을 유치할 수 있어야 한다. 대상은 국내 기업들만이 아니라 동아시아, 동남아시아 기업들도 쉽게 진입할 수 있도록 만드는 것이 주된 목적이다. 이를 위해서는 도시와 도시를 잇는 매개가 필요하며, 가덕도신공항은 이런 필요를 충족시킬 수 있는 최선의 수단이 될 수 있다. 물론 신공항이 들어선다고 동남권이 경제적으로 다시 부흥하는 것은 아니다. 우리가 주목하는 바는 인구 규모, 산업, 물류, 국제적으로 열려진 기회의 창을 통해 그와 같은 부흥의 계기를 마련하는 것이다. 가덕도신공항이 이 모든 것을 가능하게 하는 수단이라고 보지 않는다. 다만 그런 가능성을 확장하는 것만은 분명하다.

참고 문헌

남종석, 「한중수교 30년, 공존과 경쟁의 딜레마」, 『피렌체의 식탁』, 2022.8.18.
(https://www.firenzedt.com/news/articleView.html?idxno=23399).

남종석 · 송영조, 「가덕도신공항의 지속가능성에 관한 연구」, 『경제와 사회』 통권 132호, 2021.

경남연구원 외, 『동남권 발전 계획 수립 공동연구』, 2021.

박병주 외, 『동북아 물류플랫폼 구축을 위한 기본구상』, 경남연구원, 2021.

한국은행조사통계국, 『우리나라 주요 제조업 생산 및 공급망 지도』, 한국은행, 2023.

초출일람

공미희 |「해양 관광축제의 특성과 글로벌 연계 발전 방안 – 기장멸치축제를 중심으로」
이 글은『인문사회과학연구』24-2, 부경대 인문사회과학연구소, 2023에 처음 수록되었다.

다다 오사무 |「이미지로서의 일본과 오키나와 – 글로벌시대의 이동과 관광」
이 글은 부경대학교 HK+사업단이 주최한 국제학술대회('제6회 동북아해역과 인문네트워크 국제학술대회', 2023.9)에서 발표한 것을 수정 보완한 것으로, 지면상으로 본 연구총서에 처음 수록되었다.

이상원 |「군항도시 사세보(佐世保)의 관광도시 전환을 위한 설계와 실천」
이 글은「군항도시 사세보(佐世保)의 관광도시 전환 과정의 설계와 실천 – 하우스텐보스(Huis Ten Bosch) 설립 과정에 주목하여」,『한국과 국제사회』7-5, 한국정치사회연구소, 2023에 처음 수록되었다.

엄지 |「해역도시의 관광 전략화 – 타이베이 문화창의원구(臺北文化創意園區) 운영과 관광지 언어서비스 제공 사례를 바탕으로」
이 글은『인문사회과학연구』24-4, 부경대 인문사회과학연구소, 2023에 처음 수록되었다.

문혜진 |「근현대 가덕도 마을어장의 변천사 – 부산신항 영향 관계를 포함하여」
이 글은「가덕도 어촌의 근현대 공유재의 변천사 – 가덕도 마을어장의 식민지 자원수탈과 부산신항 영향의 사례연구」,『도서문화』권61호, 목포대 도서문화연구원, 2023을 수정 편집한 것이다.

후쿠모토 다쿠 |「오사카를 통해 본 한·일의 글로컬한 역사 – 이쿠노(生野) 코리아타운을 생각하다」
이 글은 부경대학교 HK+사업단이 주최한 국제학술대회('제6회 동북아해역과 인문네트워크 국제학술대회', 2023.9)에서 발표한 것을 수정 보완한 것으로, 지면상으로 본 연구총서에 처음 수록되었다.

저우원팅·류윈강 |「중국 대도시의 외국인 집단 거주지 형성 메커니즘 – 베이징·상하이·광저우 비교 연구」
이 글은 부경대학교 HK+사업단이 주최한 국제학술대회('제6회 동북아해역과 인문네트워크 국제학술대회', 2023.9)에서 발표한 것을 수정 편집한 것이다.

최민경 |「한일 연근해 어업에서의 이주 노동자 수용 제도 비교 – 장기 고용으로의 변화에 주목하여」
이 글은「연근해어업에서의 이주노동자 수용제도의 한일 비교 – 장기 고용으로의 변화에 주목하여」,『다문화콘텐츠연구』45, 중앙대 문화콘텐츠기술연구원, 2023을 수정 편집한 것이다.

서광덕 | 「**동북아해역도시의 변화를 통해 보는 세계화**」
이 글은 『외국학연구』 66, 중앙대 외국학연구소, 2023에 처음 수록되었다

이호상 | 「**국제공항 건설이 지역에 미친 영향-일본 간사이국제공항과 인천국제공항의 사례를 중심으로**」
이 글은 「공항도시와 국제공항 주변지역 개발 방안에 대한 고찰-한국과 일본 사례를 중심으로」, 『한국도시지리학회지』 16권 1호, 한국도시지리학회, 2013, 113~129면의 내용을 토대로 수정 편집한 원고이다.

우양호 | 「**해양 관광 블루투어리즘을 위한 연안크루즈 활성화**」
이 글은 「연안크루즈 해양관광을 통한 부산 블루투어리즘 구상」, 『인문사회과학연구』 24-2, 부경대 인문사회과학연구소, 2023에 처음 수록되었다.

남종석 | 「**동북아 흐름의 경제와 가덕도신공항**」
이 글은 부경대학교 HK+사업단이 주최한 국제학술대회('제6회 동북아해역과 인문네트워크 국제학술대회', 2023.9)에서 발표한 것을 수정 보완한 것으로, 지면상으로 본 연구총서에 처음 수록되었다.

필자 소개

공미희 孔美熙, Kong Mi-hee

부경대학교 일어일문학부 대학원에서 석사, 박사과정을 졸업했다. 저서로는 『동북아해역과 인문학』(공저, 2020), 『동북아해역과 귀환－공간, 경계, 정체성』(공저, 2021), 『바다를 건넌 물건들』 1(공저, 2022) 등이 있고, 역서로는 『기선의 시대－근대 동아시아 해역』(공역, 2020) 등이 있으며, 논문으로 "A Consideration of the Characteristics and Historical Background of Japanese Fusion Cuisine Created Through Cross : cultural Ex-changes with the West in Port Cities"(*SCOPUS*, 2018), "Analysis of the Conditions and Characteristics of Japanese Migrant Fishing Villages in Ulsan"(*SCOPUS*, 2021), 「수산업을 통한 지역 사회의 연대활동과 글로벌 수산식품 유통 네트워크－구룡포를 중심으로」(2023) 등이 있다. 현재 부경대학교 인문사회과학연구소 HK연구교수로 재직 중이다.

다다 오사무 多田治, Tada Osamu

히토츠바시대학(一橋大学) 대학원 사회학 연구과 교수. 와세다대학(早稲田大学) 대학원 문학연구과에서 문학박사 학위를 취득하였다. 류큐대학(琉球大学) 법문학부 조교수를 거쳐 현직. 오키나와를 비롯한 지역의 관광 개발이나 이미지 형성의 프로세스, 사회학 이론등의 연구를 해 왔다. 저서로 『旅と理論の社会学講義』(公人の友社, 2023), 『ドラッカー × 社会学』(공저, 公人の友社, 2021), 『沖縄イメージを旅する』(中公新書ラクレ, 2008), 『沖縄イメージの誕生』(東洋経済新報社, 2004) 등이 있다.

이상원 李尚原, Lee Sang-won

일본 나가사키국제대학 국제관광학과를 졸업 후, 부경대학교 일어일문학과 대학원 석사·박사과정을 졸업했다. 'CK-1 동아시아 환동해 지역과 동남권역 연계MICE 인재 양성 사업단' 전담 교수를 거치며 'MICE취업과창업', 'MICE일본어' 등을 강의하였다. 전공은 일본어 현대문법 및 동아시아 비교연구이며 현재 부경대학교 인문사회과학연구소에서 HK연구교수로 재직중이다. 저역서로 『오키나와 입문－아시아를 연결하는 해역구상』(공역, 2021), 『바다를 건넌 사람들』1·2(공저,2021~2022), 『바다를 건넌 물건들』 1(공저,2022), 『동북아해역과 산업화－항구·원조·사람』(공저, 2023), 『오늘부터 일본어』(공저, 2024), 「일제강점기 조선총독부의 교육정책과 일본어 교육의 실태－사회적 교육기관을 중심으로」(『인문사회과학연구』, 2021), 「오키나와 문제의 리저널리즘적 접근－'미군기지'와 '집단자결'문제를 중심으로」(『동북아문화연구』, 2022) 등이 있다.

엄지 嚴智, Eom Ji

1988년 안양 출생. 부경대학교 인문사회과학연구소 HK연구교수. 이화여자대학교 중어중문학과를 졸업 후, 동 대학교 일반대학원 중어중문학과에서 중국 음운학으로 석사학위를 받았다. 이어서 중국 베이징대학(北京大學) 중국어언문학과(中國語言文學系)에서 언어학 및 응용언어학을 전공하고 이론언어학 방향으로 문학박사학위를 받았다. 저서로는 『디지털로 되살린 근대 중국어의 세계－조선시대 중국어 유해류 역학서의 현대어 번역과 시맨틱 데이터 구축』(2023), 『바다를 건넌 물건들』 1(2022)이 있고, 논문으로는 「중국어 데이터베이스 구축 현황 분석과 프로그래밍 설계를 통한 데이터베이스 응용과 언어연구」, 「汉泰 언어접촉과 성조 수용 연구－태국 북부 방언을 중심으로」 등이 있다. 현재 동아시아 언어 접촉과 문화 교류 방면에서 활발한 연구를 진행하고 있다.

문혜진 文慧珍, Mun Hea-jin

1977년생. 동아대학교 일어일문과를 졸업한 후, 뉴욕주립대학(SUNY at Buffalo)에서 문화인류학 석사, 한양대학교에서 문화인류학 박사를 취득하였다. 저서로는 『마을의 미래 V－부산 기장 해안마을』(공저, 2021), 『가덕도의 민속문화』 1~4(공저, 2021), 『사람과 문화의 동해포구사』(공저, 2021) 등이 있으며, 주요 논문으로는 「부산 가덕도 숭어들이 어업과 해양신앙」(2023), 「가덕도 어촌의 근현대 공유재의 변천사」(2023) 등이 있다. 현재 부경대학교 인문사회과학연구소 HK연구교수로 재직 중이며, 한국해양문화연구원의 일원으로 해양문화 연구를 이어가고 있다.

후쿠모토 다쿠 福本拓, Fukumoto Taku

난잔대학(南山大学) 인문학부 일본문화학과 준교수. 교토대학(京都大学)에서 문학박사 취득. 전문은 인문지리학과 다문화 공생론이다. 저서로서 『大阪のエスニック・バイタリティ－近現代・在日朝鮮人の社会地理』(京都大学学術出版会, 2022), 공편저로서 *Diversity of Urban Inclusivity : Perspectives Beyond Gentrification in Advanced City-Regions*(Springer, 2023)등이 있다.

저우원팅 周雯婷, Zhou Wenting

중국 중산대학 자원환경학과 졸업 후 같은 대학에서 인문지리학으로 석사, 일본 쓰쿠바대학에서 박사학위를 취득했다. 현재 광저우대학 경영학부 교수이며, 「상하이에서 일본인거주지의 형성과 변용과정」(2018) 외 다수의 논문이 있다.

류윈강 劉雲剛, Liu Yun-gang

중국 내몽고사범대학 지리학과 졸업 후 도쿄학예대학과 도쿄대학에서 각각 석사, 박사학위를 취득했다. 현재 화난사범대학 지리과학부 교수로 근무하고 있으며, 「남중국해 해양국토 개발 및 규제에 관한 연구 전망」(2021) 외 다수의 논문이 있다.

최민경 崔瑉耿, Choi Min-kyung

1983년 서울 출생. 서울대학교 언어학과를 졸업 후, 동 대학교 국제대학원 국제학과 석사학위, 일본 히도쓰바시대학(一橋大學) 사회학연구과 박사학위를 취득했다. 전공은 역사사회학·일본지역연구로, 2019년부터 부경대학교 인문사회과학연구소 HK교수로 근무하며 근현대 동북아해역의 이주 현상에 관해 연구하고 있다. 주요 저역서와 논문으로는 『바다를 건넌 물건들 』 2(공저, 2023), 『동북아해역과 귀환—공간·경계·정체성』(공저, 2021), 『해항의 정치사』(2023), 「어업이민을 통한 해방 후 해외이주정책의 이해」(2022), 「냉전의 바다를 건넌다는 것—한인 '밀항자' 석방 탄원서에 주목하여」(2021) 등이 있다.

서광덕 徐光德, Seo Kwang-deok

연세대학교 중어중문학과 졸업 후 연세대학교 대학원 석사, 박사과정을 졸업했다. 저서로는 『루쉰과 동아시아 근대』(2018), 『중국 현대문학과의 만남』(공저, 2006), 『동북아해역과 인문학』(공저, 2020) 등이 있고, 역서로는 『루쉰』(2003), 『일본과 아시아』(공역, 2004), 『중국의 충격』(공역, 2009), 『수사라는 사상』(공역, 2013), 『아시아의 표해록』(공역, 2020) 등이 있으며, 『루쉰전집』(전20권) 번역에 참가했다. 현재 부경대학교 인문사회과학연구소 HK교수로 재직 중이다.

이호상 李虎相, Lee Ho-sang

인천대학교 일본지역문화학과 교수. 일본 쓰쿠바대학교(筑波大學) 지리학과 대학원에서 공부했다. 한국과 일본의 지방 문제, 지역활성화, 도시 문제 등 지역연구에 관해 논문과 책을 써왔다. 저서로는 『도시지리학개론』(법문사, 2020), 『'시코쿠'에서 일본을 읽다』(yeondoo, 2023), 역서로는 『상점가 활성화가 99% 실패하는 이유』(국토연구원, 2021) 등이 있다.

우양호 禹良昊 , Woo Yang-ho

국립한국해양대학교 교양교육원 교수. 부산대학교 행정학과 대학원에서 공부했다. 글로벌 해양도시, 부산의 해양문화, 해양 정책과 해양 교류, 초국경 협력 등에 관해 논문과 책을 써왔다. 저서로는 『바다와 영토분쟁』(선인, 2021), 『바다의 외교』(선인, 2023), 『해양부산 다시보기』(선인, 2024) 등이 있다.

남종석 南鍾石, Nam Jong-seok

경남연구원 연구위원. 부경대학교에서 산업조직론으로 박사학위를 받았다. 지금은 경남연구원에서 제조업 탈탄소 산업전환과 그린뉴딜에 관심을 두고 연구하고 있다. 저서로는 『성공의 덫에서 벗어나기』(공저, 후마니타스, 2022), 『노동, 운동, 미래, 전략』(공저, 이매진, 2020), 『더 나은 진보는 불가능할까』(두두, 2019) 등이 있다.